200 Must-read Cases on the Practice and Planning of
Replacing Business Tax with Value-added Tax

营改增实战与筹划必读 200案例

翟纯垲◎编著

中国市场出版社
China Market Press

·北 京·

图书在版编目（CIP）数据

营改增实战与筹划必读 200 案例/翟纯垲编著. —北京：中国市场出版社，2016.12
ISBN 978-7-5092-1474-9

Ⅰ.①营… Ⅱ.①翟… Ⅲ.①增值税-税收管理-研究-中国 Ⅳ.①F812.424

中国版本图书馆 CIP 数据核字（2016）第 283709 号

营改增实战与筹划必读 200 案例
YINGGAIZENG SHIZHAN YU CHOUHUA BIDU 200 ANLI

编　　著	翟纯垲	
责任编辑	钱　伟　辛慧蓉（xhr1224@aliyun.com）	
出版发行	中国市场出版社　China Market Press	
社　　址	北京市西城区月坛北小街 2 号院 3 号楼（100837）	
电　　话	编 辑 部（010）68033692　读者服务部（010）68022950	
	发 行 部（010）68021338　68033577　68020340	
	总编室（010）68020336　盗版举报（010）68020336	
经　　销	新华书店	
印　　刷	河北鑫兆源印刷有限公司	
规　　格	170 mm×240 mm　16 开本	
印　　张	28.5	字　　数　565 000
版　　次	2016 年 12 月第 1 版	印　　次　2017 年 6 月第 2 次印刷
书　　号	ISBN 978-7-5092-1474-9	
定　　价	68.00 元	

笔者一直推崇"务实精神"，同时奉行"干货主义"。笔者发表的文章、撰写的课件以及书稿等，一般都是直奔主题，将解决实务问题的方法及知识点直接呈现给读者，以免浪费读者宝贵的时间。本书仍然贯彻以上思路。

一、写这本书的初衷与心得

写这本营改增的书，初衷有二。

第一，营改增后，从大量业务咨询与经手案例中，笔者深切感受到了纳税人面对纷繁政策，在实务操作中踟蹰的"痛苦"心情。营改增的理论系统非常庞杂，专业的税务工作者都未必能真正厘清，何况只能接触有限业务的企业财务人员？而且，实践中还有一些未知的风险而不自知，只不过目前尚未显现。笔者认为，这些与营改增相关的实务经验非常宝贵，将其编撰成书是件很有意义的事，有相同境遇的读者能够有所借鉴。

第二，营改增政策尚有模糊地带，对相关政策的解读至今仍然存在诸多争议。虽然营改增已经执行了不算短的时间，但仍然需要比较长的磨合期，有些问题或者风险只是因未到时点而尚未凸显。对此，笔者也想进行一下探讨，根据税法规定以及实务经验提出一家之言，希望能为读者提供想法，开拓思路。

写这本书对笔者自身的提高亦非常大。动笔之前，自认为对营改增政策研究得算是比较透彻了，也形成了完整的理论系统，但写书的过程并不如想象中那么

I

顺利，遇到了很多意想不到的问题。为了捋顺、讲透这些问题，经过反复的归纳分析，自己对营改增政策有了新的认识，同时提升了既有的理论系统。这也是撰写本书最意想不到的收获。

总而言之，希望读者能从书中汲取有效的政策信息，在营改增实践中切实得到指导。如此，笔者将不胜荣幸。

二、导读要点提示

1. 实战筹划 200 例，深度剖析

本书共 11 章。前 10 章包含 200 个案例，全部是实务中常见的营改增问题。每个案例的结构基本一致，先介绍案例情况，然后讲解处理方式及注意要点，最后附上相关的文件、规定等。同时，在每个案例下，尽可能扩展更多的知识点。此种结构有助于读者快速准确地汲取更多的有效信息。最后一章是基于案例分析归纳出的 11 个营改增政策要点，便于读者依据实务情况，有针对性地查找、应用。

2. 知识点细分门类，触类旁通

营改增政策有很多共性的问题，本书是按照知识点而非行业进行分类的，就是希望读者能尽可能接触到更多的知识点。如果罗列政策文件，让读者自己寻找有效信息，可能效率比较低下。

3. 研究掌握地方政策，至关重要

注意税务政策与实际执行的差异点非常重要。很多纳税人不了解、不重视当地的税务政策，这是相当危险的。有时，各地方的税务政策或者对政策的掌握精神可能更加重要，读者磨炼多了自然就慢慢领会了。希望这方面能引起纳税人的足够重视。本书也在案例解析中列示了不同地方的营改增政策口径，特别提醒当地纳税人予以重视。

需要提醒注意的是，本书所引用政策法规的截止时间是 2016 年 11 月底，后续如有新规定出台，笔者会随时加以更新，请读者务必及时关注微信公众号"中国市场出版社"。

由于时间仓促，水平局限，书中疏漏在所难免，还请读者海涵！也希望能与读者多多交流，笔者邮箱是 taku@sunny-tax.com，欢迎大家来信。

翟纯垲

2016 年 12 月 1 日

第 1 章

抵扣案例 //001

第 2 章
差额征税案例 //079

第 3 章
计税方式案例 //111

第 4 章
特殊销售行为案例（混合销售、视同销售、兼营）　//137

第 5 章
征管案例 //171

第 6 章

发票案例 //225

第 7 章
涉外案例 //259

第 8 章

其他实务案例 //283

第 9 章

税收筹划案例 //303

第10章
账务处理案例　//333

第 11 章
基于案例分析的营改增政策要点归纳　//407

200 MUST-READ CASES

抵扣案例

案例 1 营改增住宿费进项税抵扣，住宿业小规模纳税人可自开专票

甲企业是一家生产企业，为增值税一般纳税人，现阶段占领市场推销产品的业务比较繁重，相应的差旅费、住宿费等花费较多。营改增后，住宿费的增值税抵扣政策对甲企业降低增值税税负非常重要。甲企业决策层对此比较重视，制定了营改增后的差旅费报销的专门规章制度，要求出差人员必须携带增值税专用发票开票资料，同时必须取得增值税专用发票方可报销。尽管如此，财务部门发现，出差人员在报销差旅费时，仍然有许多增值税普通发票。

问题：甲企业的住宿费应如何取得增值税专用发票抵扣进项税？

| 案例解析 |

1. 酒店是小规模纳税人，需在税务机关代开专票

如果酒店是增值税小规模纳税人，只能在税务机关代开增值税专用发票，等酒店财务部的人从税务机关开票回来，估计客人已经误点了。

2. 国家税务总局发布文件，解决小规模纳税人自开专票问题

为解决住宿业小规模纳税人自开增值税专用发票的问题，国家税务总局已出台《国家税务总局关于在境外提供建筑服务等有关问题的公告》（国家税务总局公告 2016 年第 69 号，以下简称 69 号公告）。该文件规定：

全面开展住宿业小规模纳税人自行开具增值税专用发票试点。月销售额超过 3 万元（或季销售额超过 9 万元）的住宿业小规模纳税人提供住宿服务、销售货物或发生其他应税行为，需要开具增值税专用发票的，可以通过增值税发票管理新系统自行开具，主管国税机关不再为其代开。

住宿业小规模纳税人销售其取得的不动产，需要开具增值税专用发票的，仍须向地税机关申请代开。

3. 69 号公告未解决的实际征管问题

69 号公告的本意是解决小规模纳税人开具增值税专用发票的问题，这是个很好的事，但有一个问题需注意，即：如何能在开具发票时知晓月度销售额或季度销售额？

69 号公告规定，月销售额超过 3 万元（或季销售额超过 9 万元）的住宿业小

规模纳税人提供住宿服务、销售货物或发生其他应税行为，可自开增值税专用发票，即月销售额未超过 3 万元或者季销售额未超过 9 万元的住宿业增值税小规模纳税人不能自开增值税专用发票，只能执行税务机关代开增值税专用发票的老政策。但是，如何才能在开具增值税专用发票时知晓本月或者本季度的销售额？

例如，某住宿业小规模纳税人，应客人要求开具增值税专用发票，这是正当合理的，但是文件要求季度销售额超过 9 万元的才能自开增值税专用发票，难道在季末发现销售额低于 9 万元时，还需向客人追回增值税专用发票不成？

4．解决方案

只需规定开具增值税专用发票部分不参与免税即可。

例如，某住宿业小规模纳税人某季度开具增值税普通发票（不含税，下同）销售额 8 万元，增值税专用发票销售额 6 万元，由于合计季度销售额超过 9 万元，因此该季度不能免增值税。

如果上述举例改成增值税普通发票销售额 6 万元，增值税专用发票销售额 2 万元，则开具增值税普通发票的销售额 6 万元可享受免增值税政策，开具增值税专用发票销售额 2 万元不能享受免增值税政策。

免增值税项目不能开具增值税专用发票。

5．取得住宿业增值税专用发票需要的开票资料

很多人有这样的疑惑：住宿时要求开具专票，酒店是否会索要营业执照、税务登记证、机构代码证等证件？有这样的疑惑并不奇怪，企业的财务人员可能都会有向受票方索要这些资料，或者被开发票方索要这些资料的经历。作为开票方来讲，如果不能证实受票方的一般纳税人身份，开具专票是有风险的。

无须担心，只要携带开票资料即可。

在 2016 年 6 月 13 日的国家税务总局访谈中，国家税务总局纳税服务司司长邓勇对于出差开具专票的问题是这样答复的：

"国家税务总局规定，增值税纳税人购买货物、劳务、服务、无形资产或不动产，索取增值税专用发票时，须向销售方提供购买方名称（不得为自然人）、纳税人识别号、地址电话、开户行及账号信息，不需要提供营业执照、税务登记证、组织机构代码证、开户许可证、增值税一般纳税人登记表等相关证件或其他证明材料。

个人消费者购买货物、劳务、服务、无形资产或不动产，索取增值税普通发票时，不需要向销售方提供纳税人识别号、地址电话、开户行及账号信息，也不需要提供相关证件或其他证明材料。"

所以，出差时，携带一张载有企业全称、纳税人识别号、地址电话、开户行及账号开票信息的卡片，即可取得增值税专用发票。如果酒店以开票资料不全为由拒开，可向当地税务机关举报，举报热线：12366。

如果出差员工未携带开票资料，则不能以个人名义取得增值税专用发票，酒店可以拒绝对个人开具增值税专用发票。

| 相关政策浏览 |

1.《财政部 国家税务总局关于全面推开营业税改征增值税试点的通知》（财税〔2016〕36 号）附件 1

第五十三条　纳税人发生应税行为，应当向索取增值税专用发票的购买方开具增值税专用发票，并在增值税专用发票上分别注明销售额和销项税额。

属于下列情形之一的，不得开具增值税专用发票：

（一）向消费者个人销售服务、无形资产或者不动产。

（二）适用免征增值税规定的应税行为。

2.《国家税务总局关于进一步优化营改增纳税服务工作的通知》（税总发〔2016〕75 号）

各地税务机关要认真做好增值税发票开具方面的政策宣传，消除社会上对增值税发票开具方面的误解。增值税纳税人购买货物、劳务、服务、无形资产或不动产，索取增值税专用发票时，须向销售方提供购买方名称（不得为自然人）、纳税人识别号、地址电话、开户行及账号信息，不需要提供营业执照、税务登记证、组织机构代码证、开户许可证、增值税一般纳税人登记表等相关证件或其他证明材料。个人消费者购买货物、劳务、服务、无形资产或不动产，索取增值税普通发票时，不需要向销售方提供纳税人识别号、地址电话、开户行及账号信息，也不需要提供相关证件或其他证明材料。

案例 2　三令五申仍然不能取得专票的怪因：专票不能免税

甲企业为生产企业，为增值税一般纳税人，自产产品兼有出口与内销业务，出口退税执行免抵退税政策。企业对于进项税的需求较大，用来抵扣内销产生的销项税与出口退税。对此，企业决策层严格要求各部门的采购以及各种费用报销必须取得增值税专用发票，如果不能取得，应说明原因，根据金额大小报相关审批权限部门审批后方可通过。但在此政策下，仍然有很多采购只能取得 3% 征收率的增值税普通发票。

问题：开专票和普票对开票方都是 3% 的征收率，为什么难以取得增值税专用发票？

| 案例解析 |

相信很多人都有这样的疑惑。

最主要的原因在于，开具增值税专用发票不能免增值税。

假设某增值税小规模纳税人，季度销售额 8 万元，其中增值税普通发票销售额 3 万元，增值税专用发票销售额 5 万元，则 3 万元可以免增值税，5 万元不能免税。这种情况下，对方能愿意给您开增值税专用发票吗？

如果代开增值税专用发票，无论当月销售额是否超过 3 万元，代开增值税专用发票部分都不能免增值税。

| 相关政策浏览 |

1.《国家税务总局关于小微企业免征增值税和营业税有关问题的公告》（国家税务总局公告 2014 年第 57 号）

增值税小规模纳税人兼营营业税应税项目的，应当分别核算增值税应税项目的销售额和营业税应税项目的营业额，月销售额不超过 3 万元（按季纳税 9 万元）的，免征增值税。

增值税小规模纳税人月销售额不超过 3 万元（按季纳税 9 万元）的，当期因代开增值税专用发票（含货物运输业增值税专用发票）已经缴纳的税款，在专用发票全部联次追回或者按规定开具红字专用发票后，可以向主管税务机关申请退还。

2.《国家税务总局关于全面推开营业税改征增值税试点有关税收征收管理事项的公告》（国家税务总局公告 2016 年第 23 号，以下简称 23 号公告）

增值税小规模纳税人应分别核算销售货物，提供加工、修理修配劳务的销售额，和销售服务、无形资产的销售额。增值税小规模纳税人销售货物，提供加工、修理修配劳务月销售额不超过 3 万元（按季纳税 9 万元），销售服务、无形资产月销售额不超过 3 万元（按季纳税 9 万元）的，自 2016 年 5 月 1 日起至 2017 年 12 月 31 日，可分别享受小微企业暂免征收增值税优惠政策。

案例 3　旅客运输服务进项税抵扣，方式不同则抵扣效果不同

甲企业为增值税一般纳税人，业务人员郊区出差较多，为减轻买车和雇人的资金压力，甲企业从汽车租赁公司经营租赁车辆。合同约定，司机由租赁公司提供，甲企业每月支付 15 000 元的全包费用，司机的人工费以及油费、维修费、汽车的保险费、通行费等，均由汽车租赁公司承担。

问题：甲企业上述连人带车的租赁业务是否可抵扣进项税？

| 案例解析 |

1. 购进旅客运输服务的进项税不得抵扣

根据财税〔2016〕36 号文件的规定，购进的旅客运输服务的进项税不能抵扣。甲企业的该业务属于购进旅客运输服务，而不是购进租赁服务，因此即使汽车租赁公司为甲企业开具了增值税专用发票，甲企业也不得抵扣进项税。

注意：即使用于可以抵扣进项税的项目，也不能抵扣。

2. 进项税中"购进"与"用于"的区别

这里我们还需要说说抵扣进项税的"购进系"和"用于系"。

"购进"的旅客运输服务的进项税不得抵扣；"用于"集体福利、个人消费、简易计税以及免税项目的进项税不得抵扣。本案例中，连人带车经营承租车辆，属于购进旅客运输服务，因此不论其用途如何，均不得抵扣进项税。

此处需要注意一个问题：只租赁运输工具属于经营租赁业务，租赁运输工具同时提供驾驶人员，属于交通运输业，类似业务只出现在水路运输和航空运输等方式中，比如水路运输中的程租、期租方式，航空运输中的湿租方式等，其他的运输形式未明确规定，实务中一般根据上述原则掌握。

| 案例延伸 |

购进旅客运输服务还有其他多种情况，为方便大家对其理解运用，下面列举在实务中可能遇到的几种情况。

例 1：公司员工小李，乘坐飞机出差到北京。

分析：员工乘坐飞机属于购进旅客运输服务，虽然是用于生产经营，不属于上述规定中的不得抵扣项目，但因购进的是旅客运输服务，所以其进项税不得抵扣。

例2：公司员工小李，驾驶公司自有车辆出差到北京。

分析：员工出差的交通方式是驾驶自有车辆，公司并未购进旅客运输服务，且未用于不得抵扣项目，其进项税可以抵扣。

例3：公司员工小李，从汽车租赁公司租赁载客汽车一辆，自己驾驶，出差到北京。

分析：公司购进的是经营租赁服务，将经营租赁服务用于载客行为，并未购进旅客运输服务，且未用于不得抵扣项目，其进项税可以抵扣。

例4：公司员工小李出差到北京，从汽车租赁公司租赁小汽车及驾驶员一名，租赁公司负责途中的全部费用。

分析：从汽车租赁公司购进的是运输服务，而且是旅客运输服务，即使用于可以抵扣项目，其进项税也不得抵扣。

例5：公司从汽车租赁公司租赁汽车一辆，驾驶员为公司员工，用于员工上下班通勤。

分析：该行为虽不属于购进旅客运输服务，但用于集体福利，因此其进项税不得抵扣。

假设将例5改为租赁汽车和驾驶员用于员工通勤，则购进的是旅客运输服务，同时还用于集体福利，从两方面来判定，其进项税均不得抵扣。

例6：公司租赁货车一辆及驾驶员，用于公司运输货物。

分析：该行为虽属于购进运输服务，但不是购进旅客运输服务，同时未用于不得抵扣项目，因此其进项税可以抵扣。

总结：旅客运输服务不得抵扣，指的是在购进环节，只要购进的是旅客运输服务，进项税即不得抵扣，即使用于可以抵扣的项目，也不得抵扣。

国家税务总局曾经有个发言材料指出，旅客运输服务，如果属于联运的情况，则其进项税可以抵扣。

旅客运输服务不允许抵扣进项税，更多的是从接受对象是个人的角度出发，因为难以准确界定接受服务的对象是企业还是个人。但是这就难免出现购买的旅客运输服务不是用于个人，却不得抵扣的情形。这可能存在一定的不公允性，但是纳税人要严格按照税法的规定执行，不能以个人的理解代替税法的规定，同时也应当理解税务机关在实际征管时的难度与成本。

│ 相关政策浏览 │

《财政部 国家税务总局关于全面推开营业税改征增值税试点的通知》（财税〔2016〕36 号）附件 1

第二十七条 下列项目的进项税额不得从销项税额中抵扣：

（一）用于简易计税方法计税项目、免征增值税项目、集体福利或者个人消费的购进货物、加工修理修配劳务、服务、无形资产和不动产。其中涉及的固定资产、无形资产、不动产，仅指专用于上述项目的固定资产、无形资产（不包括其他权益性无形资产）、不动产。

（六）购进的旅客运输服务、贷款服务、餐饮服务、居民日常服务和娱乐服务。

案例 4　公司从员工处租赁车辆，无法取得租车专票抵扣进项税

甲企业是一家贸易公司，为增值税一般纳税人。公司没有自有车辆，业务一般由员工驾驶自有车辆或乘坐市内交通工具完成。甲企业管理层为解决此部分费用问题，决定从员工处租赁车辆，每月支付 4 000 元的租赁费，同时汽车相关的汽油费、交通费等费用也由公司承担。

问题：甲企业从员工处租赁的车辆及相关费用是否可抵扣进项税？

│ 案例解析 │

1．个人出租车辆不能代开增值税专用发票

甲企业支付租车费用以及相关的费用，用于企业生产经营，属于用于可以抵扣的项目，同时购进的不是旅客运输服务等明确不得抵扣的项目，因此从理论上来讲，其进项税的抵扣也是顺理成章的。但是有一点要注意，自然人出租车辆，现阶段不能在税务机关代开增值税专用发票，只能代开增值税普通发票，因此甲企业无法取得合法有效的增值税扣税凭证，其进项税不能抵扣。目前只有自然人租赁不动产以及小规模纳税人（包括自然人）销售不动产可在税务机关代开增值税专用发票。

其他的相关费用，可以取得增值税扣税凭证的，其进项税允许抵扣。

2．实务中需要注意的问题

首先，要签订租赁合同，这是首要条件。合同是证明经营行为的有力证据，

在税务机关代开租赁发票时，合同也是必需的资料之一。

其次，要在税务机关代开发票。这不但是租车费用税前扣除的必要条件，也是其他费用税前扣除或进项税抵扣的重要凭据。该规定没有明确文件支持，或者说没有具体明细的政策，但是很多税务机关是这样执行的，纳税人要充分了解当地的政策。

最后需要注意的是，租赁合同中应注明，4 000 元的租赁费用为净租赁，即该租赁费用不包括发生的其他费用，其他费用由甲企业承担。如果将 4 000 元作为毛租赁费用，即该费用包括所有的租赁费及其他费用，则发生的汽油费、交通费等不得税前扣除以及抵扣进项税，因这些费用已经通过租赁费的形式在甲企业税前扣除了，不能再次重复扣除。当然，此处的租赁费应当符合当地的租赁车辆市场行情，不能为了税务利益，人为地扭曲价格，否则也有较大的税务风险。

3. 个人出租车辆执行小规模纳税人免增值税政策的争议

理论上讲，自然人也属于小规模纳税人，因此可以执行增值税小规模纳税人月销售额不超过 3 万元（或者季度销售额 9 万元）免增值税的政策，但是从实际执行来讲，似乎只有自然人租赁房屋 才可执行免增值税政策，其他情况应该不可以。因此，一定要注意与当地主管税务机关的沟通。据笔者所知，不执行免税政策的情况不在少数。

4. 关于代开发票流程的新规定

《国家税务总局关于纳税人申请代开增值税发票办理流程的公告》（国家税务总局公告 2016 年第 59 号，以下简称 59 号公告）对于纳税人代开发票（纳税人销售取得的不动产和其他个人出租不动产由地税机关代开增值税发票业务除外）办理流程进行了规范。营改增后，在此公告发布之前，增值税纳税人在国税机关代开增值税发票，一般来讲，在缴纳了相应的增值税额后，即可取得国税机关代开的增值税发票，至于应在地税机关同时缴纳的增值税的附加费（城市建设维护税、教育费附加、地方教育附加以及水利基金等），以及相关的房产税、个人所得税、印花税等，国税机关在代开发票时无法监管。这就出现了代开发票国地税不衔接的问题，可能会导致地税的税费流失或者延迟缴纳。

针对该问题，59 号公告规定，纳税人在国税机关代开增值税发票时，须同时缴纳增值税以及相关的地税机关的税费，才能取得代开的增值税发票。这也是为什么 59 号公告规定"纳税人销售取得的不动产和其他个人出租不动产由地税机关代开增值税发票业务除外"的原因。这两种情况均在地税机关代开增值税发票，因此不存在国地税不衔接的问题。

| 相关政策浏览 |

1.《国家税务总局关于营改增试点若干征管问题的公告》（国家税务总局公告 2016 年第 53 号，以下简称 53 号公告）

其他个人采取一次性收取租金的形式出租不动产，取得的租金收入可在租金对应的租赁期内平均分摊，分摊后的月租金收入不超过 3 万元的，可享受小微企业免征增值税优惠政策。

2.《国家税务总局关于营业税改征增值税委托地税局代征税款和代开增值税发票的通知》（税总函〔2016〕145 号）

纳税人销售其取得的不动产和其他个人出租不动产，申请代开发票的，由代征税款的地税局代开增值税专用发票或者增值税普通发票（以下简称增值税发票）。对于具备增值税发票安全保管条件、可连通网络、地税局可有效监控代征税款及代开发票情况的政府部门等单位，县（区）以上地税局经评估后认为风险可控的，可以同意其代征税款并代开增值税发票。

3.《国家税务总局关于纳税人申请代开增值税发票办理流程的公告》（国家税务总局公告 2016 年第 59 号）

一、办理流程

（一）在地税局委托国税局代征税费的办税服务厅，纳税人按照以下次序办理：

1. 在国税局办税服务厅指定窗口：

（1）提交《代开增值税发票缴纳税款申报单》（见附件）；

（2）自然人申请代开发票，提交身份证件及复印件；

其他纳税人申请代开发票，提交加载统一社会信用代码的营业执照（或税务登记证或组织机构代码证）、经办人身份证件及复印件。

2. 在同一窗口申报缴纳增值税等有关税费。

3. 在同一窗口领取发票。

（二）在国税地税合作、共建的办税服务厅，纳税人按照以下次序办理：

1. 在办税服务厅国税指定窗口：

（1）提交《代开增值税发票缴纳税款申报单》；

（2）自然人申请代开发票，提交身份证件及复印件；

其他纳税人申请代开发票，提交加载统一社会信用代码的营业执照（或税务登记证或组织机构代码证）、经办人身份证件及复印件。

2. 在同一窗口缴纳增值税。

3. 到地税指定窗口申报缴纳有关税费。

4. 到国税指定窗口凭相关缴纳税费证明领取发票。

二、各省税务机关应在本公告规定的基础上，结合本地实际，制定更为细化、更有明确指向和可操作的纳税人申请代开发票办理流程公告，切实将简化优化办税流程落到实处。

三、纳税人销售取得的不动产和其他个人出租不动产代开增值税发票业务所需资料，仍然按照《国家税务总局关于加强和规范税务机关代开普通发票工作的通知》（国税函〔2004〕1024 号）第二条第（五）项执行。

本公告自 2016 年 11 月 15 日起施行。

案例 5　自然人出租房屋，可选择享受免增值税政策或者代开专票

甲企业是一家有限责任公司，为增值税一般纳税人，租赁自然人的房屋作为办公场所，年租金 12 万元，租赁期间为 2016 年 7 月 1 日至 2017 年 6 月 30 日，合同约定 2016 年 10 月 1 日一次性收取 1 年租金 12 万元，租赁行为产生的所有税费全部由甲企业承担。

问题：营改增后承租自然人不动产，其进项税是否可抵扣？

| 案例解析 |

个人出租房屋看似简单，实则牵扯到不少问题，我们厘清如下：

1. 个人出租不动产可在税务机关代开增值税专用发票

这是营改增后比较大的突破。在营改增前，确切地讲，是在税总函〔2016〕145 号文件出台之前，自然人，即税法概念中的其他个人，不能在税务机关代开增值税专用发票。营改增后，其他个人出租不动产以及小规模纳税人（包括其他个人）销售取得的不动产，均可在税务机关代开增值税专用发票。

2. 准确理解税总函〔2016〕145 号文件规定的代开专票的主体

税总函〔2016〕145 号文件规定：

增值税小规模纳税人销售其取得的不动产以及其他个人出租不动产，购买方或

承租方不属于其他个人的，纳税人缴纳增值税后可以向地税局申请代开增值税专用发票。不能自开增值税普通发票的小规模纳税人销售其取得的不动产，以及其他个人出租不动产，可以向地税局申请代开增值税普通发票。地税局代开发票部门通过增值税发票管理新系统代开增值税发票，系统自动在发票上打印"代开"字样。

有观点认为，税总函〔2016〕145 号文件规定了其他个人出租不动产可以代开增值税专用发票，但未明确其他个人销售取得的不动产可以代开增值税专用发票，只规定了增值税小规模纳税人销售取得的不动产可以代开增值税专用发票。

这里首先要明确一个概念：增值税纳税人只有两种身份，即一般纳税人和小规模纳税人。如果未认定成为一般纳税人，只要发生了增值税纳税义务，那就是天然的小规模纳税人，其他个人就属于这种情况。有观点认为，小规模纳税人必须是办理税务登记的主体，这样的理解并不准确。比如其他个人发生了增值税应税行为，在税务机关代开增值税发票，并不需要其他个人办理税务登记手续。

因此，税总函〔2016〕145 号文件规定小规模纳税人销售取得的不动产可以在税务机关代开增值税专用发票，此处的"小规模纳税人"理所当然地包括其他个人。

提示：此处描述的增值税纳税人身份的概念中，有一种情况是例外，扣缴境外单位或个人的增值税时，不考虑境外增值税纳税人身份，均按照 6% 的税率计算，这在财税〔2016〕36 号文件中有明确规定。

3. 其他个人出租不动产如何计征增值税

出租住房：

$$应纳税款＝含税销售额÷(1＋5\%)×1.5\%$$

出租非住房：

$$应纳税款＝含税销售额÷(1＋5\%)×5\%$$

提示：租赁房屋的征收率均是 5%，不是 3%，这个要注意，很多人在此混淆。

4. 其他个人出租房屋免税的情形

其他个人出租不动产，月销售额不超过 3 万元，可以享受增值税小规模纳税人免征增值税的优惠政策，如果采取一次性收取租金的形式出租不动产，取得的租金收入可在租金对应的租赁期内平均分摊，分摊后的月租金收入不超过 3 万元的，可享受小微企业免征增值税的优惠政策。

本案例中，自然人房东一次性收取 1 年的租金为 12 万元，分摊到每个月为 1 万元，不含增值税销售额＝10 000÷(1＋5%)＝9 523.81（元），因此符合小微企业免增值税条件。

提示：此处需注意新旧文件的区别。

旧文件 23 号公告规定：

其他个人采取预收款形式出租不动产，取得的预收租金收入，可在预收款对应的租赁期内平均分摊，分摊后的月租金收入不超过 3 万元的，可享受小微企业免征增值税优惠政策。

新文件 53 号公告规定：

其他个人采取一次性收取租金的形式出租不动产，取得的租金收入可在租金对应的租赁期内平均分摊，分摊后的月租金收入不超过 3 万元的，可享受小微企业免征增值税优惠政策。

新旧文件的主要区别是把"预收款形式"改成了"一次性收取租金的形式"。本案例中，自然人房东在提供了 3 个月的租赁服务后收取的款项，很难用"预收款"界定，预收款一般指的是在销售服务之前收到的款项。按照 23 号公告，则在实际征管中可能有歧义产生，53 号公告的规定更加合理。

如果其他个人房东符合免增值税的条件，并选择享受免增值税政策，则不得开具增值税专用发票，只能开具零税率的增值税普通发票。

提示：从原理上看，其他个人（自然人）所有的增值税销售额，均应享受同样的政策，但是在实务中，要注意各地政策的掌握，很多地区并不认同其他情况的免增值税政策。

5. 不能抵扣应如何算账

如果对方不选择免税，则甲企业需要承担该部分增值税，同时该增值税可以抵扣；如果对方选择免税，则甲企业虽然不能抵扣进项税，但是也不需要承担该部分增值税。再考虑增值税的城市维护建设税及附加等因素，总体来说还是免税合适。

| 相关政策浏览 |

《国家税务总局关于发布〈纳税人提供不动产经营租赁服务增值税征收管理暂行办法〉的公告》（国家税务总局公告 2016 年第 16 号，以下简称 16 号公告）

第八条　其他个人出租不动产，按照以下公式计算应纳税款：

（一）出租住房：

应纳税款＝含税销售额÷（1＋5％）×1.5％

（二）出租非住房：

应纳税款＝含税销售额÷（1＋5％）×5％

案例6　租赁房屋混用时，不需要划分计算不得抵扣的进项税

甲企业是一家外资企业，为增值税一般纳税人。2016 年 12 月租用了乙公司两层的办公楼作为办公经营场所，取得了乙公司开具的 5％ 的增值税专用发票，并认证相符。由于甲企业的外籍高管经常往返境内外，为节省费用，外籍高管住宿在租用的办公场所内。

问题：甲企业租赁费用的进项税是否应在集体福利与办公经营之间进行划分，计算出用于集体福利的不得抵扣的进项税额？

| 案例解析 |

1．同时混用的不动产，其进项税可以抵扣，不需要划分计算不得抵扣金额

财税〔2016〕36 号文件规定，专用于简易计税方法计税项目、免征增值税项目、集体福利或者个人消费的固定资产、无形资产（不包括其他权益性无形资产）、不动产的进项税额，不得抵扣。但同时混用于不得抵扣项目与可抵扣项目的固定资产、无形资产（不包括其他权益性无形资产）、不动产的进项税额，可以抵扣。

2．经营租赁租入的不动产属于上述规定的范围

上述规定中的固定资产、不动产、无形资产未明确是否包括经营租赁的情况。

财税〔2016〕36 号文件对于不得抵扣的条款的表述为，"涉及的"固定资产、无形资产、不动产专用于不得抵扣项目不允许抵扣进项税，并未明确是纳税人拥有所有权的还是使用权的资产。笔者认为，经营租赁取得的不动产，同时混用于可以抵扣和不得抵扣项目的，可以根据文件规定抵扣其进项税，不需要考虑用于不得抵扣项目的情况。

因此，甲企业不需要划分计算不得抵扣的租赁不动产的进项税额。

| 相关政策浏览 |

《财政部 国家税务总局关于全面推开营业税改征增值税试点的通知》（财税〔2016〕36 号）附件 1

第二十七条　下列项目的进项税额不得从销项税额中抵扣：

（一）用于简易计税方法计税项目、免征增值税项目、集体福利或者个人消费的购进货物、加工修理修配劳务、服务、无形资产和不动产。其中涉及的固定资产、无形资产、不动产，仅指专用于上述项目的固定资产、无形资产（不包括其他权益性无形资产）、不动产。

案例 7　供单位外人员使用的租赁房屋属个人消费，其进项税不得抵扣

甲企业是一家生产企业，为增值税一般纳税人，从外地聘请专家为本单位提供产品生产技术的指导服务。由于时间较长，甲企业在附近小区租赁房屋供专家居住，由企业负担租赁费用及各项费用，甲企业从自然人房东处取得增值税专用发票并通过认证。

问题：甲企业为非本企业人员负担的租赁费用，其进项税是否可抵扣？

| 案例解析 |

从业务实质来讲，该租赁费属于与生产经营相关的支出，且未用于不得抵扣项目，其进项税应可以抵扣。但要注意各地规定的不同。有的地区可能会认为单位之外的人员的费用应按照业务招待费处理，而财税〔2016〕36 号文件规定业务交际费属于个人消费，因此其进项税不得抵扣。应注意各地税务机关不同的政策掌握。

| 相关政策浏览 |

《财政部 国家税务总局关于全面推开营业税改征增值税试点的通知》（财税〔2016〕36 号）附件 1

第二十七条　下列项目的进项税额不得从销项税额中抵扣：

（一）用于简易计税方法计税项目、免征增值税项目、集体福利或者个人消费的购进货物、加工修理修配劳务、服务、无形资产和不动产。其中涉及的固定资产、无形资产、不动产，仅指专用于上述项目的固定资产、无形资产（不包括其他权益性无形资产）、不动产。

纳税人的交际应酬消费属于个人消费。

案例 8　商场为顾客提供免费班车服务，购进的旅客运输服务不得抵扣进项税

甲企业是一家大型商场，为增值税一般纳税人。为促进销售，甲企业从汽车租赁公司租赁大型客车若干辆，在市区各繁华地段设置停车点，沿线接送顾客在商场消费。

问题：甲企业支付班车的租赁费用，其进项税是否可抵扣？

| 案例解析 |

如果商场从汽车租赁公司承租车辆以及驾驶人员，根据上述案例分析，这属于购进旅客运输服务，其进项税不能抵扣。

如果商场仅从汽车租赁公司承租车辆，驾驶人员由商场自己提供，则该业务属于购进有形动产租赁服务，在"购进"的层面，属于可以抵扣的情况，同时在"用于"的层面，未用于不得抵扣的项目，因此该业务进项税可以抵扣。

实务中，现在很多地区的税务机关已经不允许租赁客运交通工具开具增值税专用发票。有纳税人反映，从汽车租赁公司经营租赁车辆无法取得增值税专用发票，据汽车租赁公司介绍，税务机关要求其不得开具增值税专用发票。

| 相关政策浏览 |

《财政部 国家税务总局关于全面推开营业税改征增值税试点的通知》（财税〔2016〕36 号）附件 1

第二十七条　下列项目的进项税额不得从销项税额中抵扣：

（六）购进的旅客运输服务、贷款服务、餐饮服务、居民日常服务和娱乐服务。

案例 9　培训企业购进的外卖食品用于学员餐饮，不属于购进餐饮服务，用于可抵扣项目，其进项税可抵扣

甲企业是一家企业管理培训咨询公司，为增值税一般纳税人。主要为企业提供管理培训服务，业务内容包括为客户理顺部门关系，培训员工管理意识等，以及在本公司培训客户的管理人员，客户要求取得增值税专用发票。培训费中包括为学员提供的餐费。甲企业没有自己的食堂，为保证餐饮质量和安全，从某大型

外卖公司购入食品，并取得了17％的增值税专用发票。

问题：甲企业购买的外卖食品，其进项税是否可抵扣？

| 案例解析 |

1. 外卖食品按照销售货物[1]计征增值税

对于外卖食品，营改增前后基本采用了同样的政策，即按照销售货物计征增值税。纳税人外卖食品未同时提供餐饮场所，不属于提供餐饮服务。因此，纳税人外卖食品，一般纳税人依17％税率计征增值税，小规模纳税人依3％征收率计征增值税。

2. 购入外卖食品不属于购进餐饮服务

根据上述分析，外卖食品按照销售货物计征增值税，相应地，纳税人购进外卖食品属于购进货物，而不是购进餐饮服务，只要不是用于不得抵扣的项目（如用于集体福利、个人消费、简易计税、免税项目），即应允许其进项税抵扣，不能习惯性地见餐饮即认为其进项税不得抵扣。

| 案例延伸 |

一般纳税人提供会议服务，购入外卖食品用于会议餐饮，同理，购进的不是餐饮服务，同时用于可以抵扣的项目，其进项税可抵扣。

| 相关政策浏览 |

1. 《财政部 国家税务总局关于全面推开营业税改征增值税试点的通知》（财税〔2016〕36号）附件1附：《销售服务、无形资产、不动产注释》

一、销售服务

（七）生活服务。

4. 餐饮住宿服务。

（1）餐饮服务，是指通过同时提供饮食和饮食场所的方式为消费者提供饮食消费服务的业务活动。

2. 部分地方政策

〈吉林国税〉机场与其他航空公司签订协议，为误机旅客提供"盒饭"，其购

---

[1]　根据2016年12月21日发布的《财政部 国家税务总局关于明确金融 房地产开发 教育辅助服务等增值税政策的通知》（财税〔2016〕140号）第九条的规定，提供餐饮服务的纳税人销售的外卖食品，按照"餐饮服务"缴纳增值税。

进的盒饭是否允许抵扣进项税？

答：纳税人购进的餐饮服务不得抵扣进项税。餐饮服务是指通过同时提供饮食和饮食场所的方式为消费者提供饮食消费服务的业务活动。销售盒饭属于非现场消费食品销售，因此，餐饮企业将盒饭销售给机场应按食品销售征税（可以选择简易征收），机场购进的盒饭取得专用发票允许抵扣进项税。

案例 10　购入会议服务，其进项税可根据服务项目抵扣

甲企业为大型生产销售企业，年底举办全国供应商大会，乙酒店承办该会议。乙酒店向甲企业发的报价单中包括场地租赁费、餐饮费、住宿费、会议资料费、服务费、设备使用费、安排旅游观光费以及其他娱乐项目等，合计 50 万元。

问题：甲企业取得的上述所有费用是否可取得 6% 税率的会议费增值税专用发票并抵扣？

| 案例解析 |

1. 理论上，会议费的所有组成部分均为会议费收入

对于会议费的增值税问题颇有争议，笔者谈一下个人看法：

理论上说，酒店为提供会议展览服务，就不可避免地发生各种成本费用。会议费是由各种费用加上一定的利润组成的，酒店提供的不是场地租赁服务，餐饮服务，住宿服务等，而是会议展览服务，因此应按照会议展览服务的税目计征增值税，一般纳税人税率为 6%，而不是按照不同的税目计征增值税。

比如，2016 年 6 月国家税务总局的一个发言材料指出，宾馆提供会议服务同时租赁场地的，按照"会议展览服务"征税，而不是按照租赁不动产计征增值税。

2. 实务中会议费税收征管的困难

对于某些观点以及各地税务机关的政策，分项目计征增值税，笔者其实是理解的，因为在征管实践中，会议费是个"筐"，什么都能装，如餐饮费、旅游费、招待费，等等，都伪装成会议费，如果撒开口子，很可能会导致虚假抵扣的泛滥。因此，不少地区的税务机关对在提供会议服务的同时提供的其他服务，要求分别项目开具发票。

因此，购进会议服务，理论上应取得 6% 税率的会议展览增值税专用发票，但实务中仍然要按照当地主管税务机关的政策掌握执行。如果当地主管税务机关要求乙酒店分项目开具发票，则甲企业取得的会议费增值税专用发票可抵扣进项税，但有的项目，比如餐饮费、旅游费、娱乐费等，原则上其进项税不得抵扣。

│ 相关政策浏览 │

1. 2016 年 6 月国家税务总局发言材料

近期，几个地区反映，对宾馆出租会议室取得的场租收入适用的税目及税率，现行政策规定不够明确，有的地区提出，要按照不动产租赁征税，这是不对的。

宾馆出租会议室不是单独提供场地，还包括会议服务，比如整理、打扫、饮水、音响等，这与不动产经营租赁有本质的区别，应按照"会议展览服务"征税。

2. 部分地方政策

（1）〈河北国税〉提供会议服务，且同时提供住宿、餐饮、娱乐、旅游等服务的，在开具增值税专用发票时不得将上述服务项目统一开具为"会议费"，应按照《商品和服务税收分类与编码（试行）》规定的商品和服务编码，在同一张发票上据实分项开具，并在备注栏中注明会议名称和参会人数。

（2）〈北京国税〉公司在酒店举办会议、培训期间，取得的住宿费、餐饮费增值税专用发票，是否可以抵扣进项税额？

答：一般纳税人取得住宿费专用发票，可以按规定进行抵扣。企业购进餐饮服务，进项税额不得从销项税额中抵扣。

案例 11　通行费，其进项税可"计算"抵扣

甲企业是一家运输企业，为增值税一般纳税人。日常业务中取得较多的通行费票据，营改增后，关于此类票据如何抵扣进项税的政策对甲企业增值税税负影响很大，也成为甲企业管理层迫切想了解的增值税政策。2016 年 6 月，甲企业取得高速公路通行费发票（税务机关监制）10.3 万元，取得其他公路通行费票据（税务机关监制）8.4 万元。

问题：甲企业如何根据通行费票据抵扣进项税？

│ 案例解析 │

1. 税务机关监制的通行费发票可计算抵扣进项税

营改增后的通行费票据暂时还未纳入新的税控系统，不能开具增值税专用发票。文件规定，暂按照通行费发票上注明的收费金额计算可抵扣的进项税额。高速公路抵扣率为 3%，其他通行费为 5%。执行日期为 2016 年 5 月 1 日至 7 月 31

日，后来文件规定自 2016 年 8 月 1 日起继续执行，停止时间暂时未定。

$$\frac{高速公路通行费}{可抵扣进项税额} = \frac{高速公路通行费}{发票上注明的金额} \div (1+3\%) \times 3\%$$

$$= 10.3 \div (1+3\%) \times 3\% = 0.3(万元)$$

$$\frac{其他通行费}{可抵扣进项税额} = \frac{通行费发票上}{注明的金额} \div (1+5\%) \times 5\% = 8.4 \div (1+5\%) \times 5\%$$

$$= 0.4(万元)$$

高速公路通行费在营改增前即按照 3% 征收营业税，营改增后政策平移，所以抵扣也只能按照 3% 计算。

注意：财政部门监制的通行费发票不能抵扣。

2. 纳税申报表的填报

取得上述合规票据后，如何在纳税申报表中填报抵扣？

应当按照上述规定计算的增值税额，填报在《增值税纳税申报表附列资料(二)》"其他扣税凭证"中的"其他"项。

实务中，上述票据既无没有纳税人名称，又无车辆信息，被严格税务管理多年的纳税人一时之间无法适应，好多纳税人心存疑虑，甚至不敢填报纳税申报表抵扣。实际上，只要是纳税人真实发生的业务，并取得合规的票据，即可申报抵扣进项税。

3. 账务处理

借：主营业务成本	18
应交税费——应交增值税（进项税额）	0.7
贷：现金	18.7

提示：地税机关监制的发票一般情况下可使用到 2016 年 6 月 30 日，所以 7 月及以后取得的通行费发票必须是国税机关监制的发票，才符合上述抵扣的条件。

| 相关政策浏览 |

1.《财政部 国家税务总局关于进一步明确全面推开营改增试点有关劳务派遣服务、收费公路通行费抵扣等政策的通知》（财税〔2016〕47 号）

二、收费公路通行费抵扣及征收政策

（一）2016 年 5 月 1 日至 7 月 31 日，一般纳税人支付的道路、桥、闸通行费，暂凭取得的通行费发票（不含财政票据，下同）上注明的收费金额按照下列公式计算可抵扣的进项税额：

$$\text{高速公路通行费可抵扣进项税额} = \text{高速公路通行费发票上注明的金额} \div (1+3\%) \times 3\%$$

$$\text{一级公路、二级公路、桥、闸通行费可抵扣进项税额} = \text{一级公路、二级公路、桥、闸通行费发票上注明的金额} \div (1+5\%) \times 5\%$$

通行费，是指有关单位依法或者依规设立并收取的过路、过桥和过闸费用。

（二）一般纳税人收取试点前开工的一级公路、二级公路、桥、闸通行费，可以选择适用简易计税方法，按照5%的征收率计算缴纳增值税。

试点前开工，是指相关施工许可证注明的合同开工日期在2016年4月30日前。

2.《财政部 国家税务总局关于收费公路通行费增值税抵扣有关问题的通知》（财税〔2016〕86号）

一、增值税一般纳税人支付的道路、桥、闸通行费，暂凭取得的通行费发票（不含财政票据，下同）上注明的收费金额按照下列公式计算可抵扣的进项税额：

$$\text{高速公路通行费可抵扣进项税额} = \text{高速公路通行费发票上注明的金额} \div (1+3\%) \times 3\%$$

$$\text{一级公路、二级公路、桥、闸通行费可抵扣进项税额} = \text{一级公路、二级公路、桥、闸通行费发票上注明的金额} \div (1+5\%) \times 5\%$$

通行费，是指有关单位依法或者依规设立并收取的过路、过桥和过闸费用。

二、本通知自2016年8月1日起执行，停止执行时间另行通知。

案例12 ETC卡的进项税抵扣，现阶段政策不明朗

甲企业是一家贸易公司，为增值税一般纳税人。公司业务员经常在全国各地出差，办理验货、质量监督、谈判等业务。公司为自有车辆办理了ETC（不停车电子收费系统）卡，方便高速公路通行。财务部门要求公司业务员报销通行费时，取得增值税专用发票抵扣，经多方查询协调，最终也未能取得增值税专用发票。

问题：甲企业购买ETC卡如何抵扣进项税？

| 案例解析 |

1. ETC 卡充值环节不能抵扣进项税

纳税人无论是从银行代办还是在高速公路公司取得的 ETC 卡，在充值环节均无法取得增值税专用发票抵扣进项税，在充值环节取得的增值税普通发票也不属于财税〔2016〕86 号文件规定的可"计算"抵扣的进项税。因在充值环节，销售方未实际销售通行服务，购买方也未实际接受服务。

总之，在 ETC 卡充值阶段，不得取得增值税专用发票，取得的其他票据也不能计算抵扣进项税，因此在充值环节，不能抵扣进项税。

2. ETC 卡实际消费环节如何抵扣进项税

理论上，ETC 卡实际消费的通行费服务有以下几种进项税的抵扣方式：

(1) 通过银行代办 ETC 卡的，银行作为代收代付方，不能开具增值税专用发票，因其不是实际的增值税纳税义务人，纳税人实际消费后需要增值税专用发票的，必须由委托方自行开具。但是现阶段，高速公路集团公司似乎还不能开具增值税专用发票。

(2) 纳税人在高速公路公司取得 ETC 卡，实际接受了通行服务后，根据实际消费明细取得增值税专用发票可抵扣进项税，但如上所述，现阶段暂时无法取得增值税专用发票。

(3) 纳税人取得 ETC 卡后，实际接受了通行服务后，如果能取得财税〔2016〕86 号文件规定的通行费的增值税普通发票，则可以计算抵扣进项税。但是 ETC 卡是不停车通行的，在通行时取得发票难度较大。

对于 ETC 卡实际消费环节取得的增值税普通发票计算抵扣进项税的问题，国家税务总局在 2016 年 7 月有一个在线访谈这样回答："收费公路通行费抵扣政策中所指的可计算抵扣的通行费发票是指有关单位依法或者依规设立并收取的过路、过桥和过闸费用所开具的发票"，此处所称的"所开具的发票"到底是指我们平时高速公路通行时取得的过路过桥费小票，还是高速公路公司在消费后开具的增值税普通发票，笔者认为语焉不详。同时，在线访谈并没有文件规定的效力，比如纳税人拿着高速公路公司开具的增值税普通发票向当地税务机关咨询是否可抵扣进项税，当地税务机关十有八九不会认可在线访谈的效力，这是笔者的经验，如有兴趣，各位可尝试一下。

(4) 根据当地税务机关的政策执行。现阶段，只有浙江省（宁波除外）对于货车支付卡进项税抵扣的问题做出了规定，其主要解决方式为，凭充值时取得的增值税发票以及实际通行费明细抵扣进项税，且规定车辆的所有人必须是抵扣进项税的纳税人。具体规定见下面的"相关政策浏览"部分。

从这里我们也可以看出，类似于国家税务总局的在线访谈的一些政策精神掌握，只能作为一种参考，不如有当地的税务机关的政策更实在。

3. 关注 53 号公告对于 ETC 卡抵扣进项税的影响

53 号公告对于预付款的增值税政策进行了重要的调整，主要变化在于，纳税人在销售预付款开具发票时不需要计征增值税，可以在开票系统中选择"未发生销售行为的不征税项目"，发票税率栏应填写"不征税"，不得开具增值税专用发票；持卡人在实际消费时，销售方不得开具增值税发票，如此，持卡消费的纳税人在预付卡与实际消费环节均不能取得增值税专用发票。

注意：不是不得开具增值税专用发票，而是不得开具增值税发票。

从 53 号公告的规定来看，ETC 卡也属于预付款的定义范畴，因此不能取得增值税专用发票。但是类似于 ETC 卡或者加油卡等，企业购进且实际消费如果不能抵扣进项税，明显是不现实的。笔者认为，53 号公告对于预付卡的定义还需进一步明确，当然很可能还是用在线访谈等形式进行明确，但希望能以有效力的文件形式进行规范。

这里需要注意一个问题。现在有观点认为，53 号公告所称的"单用途商业预付卡"，根据《单用途商业预付卡管理办法（试行）》的规定，只包括零售业、住宿和餐饮业、居民服务业，所以 ETC 卡、加油卡等不属于单用途预付卡的范围，不需要按照 53 号公告的预付卡规定执行。

笔者认为，税法对于单用途商业预付卡的定义，见于 53 号公告中的描述，而无其他的任何规定，因此，税法概念中的商业预付卡，只能按照 53 号公告中的描述理解。从另一个角度说，如果税法文件中未明确规定，文件中的单用途商业预付卡指的是《单用途商业预付卡管理办法（试行）》中的预付款，则我们不能擅自加以扩大理解。如果以后税法文件予以明确，我们再按照文件执行。

综上所述，除特殊的个别地方政策外，现阶段对于 ETC 卡的进项税抵扣政策并不明朗，取得进项税抵扣有一定的难度。

| 相关政策浏览 |

1. 2016 年 7 月国家税务总局发言材料

银行代委托方收取水费、电费、燃气费、通信费、有线电视费、ETC 通行费等项费用，付款人需要发票的，各省国税局可根据当地营改增前的具体发票开具方式，确定本省的银行代收费开票方式：

（1）银行开具银行代收费业务发票或通用机打发票。

（2）委托方自行开具发票。

（3）银行以委托方名义为纳税人开具普通发票。

需要特别强调的是：

（1）所有发票必须使用国税机关监制的发票。

（2）纳税人需要增值税专用发票的，必须由委托方自行开具，如委托方为小规模纳税人的，可由主管国税机关代开专用发票。

2. 2016 年 7 月国家税务总局在线访谈

［网友 22400］ 第一个问题：公司的车辆统一办理了 ETC 卡充值，充值后取得的发票能否按照过路过桥费计算抵扣？

第二个问题：现在公司 ETC 卡充值后取得发票是增值税普通发票，能否按照财税〔2016〕47 号文件的规定执行？

［国家税务总局货物和劳务税司副司长　林枫］ 关于第一问，ETC 充值卡充值时并未实际接受道路通行服务，其充值取得的发票，不能按照过路过桥费计算抵扣。

关于第二问，财税〔2016〕47 号文件中收费公路通行费抵扣政策中所称的可计算抵扣的通行费发票是指有关单位依法或者依规设立并收取的过路、过桥和过闸费用所开具的发票（不含财政票据）。如您公司取得的增值税普通发票属于上述发票，可按现行规定计算抵扣增值税。

3. 《国家税务总局关于营改增试点若干征管问题的公告》（国家税务总局公告 2016 年第 53 号）

三、单用途商业预付卡（以下简称"单用途卡"）业务按照以下规定执行：

（一）单用途卡发卡企业或者售卡企业（以下统称"售卡方"）销售单用途卡，或者接受单用途卡持卡人充值取得的预收资金，不缴纳增值税。售卡方可按照本公告第九条的规定，向购卡人、充值人开具增值税普通发票，不得开具增值税专用发票。

单用途卡，是指发卡企业按照国家有关规定发行的，仅限于在本企业、本企业所属集团或者同一品牌特许经营体系内兑付货物或者服务的预付凭证。

发卡企业，是指按照国家有关规定发行单用途卡的企业。售卡企业，是指集团发卡企业或者品牌发卡企业指定的，承担单用途卡销售、充值、挂失、换卡、退卡等相关业务的本集团或同一品牌特许经营体系内的企业。

（二）售卡方因发行或者销售单用途卡并办理相关资金收付结算业务取得的手续费、结算费、服务费、管理费等收入，应按照现行规定缴纳增值税。

（三）持卡人使用单用途卡购买货物或服务时，货物或者服务的销售方应按照现行规定缴纳增值税，且不得向持卡人开具增值税发票。

（四）销售方与售卡方不是同一个纳税人的，销售方在收到售卡方结算的销售款时，应向售卡方开具增值税普通发票，并在备注栏注明"收到预付卡结算款"，不得开具增值税专用发票。

售卡方从销售方取得的增值税普通发票，作为其销售单用途卡或接受单用途卡充值取得预收资金不缴纳增值税的凭证，留存备查。

4. 浙江货车支付卡通行费发票抵扣规定

1. 企业凭浙江货车支付卡通行费发票就可以抵扣增值税吗？具体如何办理，有什么条件？

答：经了解，增值税抵扣由企业自行向国税申报，企业需提供：

①抬头为企业名称的我省 ETC 通行费发票；

②申请抵扣车辆行驶高速公路的 ETC 通行费用明细打印件（用户可登录我省 ETC 网站 www.zjetc.cn 下载）；

③申请抵扣车辆的行驶证复印件。

请注意：申请抵扣车辆的行驶证所有人名称须与企业名称一致时（即该车辆为企业自营车辆），方可进行抵扣。

2. 可以具体举个例子来说明吗？

答：储值发票属于预消费范畴，进行抵扣时，应以实际已发生的消费金额为准。抵扣基数金额为企业自营车辆行驶高速公路 ETC 通行费用之和。例如：

A 企业为储值卡单位用户，名下有 10 辆车，其中一辆车行驶证名称为个人所有。企业于 2016 年 5 月 1 日充值 1 000 元，取得票面金额为 1 000 元的充值发票，A 企业凭取得的充值发票（票面金额 1 000 元）向国税申报抵税。需提供的材料为：与企业名称抬头一致的通行费发票、名下 9 辆企业自营车辆的 ETC 通行费用明细［2016 年 5 月 1 日（含）之后的通行费用明细］打印件、9 辆自营车辆行驶证复印件。

申请抵扣时，若提供的自营车辆通行费明细累计消费金额大于等于票面金额，则抵扣基数金额为 1 000 元；若提供的自营车辆通行费明细累计消费金额小于票面金额，则以通行明细累计消费金额作为抵扣基数。

案例 13　取得服务业消费卡、购物卡、会员卡，新政策不允许取得专票

甲企业为增值税一般纳税人，为方便业务人员，在某固定酒店办理了充值消费卡，每月充值 30 万元，主要用于甲企业业务人员的住宿等费用支付。

问题：营改增后，甲企业应如何取得增值税专用发票抵扣进项税？

| 案例解析 |

1.　新文件发布后，购买预付卡无法取得增值税专用发票

2016 年 8 月发布的 53 号公告对于预付卡的各增值税事项进行了规范。文件规定，在充值环节，不得开具增值税专用发票，"单用途卡发卡企业或者售卡企业（以下统称'售卡方'）销售单用途卡，或者接受单用途卡持卡人充值取得的预收资金，不缴纳增值税。售卡方可按照本公告第九条的规定，向购卡人、充值人开具增值税普通发票，不得开具增值税专用发票"；

在实际消费环节，不得开具增值税发票，"持卡人使用单用途卡购买货物或服务时，货物或者服务的销售方应按照现行规定缴纳增值税，且不得向持卡人开具增值税发票"。

而且纳税人没有选择权。比如纳税人选择在充值环节不取得发票，在实际消费环节取得增值税专用发票，但文件并不允许，在实际消费时，"不得向持卡人开具增值税发票"。

因此，甲企业在酒店持卡消费，其中的住宿费根据文件规定也无法取得增值税专用发票抵扣进项税。

与营业税时期政策相比较，营改增前，服务单位在销售预付卡时，并不确认营业税纳税义务；在持卡消费时，根据服务单位所冲减的有价消费卡面值额计征营业税。营改增后，销售方在预付款的充值环节不计征增值税，在实际消费环节按照现行规定缴纳增值税。

2.　对新文件的疑虑

按照 53 号公告的规定，纳税人通过预付款采购货物和服务，无法取得增值税专用发票，比如在商场取得的购物卡、加油站的加油卡、高速公路的 ETC 卡等。如前文所述，53 号公告中并未对预付卡的范围作出规定，因此根据文件规定，我们只能认为其包括所有的预付卡形式。如果包括所有的预付卡形式，类似于 ETC

卡、加油卡等预付卡形式不允许进项税抵扣，笔者认为极不合理，也不太可能。

笔者建议，采用预付卡形式时，若购卡人与消费人一致，则可在消费时取得抬头为购卡人的增值税专用发票；否则，应按照53号公告的规定执行，在实际消费环节不能取得增值税发票。

| 相关政策浏览 |

1.《国家税务总局关于有价消费卡征收营业税问题的批复》（国税函〔2004〕1032号）

消费者持服务单位销售或赠予的固定面值消费卡进行消费时，应确认为该服务单位提供了营业税服务业应税劳务，发生了营业税纳税义务，对该服务单位应照章征收营业税；其计税依据为，消费者持卡消费时，服务单位所冲减的有价消费卡面值额。

2.《国家税务总局关于营改增试点若干征管问题的公告》（国家税务总局公告2016年第53号）

三、单用途商业预付卡（以下简称"单用途卡"）业务按照以下规定执行：

（一）单用途卡发卡企业或者售卡企业（以下统称"售卡方"）销售单用途卡，或者接受单用途卡持卡人充值取得的预收资金，不缴纳增值税。售卡方可按照本公告第九条的规定，向购卡人、充值人开具增值税普通发票，不得开具增值税专用发票。

单用途卡，是指发卡企业按照国家有关规定发行的，仅限于在本企业、本企业所属集团或者同一品牌特许经营体系内兑付货物或者服务的预付凭证。

发卡企业，是指按照国家有关规定发行单用途卡的企业。售卡企业，是指集团发卡企业或者品牌发卡企业指定的，承担单用途卡销售、充值、挂失、换卡、退卡等相关业务的本集团或同一品牌特许经营体系内的企业。

（二）售卡方因发行或者销售单用途卡并办理相关资金收付结算业务取得的手续费、结算费、服务费、管理费等收入，应按照现行规定缴纳增值税。

（三）持卡人使用单用途卡购买货物或服务时，货物或者服务的销售方应按照现行规定缴纳增值税，且不得向持卡人开具增值税发票。

（四）销售方与售卡方不是同一个纳税人的，销售方在收到售卡方结算的销售款时，应向售卡方开具增值税普通发票，并在备注栏注明"收到预付卡结算款"，不得开具增值税专用发票。

售卡方从销售方取得的增值税普通发票，作为其销售单用途卡或接受单用途卡充值取得预收资金不缴纳增值税的凭证，留存备查。

案例 14　停车费的进项税抵扣，必须取得专票

甲企业是一家生产企业，为增值税一般纳税人，自有车辆用于市内交通和差旅等，司机在各地取得停车费发票，以及在小区停车取得停车费发票，以上均未取得增值税专用发票。

问题：甲企业是否可按照通行费发票的方式计算抵扣进项税？

| 案例解析 |

停车费没有可以计算抵扣的特殊政策，只能取得增值税专用发票抵扣。如果停车费收取方选择简易计税，也可以取得 5% 的增值税专用发票，一般纳税人自开，小规模纳税人可以代开。

营改增后，停车费收入按照租赁不动产计征增值税，并可选择简易计税。提供车辆停放服务，如果停车场属于老项目，则一般纳税人可以选择简易计税，征收率 5%。小规模纳税人提供车辆停放服务，根据财税〔2016〕36 号文件的规定，小规模纳税人出租其取得的不动产（不含个人出租住房），应按照 5% 的征收率计算应纳税额。

对于停车场老项目，各地的判定标准不尽一致，要注意各地政策。

| 相关政策浏览 |

1.《财政部 国家税务总局关于全面推开营业税改征增值税试点的通知》（财税〔2016〕36 号）附件 1 附：《销售服务、无形资产、不动产注释》

一、销售服务

（六）现代服务。

5. 租赁服务。

车辆停放服务、道路通行服务（包括过路费、过桥费、过闸费等）等按照不动产经营租赁服务缴纳增值税。

2. 部分地方政策

（1）〈深圳国税〉车辆停放服务属于不动产经营租赁范围。车辆停放服务老项目，是指取得不动产所在地物价管理部门批复的《停车场收费许可证》或《深圳市

房屋建筑项目竣工验收备案收文回执》注明时间为 2016 年 4 月 30 日前的项目。

（2）〈江西国税〉一般纳税人提供停车服务按提供不动产租赁服务征税，适用税率为 11％，如停车场为 2016 年 4 月 30 日前取得，可以选择简易计税方法按 5％征收率征收增值税。小规模纳税人提供停车服务按提供不动产租赁服务征税，征收率为 5％。停车场可以向主管国税机关领用定额发票。

案例 15　物业代收水电气费的进项税抵扣，新文件解决自来水税率差以及营改增后税负增加问题

甲企业是一家大型贸易公司，为增值税一般纳税人，租用商业楼作为办公场所使用。2016 年 5 月未能取得物业公司开具的物业费发票和水电费发票。2016 年 6 月才取得增值税专用发票，甲企业财务人员发现，其中的自来水费是 3％征收率的增值税专用发票，发票含税金额为 10.3 万元。

问题：甲企业为什么会取得 3％自来水费的增值税专用发票，是否可抵扣进项税？

| 案例解析 |

1. 营改增后物业管理服务收取自来水费的税率差问题

营改增后，提供物业管理服务的纳税人，代业主向自来水公司支付的自来水费用，作为转售处理，会出现税率差的问题。自产的自来水可选择简易计税方式，开具 3％的增值税专用发票；而物业管理服务纳税人向业主收取自来水费不符合自产条件，只能选择 13％的税率计征增值税。因此，如果提供物业管理服务的纳税人对于代收的自来水费按照转售方式处理，会出现 10 个百分点左右的税率差，纳税人即使平价转售，也会导致增值税税负的增加，这明显不符合"增值"税的原理。

2. 各地方政策解决方案的缺陷

之前为解决物业管理服务自来水费税率差问题，不少地区规定，物业管理服务纳税人转售给业主的自来水费可选择 3％的征收率。但是该规定在税理上有漏洞：选择 3％简易计税方式却能抵扣进项税，这与用于简易计税方式的进项税不能抵扣的原则相悖；同时，提供物业管理服务的小规模纳税人仍然存在不能抵扣自来水进项税，却仍要按照 3％征收率计征增值税的税负增加问题（对于小规模纳税人来讲，其他如电费、暖气费也存在同样的问题）。

本案例中，甲企业收到的物业公司开具的 3％的自来水增值税专用发票，是

在各地方政策规定的基础上达成的协议，当地主管税务机关允许提供物业管理服务的纳税人向业主开具 3％的自来水增值税专用发票，同时可抵扣取得的自来水公司的 3％进项税额，这明显不符合进项税抵扣的税法原理。

3. 国家税务总局规定采取差额征税简易计税政策

2016 年 8 月，国家税务总局发布的《国家税务总局关于物业管理服务中收取的自来水水费增值税问题的公告》（国家税务总局公告 2016 年第 54 号，以下简称 54 号公告）规定：

提供物业管理服务的纳税人，向服务接受方收取的自来水水费，以扣除其对外支付的自来水水费后的余额为销售额按照简易计税方法依 3％的征收率计算缴纳增值税。

54 号公告采取了对自来水水费采取差额征税并选择简易计税方式的办法，解决了税理上简易计税不能抵扣进项税的原则问题，自来水费税率差对于物业管理纳税人造成的税负增加问题，提供物业管理服务的小规模纳税人销售自来水的税负增加问题。

注意：按照差额征税简易计税方式，不能抵扣进项税。

4. 自来水费之外的其他费用，小规模纳税人仍然存在税负增加问题

54 号公告只对自来水费进行了差额征税和简易计税规定，这意味着其他如电费、暖气费等不能采取相同的政策，在按照转售处理时，采购时抵扣电费 17％进项税，或者取暖费 13％进项税，销售时也按照相同的税率计征增值税，因此对于提供物业管理服务的一般纳税人来讲，自来水之外的电费、暖气费等并不存在税负增加问题。

而对于提供物业管理服务的小规模纳税人来讲，自来水之外的电费、暖气费等，仍然存在不能抵扣进项税，却要按照 3％征收率计征增值税的问题。即 54 号公告并未解决小规模纳税人的自来水费之外的其他费用税负增加的问题。

另外，我们不能忽视各地方的政策，比如对上述问题按照代购处理的规定。代购的政策在营改增前即已存在，也是正式有效的文件。这里尤其需要注意的是，物业公司不能先垫付资金给水电气公司，然后再向业主收取费用，这不符合代购定义中"不垫付资金"的要求，不能作为代购行为处理。

5. 如何开具发票

提供物业管理服务纳税人选择差额征税且简易计税方式的，54 号公告中并未规定扣除部分不得开具增值税专用发票，因此应不属于 23 号公告规定的"按照现行政策规定适用差额征税办法缴纳增值税，且不得全额开具增值税发票"的

情形，在新系统中可不采取差额开票功能，业主可抵扣差额征税前的进项税。本案例中，甲企业可抵扣自来水费的进项税＝10.3÷（1＋3％）×3％＝0.3（万元），而不管物业公司如何差额扣除计征增值税。

如果提供物业管理服务的纳税人平价销售自来水，则其差额扣除后应纳税额为零，或者因收付自来水费时间差等原因，导致差额扣除后应纳税额为负数的，并不影响其向业主开具增值税专用发票。

6. 提供物业服务纳税人收取自来水费是否必须选择差额征收简易计税

54 号公告规定的自来水费差额征税且简易计税的政策，究竟是可以选择的政策，还是必须执行？文件中并未出现"可""应""须"等字样，如果描述为"可"扣除其对外支付的自来水费云云，那么就是可以选择；如果描述为"应"扣除其对外支付的自来水费云云，那么就是必须执行差额征税政策。

既然没有明确规定，笔者认为可以选择政策执行。

7. 风险提示

现阶段很多物业公司根据当地政策，抵扣自来水公司 3％的自来水费进项税后，向业主开具 3％的增值税专用发票。以前没有国家税务总局的文件，按照地方政策执行的只能是过渡政策，现在有了统一明确的文件，就应该与之保持一致，否则简易计税却抵扣进项税，有较大的税务风险。

综上，甲企业可从自来水公司或者提供物业管理服务的纳税人处取得 3％的增值税专用发票，可以抵扣进项税。

│ 相关政策浏览 │

1.《国家税务总局关于部分货物适用增值税低税率和简易办法征收增值税政策的通知》（财税〔2009〕9 号）

（三）一般纳税人销售自产的下列货物，可选择按照简易办法依照 6％征收率[1]计算缴纳增值税

5. 自来水。

2.《国家税务总局关于物业管理服务中收取的自来水水费增值税问题的公告》（国家税务总局公告 2016 年第 54 号）

提供物业管理服务的纳税人，向服务接受方收取的自来水水费，以扣除其对

---

[1]　根据《财政部 国家税务总局关于简并增值税征收率政策的通知》（财税〔2014〕57 号），现已改为 3％征收率。——笔者注

外支付的自来水水费后的余额为销售额按照简易计税方法依 3% 的征收率计算缴纳增值税。

本公告自发布之日起实施。2016 年 5 月 1 日以后已发生并处理的事项，不再作调整；未处理的按本公告规定执行。

3. 部分地方政策

〈山东国税〉物业公司代收水电费、暖气费，缴纳营业税时实行差额征税，开具代开普通发票，而营改增试点政策中并未延续差额征税政策。对此问题，国家税务总局正在研究解决。在新的政策出台之前，可暂按以下情况区分对待：

（1）如果物业公司以自己名义为客户开具发票，属于转售行为，应该按发票金额缴纳增值税；

（2）如果物业公司代收水电费、暖气费等，在国家税务总局明确之前，可暂按代购业务的原则掌握，同时具备以下条件的，暂不征收增值税：

①物业公司不垫付资金；

②自来水公司、电力公司、供热公司等（简称销货方），将发票开具给客户，并由物业公司将该项发票转交给客户；

③物业公司按销货方实际收取的销售额和增值税额与客户结算货款，并另外收取手续费。

物业管理公司向提供方或消费者收取的手续费收入，按照"经纪代理服务"缴纳增值税。

案例 16　纳税人接受旅游服务，根据用途确定其进项税是否可抵扣

甲企业是一家生产企业，为增值税一般纳税人，年底为增强企业凝聚力，通过旅游公司组织员工在外地景区休假，取得旅游公司开具的发票。甲企业管理层认为应取得增值税专用发票，可以抵扣。旅游费用合计为 10.6 万元，取得的增值税专用发票注明增值税额为 0.12 万元。

问题：甲企业接受的旅游服务，是否可抵扣进项税？

| 案例解析 |

1. 购买旅游服务，根据企业所得税政策判定是否可抵扣进项税

购入的旅游服务是否能抵扣进项税，应根据我们上面提及的方式，根据"购进"和"用于"两个层面来判定。购进旅游服务未规定不得抵扣进项税；而购进旅游服务

是否属于用于不得抵扣项目，主要取决于其是否属于集体福利以及个人消费的范畴。

对于企业组织员工的旅游服务，其税前扣除的争议由来已久。政策宽松的地区认为其属于为提高工作效率和凝聚力的与纳税人生产经营有关的业务，因此可以作为集体福利税前扣除，并受限于工资总额 14% 的范围；有的地区税务机关则认为旅游服务属于与企业无关的支出，不允许企业所得税税前扣除。

有人可能认为，企业所得税上的集体福利政策，与增值税的抵扣政策不相干，不能用企业所得税的规定来规范增值税的事。但是据笔者查询，增值税政策对于"集体福利"概念似乎未有明确统一的文件规定。因此笔者认为，现阶段只能根据企业所得税上对于集体福利的政策来规范增值税对于集体福利的判定。

将旅游费用用于与纳税人生产经营有关的业务，不属于不得抵扣项目的情况，应该是可以抵扣进项税的。比如，纳税人将旅游费作为促销手段，赠送给客户；纳税人用于商务考察；旅行社购买的旅游费用（用于差额扣除除外）等，现国家层面对此尚未做出具体的规定。有地方政策对此有掌握精神。

综上，甲企业组织员工旅游的费用，无论是当地税务机关将其作为集体福利还是作为与企业生产经营无关的费用处理，其进项税均不得抵扣。

2. 如何开具发票

假设各种成本费用、门票、住宿费、接团费用等合计 8.48 万元，则旅游公司应增值税应纳税额＝（10.6－8.48）÷（1＋6%）×6%＝0.12（万元），根据文件规定，销售旅游服务可以执行差额征税政策，但是差额扣除的部分不得开具增值税专用发票。因此，即使旅游公司开具增值税专用发票，也只能差额开具税额为0.12 万元的发票。

实务中，销售旅游服务的纳税人，通常可能会先收取客户的费用，此时尚无法取得差额扣税的凭证，因此不能准确计算差额征税的税额。同时，在提供旅游服务之前预收的款项，未达到增值税纳税义务发生时间，提供了旅游服务才应计征增值税，但是如果在预收环节开具发票，则根据财税〔2016〕36 号文件的规定，达到了增值税纳税义务发生时间。因此，在预收旅游费用时，建议先向客户开具收据，待正式提供了旅游服务，取得合法扣除凭证后，再换开增值税专用发票。

｜ 相关政策浏览 ｜

1. 《国家税务总局纳税服务司关于下发营改增热点问题答复口径和营改增培训参考材料的函》（税总纳便函〔2016〕71 号）

《试点实施办法》第二十七条第（六）项明确规定进项税额不得抵扣的项目

包括旅客运输服务、贷款服务、餐饮服务、居民日常服务和娱乐服务等，并未包括旅游服务。旅游服务的进项税额能否抵扣，应从以下方面把握：如果这项旅游服务用于集体福利或者个人消费，支付的旅游费不能作为进项税额抵扣；但是，如果支付的旅游费用于生产经营，比如公务考察时，由旅游公司统一安排交通和住宿，支付给旅游公司的支出属于用于生产经营的，这部分费用支出的进项税额是可以抵扣的。即旅游服务支出用于生产经营作为进项税额才能抵扣，用于集体福利和个人消费不能抵扣。

2. 部分地方政策

(1)〈河南国税〉一般纳税人购买旅游服务，是否可以抵扣进项税额？

答：根据财税〔2016〕36 号文件规定，下列项目的进项税额不得从销项税额中抵扣：一是用于简易计税方法计税项目、免征增值税项目、集体福利或者个人消费的购进货物、加工修理修配劳务、服务、无形资产和不动产。纳税人的交际应酬消费属于个人消费。……六是购进的旅客运输服务、贷款服务、餐饮服务、居民日常服务和娱乐服务。

因此，如果一般纳税人购买旅游服务取得了合法有效的抵扣凭证，且不属于不得从销项税额中抵扣进项税额的项目，可以抵扣进项税额。如：旅游公司将部分业务进行外包，向其他旅游公司购买部分旅游服务，取得合法有效扣税凭证后可以抵扣；纳税人委托旅游公司组织的和生产经营相关的考察会务活动，取得合法有效扣税凭证后可以抵扣；企业为员工提供的娱乐性旅游属于集体福利，不可以抵扣；企业出于商业经营目的，为其他企业提供娱乐性旅游的交际应酬消费属于个人消费，不可以抵扣。

(2)〈河南国税〉旅游业差额开具增值税发票问题

答：根据财税〔2016〕36 号文件规定：试点纳税人提供旅游服务，可以选择以取得的全部价款和价外费用，扣除向旅游服务购买方收取并支付给其他单位或者个人的住宿费、餐饮费、交通费、签证费、门票费和支付给其他接团旅游企业的旅游费用后的余额为销售额。选择以该办法计算出的销售额作为开票依据的，以下简称"差额开具"。

现实中，旅游服务提供方和购买方一般先签订合同或协议，购买方预支旅游费用后，提供方再履行合同义务提供旅游服务。购买方预支旅游费用的同时会向提供方索取增值税专用发票用于抵扣，但此时提供方尚不能清楚计算允许扣除的支付给其他单位或个人或其他接团旅游企业的旅游费用。对此，可暂按以下两种方式处理：

一是旅游服务提供方和购买方签订合同或协议时先行约定，待提供方取得相关旅游费用凭证后，再向购买方差额开具增值税专用发票。

二是旅游服务购买方预支旅游费用后，提供方先向购买方全额开具增值税普通发票，待取得相关旅游费用凭证后，再视普票是否已跨月作分别处理：1. 如果普票尚未跨月，可将普票作废并收回，再向购买方差额开具增值税专用发票。2. 如果普票已跨月，旅游服务提供方可以先差额开具红字增值税普通发票，再差额开具增值税专用发票。如：纳税人提供旅游服务，取得的全部价款和价外费用为 100 万元，允许扣除的旅游费用为 80 万元，两者差额为 20 万元，假设 2016 年 6 月，旅游服务提供方先向购买方开具了 100 万元的普票，2016 年 7 月取得 80 万元允许扣除的旅游费用凭证，那么 7 月可先开具 20 万元红字普票，再开具 20 万元专票，即差额部分开专票，允许扣除部分开普票。

案例 17　接受劳务派遣服务，差额开票抵扣进项税

甲企业是一家生产企业，为增值税一般纳税人。由于生产的产品是金属制品，经常出现被盗丢失现象，曾经发生过企业内部保安人员内外勾结、监守自盗的情况。甲企业管理层决定从正规的保安公司聘请外部保安人员，并且要求每半年轮换一次保安人员，以确保其第三方的独立性。营改增后，甲企业财务部门发现取得的是 5％征收率的增值税普通发票。甲企业每月支付的劳务派遣费用为 5.25 万元。

问题：甲企业购入劳务派遣服务，如何抵扣进项税？

| 案例解析 |

1. 保安服务按照劳务派遣服务政策开具 5％征收率发票

财税〔2016〕47 号文件规定，一般纳税人提供劳务派遣服务，可以选择差额征税，取得的全部价款和价外费用扣除劳务派遣员工的工资福利社保公积金后的余额为销售额，按照简易计税办法 5％征收率计征增值税。

《财政部 国家税务总局关于进一步明确全面推开营改增试点有关再保险、不动产租赁和非学历教育等政策的通知》（财税〔2016〕68 号）规定，纳税人提供安全保护服务，比照劳务派遣服务政策执行。

因此，保安公司开的 5％征收率的发票，一定是因为其选择了差额征税，否则应是 6％的税率。

假设本案例中某月保安公司的扣除费用为 3.15 万元，则保安公司应纳增值税额＝（5.25－3.15）÷（1＋5％）×5％＝0.1（万元）。保安公司可以选择差

额开票功能，开具增值税额为 0.1 万元、不含税销售额为 5.15 万元的增值税专用发票；或者开具增值税普通发票价税合计 3.15 万元，增值税专用发票价税合计 2.1 万元，效果是一样的，开具的 3.15 万元的增值税普通发票，可以选择零税率，也可以选择在增值税纳税申报表中填报销售额的扣除项目，效果也是一样的。

2. 全额开具普通发票的原因

保安公司选择全额开具增值税普通发票，可能是因为其担心暴露其利润空间，同时可以抵扣的税额比较小，有的客户可能不在乎。甲企业可以要求其就差额扣除后的销售额开具增值税专用发票。

| 相关政策浏览 |

1.《财政部 国家税务总局关于进一步明确全面推开营改增试点有关劳务派遣服务、收费公路通行费抵扣等政策的通知》（财税〔2016〕47 号）

一般纳税人提供劳务派遣服务，可以按照《财政部 国家税务总局关于全面推开营业税改征增值税试点的通知》（财税〔2016〕36 号）的有关规定，以取得的全部价款和价外费用为销售额，按照一般计税方法计算缴纳增值税；也可以选择差额纳税，以取得的全部价款和价外费用，扣除代用工单位支付给劳务派遣员工的工资、福利和为其办理社会保险及住房公积金后的余额为销售额，按照简易计税方法依 5% 的征收率计算缴纳增值税。

小规模纳税人提供劳务派遣服务，可以按照《财政部 国家税务总局关于全面推开营业税改征增值税试点的通知》（财税〔2016〕36 号）的有关规定，以取得的全部价款和价外费用为销售额，按照简易计税方法依 3% 的征收率计算缴纳增值税；也可以选择差额纳税，以取得的全部价款和价外费用，扣除代用工单位支付给劳务派遣员工的工资、福利和为其办理社会保险及住房公积金后的余额为销售额，按照简易计税方法依 5% 的征收率计算缴纳增值税。

选择差额纳税的纳税人，向用工单位收取用于支付给劳务派遣员工工资、福利和为其办理社会保险及住房公积金的费用，不得开具增值税专用发票，可以开具普通发票。

2.《财政部 国家税务总局关于进一步明确全面推开营改增试点有关再保险、不动产租赁和非学历教育等政策的通知》（财税〔2016〕68 号）

四、纳税人提供安全保护服务，比照劳务派遣服务政策执行。

案例 18　购入人力资源外包服务，进项税只能抵扣差额征税后的税额

甲企业是一家外资企业，为增值税一般纳税人。企业实行密薪制，人力资源部门负责企业的核心人力资源业务，其中的员工工资计算发放、社会保险费和住房公积金的发放，以及个人所得税的扣缴等业务由人力资源外服公司负责，以保障职工薪酬的保密性。2016 年 6 月，甲企业向人力资源外服公司支付款项 300 万元，其中包括 294.75 万元的代付工资社保公积金等费用。

问题：甲企业购入人力资源外包服务，如何抵扣进项税？

| 案例解析 |

1. 人力资源外包的增值税计征方式

根据文件规定，该人力资源外服公司提供的是人力资源外包服务，其增值税销售额不包括受客户单位委托代为向客户单位员工发放的工资和代理缴纳的社会保险、住房公积金。同时，向委托方收取并代为发放的工资和代理缴纳的社会保险、住房公积金，不得开具增值税专用发票，可以开具普通发票。而且如果是一般纳税人提供人力资源外包服务，可以选择适用简易计税方法，按照 5% 的征收率计算缴纳增值税。

因此，该人力资源外服公司应纳增值税额＝(300－294.75)÷(1+5%)×5%＝0.25（万元），开具增值税专用发票，价税合计 5.25 万元，增值税额为 0.25 万元，甲企业可以抵扣 0.25 万元的进项税。此处的 300－294.75＝5.25（万元），是人力资源外服公司提供服务的费用。

2. 人力资源外包不执行差额征税政策

这里需要特别注意，很多人认为人力资源外包应执行差额征税政策，但笔者认为不是。文件规定得非常清楚，"纳税人提供人力资源外包服务，按照经纪代理服务缴纳增值税，其销售额不包括受客户单位委托代为向客户单位员工发放的工资和代理缴纳的社会保险、住房公积金"。其含义是，提供人力资源外包服务的销售额，本身即不包含上述的扣除部分，并不是本身是销售额，后又扣除的情况。从业务实质来看，人力资源外包收取的这部分代发工资社保公积金金额，属于代收代付部分，在增值税的计算以及账务处理中，均可作为代收代付部分安排。

3. 人力资源外包实务中的税务风险

实务中，有的人力资源外包企业会将代收代付的这部分金额也开具发票，然后采取零税率或者纳税申报表中差额扣除的方式，类似于差额征税的效果。笔者认为，这样操作很可能会虚增企业的收入和成本，虚增纳税人在企业所得税上的税前扣除收入基数，比如业务招待费、广告宣传费等根据收入比例税前扣除的费用等，存在较大的税务风险。

另外，如果人力资源外包企业是增值税小规模纳税人，那么全额计入收入很可能导致其年销售额超过小规模纳税人标准，被要求认定为一般纳税人；也可能导致其销售额超过月 3 万元或者季度 9 万元的免征增值税标准。

| 相关政策浏览 |

《财政部 国家税务总局关于进一步明确全面推开营改增试点有关劳务派遣服务、收费公路通行费抵扣等政策的通知》（财税〔2016〕47 号）

三、其他政策

（一）纳税人提供人力资源外包服务，按照经纪代理服务缴纳增值税，其销售额不包括受客户单位委托代为向客户单位员工发放的工资和代理缴纳的社会保险、住房公积金。向委托方收取并代为发放的工资和代理缴纳的社会保险、住房公积金，不得开具增值税专用发票，可以开具普通发票。

一般纳税人提供人力资源外包服务，可以选择适用简易计税方法，按照 5% 的征收率计算缴纳增值税。

案例 19　同时混用于免税和应税品的不动产，进项税无须划分转出

甲企业是一家生产企业，为增值税一般纳税人。企业为扩大生产规模，2016 年 6 月自建厂房用于增加生产线，该生产线预计生产两种产品，一种是免增值税产品，一种是应增值税产品（税率 17%）。营改增后自建的不动产的进项税，需要分为两年抵扣。

问题：甲企业购置的生产线，既需两年抵扣，又要区分免增值税和征增值税进项税，应如何操作？

| 案例解析 |

甲企业财务部门混淆了一个非常重要的概念，即混用于应增值税项目和免增

值税项目的不动产相关的进项税，不需要转出进项税额。

财税〔2016〕36 号文件规定，专门用于简易计税方法计税项目、免征增值税项目、集体福利或者个人消费的购进固定资产、无形资产和不动产，其进项税额不得从销项税额中抵扣。但是混用的情况，则不需要转出进项税，如本案例中同时用于生产应税产品和免税产品的厂房，相关的进项税不需要转出。

注意：这里不要混淆概念，不需要按照免税收入和应税收入的比例划分不得抵扣的进项税，很多纳税人对此并不清楚。

增值税这样处理，主要是因为在实务中，不动产发生混用的情况较多，难以清楚划分，比例也难以固定，不具有操作性，因此规定了有利于纳税人的简便处理原则。

提示：此处要注意"同时"混用的概念，如果不是同时混用，先用于可以抵扣项目后改为不得抵扣项目，或者先用于不得抵扣项目后改为可以抵扣项目的不动产，其进项税有明确的处理方式。

| 相关政策浏览 |

《财政部 国家税务总局关于全面推开营业税改征增值税试点的通知》（财税〔2016〕36 号）附件 1

第二十七条 下列项目的进项税额不得从销项税额中抵扣：

（一）用于简易计税方法计税项目、免征增值税项目、集体福利或者个人消费的购进货物、加工修理修配劳务、服务、无形资产和不动产。其中涉及的固定资产、无形资产、不动产，仅指专用于上述项目的固定资产、无形资产（不包括其他权益性无形资产）、不动产。

案例 20　购进其他权益性无形资产，无须区分用途，进项税均可抵扣

甲企业是一家大型零售商店，为增值税一般纳税人，支付给总店加盟费 10.6 万元，取得增值税专用发票。总店允许甲企业使用统一的商标以及装修风格，统一配送货物，达到一定销售额还会增加折扣。

甲企业销售的产品中，有应税产品，也有免税产品，还有部分商品用于集体福利和个人消费。根据规定，用于免增值税项目的进项税不得抵扣，无法划分的，应根据销售额比例进行划分；用于集体福利和个人消费的进项税不得抵扣。

购入的加盟费，混用于上述可以抵扣和不得抵扣项目。

问题：甲企业支付的加盟费，进项税应如何抵扣？

| 案例解析 |

1. 加盟费属于其他权益性无形资产

财税〔2016〕36 号文件规定，其他权益性无形资产，包括基础设施资产经营权、公共事业特许权、配额、经营权（包括特许经营权、连锁经营权、其他经营权）、经销权、分销权、代理权、会员权、席位权、网络游戏虚拟道具、域名、名称权、肖像权、冠名权、转会费等。

因此本案例中甲企业支付的加盟费，属于增值税概念中的其他权益性无形资产。

2. 其他权益性无形资产在任何情况下均可抵扣进项税

财税〔2016〕36 号文件规定，固定资产、不动产以及无形资产专用于不得抵扣项目时，需转出进项税，而文件在表述该条款时，将"其他权益性无形资产"从"无形资产"中剔除。这种表述方式可能会导致两种不同的理解：

第一，"其他权益性无形资产"不执行固定资产、不动产以及无形资产比较"宽松"的规定，而是在专用于以及混用于不得抵扣项目时，均不得抵扣；

第二，"其他权益性无形资产"专用于以及混用于不得抵扣项目时，不需要转出进项税。

据笔者猜测，大部分人可能持第一种理解，但实际上第二种才是官方的理解。

比如，本案例中甲企业支付加盟费，既用于销售应税货物，也用于销售免税货物以及集体福利和个人消费，加盟费的进项税均可抵扣。

综上，纳税人购进其他权益性无形资产，无论是专用于简易计税方法计税项目、免征增值税项目、集体福利或者个人消费，还是兼用于上述不允许抵扣项目，均可以抵扣进项税额。

| 相关政策浏览 |

1. 《财政部 国家税务总局关于全面推开营业税改征增值税试点的通知》（财税〔2016〕36 号）附件 1

第二十七条　下列项目的进项税额不得从销项税额中抵扣：

（一）用于简易计税方法计税项目、免征增值税项目、集体福利或者个人消费的购进货物、加工修理修配劳务、服务、无形资产和不动产。其中涉及的固定资产、无形资产、不动产，仅指专用于上述项目的固定资产、无形资产（不包括其他权益性无形资产）、不动产。

其他权益性无形资产，包括基础设施资产经营权、公共事业特许权、配额、经营权（包括特许经营权、连锁经营权、其他经营权）、经销权、分销权、代理权、会员权、席位权、网络游戏虚拟道具、域名、名称权、肖像权、冠名权、转会费等。

2. 国家税务总局货劳司营改增培训参考资料

对纳税人涉及的固定资产、无形资产、不动产项目的进项税额，凡发生专用于简易计税方法计税项目、免征增值税项目、集体福利或个人消费项目的，该进项税额不得予以抵扣；发生兼用于上述不允许抵扣项目情况的，该进项税额准予全部抵扣。

另外，由于其他权益性无形资产涵盖面非常广，往往涉及纳税人生产经营的各个方面，没有具体使用对象，因此，将其从专用于简易计税方法计税项目、免征增值税项目、集体福利或者个人消费的购进的无形资产不得抵扣进项税额范围中剔除，即：纳税人购进其他权益性无形资产无论是专用于简易计税方法计税项目、免征增值税项目、集体福利或者个人消费，还是兼用于上述不允许抵扣项目，均可以抵扣进项税额。

案例 21　无法划分的进项税抵扣，莫曲解公式

某生产企业为增值税一般纳税人，某月增值税资料如表 1-1 所示：

表 1-1　　　　　　　　　某企业增值税资料　　　　　　　单位：万元

采购	金额	进项税	生产产品	销售额	销项税额	备注
原材料 A	100	17	A	200	34	原材料 A 专用于生产产品 A
原材料 B	200	34	B	400	68	原材料 B 专用于生产产品 B
原材料 C	200	34	C	400	0	原材料 C 专用于生产产品 C，C 为免增值税税产品
原材料 D	300	51	B+C			原材料 D 为辅料，B 和 C 产品均使用，但 A 产品不使用
外购产品 E	1 000	170	外购产品 E	1 200	204	外购产品 E 购入后销售，无加工过程
水电	300	50	A+B+C			水电费取得的进项税，用于生产 A+B+C 产品
其他进项	300	50	A+B+C+E			其他进项，全部用于产品生产或销售
合计	2 400	405		2 200	306	

一般纳税人兼有简易计税或免税项目，无法划分的进项税，按照简易计税或

免税项目的销售额与全部销售额的比例计算不得抵扣的进项税，其公式为：

$$\text{不得抵扣的进项税额} = \frac{\text{当期无法划分的全部进项税额}}{\text{当期全部销售额}} \times \left(\text{当期简易计税方法计税项目销售额} + \text{免征增值税项目销售额} \right) \div$$

甲企业财务部门认为，该公式中的"当期全部销售额"，只包括无法划分的进项税对应的销售额。

问题：甲企业应如何确定公式中的"当期全部销售额"？

| 案例解析 |

当月无法划分清楚的进项税，包括采购原材料 D 的 51 万元，用于生产应税产品 B 和免税产品 C；购买水电的进项税 50 万元，用于生产应税产品 A、B 和免税产品 C；其他进项税 50 万元，用于生产全部产品，A＋B＋C＋E，合计 151 万元。

其他的进项税可以清楚地划分为可以抵扣和不能抵扣的进项税。

上述公式中的分母，如果按照"无法划分的进项税额对应的销售额"计算，实务中存在两个问题：一是比较烦琐，二是基本不具备可操作性。本来使用销售额比例计算不得抵扣的进项税就是个匡算的过程，销售额与进项税抵扣之间本身没有稳定的函数关系，国家税务总局也说得很明白，按照销售额比例法进行换算是税收管理中常用的方法，与此同时还存在其他的划分方法。一般情况下，按照销售额比例划分是比较简单的方法，可操作性较强，便于纳税人和税务机关操作。所以，销售比例法计算不是最准确的，也不一定是最不准确的，只是可操作性较强，如果有更好的方法，可以在核算完备的情况下，与税务机关确认后采取更为合理的方式。但是，如果要使用销售额比例法，就要严格按照文件中的公式，不要随意扩大理解。也可以使用别的游戏规则。

上述的例子是比较简单的，如果遇到更复杂的情况，不但纳税人财务部门操作困难，税务机关也很难进行有效的监管。

上述案例按照文件中的公式计算：

$$\text{不得抵扣的进项税额} = \frac{\text{当期无法划分的全部进项税额}}{\text{当期全部销售额}} \times \left(\text{当期简易计税方法计税项目销售额} + \text{免征增值税项目销售额} \right) \div$$

$$= 151 \times 400 \div (200 + 400 + 400 + 1\,200) = 27.45 \text{(万元)}$$

一般情况下，按照文件中的公式计算，会比前一种计算方式转出的进项税要少，因为分母大。

综上，一般纳税人兼有简易计税或免税项目，无法划分的进项税，按照销售额比例计算不得抵扣的进项税时，公式中的当期全部销售额应是全部的销售额，而不只是无法划分的进项税对应的销售额。需要强调的是，按照销售额比例计算不得抵扣进项税，只是一种简单且可操作性强的匡算，鉴于实务中的复杂性，这种方法是相对比较合理的，而且一般不会增加纳税人的负担，不用担心按照文件中的公式计算会产生税务风险。

| 相关政策浏览 |

《财政部 国家税务总局关于全面推开营业税改征增值税试点的通知》（财税〔2016〕36 号）附件 1

第二十九条 适用一般计税方法的纳税人，兼营简易计税方法计税项目、免征增值税项目而无法划分不得抵扣的进项税额，按照下列公式计算不得抵扣的进项税额：

$$\text{不得抵扣的进项税额} = \text{当期无法划分的全部进项税额} \times \left(\text{当期简易计税方法计税项目销售额} + \text{免征增值税项目销售额} \right) \div \text{当期全部销售额}$$

主管税务机关可以按照上述公式依据年度数据对不得抵扣的进项税额进行清算。

案例 22　营改增后发生非正常损失的进项税转出，"管理不善"概念有变化

甲企业是一家生产企业，为增值税一般纳税人。某月发生增值税事项如下：

发生原材料盘亏，成本为 10 000 元；外购商品因仓库潮湿毁损，已没有使用价值，只能销毁，成本 30 000 元；预计使用 10 年的生产设备，在第 6 年做报废处理，报废时净值 10 万元；运输的危险化学品，因证件到期未及时更新，被相关部门没收；营改增后新建的不动产，由于规划证不到位，被有关部门勒令限期拆除。

问题：甲企业应如何计算上述业务的进项税转出额？

| 案例解析 |

营改增后，财税〔2016〕36 号文件规定，非正常损失，是指因管理不善造成货物被盗、丢失、霉烂变质，以及因违反法律法规造成货物或者不动产被依法没收、销毁、拆除的情形。

相比较之前的"非正常损失"概念，区别主要在于增加了"因违反法律法规造成货物或者不动产被依法没收、销毁、拆除的情形"。

本案例中的原材料盘亏，一般认为是由于管理原因造成的，应转出进项税额；外购商品由于仓库受潮发生损失，也属于管理不善，应转出进项税额；固定资产提前报废，没有明确规定认为其属于管理不善造成的损失，实务中一般认为其属于管理不善造成的损失，应转出进项税额；产品以及不动产因为违法发生的没收与拆除，都属于非正常损失，应转出进项税额。

| 案例延伸 |

（1）餐饮企业购进新鲜食材，还没用完就过期或变质，不属于管理不善；

（2）超市销售的食品过了保质期还没有卖掉就销毁了，不属于管理不善；

（3）拆除了的建筑工地的临时建筑，不属于非正常损失的不动产，其进项税额不需要转出。

| 相关政策浏览 |

《财政部 国家税务总局关于全面推开营业税改征增值税试点的通知》（财税〔2016〕36 号）附件 1

第二十八条 ……

非正常损失，是指因管理不善造成货物被盗、丢失、霉烂变质，以及因违反法律法规造成货物或者不动产被依法没收、销毁、拆除的情形。

案例 23　在产品、产成品发生非正常损失，固定资产、不动产、无形资产均不需要转出进项税

甲企业是一家生产企业，为增值税一般纳税人。2017 年 10 月生产的产品因仓库漏水发生变质，产品成本为 10 万元，进项税额包含原材料、水电气费、运输费，以及生产该产品的设备、生产该产品所在的厂房的进项税额等。甲企业的财务人员

在计算应转出的进项税额时，不知如何计算相应的设备以及厂房的进项税额。

问题：在产品、产成品发生非正常损失，相关的固定资产、不动产以及无形资产的进项税应如何计算转出？

| 案例解析 |

1. 在产品、产成品非正常损失不需要转出固定资产的进项税

此处甲企业财务人员混淆了概念。财税〔2016〕36 号文件规定，非正常损失的在产品、产成品所耗用的购进货物（不包括固定资产）、加工修理修配劳务和交通运输服务，不得抵扣进项税。

文件明确规定，在产品、产成品耗用的购进货物，不包括固定资产，即在产品、产成品发生非正常损失时，耗用的固定资产的进项税不需要转出。

设备进项税随着损耗逐渐转入产品或服务中，不能因为非正常损失了 10 万元的产品，而把所有相关设备的进项税全部做进项税转出，这肯定是不合理的，该设备仍然在继续生产其他产品。而按照有的观点，计算非正常损失的产品负担的固定资产的进项税，在实务中实是不具可操作性，比如一个设备生产多种产品，一种产品由多个设备生产等复杂的情况。因此，税务上采取了简单易行且有利于纳税人的措施，非正常损失的在产品、产成品应转出的进项税额中不包括固定资产。

2. 在产品、产成品非正常损失不需要转出不动产、无形资产的进项税额

非正常损失的产品中包含的厂房的进项税，是否应该转出？有观点认为相关文件中并未明确规定"不包括不动产"，但实际上税务文件是有明确规定的，分析如下：

《中华人民共和国增值税暂行条例实施细则》规定，货物，是指有形动产，包括电力、热力、气体在内。

财税〔2016〕36 号文件规定，固定资产，是指使用期限超过 12 个月的机器、机械、运输工具以及其他与生产经营有关的设备、工具、器具等有形动产。

因此，增值税概念中的固定资产，属于有形动产，属于"货物"的范畴，在产品、产成品发生非正常损失，相关的购进货物需要转出进项税，虽然固定资产也属于货物，但根据上述分析，其进项税不需要转出，因此条款中特意规定"不包括固定资产"。

不动产和无形资产不属于上述"货物"的范围，因此不需要特意指出不包括不动产和无形资产。需要注意的是，在产品、产成品非正常损失需要转出进项税的范围是明确列举的，并没有任何托底条款，只包括"货物、加工修理修配劳务和交通运输服务"这三个项目，不动产和无形资产不属于这三个项目的范畴，因

此不需要转出进项税额。

综上，在产品、产成品发生非正常损失，相关的固定资产、不动产以及无形资产的进项税不需要转出。

| 相关政策浏览 |

1.《财政部 国家税务总局关于全面推开营业税改征增值税试点的通知》（财税〔2016〕36 号）附件 1

第二十七条 下列项目的进项税额不得从销项税额中抵扣：

（三）非正常损失的在产品、产成品所耗用的购进货物（不包括固定资产）、加工修理修配劳务和交通运输服务。

2.《财政部 国家税务总局关于全面推开营业税改征增值税试点的通知》（财税〔2016〕36 号）附件 1 附：《销售服务、无形资产、不动产注释》

三、销售不动产

不动产，是指不能移动或者移动后会引起性质、形状改变的财产，包括建筑物、构筑物等。

3.《中华人民共和国增值税暂行条例实施细则》

第二条 条例第一条所称货物，是指有形动产，包括电力、热力、气体在内。

案例 24 营改增前的留抵税额，根据货物与服务销售额比例计算抵扣

甲企业是一家大型商场，为增值税一般纳税人，兼有销售货物和劳务派遣的业务。截至 2016 年 4 月 30 日，增值税留抵税额为 100 万元。2016 年 5 月发生相关增值税业务如下：销售货物取得不含税销售收入 1 000 万元，销项税额为 170 万元；劳务派遣取得销售收入 106 万元，销项税额为 6 万元。本月取得进项税共 150 万元。

甲企业财务人员在 2016 年 6 月填报所属期为 5 月的增值税纳税申报表时，发现 100 万元的留抵税额不见了，后经仔细查找，发现该留抵税额转移到了增值税纳税申报表主表的"本年累计"栏中。甲企业的财务人员非常不解：这是否意味着以后期间均不能使用这部分留抵税额？且本月还实现了 0.89 万元的增值税额，不知是如何计算得出的。

甲企业财务部门已经上报了本月的资金预算，现在即使发生了小金额的变动，也需要向管理层上报变动原因，因此一定要知晓其计算方式。

问题：营改增后增值税留抵税额如何计算抵扣？

| 案例解析 |

1. 营改增后增值税留抵税额的计算

步骤 1：计算销售货物销项税比例。

$$170 \div (170 + 6) = 96.59\%$$

步骤 2：计算不考虑留抵税额的货物增值税应纳税额。

$$应纳税额 = (170 + 6 - 150) \times 96.59\% = 26 \times 96.59\% = 25.11(万元)$$

步骤 3：计算期初挂账留抵税额本期抵减数，即实际抵扣税额（本年累计）＝未抵减挂账留抵税额时货物的应纳税额与上期留抵税额（本年累计）孰小值 25.11 万元。

步骤 4：计算应补（退）税额。

$$应补(退)税额 = (170 + 6) - 150 - 25.11 = 0.89(万元)$$

2. 对上述计算步骤的理解

财税〔2016〕36 号文件规定，原增值税一般纳税人兼有销售服务、无形资产或者不动产的，截止到纳入营改增试点之日前的增值税期末留抵税额，不得从销售服务、无形资产或者不动产的销项税额中抵扣。

本案例中，营改增前的增值税留抵税额为 100 万元，本月共实现增值税额 26 万元（抵扣留抵税额前），这其中包括销售货物与销售服务实现的增值税额，用销售货物实现的销项税额占总销项税额的比例 96.59%，计算划分属于销售货物的增值税额 25.11 万元（26×96.59%）。此部分根据文件规定，可用营改增前的增值税留抵税额抵扣，而剩余的销售服务的增值税额 0.89 万元，不能用营改增前的增值税留抵税额抵扣。

因此，计算的销售服务的增值税额 0.89 万元，本月应缴纳；剩余的留抵税额 74.89 万元（100－25.11），可以继续抵扣以后期间销售货物以及销售加工修理修配劳务实现的销售额所对应的销项税额，直至抵扣完毕。

3. 在纳税申报表中的反映

在 5 月的增值税纳税申报表中，期初留抵税额 100 万元自动转到了"本年累计栏"的上期留抵税额中，本期应纳税额为 0.89 万元，本期累计中的期末留抵税额变为：100－25.11＝74.89（万元）。

注意：虽然账务上将增值税留抵税额 100 万元计入了进项税转出，但是在纳税申报表上并不是在进项税转出中体现，而是将其放入"本年累计"栏中，所以会导致出现账表不符的问题。

有的纳税人会有疑问：如果上述案例中，还兼有咨询费业务，咨询费在营改增前即已经缴纳增值税，若在营改增前申报，则可以抵扣留抵税额，但是若在营改增之后申报，则不可以抵扣留抵税额，这是什么道理？笔者认为，这也是该政策不合理的方面之一。

4. 营改增后留抵税额处理的原理

如此处理的源头是《财政部关于营改增试点预算管理问题的通知》（财预〔2013〕275 号）。根据该文件的规定，营改增前的原增值税按照中央 75％、地方财政 25％的比例分配；营改增后的增值税，则 100％归地方财政（注意，现在该方式已改变），因此，为了保证财政体制基本稳定，规定原增值税一般纳税人兼有销售服务、无形资产或者不动产的，截止到纳入营改增试点之日前的增值税期末留抵税额，不得从销售服务、无形资产或者不动产的销项税额中抵扣。大家结合案例就可以非常清楚地体会到这一意图。

现在已经更改了财政分配格局，所有的增值税全部都是中央 50％，地方财政 50％，其实已经不存在上述问题，但仍然要执行这样的政策。

5. 账务处理（单位：万元）

借：应交税费——增值税留抵税额　　　　　　　　　　　　　100
　　贷：应交税费——应交增值税（进项税额转出）　　　　　　100
借：应交税费——应交增值税（进项税额）　　　　　　　　25.11
　　贷：应交税费——增值税留抵税额　　　　　　　　　　　25.11

｜相关政策浏览｜

1.《财政部 国家税务总局关于全面推开营业税改征增值税试点的通知》（财税〔2016〕36 号）附件 2

二、原增值税纳税人〔指按照《中华人民共和国增值税暂行条例》（国务院令第 538 号）（以下称《增值税暂行条例》）缴纳增值税的纳税人〕有关政策

（二）增值税期末留抵税额。

原增值税一般纳税人兼有销售服务、无形资产或者不动产的，截止到纳入营改增试点之日前的增值税期末留抵税额，不得从销售服务、无形资产或者不动产的销项税额中抵扣。

2.《财政部关于印发〈营业税改征增值税试点有关企业会计处理规定〉的通知》（财会〔2012〕13 号）

二、增值税期末留抵税额的会计处理

试点地区兼有应税服务的原增值税一般纳税人，截止到开始试点当月月初的增值税留抵税额按照营业税改征增值税有关规定不得从应税服务的销项税额中抵扣的，应在"应交税费"科目下增设"增值税留抵税额"明细科目。

开始试点当月月初，企业应按不得从应税服务的销项税额中抵扣的增值税留抵税额，借记"应交税费——增值税留抵税额"科目，贷记"应交税费——应交增值税（进项税额转出）"科目。待以后期间允许抵扣时，按允许抵扣的金额，借记"应交税费——应交增值税（进项税额）"科目，贷记"应交税费——增值税留抵税额"科目。

"应交税费——增值税留抵税额"科目期末余额应根据其流动性在资产负债表中的"其他流动资产"项目或"其他非流动资产"项目列示。

案例 25　购入建筑服务取得专票，进项税抵扣与差额征税无关

甲企业是一家大型生产企业，为增值税一般纳税人。为扩大生产规模，于 2015 年 5 月开始建设新厂区，由建设单位乙公司承建，预计建设期 3 年，主要建筑材料以及设备动力等由甲企业负责采购。合同约定，按照建设进度支付工程款。截至 2016 年 4 月 30 日，进度已经完成了 50%，应支付工程款 5 000 万元，实际支付 4 000 万元并取得了工程款的营业税发票。2016 年 5 月 30 日，甲企业将剩余的 1 000 万元工程款向乙公司支付。2016 年 7 月，支付进度工程款 2 000 万元。

甲企业决策层希望可以取得在营改增后支付 1 000 万元工程款的增值税专用发票，并希望能取得 11% 税率的增值税专用发票做进项税抵扣。

问题：甲企业购买的建筑服务选择简易计税方式，可以扣除分包款后计征增值税，对其进项税的抵扣有何影响？

│ 案例解析 │

上述问题可能是购入建筑服务的一般纳税人普遍比较关心的。

1. 应缴纳营业税的业务不能取得增值税专用发票

甲企业在营改增后支付的 1 000 万元工程款，按照书面合同约定应在 2016 年 4 月 30 日前支付，这在营业税纳税义务发生时间的判定上，属于提供了应税劳务并且取得了索取销售款项的凭据，这部分工程款应缴纳营业税（营改增过渡期

间的营业税和增值税纳税义务划分比较复杂，在本书后面的第 5 章有详细介绍，此处限于篇幅不再赘述），因此乙建筑公司不可能就此应缴纳营业税的工程款开具增值税专用发票，甲企业无法抵扣进项税。

2. 营改增后应缴纳增值税的业务可取得增值税专用发票

甲企业在营改增后支付的 2 000 万元工程款，书面合同约定的付款日期是在营改增后，实际付款日期也是在营改增后，该部分应缴纳增值税，乙建筑公司可以开具增值税专用发票，甲企业可以抵扣进项税。现在的问题是，税率或者征收率应如何确定。

财税〔2016〕36 号文件规定，营改增后销售建筑服务，可以选择简易计税的三种方式为清包工、甲供工程以及老项目。该工程属于甲供工程，开工日期也在 2016 年 4 月 30 日前，因此乙建筑公司可以选择简易计税，即 3% 征收率计征增值税，同时可以自行开具 3% 的增值税专用发票，甲企业可以抵扣进项税。

甲企业希望取得 11% 税率增值税专用发票抵扣，如果工程款总价不变，则势必压缩乙公司的利润空间，因此，要么将这部分税收负担追加预算，要么甲企业强势要求价格不变，或者适当让步，谈判形成一个双方都可以接受的价格。

3. 提供建筑服务差额征税与抵扣进项税无关

关于差额开票的问题，甲企业无须担心。乙建筑公司可以选择差额征税，与甲企业的抵扣无关，即乙建筑公司虽差额征税，但是可以全额开票。比如，乙公司收取 2 000 万元的工程款，选举简易计税，支付分包款 1 000 万元同时取得分包发票，则乙公司应纳增值税额＝（2 000－1 000）÷（1＋3%）×3%＝29.13（万元）。开具增值税专用发票 2 000 万元，增值税额为 2 000÷（1＋3%）×3%＝58.25（万元），不含税金额为 2 000－58.25＝1 941.75（万元）。

注意：这里虽然甲公司计征增值税为 29.13 万元，但是甲企业可以抵扣 58.25 万元，即我们通常所说的差额征税，全额抵扣。

甲企业可以抵扣的进项税为 58.25 万元，因此甲企业无须担心乙公司如何差额征税。

差额征税中需要采取差额开票功能的情形，在第 2 章中有详细介绍。

| 相关政策浏览 |

1.《财政部 国家税务总局关于全面推开营业税改征增值税试点的通知》（财税〔2016〕36 号）附件 2

一、营改增试点期间，试点纳税人〔指按照《营业税改征增值税试点实施办法（以下称《试点实施办法》）》缴纳增值税的纳税人〕有关政策

（七）建筑服务。

1. 一般纳税人以清包工方式提供的建筑服务，可以选择适用简易计税方法计税。

以清包工方式提供建筑服务，是指施工方不采购建筑工程所需的材料或只采购辅助材料，并收取人工费、管理费或者其他费用的建筑服务。

2. 一般纳税人为甲供工程提供的建筑服务，可以选择适用简易计税方法计税。

甲供工程，是指全部或部分设备、材料、动力由工程发包方自行采购的建筑工程。

3. 一般纳税人为建筑工程老项目提供的建筑服务，可以选择适用简易计税方法计税。

建筑工程老项目，是指：

（1）《建筑工程施工许可证》注明的合同开工日期在 2016 年 4 月 30 日前的建筑工程项目；

（2）未取得《建筑工程施工许可证》的，建筑工程承包合同注明的开工日期在 2016 年 4 月 30 日前的建筑工程项目。

2.《国家税务总局关于全面推开营业税改征增值税试点有关税收征收管理事项的公告》（国家税务总局公告 2016 年第 23 号）

按照现行政策规定适用差额征税办法缴纳增值税，且不得全额开具增值税发票的（财政部、税务总局另有规定的除外），纳税人自行开具或者税务机关代开增值税发票时，通过新系统中差额征税开票功能，录入含税销售额（或含税评估额）和扣除额，系统自动计算税额和不含税金额，备注栏自动打印"差额征税"字样，发票开具不应与其他应税行为混开。

案例 26　购进建筑服务，按照项目的不同计税方式划分不得抵扣的进项税额

甲企业是一家建筑企业，为增值税一般纳税人。2017 年 10 月为乙公司提供建筑服务，乙公司负责购买主要材料。经协商，甲企业选择简易计税方式计征增值税，向乙公司开具 3% 的增值税专用发票。

甲企业 2017 年 12 月为丙公司提供建筑服务，丙公司负责购买主要材料，但是丙公司内部控制要求甲企业必须提供 11% 税率的增值税专用发票，因此甲企业对丙公司项目只能选择一般计税方式计征增值税。甲企业 2018 年 2 月实现乙公司项目销售收入 200 万元，实现丙公司项目销售收入 300 万元，本月无法划分

的进项税额为 10 万元。

问题：甲企业如何计算划分不得抵扣的进项税额？

| 案例解析 |

1. 根据简易计税占全部销售额的比重计算划分不得抵扣的进项税额

一般纳税人用于简易计税项目的进项税不得抵扣，用于一般计税项目的进项税允许抵扣。无法划分清楚用于哪个项目的进项税，根据财税〔2016〕36 号文件的规定，根据简易计税占整个销售的比例计算不得抵扣的进项税。

$$\frac{\text{不得抵扣的}}{\text{进项税额}} = \frac{\text{当期无法划分的全部进项税额}}{\text{当期全部销售额}} \times \left(\frac{\text{当期简易计税方法}}{\text{计税项目销售额}} + \frac{\text{免征增值税}}{\text{项目销售额}} \right) \div$$

$$= 10 \times 200 \div (200 + 300) = 4(\text{万元})$$

2. 注意"当期无法划分的全部进项税额"

此处应特别注意，公式中的"当期无法划分的全部进项税额"，必须是无法准确地对应计税方式的进项税额，比如甲公司用于整个企业的期间费用的进项税额等。而固定资产、不动产以及无形资产的进项税不属于无法划分的范畴，因为要么专用于简易计税方式不得抵扣进项税，要么同时混用可以抵扣进项税，不存在无法划分的情况。

| 相关政策浏览 |

《财政部 国家税务总局关于全面推开营业税改征增值税试点的通知》（财税〔2016〕36 号）附件 1

第二十七条 下列项目的进项税额不得从销项税额中抵扣：

（一）用于简易计税方法计税项目、免征增值税项目、集体福利或者个人消费的购进货物、加工修理修配劳务、服务、无形资产和不动产。其中涉及的固定资产、无形资产、不动产，仅指专用于上述项目的固定资产、无形资产（不包括其他权益性无形资产）、不动产。

第二十九条 适用一般计税方法的纳税人，兼营简易计税方法计税项目、免征增值税项目而无法划分不得抵扣的进项税额，按照下列公式计算不得抵扣的进项税额：

$$\frac{\text{不得抵扣的}}{\text{进项税额}} = \frac{\text{当期无法划分的全部进项税额}}{\text{当期全部销售额}} \times \left(\frac{\text{当期简易计税方法}}{\text{计税项目销售额}} + \frac{\text{免征增值税}}{\text{项目销售额}} \right) \div$$

主管税务机关可以按照上述公式依据年度数据对不得抵扣的进项税额进行清算。

案例 27　购买砂土石料等产品可取得增值税专用发票抵扣进项税

甲企业是一家建筑企业，为增值税一般纳税人。2016 年 12 月开始施工的某建筑施工项目，业主要求提供 11% 税率的增值税专用发票，鉴于市场的强势地位，甲企业最终同意了选择一般计税方式。由于选择一般计税方式，因此甲企业要求尽量取得进项税抵扣。甲企业财务部门听说销售砂土石灰等建筑材料的企业可以选择简易计税方式，但不能开具增值税专用发票。

问题：甲企业购买砂土石料等产品是否可取得增值税专用发票抵扣进项税？

| 案例解析 |

营改增后，采购建筑材料对于选择一般计税方式的建筑企业的增值税税负有较大影响。

这里要注意一个概念：不论是一般计税，还是简易计税，只要不属于不允许开具增值税专用发票的情形，一般纳税人均可自行开具增值税专用发票，没有一般纳税人选择简易计税方式不能自行开具增值税专用发票的任何规定。小规模纳税人可在税务机关代开增值税专用发票。

重点提醒：纳税人采购砂土石料等建筑材料选择简易计税方式可以取得增值税专用发票。

| 相关政策浏览 |

1.《国家税务总局关于增值税简易征收政策有关管理问题的通知》（国税函〔2009〕90 号）

一般纳税人销售货物适用财税〔2009〕9 号文件第二条第（三）项、第（四）项和第三条规定的，可自行开具增值税专用发票。

2.《国家税务总局关于部分货物适用增值税低税率和简易办法征收增值税政策的通知》（财税〔2009〕9 号）

二、下列按简易办法征收增值税的优惠政策继续执行，不得抵扣进项税额：

（三）一般纳税人销售自产的下列货物，可选择按照简易办法依照 6%[1] 征

---

[1]　现已改为 3%。——笔者注

收率计算缴纳增值税：

1. 县级及县级以下小型水力发电单位生产的电力。小型水力发电单位，是指各类投资主体建设的装机容量为 5 万千瓦以下（含 5 万千瓦）的小型水力发电单位。

2. 建筑用和生产建筑材料所用的砂、土、石料。

3. 以自己采掘的砂、土、石料或其他矿物连续生产的砖、瓦、石灰（不含黏土实心砖、瓦）。

4. 用微生物、微生物代谢产物、动物毒素、人或动物的血液或组织制成的生物制品。

5. 自来水。

6. 商品混凝土（仅限于以水泥为原料生产的水泥混凝土）。

一般纳税人选择简易办法计算缴纳增值税后，36 个月内不得变更。

3. 《财政部 国家税务总局关于全面推开营业税改征增值税试点的通知》（财税〔2016〕36 号）附件 1

第五十三条　纳税人发生应税行为，应当向索取增值税专用发票的购买方开具增值税专用发票，并在增值税专用发票上分别注明销售额和销项税额。

属于下列情形之一的，不得开具增值税专用发票：

（一）向消费者个人销售服务、无形资产或者不动产。

（二）适用免征增值税规定的应税行为。

案例 28　购置二手不动产的进项税抵扣，需注意纳税义务发生时间以及差额开票事项

甲企业是一家生产企业，为增值税一般纳税人，2016 年 4 月从乙公司购买一栋旧商业楼作为办公使用，购房款合计 1 亿元。乙公司在 2014 年 4 月购买取得该商业楼，购置价为 8 000 万元。甲企业 2016 年 4 月预付房款 1 000 万元，2016 年 6 月支付剩余款项后，正式与乙公司办理房屋产权过户手续。

问题：甲企业购置旧房地产，是否只能抵扣差额征税后的进项税？

| 案例解析 |

1. 营改增前的预付房款应缴纳营业税，不能开具增值税专用发票

根据营业税纳税义务发生时间判定原则，销售不动产预收房款时产生营业税纳税义务，因此营改增前的预付房款应征收营业税，甲企业不能取得该预付房款

的增值税专用发票。

2.　乙公司差额扣除计算营业税与增值税

根据营业税文件规定，乙公司销售购置的不动产，可按减去不动产的购置原价后的余额为营业额计征营业税；

根据营改增文件规定，乙公司销售 2016 年 4 月 30 日前取得的不动产（不含自建），可按扣除不动产的购置原价后的余额为销售额计征增值税。

这样就出现了一个问题：一套不动产，售价 10 000 万元，购置价 8 000 万元，其中 1 000 万元营业额缴纳营业税，9 000 万元销售额缴纳增值税，那么购置价应如何划分扣除？据笔者所知，此种跨营业税与增值税时期的销售取得的不动产如何分别扣除购置价计算营业税和增值税，现阶段尚无明确规定。笔者认为，按照其销售额比例划分可扣除的购置价比较合理，但是具体算法应与当地主管税务机关充分沟通。

$$乙公司应缴纳营业税 = (1\,000 - 8\,000 \times 1\,000 \div 10\,000) \times 5\%$$
$$= (1\,000 - 800) \times 5\% = 10(万元)$$
$$乙公司应缴纳增值税 = (9\,000 - 7\,200) \div (1 + 5\%) \times 5\% = 85.71(万元)$$

3.　甲企业只能抵扣差额征税后的增值税额

营改增后支付剩余款项乙公司应开具增值税专用发票，乙公司应纳增值税额 85.71 万元，开具增值税专用发票价款合计为 10 000 万元，增值税额为 85.71 万元，不含税金额为 8 914.29 万元。甲企业只能抵扣 85.71 万元的进项税。

提示：销售取得的不动产，可以扣除购置价后差额征税，开具发票时也要差额开票，即我们通常说的差额征税，差额开票，这与上述的建筑业的差额征税，全额开票的例子不同。

对于销售取得的不动产只能差额开票的规定，其实文件中是没有的，但是现在各地税务机关一般这样执行。关于何种情况属于差额征税，全额开票，何种情况属于差额征税，差额开票，在第 2 章中有详细介绍。

在本案例中，还要注意两个问题：

（1）甲企业购进不动产的进项税需分两年抵扣，第一年抵扣 60%，第二年抵扣 40%。

（2）销售取得的不动产，差额征税，甲企业也只能就差额征税后的税额抵扣进项税；但是如果从房地产企业购买房产，即使房地产企业选择一般计税，扣除土地出让金后差额征税，甲企业也可就差额征税前的税额抵扣进项税，要注意两者的区别。

| 相关政策浏览 |

1.《财政部 国家税务总局关于营业税若干政策问题的通知》（财税〔2003〕16 号）

单位和个人销售或转让其购置的不动产或受让的土地使用权，以全部收入减去不动产或土地使用权的购置或受让原价后的余额为营业额。

2.《国家税务总局关于发布〈纳税人转让不动产增值税征收管理暂行办法〉的公告》（国家税务总局公告 2016 年第 14 号）

一般纳税人转让其 2016 年 4 月 30 日前取得（不含自建）的不动产，可以选择适用简易计税方法计税，以取得的全部价款和价外费用扣除不动产购置原价或者取得不动产时的作价后的余额为销售额，按照 5% 的征收率计算应纳税额。

案例 29　购买房地产企业开发的房地产，其进项税抵扣无须考虑差额征税因素

甲企业为增值税一般纳税人，2016 年购买乙房地产开发企业开发的网点房一套，作为商铺经营，房款 100 万元。2016 年 4 月预付房款 40 万元，2016 年 6 月支付剩余房款后办理产权证。假设该网点房的建筑面积为 100 平方米，整个房地产项目的可供销售建筑面积为 100 000 平方米，向政府直接支付的土地价款为 5 000 万元。

问题：甲企业购买房地产开发企业自行开发的房地产，是否可抵扣差额征税前的进项税？

| 案例解析 |

1. 房地产开发企业营改增后应征增值税可差额征税，全额开票

销售不动产预收房款时产生营业税纳税义务，应缴纳营业税，不能取得增值税专用发票。房地产开发企业销售自行开发的房地产，选择一般计税，可以扣除支付的土地款计征增值税，即可以差额征税，但可以全额开票，购房者可以抵扣差额前的增值税。

2. 计算方式

$$\text{甲房地产企业当期允许扣除的土地价款} = \left(\frac{\text{当期销售房地产项目建筑面积}}{\text{房地产项目可供销售建筑面积}} \right) \times \text{支付的土地价款}$$

$$=[(100\times60\div100)\div100\ 000]\times5\ 000$$
$$=30(万元)$$

销售额$=$(全部价款和价外费用$-$当期允许扣除的土地价款)$\div(1+11\%)$
$$=(60-30)\div(1+11\%)=27.02(万元)$$

增值税应纳税额$=27.02\times11\%=2.97(万元)$

说明： 计算过程中的"$100\times60\div100$"部分，指的是按照营改增前后销售比例划分的，营改增之后销售的建筑面积。当期销售房地产项目建筑面积，是指当期进行纳税申报的增值税销售额对应的建筑面积。但是具体如何计算，据笔者所知，尚无统一明确规定。笔者认为，按照销售比例确定增值税销售额对应的建筑面积比较合理。

房地产企业向甲企业开具增值税专用发票，价税合计 100 万元，增值税额 $100\div(1+11\%)\times11\%=9.91$（万元），不含税金额为 $100-9.91=90.09$（万元），甲企业可以抵扣的进项税为 9.91 万元。

所以，从房地产开发企业购买房地产，也属于本书中所说的差额征税，全额开票，这与上述销售取得的不动产的政策不同。

注意： 甲企业仍然要分两年抵扣购进不动产的进项税。

| 相关政策浏览 |

《国家税务总局关于发布〈房地产开发企业销售自行开发的房地产项目增值税征收管理暂行办法〉的公告》（国家税务总局公告 2016 年第 18 号）

当期销售房地产项目建筑面积，是指当期进行纳税申报的增值税销售额对应的建筑面积。

房地产项目可供销售建筑面积，是指房地产项目可以出售的总建筑面积，不包括销售房地产项目时未单独作价结算的配套公共设施的建筑面积。

支付的土地价款，是指向政府、土地管理部门或受政府委托收取土地价款的单位直接支付的土地价款。

案例 30　购置不动产分两年抵扣进项税，应注意账务核算以及适用范围

甲企业是一家生产企业，为增值税一般纳税人。2016 年 8 月购进厂房一栋，

购入价 1110 万元，取得增值税专用发票，并认证抵扣。购入后，企业作为固定资产核算。

问题：甲企业购置不动产如何分两年抵扣进项税？

| 案例解析 |

1. 营改增后不动产分两年抵扣进项税的政策

营改增后，购入不动产也可抵扣进项税，但是不动产抵扣进项税有特殊规定，要分两年抵扣，第一年抵扣进项税的 60％，第二年抵扣进项税的 40％。

$$进项税额 = 1\,110 \div (1 + 11\%) \times 11\% = 110（万元）$$

取得扣税凭证的当期，即 2016 年 8 月可抵扣进项税额 = 110×60％ = 66（万元）；

取得扣税凭证的当月起第 13 个月，即 2017 年 8 月可抵扣进项税额 = 110×40％ = 44（万元）。

为什么是第 13 个月？8—12 月为 5 个月，1—8 月是 8 个月，共 13 个月。

2. 账务上作为固定资产核算的不动产，分两年抵扣进项税

购进的不动产，在账务上要作为固定资产核算，才符合文件规定的分两年抵扣的不动产。准则中，对于购入的固定资产，还有可能在"投资性房地产"科目中核算，如果不是在"固定资产"科目核算，从文件字面理解，应不需要分两年抵扣，可一次性抵扣购进不动产的进项税额，但这一说法尚未得到国家税务总局的证实。在地方政策中，有类似的规定。

本案例中，甲企业账务上计入固定资产，因此应分两年抵扣其进项税。

3. 不执行分两年进项税抵扣政策的不动产

融资租入的不动产不执行分两年进项税抵扣的政策。

文件规定，房地产开发企业自行开发的房地产项目，融资租入的不动产，以及在施工现场修建的临时建筑物、构筑物，其进项税额不适用上述分两年抵扣的规定。

房地产开发企业自行开发的房地产项目，实质上属于企业生产的用于销售的存货，分两年抵扣进项税显然不合适。

一般情况下，融资租入的不动产，按照出租方开具的增值税专用发票抵扣进项税，通常是分期开具，承租方可分期根据增值税专用发票抵扣进项税。

施工现场修建的临时建筑物、构筑物，虽然属于不动产的范畴，但存续时间短，施工结束后即要拆除清理，其性质与生产过程中的中间投入物更为接近，允许一次性抵扣进项税。

┃相关政策浏览 ┃

1. 《国家税务总局关于发布〈不动产进项税额分期抵扣暂行办法〉的公告》（国家税务总局公告 2016 年第 15 号，以下简称 15 号公告）

第二条　增值税一般纳税人（以下称纳税人）2016 年 5 月 1 日后取得并在会计制度上按固定资产核算的不动产，以及 2016 年 5 月 1 日后发生的不动产在建工程，其进项税额应按照本办法有关规定分 2 年从销项税额中抵扣，第一年抵扣比例为 60%，第二年抵扣比例为 40%。

取得的不动产，包括以直接购买、接受捐赠、接受投资入股以及抵债等各种形式取得的不动产。

纳税人新建、改建、扩建、修缮、装饰不动产，属于不动产在建工程。

房地产开发企业自行开发的房地产项目，融资租入的不动产，以及在施工现场修建的临时建筑物、构筑物，其进项税额不适用上述分 2 年抵扣的规定。

2. 部分地方政策

（1）〈湖北国税〉2016 年 5 月 1 日后取得并在会计制度上不按"固定资产"核算（如投资性房地产）的不动产或者不动产在建工程，其进项税额可以一次性全额抵扣。

（2）〈福建国税〉企业以经营租赁方式租入的不动产，所取得的不动产租金专用发票，是否需要分两年抵扣？

答：经营租赁方式租入不动产属于购进不动产经营租赁服务，不属于取得并在会计制度上按规定资产核算的不动产，不适用分两年抵扣的规定。

3. 国家税务总局货劳司营改增培训参考资料

不需进行分 2 年抵扣的不动产（可一次性全额抵扣）：

（一）房地产开发企业销售自行开发的房地产项目（工厂购买的厂房和房地产开发公司开发的楼盘，虽然同属于不动产，但在进项税的抵扣上应区别对待。前者属于可以为企业长期创造价值、长期保持原有形态的实物资产；而后者在实质上则属于企业生产出来用于销售的产品，属性不同，对其施行分年抵扣显然不合适，应当一次性抵扣）。

（二）融资租入的不动产（其购置成本已分期支出并分期抵扣，如果再对每期取得的租金进项分两年抵扣，核算会非常复杂，因此可一次性全额抵扣）。

（三）施工现场修建的临时建筑物、构筑物。（为了保证施工正常进行，建筑企业大多需要在施工现场建设一些临时性的简易设施，比如工棚、物料库、现场办公房等。临时设施虽然也属于不动产的范畴，但存续时间短，施工结束后即要拆除清理，其性质与生产过程中的中间投入物更为接近。因此，现行政策对于施工现场的临时设施，允许一次性抵扣进项税。）

案例 31 营改增前新建，营改增后完工的不动产进项税抵扣，注意"发生"与"开始"的区别

甲企业是一家生产企业，为增值税一般纳税人。2015 年 10 月开始施工建设生产车间，于 2016 年 10 月建设完毕。2015 年 10 月至 2016 年 4 月 30 日支付设计费，采购建筑材料，支付工程款，支付动力款等，共取得增值税专用发票上注明的进项税额 100 万元，认证相符。2016 年 5 月 1 日至 2016 年 10 月共取得增值税专用发票上注明的进项税额 200 万元，其中有 50 万元的进项税是 2016 年 3 月采购的建筑材料，在 2016 年 5 月才取得的增值税专用发票。

问题：甲企业营改增前新建，营改增后完工的不动产，如何抵扣进项税？

| 案例解析 |

1. 2016 年 5 月 1 日后发生的不动产在建工程，其进项税可予抵扣

根据 15 号公告的规定，2016 年 5 月 1 日后发生的不动产在建工程，其进项税可予抵扣。因此，在 2016 年 5 月 1 日至 2016 年 10 月期间取得的与不动产建设相关的进项税，可予以抵扣。

笔者认为，"2016 年 5 月 1 日后发生的不动产在建工程"，并不是指 2016 年 5 月 1 日后开始的在建工程，只要该不动产在建工程在 2016 年 5 月 1 日后仍然在发生建设行为，即符合文件规定的可抵扣的情形。

2. 2016 年 5 月 1 日后购进的进项税才能抵扣

15 号公告规定，纳税人 2016 年 5 月 1 日后购进货物和设计服务、建筑服务，用于新建不动产，或者用于改建、扩建、修缮、装饰不动产并增加不动产原值超过 50％的，其进项税额依照本办法有关规定分 2 年从销项税额中抵扣。

因此，只有在 2016 年 5 月 1 日后购进的进项税，才能予以抵扣。本案例中，营改增前取得的进项税 100 万元，不能予以抵扣；营改增后取得的进项税 200 万元，其中有 50 万元的进项税额，虽然增值税专用发票在 2016 年 5 月 1 日后取

得，但其实质上是在 2016 年 4 月 30 日前购进的，因此不能抵扣。

| 相关政策浏览 |

《国家税务总局关于发布〈不动产进项税额分期抵扣暂行办法〉的公告》（国家税务总局公告 2016 年第 15 号）

第二条　增值税一般纳税人（以下称纳税人）2016 年 5 月 1 日后取得并在会计制度上按固定资产核算的不动产，以及 2016 年 5 月 1 日后发生的不动产在建工程，其进项税额应按照本办法有关规定分 2 年从销项税额中抵扣，第一年抵扣比例为 60％，第二年抵扣比例为 40％。

第三条　纳税人 2016 年 5 月 1 日后购进货物和设计服务、建筑服务，用于新建不动产，或者用于改建、扩建、修缮、装饰不动产并增加不动产原值超过 50％的，其进项税额依照本办法有关规定分 2 年从销项税额中抵扣。

案例 32　新建不动产的进项税抵扣，注意各项目不同的计算方式

甲企业是一家化工生产企业，为增值税一般纳税人。为扩大规模，降低成本，2016 年 6 月开工建设厂房，由建筑企业乙承建。甲企业 2016 年 6 月自采部分建筑材料，不含税价格 100 万元，进项税 17 万元；领用原采购的建筑材料，增值税税率 17％，成本 50 万元，当时已认证抵扣。购入时，发生的运输成本，原材料损耗成本，还有一部分未取得进项税的成本等，全部计入该材料的成本中，现已无法准确取得其成本构成。

由于是甲供工程，乙企业经与甲企业协商选择 3％简易计税，合同约定，乙企业开具 3％的建筑服务增值税专用发票，不含税金额 1 000 万元，增值税额 30 万元。

问题：甲企业新建不动产，不同项目的进项税应如何计算抵扣？

| 案例解析 |

1. 2016 年 5 月 1 日后发生的不动产在建工程，分两年抵扣进项税

根据 15 号公告的规定，增值税一般纳税人 2016 年 5 月 1 日后发生的不动产在建工程，其进项税额第一年抵扣比例为 60％，第二年抵扣比例为 40％。

购进建筑材料：

第一年抵扣进项税为 17×60％＝10.2（万元）；

第二年抵扣进项税为 17－10.2＝6.8（万元）。

取得工程款发票：

第一年抵扣进项税为 30×60％＝18（万元）；

第二年抵扣进项税为 30－18＝12（万元）。

领用原采购的建筑材料：

将原抵扣的进项税的 40％转出＝50×17％×40％＝3.4（万元）。

15 号公告规定，购进时已全额抵扣进项税额的货物和服务，转用于不动产在建工程的，其已抵扣进项税额的 40％部分，应于转用的当期从进项税额中扣减，计入待抵扣进项税额，并于转用的当月起第 13 个月从销项税额中抵扣。因此，建筑材料原采购时已抵扣的进项税额为 50×17％＝8.5（万元），在建工程领用时，将其中的 40％部分做进项税转出，但并不是计入成本费用，而是计入待抵扣进项税额，一年到期后再予以抵扣。

说明： 根据财税〔2016〕36 号文件的规定，已抵扣进项税额的购进货物（不含固定资产）、劳务、服务，发生本办法第二十七条规定情形（简易计税方法计税项目、免征增值税项目除外）的，应当将该进项税额从当期进项税额中扣减；无法确定该进项税额的，按照当期实际成本计算应扣减的进项税额。

领用原采购的原材料，无法准确确定进项税，应按照成本法计算转入待抵扣进项税。不过这里只是一个时间差异，不考虑期间发生变化等情形，现在转入待抵扣进项税的金额，就是将来抵扣的金额，这与进项税转出有所不同。

2. 自建不动产进项税抵扣政策的例外情况

房地产开发企业自行开发的房地产项目，虽然也是自建不动产，但对房地产企业来讲，房地产项目即是其用来销售的存货，相关进项税额一次性抵扣。

如果房地产企业购买的不动产作为固定资产核算，也应按照文件规定分两年抵扣进项税。

施工现场修建的临时建筑物、构筑物，一般在施工完毕后即拆除，不需要分两年抵扣，拆除后也不需要做进项税转出处理。

｜ 相关政策浏览 ｜

《国家税务总局关于发布〈不动产进项税额分期抵扣暂行办法〉的公告》（国家税务总局公告 2016 年第 15 号）

第五条　购进时已全额抵扣进项税额的货物和服务，转用于不动产在建工程的，其已抵扣进项税额的 40％部分，应于转用的当期从进项税额中扣减，计入待抵扣进项税额，并于转用的当月起第 13 个月从销项税额中抵扣。

案例 33　不动产在建工程发生非正常损失，注意待抵扣与已抵扣进项税额的区别

甲企业是一家化工生产企业，为增值税一般纳税人，发生的不动产在建工程如案例 32 所述，后甲企业因无法取得规划证，被有关部门认定为违建工程，要求限期拆除。拆除时，原计入待抵扣进项税额的部分尚未抵扣。

问题：甲企业在建工程发生非正常损失，如何处理待抵扣进项税额与已抵扣进项税额？

| 案例解析 |

1. 在建工程非正常损失时的待抵扣进项税不能继续抵扣

根据财税〔2016〕36 号文件的规定，非正常损失，是指因管理不善造成货物被盗、丢失、霉烂变质，以及因违反法律法规造成货物或者不动产被依法没收、销毁、拆除的情形。

非正常损失的不动产在建工程所耗用的购进货物、设计服务和建筑服务，其进项税额不得从销项税额中抵扣。

上述案例中的待抵扣进项税合计为 22.2 万元（6.8＋12＋3.4），在拆除前尚未抵扣进项税，无须转出进项税，但是也不能继续抵扣，应将待抵扣进项税转入营业外支出。

说明：此处的 3.4 万元，是从原采购的原材料的进项税中转入待抵扣进项税中的，因非正常损失，以后期间不能抵扣。

2. 在建工程非正常损失时已抵扣进项税额需转出

本案例中的在建工程已经抵扣的进项税额为 33.3 万元（10.2＋18＋5.1），因不动产在建工程非正常损失，应转出该进项税额。

说明：5.1 万元是领用原采购的材料已经抵扣 8.5 万元进项税额中的 60％，在采购时其进项税额即已抵扣，由于用于非正常损失的不动产，因此其进项税不得抵扣。

3. 不属于非正常损失的进项税额的处理

如果遇到地震，该厂房毁损，不属于"非正常损失"，其相关进项税无须转出。

此处需要我们思考一个问题：不属于非正常损失的情况下，之前计入进项税

部分已经抵扣，无须转出，但是待抵扣进项税是否可以继续抵扣？笔者认为可以继续抵扣，如果没有分期抵扣的政策，则该损失的进项税是可以抵扣的。是否不得抵扣，应根据是否为非正常损失判定，而不能因为分期抵扣的政策导致待遇有所不同，这对纳税人是不公允的。因此原计入待抵扣进项税额的部分，可以继续抵扣。

│ 相关政策浏览 │

《国家税务总局关于发布〈不动产进项税额分期抵扣暂行办法〉的公告》（国家税务总局公告 2016 年第 15 号）

第八条　不动产在建工程发生非正常损失的，其所耗用的购进货物、设计服务和建筑服务已抵扣的进项税额应于当期全部转出；其待抵扣进项税额不得抵扣。

案例 34　不动产改扩建，超原值 50％红杠需分两年抵扣进项税

甲企业是一家大型商场，为增值税一般纳税人。对其自有不动产进行全面装修，该不动产取得时（取得时间为 2016 年 4 月 30 日前）原值为 2 000 万元，装修时已计提累计折旧 1 000 万元，假设无净残值。该装修花费工程费、设计费、材料款、水电费等，合计不含税金额为 1 100 万元，取得增值税专用发票进项税100 万元，认证并抵扣。

问题：甲企业的不动产改扩建超过原值的 50％，应如何抵扣进项税？

│ 案例解析 │

1. 自有不动产改扩建超过不动产原值的 50％，进项税额分两年抵扣

15 号公告规定，纳税人 2016 年 5 月 1 日后购进货物和设计服务、建筑服务，用于新建不动产，或者用于改建、扩建、修缮、装饰不动产并增加不动产原值超过 50％的，其进项税额依照该办法有关规定分两年从销项税额中抵扣。

本案例中，在建工程发生额为 1 100 万元，增加不动产原值超过 50％（1 100÷2 000×100％），因此其进项税应分两年抵扣。

说明：实务中，可能无法在改扩建初期知晓是否超过原值的 50％，那么应在何时开始分两年抵扣？笔者认为，可在超过原值 50％的时点将 40％的进项税额转入待抵扣进项税。

2. 经营租赁取得的不动产改扩建，进项税额无须分两年抵扣

如果该案例改成租赁房产，是否应执行超过原值 50％分两年抵扣进项税的政策？

15 号公告第二条规定：

取得的不动产，包括以直接购买、接受捐赠、接受投资入股以及抵债等各种形式取得的不动产。

第三条规定：

不动产原值，是指取得不动产时的购置原价或作价。

因此，可以认为经营租赁取得的不动产不属于文件规定的"取得的不动产"，不需要遵循超过原值 50％分两年抵扣的规定，其进项税额可一次性抵扣。

| 相关政策浏览 |

《国家税务总局关于发布〈不动产进项税额分期抵扣暂行办法〉的公告》（国家税务总局公告 2016 年第 15 号）

第三条　纳税人 2016 年 5 月 1 日后购进货物和设计服务、建筑服务，用于新建不动产，或者用于改建、扩建、修缮、装饰不动产并增加不动产原值超过 50％的，其进项税额依照本办法有关规定分 2 年从销项税额中抵扣。

案例 35　中途转让不动产在建工程，待抵扣进项税可抵扣进项税

甲企业为增值税一般纳税人，2016 年 12 月将自建的不动产在建工程转让，取得含税价款 1 665 万元。中途转让时，计入待抵扣进项税额 22.2 万元的部分尚未抵扣。

问题：甲企业中途转让不动产在建工程，是否可将待抵扣进项税额转入进项税额？

| 案例解析 |

15 号公告规定，纳税人销售其取得的不动产或者不动产在建工程时，尚未抵扣完毕的待抵扣进项税额，允许于销售的当期从销项税额中抵扣。因此在转让在建工程时，应将尚未抵扣的 22.2 万元计入进项税额抵扣。

| 相关政策浏览 |

《国家税务总局关于发布〈不动产进项税额分期抵扣暂行办法〉的公告》（国家税务总局公告 2016 年第 15 号）

第六条　纳税人销售其取得的不动产或者不动产在建工程时，尚未抵扣完毕

的待抵扣进项税额，允许于销售的当期从销项税额中抵扣。

案例 36　中途转让不动产，待抵扣进项税可抵扣进项税

甲企业是增值税一般纳税人，于 2016 年 8 月购进一项不动产，购入价 1 110 万元，取得增值税专用发票，并认证抵扣。购入后，企业作为固定资产核算。折旧期 10 年，采用直线法，预计无残值。甲企业在 2017 年 1 月将该不动产转让，转让价款为 1 332 万元。转让时尚有 44 万元的待抵扣进项税未抵扣。

问题：甲企业中途转让不动产，是否可将待抵扣进项税额转入进项税额？

| 案例解析 |

15 号公告规定，纳税人销售其取得的不动产或者不动产在建工程时，尚未抵扣完毕的待抵扣进项税额，允许于销售的当期从销项税额中抵扣。因此甲企业在转让在建工程时，应将尚未抵扣的 44 万元计入进项税额抵扣。

| 相关政策浏览 |

《国家税务总局关于发布〈不动产进项税额分期抵扣暂行办法〉的公告》（国家税务总局公告 2016 年第 15 号）

第六条　纳税人销售其取得的不动产或者不动产在建工程时，尚未抵扣完毕的待抵扣进项税额，允许于销售的当期从销项税额中抵扣。

案例 37　不动产改变用途后不得抵扣的进项税额，根据不动产净值率计算

甲企业是一家生产企业，为增值税一般纳税人。为增加产品种类，2016 年 8 月开工建设厂房，增设新生产线，所生产产品的增值税适用税率均为 17％。建成后，该厂房原值为 1 100 万元，取得增值税专用发票注明税额为 100 万元，认证并抵扣，所有增值税专用发票均是在 2016 年 5 月 1 日后取得的。根据新建不动产分两年抵扣的政策，已经抵扣了 60％ 的进项税 60 万元，剩余的 40％ 计入待抵扣进项税。

后甲企业调整产品结构，该生产线生产的产品改为增值税免税产品，放弃之前生产的应纳增值税产品。甲企业选择免增值税政策。此时厂房的账面价值为

990 万元，即固定资产的净值为 990 万元，原计入待抵扣的进项税尚未抵扣。

问题：甲企业的不动产变更为不得抵扣进项税项目，应如何计算不得抵扣的进项税额？

| 案例解析 |

1. 根据不动产净值率计算改变用途不得抵扣的进项税额

计算过程如下：

$$不动产净值率＝(不动产净值÷不动产原值)×100\%＝990÷1\,100$$
$$＝90\%$$

$$\begin{array}{l}不得抵扣的\\进项税\end{array}＝(已抵扣进项税额＋待抵扣进项税额)×不动产净值率$$
$$＝(60＋40)×90\%＝90（万元）$$

第一种情形，不得抵扣的进项税 90 万元大于该不动产已抵扣进项税 60 万元，应转出已抵扣进项税 60 万元，同时再从待抵扣进项税 40 万元中转出 30 万元（不得抵扣进项税 90 万元－已抵扣进项税 60 万元）。不得抵扣进项税合计为 90 万元，剩余的待抵扣进项税额 10 万元，可按规定在到期后继续抵扣。

第二种情形，假设上述不动产净值改为 550 万元，不动产净值率为 550÷1 100＝50%，则不得抵扣的进项税额＝(60＋40)×50%＝50（万元），小于该不动产已抵扣进项税 60 万元，应转出已抵扣进项税 50 万元。剩余的待抵扣进项税 40 万元仍然可以抵扣，不得抵扣进项税合计为 50 万元。

用净值率计算不得抵扣的进项税，其原理是：之前可以抵扣的进项税已经随不动产的损耗计入了其应税产品或服务的价值，不能抵扣的应是剩余的价值所对应的进项税。

2. 如何理解上述计算方式

第一种情形，抵扣进项税 60 万元，待抵扣 40 万元，转出 60 万元，抵扣 10 万元，最终结果是 100 万元的进项税抵扣了 10 万元。不得抵扣比例＝(100－10)÷100＝90%＝不动产净值率；

第二种情形，抵扣进项税 60 万元，待抵扣 40 万元，转出 50 万元，抵扣 50 万元，不得抵扣比例＝(100－50)÷100＝50%＝不动产净值率。

3. 实务中可能存在的问题

(1) 如果作为固定资产核算的不动产计提减值准备，其净值应如何计算？

财税〔2016〕36 号文件规定，固定资产、无形资产或者不动产净值，是指纳税人根据财务会计制度计提折旧或摊销后的余额。因此，此处的净值概念是原值扣除折旧摊销后的余额，不扣除减值准备。

（2）如果企业作为固定资产核算的不动产加速折旧或缩短年限折旧，但税法上规定直线法折旧，此时应按照哪个净值计算？

如上规定，折旧摊销税会不一致的，按照财务会计制度的规定计算净值。

（3）转出的进项税是否应增加固定资产原值？

据笔者查询，在会计准则等相关会计政策中，对此情形并无相应的规定，比如根据固定资产更新改造、会计政策变更、会计估计变更、会计差错等政策，似乎都不是特别的贴切。新业务应及时更新政策，现在看来，增加固定资产原值是比较合理的处理方式。

| 相关政策浏览 |

《国家税务总局关于发布〈不动产进项税额分期抵扣暂行办法〉的公告》（国家税务总局公告 2016 年第 15 号）

第七条　已抵扣进项税额的不动产，发生非正常损失，或者改变用途，专用于简易计税方法计税项目、免征增值税项目、集体福利或者个人消费的，按照下列公式计算不得抵扣的进项税额：

$$不得抵扣的进项税额 = （已抵扣进项税额 + 待抵扣进项税额）\times 不动产净值率$$

$$不动产净值率 = （不动产净值 \div 不动产原值）\times 100\%$$

不得抵扣的进项税额小于或等于该不动产已抵扣进项税额的，应于该不动产改变用途的当期，将不得抵扣的进项税额从进项税额中扣减。

不得抵扣的进项税额大于该不动产已抵扣进项税额的，应于该不动产改变用途的当期，将已抵扣进项税额从进项税额中扣减，并从该不动产待抵扣进项税额中扣减不得抵扣进项税额与已抵扣进项税额的差额。

案例 38　不动产改变用途后进项税可抵扣，应处理好两个文件的矛盾

甲企业是一家生产企业，为增值税一般纳税人。为提高职工凝聚力，甲企业决定兴建职工俱乐部。于 2016 年 8 月开工，支出工程费、建筑材料费、设计费等，取得增值税专用发票合计税额为 500 万元，全部认证相符，其中有 100 万元

税额是在 2016 年 4 月取得的。因专用于集体福利，将相关的进项税 500 万元全部转出，计入在建工程，最终固定资产的原值为 5 000 万元。

后因企业经营遇到困境，甲企业管理层决定将俱乐部同时对内部员工和外部人员开放，此时该不动产的净值为 4 000 万元。

问题：甲企业变更不动产用途为可抵扣进项税项目，应如何计算可抵扣的进项税额？现行有效文件对此规定有所不同，应如何解决？

| 案例解析 |

1. 营改增后新增政策，不动产、固定资产、无形资产改变用途可抵扣进项税

不得抵扣进项税的不动产、固定资产、无形资产，改变用途用于可以抵扣进项税项目的，可抵扣进项税。这是本次营改增的新增加政策，也是利好政策。之前只有原允许抵扣，后进项税转出的政策。

2. 根据不动产净值率计算可以抵扣的进项税额

本案例中，俱乐部同时对内外部人员开放，属于不动产同时混用于应纳增值税和集体福利项目，因此其不动产进项税可以抵扣。根据不动产净值率计算可抵扣的进项税额。

其计算公式为：

$$不动产净值率＝(不动产净值÷不动产原值)×100\%$$
$$＝4\ 000÷5\ 000＝80\%$$
$$可抵扣进项税额＝增值税扣税凭证注明或计算的进项税额×不动产净值率$$
$$＝400×80\%＝320(万元)$$

说明：上述公式中的可抵扣进项税额，应取得 2016 年 5 月 1 日后开具的合法有效的增值税扣税凭证。因此，在 2016 年 4 月取得的 100 万元的增值税专用发票，不符合要求，不能作为公式中可抵扣项税额的组成部分，只有 400 万元符合可以抵扣的条件。

计算得出可以抵扣的进项税额后，再将其按照购入不动产进项税分两年抵扣的规定，第一年抵扣 60\%，第二年抵扣 40\%。

$$第一年抵扣进项税额＝320×60\%＝192(万元)$$
$$第二年抵扣进项税额＝320－192＝128(万元)$$

3. 如何解决两个文件中公式的矛盾

对于改变用途允许抵扣的进项税的计算公式，很多纳税人是有疑问的，因为财税〔2016〕36 号文件对此的规定有所不同。

财税〔2016〕36 号文件的规定是：

按照《试点实施办法》第二十七条第（一）项规定不得抵扣且未抵扣进项税额的固定资产、无形资产、不动产，发生用途改变，用于允许抵扣进项税额的应税项目，可在用途改变的次月按照下列公式计算可以抵扣的进项税额：

$$可以抵扣的进项税额 = 固定资产、无形资产、不动产净值/(1+适用税率)\times 适用税率$$

15 号公告给出的公式为：

$$可抵扣进项税额 = \frac{增值税扣税凭证注明或计算的进项税额}{} \times 不动产净值率$$

本案例如果按照财税〔2016〕36 号文件计算：

可以抵扣的进项税额 = 4 000÷(1+17%)×17% = 581.20(万元)

不符合规定的增值税扣税凭证的税额为 100 万元，则：

可以抵扣的进项税额 = 581.2-100 = 481.2(万元)

上述两种计算结果不一致。原因其实非常简单，取得固定资产，不动产，无形资产，不一定是单一税率。从本案例可以很明显地看出，自建不动产的原值为 5 000万元，其进项税额为 500 万元，并无一定的比例关系，使用单一的税率计算，当然会产生不正确的结果。而根据符合规定的增值税扣税凭证上注明的增值税额计算，既准确简单又有利于监管。

因此，在计算改变用途可抵扣进项税时，按照 15 号公告的公式即可，不需要考虑财税〔2016〕36 号文件。

另外，固定资产和无形资产也可能存在取得时增值税税率不单一的情况，比如自建取得的固定资产，又如外购无形资产时存在税率和征收率共存的情况，还有只取得部分符合条件的增值税扣税凭证等情形。因此笔者建议，在计算不动产、固定资产、无形资产改变用途可抵扣时，均适用 15 号公告给出的公式，是比较合理的。

| 相关政策浏览 |

1. 《财政部 国家税务总局关于全面推开营业税改征增值税试点的通知》（财税〔2016〕36 号）附件 2

一、营改增试点期间，试点纳税人〔指按照《营业税改征增值税试点实施办

法》（以下称《试点实施办法》）缴纳增值税的纳税人〕有关政策

（四）进项税额。

2. 按照《试点实施办法》第二十七条第（一）项规定不得抵扣且未抵扣进项税额的固定资产、无形资产、不动产，发生用途改变，用于允许抵扣进项税额的应税项目，可在用途改变的次月按照下列公式计算可以抵扣的进项税额：

可以抵扣的进项税额

＝固定资产、无形资产、不动产净值/（1＋适用税率）×适用税率

上述可以抵扣的进项税额应取得合法有效的增值税扣税凭证。

2. 《国家税务总局关于发布〈不动产进项税额分期抵扣暂行办法〉的公告》（国家税务总局公告 2016 年第 15 号）

第九条　按照规定不得抵扣进项税额的不动产，发生用途改变，用于允许抵扣进项税额项目的，按照下列公式在改变用途的次月计算可抵扣进项税额。

$$可抵扣进项税额＝\frac{增值税扣税凭证注明}{或计算的进项税额}×不动产净值率$$

依照本条规定计算的可抵扣进项税额，应取得 2016 年 5 月 1 日后开具的合法有效的增值税扣税凭证。

按照本条规定计算的可抵扣进项税额，60％的部分于改变用途的次月从销项税额中抵扣，40％的部分为待抵扣进项税额，于改变用途的次月起第 13 个月从销项税额中抵扣。

案例 39　营改增后的"三流一致"进项税抵扣，注意范围的变化

甲企业是一家生产企业，为增值税一般纳税人，2016 年发生以下业务：

业务 1　2016 年 10 月向乙公司（增值税一般纳税人）销售产品，含税价 117 万元，税额 17 万元，开具增值税专用发票给乙公司。但乙公司将该货款向丙公司支付，原因是甲公司欠丙公司 200 万元货款，所以三方签订协议：由乙公司向丙公司支付货款，抵偿甲企业欠款，这就是比较典型的"三方协议"。

业务 2　2016 年 11 月甲企业又向乙公司销售货物，含税价 234 万元，由乙公司的母公司向甲企业支付该货款，乙公司取得甲企业开具的增值税专用发票。

业务 3　2016 年 2 月甲企业向乙公司提供咨询服务，收取咨询费 10.6 万元，

仍然采取上述"三方协议"的模式，乙公司向丙公司支付该费用，乙公司取得甲企业开具的增值税专用发票。

问题：上述三种类型的业务，是否有进项税不得抵扣的风险？

| 案例解析 |

1. 业务 1 中，收款方与开票方不一致，抵扣进项税有风险

乙公司接受甲企业开具的增值税专用发票，开票方为甲企业；乙公司所支付款项的单位，是丙公司，乙公司"所支付款项的单位"丙公司，与开票方甲企业不一致，根据《国家税务总局关于加强增值税征收管理若干问题的通知》（国税发〔1995〕192 号）的规定，乙公司取得的增值税专用发票不能抵扣进项税。

笔者一直不知"三流一致"到底出自何处。所谓"三流"，一般的理解是资金流、票流、货流。资金从购货方流向销货方，发票从销货方流向购货方，货物所有权从销售方流向购货方，这应该就是三流"一致"了。本案例中的情形，即资金流与票流的不一致。

国税发〔1995〕192 号文件规定，购进货物或应税劳务支付货款、劳务费用的对象。纳税人购进货物或应税劳务，支付运输费用，所支付款项的单位，必须与开具抵扣凭证的销货单位、提供劳务的单位一致，才能够申报抵扣进项税额，否则不予抵扣。

我们来看一下实务中虚开增值税专用发票常见的情形。

甲企业销售产品给乙公司，不能或不想开具增值税专用发票给乙公司，乙公司没有增值税专用发票不能抵扣进项税，也不能在企业所得税前扣除，于是找丙公司解决增值税专用发票问题。丙公司进项税额较多，收取开票费后，给乙公司开具相同金额的增值税专用发票，当然开具发票的名目主要根据丙公司业务范围来确定，有些增值税专用发票虚开的案子问题就是出在开具货物名目环节，比如前段时间的虚开增值税专用发票的黄金大案，哪家企业没事能购买这么多黄金，这造假也太明显了。

购买方乙公司付给销售方甲企业货款，但发票是丙公司开具给乙公司的。所以国税发〔1995〕192 号文件主要针对的就是采购方乙公司付款的环节，付款给甲企业，就只能抵扣甲企业开具的增值税专用发票；付款给丙公司，就只能抵扣丙公司开具的增值税专用发票。

税务机关是政策制定者，同时又是政策执行者，当然要按有利于征管的原则来制定政策。国税发〔1995〕192 号文件是典型的有利于征管的规定。毋庸置疑，国税发〔1995〕192 号文件违反了税收中性原则，因其干扰了正常的市场经营行为，为杜绝利用多方付款偷漏税的行为，就一棒子打死所有这种业务模式，

正常的三方抵账行为无法得到保障。不可否认的是，国税发〔1995〕192 号文件确实对虚开专票设置了门槛，提高了违法成本，最起码要把资金转来转去，比较麻烦，一不小心还会出问题，账务处理也有可能露出马脚。

笔者一贯的观点是，功过是非暂且不论，只根据有效文件处理税务事项。既然国税发〔1995〕192 号文件仍然有效，我们就需要对其加以重视，虽然实务中仅仅根据国税发〔1995〕192 号文件判定不得抵扣的案例较少，但终究是有税务风险的。

2．关于业务 2，不属于文件规定的收款方与开票方不一致的情形

国税发〔1995〕192 号文件的规定是，如果收款方与开票方不一致，则进项税不能抵扣。实务中存在付款方与采购方不一致的情形，很多人都在担心其不得抵扣的税务风险。之前专门有一个针对诺基亚公司的文件（现在已找不到这个文件，不知其有效还是处于作废状态）解释总部代分子公司支付的款项不属于国税发〔1995〕192 号文件规定的不能抵扣事项云云。这本来就不是一回事，却要单独发布文件来解释，反而增加纳税人的疑惑。

笔者多年前曾多次提出这个疑问，但一直无法得到权威的准确答案。笔者一直认为，国税发〔1995〕192 号文件针对的只是收款方与开票方不一致，导致进项税不能抵扣的情形。

因此，业务 2 中，乙公司的母公司向甲企业支付货款，不属于收款方与开票方不一致的情形，笔者未在任何文件中看到有对此行为不得抵扣进项税的规定，该业务可以抵扣进项税。

3．关于业务 3，销售服务不属于国税发〔1995〕192 号文件规范的范围

国税发〔1995〕192 号规定的收款方与开票方不一致，导致进项税不能抵扣只是针对购进货物或应税劳务，支付运输费用的进项税抵扣的情况，文件发布时，只有以下三种情况才能抵扣进项税：货物，加工修理修配劳务（注意不是现在营改增后的应税服务），运输费用（以前可以按照 7％的征收率抵扣）。

营改增后的销售不动产，销售无形资产，销售服务，明显不在国税发〔1995〕192 号文件规范的范围内，现阶段在文件未明确前，我们可以认为，营改增后的销售不动产，销售无形资产，销售服务，暂时未在国税发〔1995〕192 号文件规范的范围之内。

因此，乙公司向丙企业支付咨询费，不属于国税发〔1995〕192 号文件中规范的货物、劳务以及运输费用的情况，从现行文件来看，无进项税抵扣的风险。

| 相关政策浏览 |

《国家税务总局关于加强增值税征收管理若干问题的通知》（国税发〔1995〕192 号）

购进货物或应税劳务支付货款、劳务费用的对象。纳税人购进货物或应税劳务，支付运输费用，所支付款项的单位，必须与开具抵扣凭证的销货单位、提供劳务的单位一致，才能够申报抵扣进项税额，否则不予抵扣。

案例 40 采用三方协议抵扣进项税有风险，39 号公告不是救命稻草

甲企业是一家生产企业，为增值税一般纳税人，向乙公司销售产品，并向乙公司开具增值税专用发票。因甲企业欠丙公司款项，因此三方签订协议，由乙公司直接把货款支付给丙公司，以抵偿甲企业欠款。同上述案例，因国税发〔1995〕192 号文件仍然有效，此种收款方与开票方不一致的情况，有不得抵扣进项税的风险。

问题：有观点认为，《国家税务总局关于纳税人对外开具增值税专用发票有关问题的公告》（国家税务总局公告 2014 年第 39 号，以下简称 39 号公告）规定的"取得了索取销售款项的凭据"，可以作为三方协议抵扣增值税的依据。该观点在税理上是否能得到支持，有无税务风险？

| 案例解析 |

笔者认为，虽然出发点是好的，但是有较大的税务风险，最起码在税理上该观点无法得到支持。

1. 39 号公告的内容

39 号公告规定：

纳税人通过虚增增值税进项税额偷逃税款，但对外开具增值税专用发票同时符合以下情形的，不属于对外虚开增值税专用发票：

一、纳税人向受票方纳税人销售了货物，或者提供了增值税应税劳务、应税服务；

二、纳税人向受票方纳税人收取了所销售货物、所提供应税劳务或者应税服务的款项，或者取得了索取销售款项的凭据；

三、纳税人按规定向受票方纳税人开具的增值税专用发票相关内容，与所销售货物、所提供应税劳务或者应税服务相符，且该增值税专用发票是纳税人合法取得、并以自己名义开具的。

受票方纳税人取得的符合上述情形的增值税专用发票，可以作为增值税扣税凭证抵扣进项税额。

2. 笔者不认为 39 号公告是采用三方协议抵扣进项税的救命稻草

主要原因如下：

(1) 从 39 号公告的本意出发。

举个简单的例子。假设 A 公司取得了虚假的增值税专用发票，比如通过支付手续费的方式取得了没有真实业务背景的增值税专用发票，同时又通过防伪税控系统开具了增值税专用发票给下游公司 B，A 与 B 之间的业务为真实情况，签订了购销合同，开具的发票也符合相关规定，A 公司已经申报并缴纳了增值税，B 公司也向 A 公司支付了货款，总之符合 39 号公告的三条规定。

当 A 公司取得虚假增值税发票并抵扣的情况被当地税务机关发现后，A 公司开具给 B 公司发票的行为如果被认定为虚开，则 A 公司所在地的主管税务机关会向 B 公司所在地的主管税务机关发送《已证实虚开通知单》，不管 B 公司取得该发票的行为是善意的还是恶意的，都不得抵扣从 A 公司取得的增值税专用发票的进项税。B 公司面临被追缴增值税的结局。

这种处理对于 B 公司来讲显然是极不合理的。B 公司签订了正式的合同，货物交易是真实情况，货款也真实地支付了，不让其抵扣增值税对于遵纪守法的纳税人来讲是很难接受的。

39 号公告其实主要解决的就是这个问题，即 A 公司在虚抵进项税的前提下，向 B 公司开具了增值税专用发票，符合 39 号公告规定的三个条件的，A 公司不认定为虚开，A 公司所在地的主管税务机关不会向 B 公司所在地的主管税务机关发送《已证实虚开通知单》，B 公司无须补缴增值税。注意：只要认定为虚开增值税专用发票，就必须向受票纳税人的税务机关发送《已证实虚开通知单》，受票纳税人必须补税。因此不认定 A 公司是虚开增值税专用发票行为，是为了维护受票方 B 公司的合法税务利益。

从 39 号公告的本意来看，这与三方协议抵扣增值税完全没有关系。

(2) 从"取得了索取销售款项的凭据"的真实含义出发。

有观点认为，三方协议也属于"取得了索取销售款项的凭据"的一种形式。

这个逻辑很简单，《中华人民共和国增值税暂行条例》第十九条对于增值税纳税义务发生时间的规定是，"销售货物或者应税劳务，为收讫销售款项或者取得索取销售款项凭据的当天"；财税〔2016〕36 号文件规定，"取得索取销售款项凭据的当天，是指书面合同确定的付款日期；未签订书面合同或者书面合同未确定付款日期的，为服务、无形资产转让完成的当天或者不动产权属变更的当天"。

所以，逻辑就出来了：签订三方协议——书面合同确定付款——取得索取销售款项凭据——不认定为虚开——下游可以抵扣。

39 号公告规定的三个条件中，对资金的要求是收取款项或者取得了索取销售款项的凭据，因为 B 公司很可能在案发时尚未支付货款，但书面合同已经约定了或者有其他确定可以收款的凭证，这就可以证明真实交易了，不需要必须是实际付款——注意，这才是 39 号文件对于"取得了索取销售款项的凭据"规定的真正意图！而不是臆想出来的，认为"取得了索取销售款项的凭据"是三方协议的代名词。

综上可知，首先，39 号公告的前提是"纳税人通过虚增增值税进项税额偷逃税款"；其次，39 号公告是对于不认定开票方为虚开的规定，但三方协议中的不允许抵扣，是因收款方与开具发票方不一致，与是否虚开并没有必然联系；最后，三方协议中的不允许抵扣，指的是发票开具方与收取款项方不一致的情况，并不能因为所谓的"取得索取销售款项凭据"就将此限制忽略，也就是说，即使不考虑 39 号公告的前提，即使"取得索取销售款项凭据"，仍然需要考虑发票开具方与收取款项方不一致的情况。

总而言之，笔者认为，这是对 39 号公告第二条规定扩大化的理解，其中的"取得了索取销售款项的凭据"没有任何指向三方协议情况的意味。

当然，这里需要解释一下，"索取销售款项凭据"并不单指合同，比如，甲公司销售货物给乙公司，合同规定验货后 3 日内付款，这里的"索取销售款项凭据"还包括乙公司的验货证明、提货单等单据。

笔者最后强调，此种做法存在很大的税务风险。如果纳税人根据 39 号公告去签订三方协议，认为其进项税可以抵扣，可能会有税务风险。虽然其正当交易导致税务风险有些冤屈，我们也呼吁尽可能地保护守法纳税人的正当经营性为，但纳税人应按照现行文件规定进行税务处理。39 号公告并不是采用三方协议抵扣进项税的救命稻草。

| 相关政策浏览 |

《国家税务总局关于纳税人对外开具增值税专用发票有关问题的公告》（国家税务总局公告 2014 年第 39 号）

纳税人通过虚增增值税进项税额偷逃税款，但对外开具增值税专用发票同时符合以下情形的，不属于对外虚开增值税专用发票：

一、纳税人向受票方纳税人销售了货物，或者提供了增值税应税劳务、应税服务；

二、纳税人向受票方纳税人收取了所销售货物、所提供应税劳务或者应税服务的款项，或者取得了索取销售款项的凭据；

三、纳税人按规定向受票方纳税人开具的增值税专用发票相关内容，与所销售货物、所提供应税劳务或者应税服务相符，且该增值税专用发票是纳税人合法取得、并以自己名义开具的。

受票方纳税人取得的符合上述情形的增值税专用发票，可以作为增值税扣税凭证抵扣进项税额。

案例 41　购买车辆保险，收款方与开票方不一致，不会导致进项税抵扣风险

甲企业是一家物流企业，为增值税一般纳税人，于 2016 年 8 月在当地汽车销售商购买车辆，收到保险公司开具的增值税专用发票。由于汽车销售商代办车险业务，因此甲企业将款项直接支付给了汽车销售商的对公账户。

问题：车险发票的开具方是保险公司，收款方是汽车销售商，这种不一致的情况是否会因为国税发〔1995〕192 号文件的规定，导致抵扣进项税的风险？

| 案例解析 |

营改增前保险费缴纳营业税，所以没有进项税抵扣问题。

即使按照文件规定，也无须担心此问题。国税发〔1995〕192 号文件只是对于货物和劳务以及运输服务的进项税规定，这里所述的劳务指的是加工修理修配劳务，而不是营改增后的服务项目。因此销售保险服务，现阶段并不在国税发〔1995〕192 号文件规范的范围之内。

| 相关政策浏览 |

《国家税务总局关于加强增值税征收管理若干问题的通知》（国税发〔1995〕192 号）

（三）购进货物或应税劳务支付货款、劳务费用的对象。纳税人购进货物或应税劳务，支付运输费用，所支付款项的单位，必须与开具抵扣凭证的销货单位、提供劳务的单位一致，才能够申报抵扣进项税额，否则不予抵扣。

案例 42　物业公司代收水电气费用的"三流不一致"，不会导致税务风险

甲企业是增值税一般纳税人，通过银行转账向物业公司支付水电气费，取得的水电气费用增值税专用发票是水电气公司开具的，这在国税发〔1995〕192 号文件中，属于"所支付款项的单位"与"开具抵扣凭证的销货单位、提供劳务的单位"不一致，即收款方为物业公司，发票开具方为水电气供应单位，而且销售的是货物，属于国税发〔1995〕192 号文件规范的范围。

问题：甲企业的此种情况是否有进项税抵扣的税务风险？

| 案例解析 |

虽然严格按照国税发〔1995〕192 号文件规定可得出有税务风险的结论，但是实务中仅仅依据国税发〔1995〕192 号文件的收款方和开票方不一致即判定为不得抵扣的情况比较少见；而且物业公司代收水电费的问题，营改增文件刚发布时即有声音提出差额征税，营改增实施过程中也有各地方政策规定，现在又有对于自来水费差额征税的政策。由此可见，只要是真实发生的业务，即使物业公司代收水电气费，导致收款方和开发票方不一致，笔者认为也不会导致进项税不能抵扣的风险。

| 相关政策浏览 |

《国家税务总局关于加强增值税征收管理若干问题的通知》（国税发〔1995〕192 号）

（三）购进货物或应税劳务支付货款、劳务费用的对象。纳税人购进货物或应税劳务，支付运输费用，所支付款项的单位，必须与开具抵扣凭证的销货单位、提供劳务的单位一致，才能够申报抵扣进项税额，否则不予抵扣。

200 MUST-READ CASES

第 2 章

差额征税案例

案例 43　跨期销售取得的不动产，分别扣除购置价计算营业税和增值税

甲企业是一家生产企业，为增值税一般纳税人，2016 年 4 月向乙公司转让其自有的复合功能仓储中心，转让价款合计 5 000 万元。该不动产购置价为 3 000 万元，购置时取得营业税发票。甲企业 2016 年 4 月预收款 1 000 万元，2016 年 6 月支付剩余款项后，正式与乙公司办理房屋产权过户手续。转让时已累计计提折旧 1 000 万元，净值为 2 000 万元。

问题：甲企业如何计算扣除购置价，分别计算营业税和增值税？

│案例解析│

1. 跨期扣除购置价的计算方式

根据《中华人民共和国营业税暂行条例》及其实施细则的规定，销售不动产预收房款时产生营业税纳税义务，因此该预收房款 1 000 万元应计征营业税。

同时，根据《财政部 国家税务总局关于营业税若干政策问题的通告》（财税〔2003〕16 号）的规定，转让不动产的销售额扣除不动产的购置原价后，作为计征营业税的营业额。

根据财税〔2016〕36 号文件的规定，转让 2016 年 4 月 30 日前取得的不动产，可选择简易计税方式，并可减除购置价后的余额作为销售额。

这样就会出现一个问题：预收款 1 000 万元应缴纳营业税，可以扣除购置价后作为营业额，营改增后的 4 000 万元房款也可扣除购置价后作为销售额，但是购置价是 3 000 万元，营业税的营业额和增值税的销售额各应减除多少购置价？笔者个人认为，按照营业额与销售额比例划分可以扣除的购置价比较合理。

营业额可减除的购置价＝3 000×1 000÷5 000＝600(万元)

销售额可减除的购置价＝3 000×4 000÷5 000＝2 400(万元)

甲企业应缴纳营业税＝(1 000－600)×5％＝20(万元)

甲企业应缴纳增值税＝(4 000－2 400)÷(1＋5％)×5％＝76.19(万元)

验算：计税依据＝(1 000＋4 000)－(600＋2 400)＝5 000－3 000＝2 000（万元），验证相符。

说明：笔者认为，按照营业额与销售额比例划分可以扣除的购置价比较

合理，但要注意与当地主管税务机关充分沟通，因为文件对于此种计算方式并无明确规定。

2. 甲企业应采取差额开票功能开具增值税专用发票

如果根据当地房屋交易中心的要求，只认可一张销售房屋发票，且乙公司希望取得增值税专用发票抵扣进项税，甲企业开具增值税专用发票的方式为：价款合计为 5 000 万元，扣除额为 3 400 万元（1 000＋2 400），扣除额包括营业额 1 000 万元和营改增后销售取得的不动产差额扣除部分 2 400 万元。增值税额为 $(5\,000－3\,400)÷(1＋5\%)×5\%＝76.19$（万元）。乙公司只能抵扣 76.19 万元的进项税，而不是抵扣 $4\,000÷1.05×5\%＝190.48$（万元）的进项税。

注意：虽然销售取得的不动产并不属于 23 号公告中所述的"按照现行政策规定适用差额征税办法缴纳增值税，且不得全额开具增值税发票"的情形，但是现阶段各地区税务机关要求销售取得的不动产开具增值税专用发票采取差额开票功能。

3. 账务处理（单位：万元）

（1）转入固定资产清理：

借：固定资产清理	2 000
累计折旧	1 000
贷：固定资产	3 000

（2）2016 年 4 月预收房款 1 000 万元：

借：银行存款	1 000
贷：固定资产清理	1 000

（3）计提营业税：

借：固定资产清理	20
贷：应交税费——应交营业税	20

（4）2016 年 6 月收取剩余房款 4 000 万元：

借：银行存款	4 000
贷：固定资产清理	4 000

（5）计提增值税：

借：固定资产清理	76.19
贷：应交税费——未交增值税	76.19

（6）结转"固定资产清理"科目：

借：固定资产清理　　2 903.81（－2 000＋1 000－20＋4 000－76.19）	
贷：营业外收入	2 903.81

4. 营改增后的差额征税以及差额开票功能总结

关于差额征税以及差额开票，是笔者在营改增后接到咨询最多的问题之一。很多纳税人感到困惑：为什么销售建筑服务扣除分包款差额征税，房地产企业扣减土地出让金等差额征税，无须采取差额开票功能，受票方可以抵扣差额征税前的进项税，但销售取得的不动产却需采用差额开票功能，受票方只能抵扣差额征税后的增值税额。那么到底哪些差额征税项目必须采取差额开票功能，哪些可以不采取？这关系到受票方抵扣的多少。笔者发现，大量的纳税人对此没有厘清理论体系，现就差额征税和差额开票功能详细讲解如下：

关于营改增后的差额征税政策，23 号公告规定，"按照现行政策规定适用差额征税办法缴纳增值税，且不得全额开具增值税发票的（财政部、国家税务总局另有规定的除外），纳税人自行开具或者税务机关代开增值税发票时，通过新系统中差额征税开票功能，录入含税销售额（或含税评估额）和扣除额，系统自动计算税额和不含税金额，备注栏自动打印'差额征税'字样，发票开具不应与其他应税行为混开"。

所以，最主要的问题在于，营改增文件中的差额征税政策哪些属于"不得全额开具增值税发票"的情形。我们对差额征税政策以及差额开票功能总结如下：

（1）营改增后可以差额征税的项目。

①销售建筑服务，只要适用简易计税方式，即可以扣除分包款后的余额作为销售额。

说明：一般纳税人选择简易计税方式，或者小规模纳税人适用简易计税方式，都可以扣除支付的分包款后的余额作为销售计征增值税，当然需要分包款的发票。

营改增前，建筑业劳务就是根据总包款扣除分包款后的余额作为营业额计征营业税的，为平稳过渡，公平税负，营改增后简易计税也采取类似的方式。如果选择一般计税方式，则不能扣除分包款，因为可以取得分包方开具的增值税专用发票，抵扣进项税，而不是差额扣除。

②房地产开发企业一般纳税人销售其开发的房地产项目（选择简易计税方法的房地产老项目除外），以取得的全部价款和价外费用，扣除受让土地时向政府部门支付的土地价款后的余额为销售额。

说明：房地产企业一般纳税人选择一般计税方式，税率是 11%，但其成本的重要组成部分——土地出让金，却不能取得增值税扣税凭证，因土地出让金的收取方是政府，政府不可能征收自己的增值税。所以，就采取了从销售额中差额扣除土地出让金的方式，类似于抵扣进项税的效果。

采取简易计税方式为什么不可以扣除土地出让金？因为房地产开发企业销售其开发的房地产项目选择简易计税的，征收率为 5%，这与之前的营业税税率基本一致，由于含税，实际税负更低，税负基本平稳，因此不需要扣除土地出让金。

③销售取得的不动产，可以减去该项不动产购置原价或者取得不动产时的作价后的余额为销售额。

个人将购买 2 年以上（含 2 年）的非普通住房对外销售的，以销售收入减去购买住房价款后的差额按照 5% 的征收率缴纳增值税。（该政策仅适用于北京市、上海市、广州市和深圳市。）

说明：这是延续了营业税时期的销售不动产差额扣除的政策。为什么自建的不动产不能差额扣除？因为自建的不动产没有购置价，营业税时期即没有差额扣除的政策。

④纳税人转让 2016 年 4 月 30 日前取得的土地使用权，可以选择适用简易计税方法，以取得的全部价款和价外费用减去取得该土地使用权的原价后的余额为销售额，按照 5% 的征收率计算缴纳增值税。

说明：该政策是财税〔2016〕36 号文件遗漏的问题，该文件规定了诸多差额征税的政策，单单遗忘了土地使用权的差额征税方式。后在《财政部 国家税务总局关于进一步明确全面推开营改增试点有关劳务派遣服务、收费公路通行费抵扣等政策的通知》（财税〔2016〕47 号）中打了补丁。

⑤金融商品转让，按照卖出价扣除买入价后的余额为销售额。

说明：与营业税时期的转让金融商品的政策基本相同，比如不分金融商品种类互相弥补盈亏，不能跨年度弥补亏损等政策。重要的不同之处在于，营业税时期的金融商品转让，其购入价中要扣除持有期间的收益，营改增后没有类似政策。营改增后对利息收入明确征税，股息收入因不属于增值税征收范围，不予征收。

⑥经纪代理服务，以取得的全部价款和价外费用，扣除向委托方收取并代为支付的政府性基金或者行政事业性收费后的余额为销售额。

说明：代收代付的政府性基金或者行政事业性收费，从实质上来讲不是纳税人的计税销售额，因此允许扣除。实务中其实有很多这种代收代付的情形，只不过税务待遇没有这么宽松，不作为销售额的限制条件比较严格。

⑦纳税人提供旅游服务，以取得的全部价款和价外费用，扣除向旅游服务购买方收取并支付给其他单位或者个人的住宿费、餐饮费、交通费、签证费、门票

费和支付给其他接同旅游企业的旅游费用后的余额为销售额。

说明：这也与营业税时期的政策相同。作为提供旅游服务的一般纳税人来讲，营改增后可以取得一部分增值税扣税凭证，比如住宿费、租赁费、其他旅游企业费用的增值税专用发票，这部分是否可以抵扣进项税？从相关政策来看，并未明确规定是必须差额征税还是可以选择抵扣进项税，但可以明确的是，两者只能选其一，差额征税了就不能抵扣进项税，当然一般还是选择差额征税，毕竟在扣除成本和范围方面都有优势。

⑧融资租赁服务，以收取的全部价款和价外费用，扣除支付的借款利息、发行债券利息和车辆购置税后的余额为销售额。

说明：本次全面营改增，实际上还是有"死角"的，比如车辆购置税，无法取得扣税凭证，借款利息或发行债券利息都明确不得抵扣进项税，但这部分是融资租赁纳税人的重要成本组成部分，无法抵扣对其税负影响很大，甚至可能导致无法正常经营，因此采取从销售额中差额扣除的方式予以解决。

这与本次营改增前的政策基本一致，不同的是保险费、安装费不在差额扣除之列，这两项在本次营改增后可以取得增值税扣税凭证，抵扣进项税。

⑨融资性售后回租服务，以取得的全部价款和价外费用（不含本金），扣除对外支付的借款利息、发行债券利息后的余额为销售额。

说明：本次营改增对于融资性售后回租服务的销售额描述有所改变，使用"不含本金"的说法，而不是从取得的全部价款和价外费用"扣除"本金，实际上这才符合融资性售后回租服务的业务实质，就类似于银行借贷，银行放贷的本金怎么能成为其销售额呢？赚取的利息才是销售额。

这里还需提醒重要的一点，即提供融资性售后回租服务的纳税人不再需要向承租方开具本金的增值税普通发票，而是参照《国家税务总局关于营业税改征增值税试点期间有关增值税问题的公告》（国家税务总局公告 2015 年第 90 号，以下简称 90 号公告）第三条的规定，以书面合同以及其他收款凭证代替本金的增值税普通发票。

有的纳税人说，财税〔2016〕36 号文件并没有明确规定这一条。在《财政部 国家税务总局关于将铁路运输和邮政业纳入营业税改征增值税试点的通知》（财税〔2013〕106 号）中，明确规定"融资性售后回租服务中向承租方收取的有形动产价款本金，以承租方开具的发票为合法有效凭证"，而财税〔2016〕36 号文件中并未延续该条款，取消了以发票作为扣除本金凭据的要求。

严格来讲，融资性售后回租服务销售额中不包括本金，不属于差额征税政策。

⑩航空运输企业的销售额，不包括代收的机场建设费和代售其他航空运输企业客票而代收转付的价款。

⑪一般纳税人提供客运场站服务，以其取得的全部价款和价外费用，扣除支付给承运方运费后的余额为销售额。

说明：一般纳税人提供客运场站服务，税率为 6%，支付给一般纳税人的承运方的运费，取得 11% 的增值税专用发票，这属于"低征高抵"，进销倒挂。

如果改为支付给一般纳税人的承运方的运费，从场站服务的销售额中扣除，情况大有不同，相当于只抵扣了 6% 的进项税。

客运场站服务，究竟是必须选择扣除支付给承运方的运费差额征税，还是可以选择抵扣承运方运费的进项税？似乎并无明确规定，笔者认为可以选择。

⑫劳务派遣公司，以取得的全部价款和价外费用，扣除代用工单位支付给劳务派遣员工的工资、福利和为其办理社会保险及住房公积金后的余额为销售额。

说明：这是延续了营业税时期的政策。

该表述中，"代"用工单位支付，笔者认为有商榷的地方，劳务派遣公司派遣员工在用工单位工作，收取派遣费，支付工资社保公积金等，这是为自己的员工缴纳费用，如何能是"代"用工单位支付？这可能会引起不必要的误解。

注意：安保服务也按照劳务派遣服务的差额征税政策执行。

⑬纳税人提供人力资源外包服务，按照经纪代理服务缴纳增值税，其销售额不包括受客户单位委托代为向客户单位员工发放的工资和代理缴纳的社会保险、住房公积金。

此处的"人力资源外包服务"，很容易混淆概念，财税〔2016〕36 号文件对"人力资源服务"概念的表述为，"人力资源服务，是指提供公共就业、劳务派遣、人才委托招聘、劳动力外包等服务的业务活动"，而"人力资源外包服务"不属于该文件中所述的"人力资源服务"。比如，甲企业将其人力资源部门的发放工资和社保的工作交由第三方操作，这属于人力资源外包，既不属于人力资源服务中的劳务派遣，也不属于劳动力外包服务。

提供人力资源外包服务，向客户员工发放的工资和社保公积金等，这才是"代为"发放，所以文件规定其销售额"不包括"受客户单位委托代为向客户单位员工发放的工资和代理缴纳的社会保险、住房公积金。其性质是代收代付的费用，而不是扣除的概念。其实质为，服务本身的销售额是服务费，不包括代收代付部分。

严格来讲，人力资源外包服务不属于差额征税范围。

⑭提供物业管理服务的纳税人，向服务接受方收取的自来水水费，以扣除其对外支付的自来水水费后的余额为销售额，按照简易计税方法依3%的征收率计算缴纳增值税。

这是54号公告规定的内容，主要是解决营改增后提供物业管理服务的纳税人转售自来水费产生的税率差问题。从自来水公司取得3%的增值税专用发票，销售给业主时，因不符合自产自来水的条件，一般纳税人只能适用13%税率，较营改增前产生了较大的税负增加。

54号公告发布之前部分地方政策规定，销售给业主自来水时按照3%征收率，同时可以抵扣自来水公司3%的增值税专用发票，当然这与用于简易计税的进项税不能抵扣的税理是相悖的。

54号公告解决了上述问题。但仍然未解决的问题是：小规模纳税人收取自来水费以外的其他费用，比如电费、暖气费等，仍然不能抵扣，却要按照3%征收率计征增值税。

⑮境外单位通过教育部考试中心及其直属单位在境内开展考试，教育部考试中心及其直属单位应以取得的考试费收入扣除支付给境外单位考试费后的余额为销售额，按提供"教育辅助服务"缴纳增值税；就代为收取并支付给境外单位的考试费统一扣缴增值税。教育部考试中心及其直属单位代为收取并支付给境外单位的考试费，不得开具增值税专用发票，可以开具增值税普通发票。

⑯纳税人提供签证代理服务，以取得的全部价款和价外费用，扣除向服务接受方收取并代为支付给外交部和外国驻华使（领）馆的签证费、认证费后的余额为销售额。向服务接受方收取并代为支付的签证费、认证费，不得开具增值税专用发票，可以开具增值税普通发票。

⑰纳税人代理进口按规定免征进口增值税的货物，其销售额不包括向委托方收取并代为支付的货款。向委托方收取并代为支付的款项，不得开具增值税专用发票，可以开具增值税普通发票。

（2）差额征税政策中必须差额开票的情形。

①财税〔2016〕36号文件附件2的规定。

经纪代理服务，……向委托方收取的政府性基金或者行政事业性收费，不得开具增值税专用发票。

试点纳税人提供有形动产融资性售后回租服务（老合同），向承租方收取的有形动产价款本金，不得开具增值税专用发票，可以开具普通发票。

试点纳税人提供旅游服务，向旅游服务购买方收取并支付的住宿费、餐饮费等各种费用，不得开具增值税专用发票，可以开具普通发票。

②财税〔2016〕47 号文件的规定。

选择差额纳税的劳务派遣纳税人，向用工单位收取用于支付给劳务派遣员工工资、福利和为其办理社会保险及住房公积金的费用，不得开具增值税专用发票，可以开具普通发票。

纳税人提供人力资源外包服务，向委托方收取并代为发放的工资和代理缴纳的社会保险、住房公积金，不得开具增值税专用发票，可以开具普通发票。

③69 号公告的规定。

境外单位通过教育部考试中心及其直属单位在境内开展考试，教育部考试中心及其直属单位应以取得的考试费收入扣除支付给境外单位考试费后的余额为销售额，按提供"教育辅助服务"缴纳增值税；就代为收取并支付给境外单位的考试费统一扣缴增值税。教育部考试中心及其直属单位代为收取并支付给境外单位的考试费，不得开具增值税专用发票，可以开具增值税普通发票。

纳税人提供签证代理服务，以取得的全部价款和价外费用，扣除向服务接受方收取并代为支付给外交部和外国驻华使（领）馆的签证费、认证费后的余额为销售额。向服务接受方收取并代为支付的签证费、认证费，不得开具增值税专用发票，可以开具增值税普通发票。

纳税人代理进口按规定免征进口增值税的货物，其销售额不包括向委托方收取并代为支付的货款。向委托方收取并代为支付的款项，不得开具增值税专用发票，可以开具增值税普通发票。

以上这几种情况，均明确规定差额扣除部分不得开具增值税专用发票，即通常理解的 23 号公告中所述的不得全额开具增值税发票的情况。

以上是有明确的文件规定的必须差额开票的情形，但是，在实务中，很多税务机关对于销售取得的不动产，也规定必须差额开票，受票方只能抵扣差额征税后的进项税。

（3）差额开票的几种形式。

假设销售额 105 万元，扣除额 84 万元，征收率 5%。

①23 号公告要求在新系统中采取差额开票功能。增值税专用发票价税合计 105 万元，增值税额为 1 万元 [（105－84）÷（1＋5％）×5％]，不含税金额为 104 万元，受票方抵扣 1 万元进项税。

增值税纳税申报表按照发票信息填报。

②"普票＋专票"模式。普通发票价税合计 84 万元，零税率；增值税专用发票价税合计 21 万元，增值税额 1 万元，受票方抵扣 1 万元进项税。

增值税纳税申报表按照发票信息填报。

或者，普通发票价税合计 84 万元，税额 4 万元；增值税专用发票价税合计 21 万元，增值税额 1 万元，受票方抵扣 1 万元进项税。

增值税纳税申报表填报 105 万元的含税销售额，84 万元的含税扣除金额，最终缴纳增值税额仍为 1 万元。

③全普票模式。增值税普通发票价税合计 105 万元，对方不抵扣。

增值税纳税申报表填报 105 万元的含税销售额，84 万元的含税扣除金额，最终缴纳增值税额仍为 1 万元。

| 相关政策浏览 |

1.《财政部 国家税务总局关于营业税若干政策问题的通知》（财税〔2003〕16 号）

单位和个人销售或转让其购置的不动产或受让的土地使用权，以全部收入减去不动产或土地使用权的购置或受让原价后的余额为营业额。

单位和个人销售或转让抵债所得的不动产、土地使用权的，以全部收入减去抵债时该项不动产或土地使用权作价后的余额为营业额。

2.《财政部 国家税务总局关于全面推开营业税改征增值税试点的通知》（财税〔2016〕36 号）附件 2

一、营改增试点期间，试点纳税人［指按照《营业税改征增值税试点实施办法》（以下称《试点实施办法》）缴纳增值税的纳税人］有关政策

（八）销售不动产。

一般纳税人销售其 2016 年 4 月 30 日前取得（不含自建）的不动产，可以选择适用简易计税方法，以取得的全部价款和价外费用减去该项不动产购置原价或者取得不动产时的作价后的余额为销售额，按照 5％的征收率计算应纳税额。纳税人应按照上述计税方法在不动产所在地预缴税款后，向机构所在地主管税务机关进行纳税申报。

案例 44　跨期销售建筑服务分期抵减分包款

甲企业是一家建筑企业，为增值税一般纳税人，2016 年初开始为乙公司建设工程项目。书面合同规定，应在 2016 年 3 月收取乙公司 1 000 万元的工程款，实际在 2016 年 4 月收取 300 万元，在 2016 年 5 月收取 700 万元。在 2016 年 3 月支付分包款 500 万元，并取得分包款发票。

2016 年 8 月根据书面合同应收取工程款 2 000 万元，实际在 2016 年 12 月收到 1 600 万元，在 8 月支付分包款 1 000 万元，并取得分包款发票。

该项目为增值税概念中的老项目，甲企业选择简易计税方式计征增值税。

问题：甲企业在营改增前后如何分别抵减分包款计征营业税和增值税？

| 案例解析 |

1. 营改增前

营改增前，书面合同约定付款日期达到营业税纳税义务发生时间，可扣除分包款作为营业额。

本案例中，书面合同约定甲企业在 2016 年 3 月收取 1 000 万元工程款，根据《中华人民共和国营业税暂行条例》及其实施细则的规定，这属于取得了"索取销售款项凭据"，达到营业税纳税义务发生时间，即使没有收取工程款，也应在 2016 年 3 月就 1 000 万元的工程款申报营业税，同时可以扣除 2016 年 3 月支付的分包款 500 万元。

甲企业 2016 年 3 月营业税应纳税额＝(1 000－500)×3％＝15(万元)

2. 营改增后

营改增后，书面合同约定付款日期达到增值税纳税义务发生时间，简易计税方式可扣除分包款作为销售额。

书面合同约定甲企业在 2016 年 8 月收取工程款 2 000 万元，根据财税〔2016〕36 号文件的规定，这属于取得了"索取销售款项凭据"，达到增值税纳税义务发生时间，即使未收取工程款，也应计征增值税。注意，营业税和增值税在这一点上是基本一致的。

甲企业 2016 年 8 月增值税应纳税额＝(2 000－1 000)÷(1＋3％)×3％
＝29.13(万元)

甲企业开具增值税专用发票，价税合计 2 000 万元，增值税额为 58.25 万元，业主可抵扣 58.25 万元的进项税。销售建筑服务，扣除分包款差额征税，不需要差额开票。

| 相关政策浏览 |

《财政部 国家税务总局关于全面推开营业税改征增值税试点的通知》（财税〔2016〕36 号）附件 2

一、营改增试点期间，试点纳税人［指按照《营业税改征增值税试点实施办法》（以下称《试点实施办法》）缴纳增值税的纳税人］有关政策

（三）销售额。

9. 试点纳税人提供建筑服务适用简易计税方法的，以取得的全部价款和价外费用扣除支付的分包款后的余额为销售额。

案例 45　跨期销售建筑服务，营改增前未抵减营业额的分包款不能抵减增值税销售额

甲企业是一家建筑企业，为增值税一般纳税人。2016 年初承建乙公司土建工程，2016 年 4 月收到工程款 1 000 万元，2016 年 4 月支付分包款 600 万元但在 2016 年 5 月才取得分包款发票。2016 年 8 月收到工程款 2 000 万元。甲企业根据老项目规则选择简易计税方式。

问题：甲企业在计征营业税时未抵减营业额的分包款，是否可在计征增值税时抵减销售额？

| 案例解析 |

1. 营改增前未收到分包发票不能差额征收营业税

甲企业在 2016 年 4 月提供建筑劳务的同时收取款项，应在 2016 年 4 月就 1 000 万元工程款计征营业税。支付的 600 万元分包款未取得发票，不能差额扣除计征营业税。因此，甲企业 2016 年 4 月的营业税应纳税额为：1 000×3％＝30（万元）。

2. 营改增后未抵减的分包款不能抵减增值税

2016 年 8 月甲企业收到工程款 2 000 万元，应计征增值税。根据财税〔2016〕36 号文件的规定，销售建筑服务的纳税人选择简易计税的，可扣除分包款后的余额作为销售额。2016 年 5 月取得的 600 万元的分包款发票，是否可以从计征增值税的 2 000 万元工程款中扣除？

答案是不可以。桥归桥路归路，两者不能混淆，属于营业税的，多退少补的均应是营业税，属于增值税的，多缴少缴也都是增值税。根据财税〔2016〕36

号文件的规定，出现这种情况，只能向原主管地税机关申请退还营业税，而不能抵减之后的增值税销售额。

正确的计算如下：

营业税应纳税额＝1 000×3％＝30(万元)

增值税应纳税额＝2 000÷(1＋3％)×3％＝58.25(万元)

应退营业税额＝600×3％＝18(万元)

最终计税的营业额(销售额)＝3 000－600＝2 400(万元)

验证：假设不考虑其他因素，总包款为 3 000 万元，分包款为 500 万元，应计税的销售额应为 3 000－600＝2 400 (万元)，最终结果是按照 400 万元计征了营业税，按 2 000 万元计征了增值税，合计计税依据为 2 400 万元，核对相符。

3．营业税退税在实务中的情况

上述是理论上的规定，但大家都了解退税的难处，地税机关是否能退之前缴纳的营业税，确实存在一定的未知数。主要体现在以下两个方面：

第一，原主管地税机关指的是机构所在地还是施工所在地税务机关。

甲企业在异地提供建筑服务，在异地的地税机关申报营业税，回机构所在地申报时，可以抵减已经缴纳的营业税。当发生上述不足以抵减分包款的情况时，甲企业是向机构所在地主管地税机关申请退营业税，还是向施工所在地主管地税机关申请退营业税？从税理上讲，应该是向施工所在地主管地税机关申请退营业税。

第二，地税机关退税的意愿。

这个不多说，听说比较难退。比如有的地区甚至这样规定，营改增前支付的分包款不能差额征税营业税，无法向地税机关申请退还营业税，可以在 6 月 30 日前作为在工程项目所在地预缴增值税税款的扣除凭证。只在预缴税款时扣除，在机构所在地申报时不能扣除，这有什么用呢？预缴时少纳税，申报时就多缴税，总税额未改变。

| 相关政策浏览 |

1．《财政部 国家税务总局关于全面推开营业税改征增值税试点的通知》（财税〔2016〕36 号）附件 2

一、营改增试点期间，试点纳税人［指按照《营业税改征增税试点实施办法》（以下称《试点实施办法》）缴纳增值税的纳税人］有关政策

（十三）试点前发生的业务。

1．试点纳税人发生应税行为，按照国家有关营业税政策规定差额征收营业

税的，因取得的全部价款和价外费用不足以抵减允许扣除项目金额，截至纳入营改增试点之日前尚未扣除的部分，不得在计算试点纳税人增值税应税销售额时抵减，应当向原主管地税机关申请退还营业税。

2. 部分地方政策

《湖北国税》在有分包的情况下，乙方已向甲方开具了营业税发票并缴纳了营业税，但分包出去的部分发票没有及时取得，导致允许差额扣除的部分在 5 月 1 日前未能足额扣除多缴纳了营业税，且在地税机关因为各种原因不能取得退还，能否在 5 月 1 日后实现的增值税中进行相应的扣除？

答：在营改增的大的方针背景下，要保证行业税负只减不增，要保证平滑过渡，要保证不出现负面舆情，不能出现纳税人多缴纳了营业税在地税机关不能退税在国税机关也不能抵减的问题。财税〔2016〕36 号文件虽然规定了 4 月 30 日前支付的分包款不能在全部价款和价外费用中扣除导致多缴纳的营业税应向主管地税机关申请退还，但是国家税务总局公告 2016 第 17 号规定，纳税人取得的在 4 月 30 日前开具的建筑业营业税发票可以在 6 月 30 日前作为在工程项目所在地预缴增值税税款的扣除凭证。因此纳税人无法向地税机关申请退税营业税，只要取得上述凭证，在 6 月 30 日前应允许在工程项目所在地作为预缴增值税税款的扣除凭证。

案例 46　房地产企业跨期销售房地产，划分计算可扣除土地价款

甲企业是一家房地产开发企业，为增值税一般纳税人，2016 年 4 月向乙公司销售房产一套，预收房款 40 万元。2016 年 7 月收取剩余房款 60 万元后办理房屋产权证，书面合同约定的收款日期与实际收款日期一致。假设这部分房屋建筑面积为 100 平方米，整个房地产项目的可供销售建筑面积为 50 000 平方米，向政府直接支付的土地价款为 25 000 万元。

问题：销售额分别缴纳营业税和增值税，应如何计算可扣除的土地价款？

| 案例解析 |

1. 营改增前预收房款计征营业税，营改增后房款计征增值税

销售不动产预收房款时产生营业税纳税义务，应缴纳营业税。营改增后收取的 60 万元房款应缴纳增值税，房地产开发企业销售自行开发的房地产，选择一般计税，可以扣除支付的土地款计征增值税，可以差额征税，但可以全额开票，购房者可以抵扣扣除土地款前计算的增值税额。

2. 按照营业额与销售额的比例计算可扣除的土地价款

现在的问题是，营改增后收取的 60 万元房款应缴纳增值税，选择一般计税方式，其可扣除的土地价款应是增值税部分对应的土地价款，而不是营业税和增值税对应的所有的土地价款。

关于如何计算可扣除的土地价款，笔者认为可按照营业额与销售额的比例划分。

$$\text{销售该套房产增值税部分对应的建筑面积}=100\times60\div100=60(\text{平方米})$$

$$\text{甲房地产开发企业销售该套房产当期允许扣除的土地价款}=\left(\text{当期销售房地产项目建筑面积}\div\text{房地产项目可供销售建筑面积}\right)\times$$

$$\text{支付的土地价款}$$

$$=(60\div50\,000)\times25\,000=30(\text{万元})$$

$$\text{销售额}=(\text{全部价款和价外费用}-\text{当期允许扣除的土地价款})\div(1+11\%)$$

$$=(60-30)\div(1+11\%)=27.02(\text{万元})$$

$$\text{增值税应纳税额}=27.02\times11\%=2.97(\text{万元})$$

$$\text{营业税应纳税额}=40\times5\%=2(\text{万元})$$

说明：根据《国家税务总局关于发布〈房地产企业销售自行开发的房地产项目增值税征收管理暂行办法〉的公告》（国家税务总局公告 2016 年第 18 号）的规定，公式中的当期销售房地产项目建筑面积，是指当期进行纳税申报的增值税销售额对应的建筑面积。销售了 100 平方米建筑面积的房屋，既计征营业税又计征增值税，其中申报增值税对应的建筑面积应是多少，现阶段并无明确规定。笔者认为，根据营改增前后营业额与销售额的比例划分比较合理。

3. 甲企业增值税专用发票的开具

如果办理房地产产权手续只能是一张发票，同时乙公司取得增值税专用发票，可以抵扣的进项税为：$60\div(1+11\%)\times11\%=5.95$（万元），同时满足这两个条件的开票方式是：

甲企业在新系统中采取差额开具增值税专用发票功能，发票价税合计为 100 万元，扣除部分为应纳营业税的房款 40 万元，增值税额为 5.95 万元 $[(100-40)\div(1+11\%)\times11\%]$，不含税金额为 $100-5.95=94.05$（万元），乙公司可以抵扣的进项税为 5.95 万元。

注意：甲企业采取差额开票功能，扣除部分并不是土地价款，而是应纳营业税的房款 40 万元。房地产开发企业适用一般计税方式，可扣除土地出让金的，不需要采取差额开票功能。

| 相关政策浏览 |

1.《财政部 国家税务总局关于全面推开营业税改征增值税试点的通知》（财税〔2016〕36 号）附件 2

一、营改增值试点期间，试点纳税人［指按照《营业税改征增值税试点实施办法》（以下称《试点实施办法》）缴纳增值税的纳税人］有关政策

（三）销售额。

10. 房地产开发企业中的一般纳税人销售其开发的房地产项目（选择简易计税方法的房地产老项目除外），以取得的全部价款和价外费用，扣除受让土地时向政府部门支付的土地价款后的余额为销售额。

2.《国家税务总局关于发布〈房地产开发企业销售自行开发的房地产项目增值税征收管理暂行办法〉的公告》（国家税务总局公告 2016 年第 18 号）

当期销售房地产项目建筑面积，是指当期进行纳税申报的增值税销售额对应的建筑面积。

房地产项目可供销售建筑面积，是指房地产项目可以出售的总建筑面积，不包括销售房地产项目时未单独作价结算的配套公共设施的建筑面积。

支付的土地价款，是指向政府、土地管理部门或受政府委托收取土地价款的单位直接支付的土地价款。

3.《国家税务总局关于全面推开营业税改征增值税试点有关税收征收管理事项的公告》（国家税务总局公告 2016 年第 23 号）

按照现行政策规定适用差额征税办法缴纳增值税，且不得全额开具增值税发票的（财政部、税务总局另有规定的除外），纳税人自行开具或者税务机关代开增值税发票时，通过新系统中差额征税开票功能，录入含税销售额（或含税评估额）和扣除额，系统自动计算税额和不含税金额，备注栏自动打印"差额征税"字样，发票开具不应与其他应税行为混开。

案例 47 房地产企业"一次拿地、分次开发"，两步骤扣除土地价款

甲企业是一家房地产开发企业，为增值税一般纳税人。通过招拍挂方式取得土地一宗，面积 15 万平方米，支付土地出让金 8 亿元。第一期项目占地 4 万平

方米，可售建筑面积 8 万平方米；第二期占地 6 万平方米，可售建筑面积 10 万平方米；第一期销售房产的建筑面积为 2 万平方米。

问题：甲企业应如何计算第一期项目可扣除的土地价款？

| 案例解析 |

房地产企业选择一般计税方式计征增值税，可以扣除向政府支付的土地出让金后的余额作为销售额计征增值税，同时开具增值税专用发票不需要采取差额开票功能。土地取得时一次性取得，但是分期或者分项目开发的，如何扣除土地出让金，政策并不十分明确，这也属于地方政策的范畴。

一般来讲，此种情况的处理思路是：第一步，将总的土地价款按照土地面积在各项目之间分配；第二步，按照销售的建筑面积与可供销售面积比例计算可以扣除的土地价款。

$$第一期项目所对应的土地出让金 = 土地出让金 \times \left(已开发项目占地面积 \div 开发用地总面积 \right)$$

$$= 8 \times (4 \div 15) = 2.13（亿元）$$

$$当期允许扣除的土地价款 = \left(当期销售房地产项目建筑面积 \div 房地产项目可供销售建筑面积 \right) \times 已开发项目所对应的土地出让金$$

$$= (2 \div 8) \times 2.13 = 0.532\,5（亿元）$$

| 案例延伸 |

除符合规定的土地出让金外，房地产开发企业发生的基础设施配套费、拆迁补偿款、开发规费、契税、土地出让金延期支付利息等，均不得采取上述的差额征税政策。

| 相关政策浏览 |

1.《财政部 国家税务总局关于全面推开营业税改征增值税试点的通知》（财税〔2016〕36 号）附件 2

一、营改增值试点期间，试点纳税人［指按照《营业税改征增值税试点实施办法》（以下称《试点实施办法》）缴纳增值税的纳税人］有关政策

（三）销售额。

10. 房地产开发企业中的一般纳税人销售其开发的房地产项目（选择简易计税方法的房地产老项目除外），以取得的全部价款和价外费用，扣除受让土地时

向政府部门支付的土地价款后的余额为销售额。

2. 部分地方政策

〈海南国税〉关于房地产公司一般纳税人一次购地、分期开发的，其土地成本如何分摊的问题。

房地产企业一次性购地，分次开发，可供销售建筑面积无法一次全部确定的，按以下顺序计算当期允许扣除分摊土地价款：

（1）首先，计算出已开发项目所对应的土地出让金：

$$\text{已开发项目所对应的土地出让金}=\text{土地出让金}\times\left(\text{已开发项目占地面积}\div\text{开发用地总面积}\right)$$

（2）然后，按照以下公式计算当期允许扣除的土地介款：

$$\text{当期允许扣除的土地价款}=\left(\text{当期销售房地产项目建筑面积}\div\text{房地产项目可供销售建筑面积}\right)\times\text{已开发项目所对应的土地出让金}$$

当期销售房地产项目建筑面积，是指当期进行纳税申报的增值税销售额对应的建筑面积。

房地产项目可供销售建筑面积，是指房地产项目可以出售的总建筑面积，不包括销售房地产项目时未单独作价结算的配套公共设施的建筑面积。

（3）按上述公式计算出的允许扣除的土地价款要按项目进行清算，且其总额不得超过支付的土地出让金总额。

（4）从政府部门取得的土地出让金返还款，可不从支付的土地价款中扣除。

案例48 销售旅游服务差额征税，扣除凭证有何要求，是否可抵扣进项税

甲企业是一家旅游企业，为增值税一般纳税人，2016年8月发生业务如下：

取得旅游服务收入106万元，发生成本为84.8万元，包括景区的门票费、火车票、飞机票、住宿费、餐饮费、接团费等各种费用，其中，取得境外旅行社开具的发票10万元；另有10万元的飞机票和火车票的往返票据被游客带回，当月还购买电脑，取得增值税专用发票注明的增值税额为0.5万元，支付房租取得增值税专用发票注明的增值税额为0.5万元。

问题：甲企业发生境外的费用，以及没有原始发票的交通费，是否可以差额

扣除？选择差额征税是否能抵扣进项税？

| 案例解析 |

1. 从境外取得凭证的差额扣除问题

营改增后，销售旅游服务的纳税人，可以选择差额征税，从销售额中扣除各种费用后作为计征增值税的销售额，但是这些可以扣除的成本费用必须取得合法有效的凭据，证明其真实合理。

本案例的费用凭据中有支付给境外旅行社的费用，根据财税〔2016〕36 号文件的规定，"支付给境外单位或者个人的款项，以该单位或者个人的签收单据为合法有效凭证，税务机关对签收单据有疑义的，可以要求其提供境外公证机构的确认证明"，该规定与发票管理办法中的规定一脉相承。

《中华人民共和国发票管理办法》规定：

第三十四条　单位和个人从中国境外取得的与纳税有关的发票或者凭证，税务机关在纳税审查时有疑义的，可以要求其提供境外公证机构或者注册会计师的确认证明，经税务机关审核认可后，方可作为记账核算的凭证。

因此，甲企业可根据有境外单位印鉴的发票作为扣除凭据；税务机关对扣除凭据有疑义的，可以要求其提供境外公证机构的确认证明。

2. 未能取得扣除凭据原件的差额扣除问题

对于没有成本费用原件的交通费，实务中确实有这样的情况，会导致纳税人差额扣除没有有效凭据。69 号公告规定，纳税人提供旅游服务，将火车票、飞机票等交通费发票原件交付给旅游服务购买方而无法收回的，以交通费发票复印件作为差额扣除凭证。

3. 差额征税与抵扣进项税的关系

很多纳税人询问，选择差额扣除是否就不能抵扣进项税。

这里要注意概念。差额征税，只是从销售额中扣除部分项目后作为计征增值税的销售额，但仍然是一般计税方式，一般计税方式取得的合法有效增值税扣税凭证，不属于税法规定的进项税不允许抵扣项目，即可以抵扣。

提示：已经用于差额扣除的项目，就不能重复抵扣进项税，反之亦然。

4. 旅游服务是否分项目差额扣除

笔者认为，应不区分项目差额扣除，即 A 项目的收入，既可以扣除 A 项目的成本，也可以扣除 B 项目的成本，其原因为有三：一是没有任何文件或者地方政策的掌握中有这样的规定；二是区分项目扣除没有必要；三是如果只能分项目差额扣除，那么未能及时取得差额扣除凭证的项目，已经缴纳的增值税，却得不到之后取得扣除凭证的抵减。

5. 税额计算及发票开具

$$甲企业应纳增值税额＝(106－84.8)÷(1＋6\%)×6\%－(0.5＋0.5)$$
$$＝1.2－1＝0.2(万元)$$

甲企业在新系统中使用差额开票功能，开具增值税专用发票 106 万元，增值税额为 1.2 万元，不含税金额为 106－1.2＝104.8（万元）。

此处需要注意，虽然缴纳的增值税为 0.2 万元，但是差额开票仍然需开具 1.2 万元的增值税额，销售旅游服务差额扣除的部分不得开具增值税专用发票，但是进项税抵扣的部分没有此种要求。

或者采取"普票＋专票"模式。

6. 销售旅游服务差额征税应注意的问题

销售旅游服务，采用差额征税方式并未限制纳税人身份，一般纳税人和小规模纳税人均可差额扣除，一般纳税人税率 6%，小规模纳税人征收率 3%。

财税〔2016〕36 号文件对于旅游服务差额征税的扣除项目采取了列举的方式，并无兜底条款，只能扣除向旅游服务购买方收取并支付给其他单位或者个人的住宿费、餐饮费、交通费、签证费、门票费和支付给其他接团旅游企业的旅游费用这几项，其他的费用，比如为旅客购买的商业保险，广告宣传费等，均不得作为扣除项目。

7. 账务处理（单位：万元）

（1）差额扣除成本：

借：主营业务成本		80
应交税费——应交增值税（营改增抵减的销项税额）		4.8
贷：应付账款等		84.8

（2）收取款项：

借：银行存款等		106
贷：主营业务收入		100
应交税费——应交增值税（销项税额）		6

（3）取得进项税：

借：应交税费——应交增值税（进项税额）		1
贷：银行存款等		1

（4）结转实现增值税：

借：应交税费——应交增值税（转出未交增值税）　　　　0.2

贷：应交税费——未交增值税　　　　0.2

| 相关政策浏览 |

1.《财政部　国家税务总局关于全面推开营业税改征增值税试点的通知》（财税〔2016〕36 号）附件 2

一、营改增值试点期间，试点纳税人［指按照《营业税改征增值税试点实施办法》（以下称《试点实施办法》）缴纳增值税的纳税人］有关政策

（三）销售额。

8. 试点纳税人提供旅游服务，可以选择以取得的全部价款和价外费用，扣除向旅游服务购买方收取并支付给其他单位或者个人的住宿费、餐饮费、交通费、签证费、门票费和支付给其他接团旅游企业的旅游费用后的余额为销售额。

11. 试点纳税人按照上述 4—10 款的规定从全部价款和价外费用中扣除的价款，应当取得符合法律、行政法规和国家税务总局规定的有效凭证。否则，不得扣除。

上述凭证是指：

（1）支付给境内单位或者个人的款项，以发票为合法有效凭证。

（2）支付给境外单位或者个人的款项，以该单位或者个人的签收单据为合法有效凭证，税务机关对签收单据有疑义的，可以要求其提供境外公证机构的确认证明。

（3）缴纳的税款，以完税凭证为合法有效凭证。

（4）扣除的政府性基金、行政事业性收费或者向政府支付的土地价款，以省级以上（含省级）财政部门监（印）制的财政票据为合法有效凭证。

（5）国家税务总局规定的其他凭证。

纳税人取得的上述凭证属于增值税扣税凭证的，其进项税额不得从销项税额中抵扣。

2. 部分地方政策

〈山东国税〉试点纳税人提供旅游服务，可以选择以取得的全部价款和价外费用，扣除向旅游服务购买方收取并支付给其他单位或者个人的住宿费、餐饮费、交通费、签证费、门票费和支付给其他接团旅游企业的旅游费用后的余额为销售额。

对于将返程火车票、飞机票等交通费发票原件交给购买方，导致旅游企业无法以原件作为扣除凭证的情况，可以以上述交通费发票复印件（购买方签字确

认）作为差额扣除凭证。对于无法收回的交通费等发票，不再开具增值税发票。

案例 49　劳务派遣公司差额征税，如何界定差额扣除范围及政策适用主体

甲企业是一家具备资质的劳务派遣公司，为增值税一般纳税人，与乙公司签订劳务派遣合同，2016 年 10 月收取劳务派遣费 105 万元，支付派遣员工工资社保公积金等费用 63 万元，甲企业选择简易计税，并可差额纳税，征收率 5％。当月甲企业购买办公用品取得增值税专用发票注明增值税额 1 万元。

问题：劳务派遣差额扣除的凭证有无具体要求？劳务派遣人员与业务如何界定范围？

| 案例解析 |

1. 对于工资、福利和社会保险及住房公积金的合法扣除凭证的界定

根据财税〔2016〕36 号文件的规定，支付给境内的单位或者个人的款项，以发票为合法有效的差额扣除凭证。支付给本单位员工的工资不可能取得发票，最多能取得工资发放表以及发放凭证等资料。现阶段对于劳务派遣差额扣除工资的凭证，并没有明确的细节要求，比如，工资是否必须通过银行等金融机构支付，现金发放的不能作为差额扣除的凭证；或者工资是否必须不能低于当地的平均工资；或者缴纳基本社会保险费的员工的工资，才能符合差额扣除条件，等等，暂未找到相关的明细规定。

笔者建议，在相关增值税文件未对可扣除的工资凭证做出明细规定前，可暂时参考企业所得税法中对于工资的相关规定，如《国家税务总局关于企业工资薪金及职工福利费扣除问题的通知》（国税函〔2009〕3 号），《国家税务总局关于企业所得税若干问题的公告》（国家税务总局公告 2011 年第 34 号），《国家税务总局关于企业工资薪金和职工福利费等支出税前扣除问题的公告》（国家税务总局公告 2015 年第 34 号）等文件。

社会保险及住房公积金则需要相关部门出具的收款凭证以及各种花名册等材料。

对于何为符合差额征税可扣除的福利费，国家层面暂时没有明确的规定，地方政策有的规定，可按照纳税人账务核算的福利费内容确定。笔者认为，可暂按照企业所得税相关文件中对于福利费的规定，来确定是否属于劳务派遣差额征税中可扣除的福利费项目。

2. 对于劳务派遣人员的界定

提供劳务派遣服务，可以扣除支付给被派遣员工的工资、福利和社会保险及住房公积金后的余额作为销售额，此处的被派遣员工如何界定，现行文件中尚未对其有明确规定，比如是否需要正式签订劳动合同，是否缴纳社会保险费等细节。有的地方政策规定，按照《劳务派遣暂行规定》的相关规定判定是否属于劳务派遣人员。

3. 对于劳务派遣行为的界定

财税〔2016〕47 号文件规定："劳务派遣服务，是指劳务派遣公司为了满足用工单位对于各类灵活用工的需求，将员工派遣至用工单位，接受用工单位管理并为其工作的服务"。在实务中，劳务外包与劳务派遣可能难以区分。比如为客户提供劳务外包服务，也可能派遣员工在客户处实施服务行为，能否适用劳务派遣差额征税政策？笔者认为，根据财税〔2016〕47 号文件的规定，劳务派遣差额征税的适用主体是劳务派遣公司，注意文件的用语，是劳务派遣公司适用差额征税政策，而不是提供劳务派遣服务的纳税人适用差额征税政策。因此，可参照劳务派遣的其他法律法规的规定，来判定纳税人是否属于劳务派遣公司，如果没有劳务派遣的资质，则不能适用劳务派遣公司的差额征税政策。

有的地方政策认为，只要派遣员工为客户提供服务，即可适用差额征税政策，笔者对此持保留意见。

4. 税额计算

甲企业增值税应纳额＝(105－63)÷(1+5％)×5％＝2(万元)

由于甲企业提供劳务派遣服务选择简易计税，其取得的进项税不得抵扣。

另外，纳税人提供劳务派遣服务，可以在全额征税或者差额征税方式之间进行选择，所以此处还存在税务筹划的问题。

如果选择全额计税，则适用 6％税率，假设可以取得进项税为 4 万元，则：

甲企业应纳增值税额＝105÷(1+6％)×6％－4＝1.94(万元)

因此，当甲企业预计可以取得足够的进项税时，选择全额一般计税方式税负会更低。

需要注意的是，小规模纳税人销售劳务派遣服务，选择差额征税的，征收率也是 5％，这一点值得提醒，很多人在此混淆了概念。

5. 劳务派遣服务的发票开具

劳务派遣服务的开票也是典型的差额开票方式，即开具价税合计 105 万元的增值税专用发票，税额为 2 万元，不含税金额为 105－2＝103（万元），受票方只能抵扣差额征税后 2 万元的进项税。

此处再次强调，各地区对于差额开票的规定不尽相同，比如有的地方政策不允许劳务派遣采取差额开票功能，只能采取"普票＋专票"或者全额普票的形式开具发票，纳税人需注意本地区的规定。

| 案例延伸 |

1. 保安服务业比照劳务派遣政策执行

保安服务公司为满足用工单位对于门卫、巡逻、守护、随身护卫、安全检查等用工的需求，将安保员派遣至用工单位，接受用工单位管理并为其工作，符合劳务派遣服务条件，可以按照财税〔2016〕47 号文件中的劳务派遣服务政策计算缴纳增值税。

2. 劳务派遣公司另外收取的服务费不能差额征税

劳务派遣公司为客户提供劳务派遣服务，同时还为其提供人力资源咨询及管理服务，根据文件规定，一般纳税人提供劳务派遣服务，才可以差额征税。文件对于劳务派遣的解释为：劳务派遣服务，是指劳务派遣公司为了满足用工单位对于各类灵活用工的需求，将员工派遣至用工单位，接受用工单位管理并为其工作的服务。

因此，在劳务派遣之外收取的人力资源咨询及管理费用，不属于劳务派遣的范畴，不能按照劳务派遣差额征税的政策，只能按照适用税率计征增值税。

| 相关政策浏览 |

1.《财政部 国家税务总局关于进一步明确全面推开营改增试点有关劳务派遣服务、收费公路通行费抵扣等政策的通知》（财税〔2016〕47 号）

一般纳税人提供劳务派遣服务，可以按照《财政部 国家税务总局关于全面推开营业税改征增值税试点的通知》（财税〔2016〕36 号）的有关规定，以取得的全部价款和价外费用为销售额，按照一般计税方法计算缴纳增值税；也可以选择差额纳税，以取得的全部价款和价外费用，扣除代用工单位支付给劳务派遣员工的工资、福利和为其办理社会保险及住房公积金后的余额为销售额，按照简易计税方法依 5％的征收率计算缴纳增值税。

小规模纳税人提供劳务派遣服务，可以按照《财政部 国家税务总局关于全面推开营业税改征增值税试点的通知》（财税〔2016〕36 号）的有关规定，以取得的全部价款和价外费用为销售额，按照简易计税方法依 3% 的征收率计算缴纳增值税；也可以选择差额纳税，以取得的全部价款和价外费用，扣除代用工单位支付给劳务派遣员工的工资、福利和为其办理社会保险及住房公积金后的余额为销售额，按照简易计税方法依 5% 的征收率计算缴纳增值税。

选择差额纳税的纳税人，向用工单位收取用于支付给劳务派遣员工工资、福利和为其办理社会保险及住房公积金的费用，不得开具增值税专用发票，可以开具普通发票。

劳务派遣服务，是指劳务派遣公司为了满足用工单位对于各类灵活用工的需求，将员工派遣至用工单位，接受用工单位管理并为其工作的服务。

2.《财政部 国家税务总局关于进一步明确全面推开营改增试点有关再保险、不动产租赁和非学历教育等政策的通知》（财税〔2016〕68 号）

纳税人提供安全保护服务，比照劳务派遣服务政策执行。

3.《国家税务总局关于企业工资薪金及职工福利费扣除问题的通知》（国税函〔2009〕3 号）

一、关于合理工资薪金问题

《实施条例》第三十四条所称的"合理工资薪金"，是指企业按照股东大会、董事会、薪酬委员会或相关管理机构制订的工资薪金制度规定实际发放给员工的工资薪金。税务机关在对工资薪金进行合理性确认时，可按以下原则掌握：

（一）企业制订了较为规范的员工工资薪金制度；

（二）企业所制订的工资薪金制度符合行业及地区水平；

（三）企业在一定时期所发放的工资薪金是相对固定的，工资薪金的调整是有序进行的；

（四）企业对实际发放的工资薪金，已依法履行了代扣代缴个人所得税义务。

（五）有关工资薪金的安排，不以减少或逃避税款为目的；

4.《国家税务总局关于企业所得税应纳税所得额若干税务处理问题的公告》（国家税务总局公告 2012 年第 15 号）

一、关于季节工、临时工等费用税前扣除问题

企业因雇用季节工、临时工、实习生、返聘离退休人员以及接受外部劳务派遣用工所实际发生的费用，应区分为工资薪金支出和职工福利费支出，并按《企业所得税法》规定在企业所得税前扣除。其中属于工资薪金支出的，准予计入企业工资薪金总额的基数，作为计算其他各项相关费用扣除的依据。

5.《国家税务总局关于企业工资薪金和职工福利费等支出税前扣除问题的公告》(国家税务总局公告 2015 年第 34 号)

一、企业福利性补贴支出税前扣除问题

列入企业员工工资薪金制度、固定与工资薪金一起发放的福利性补贴，符合《国家税务总局关于企业工资薪金及职工福利费扣除问题的通知》(国税函〔2009〕3 号)第一条规定的，可作为企业发生的工资薪金支出，按规定在税前扣除。

不能同时符合上述条件的福利性补贴，应作为国税函〔2009〕3 号文件第三条规定的职工福利费，按规定计算限额税前扣除。

6. 部分地方政策

(1)〈江西国税〉劳务派遣人员如何界定？劳务公司临时人员能否算做劳务派遣人员？

答：根据《劳务派遣暂行规定》(人力资源和社会保障部令第 22 号) 第五条规定，劳动派遣单位应当依法与被派遣劳动者订立 2 年以上的固定期限书面劳动合同。受此合同规范的员工属于劳务派遣员工。

(2)〈大连国税〉财税〔2016〕47 号文件中，劳务派遣服务选择差额扣除政策，可以扣除的项目中，包括"福利"，但未明确说明福利包括的具体项目。应如何处理？

答：纳税人在福利项目下核算的费用均可扣除。

(3)〈大连国税〉如果派遣的人员在用工单位提供的建筑服务，那么派遣公司适用劳务派遣政策还是建筑服务政策？

答：适用劳务派遣政策。

(4)〈吉林国税〉如何区分"劳务派遣"与"业务承包"？

答：劳务派遣公司提供的服务，有的属于劳务派遣服务，有的属于整体业务承包服务。

劳务派遣服务，是指劳务派遣公司为了满足用工单位对于各类灵活用工的需求，将员工派遣至用工单位，接受用工单位管理并为其工作的服务。(根据《劳务派遣暂行规定》，用工单位只能在临时性、辅助性或者替代性的工作岗位上使用被派遣劳动者，使用的被派遣劳动者数量不得超过其用工总量的 10%。被派遣人员要接受用工单位管理，法律责任适用《中华人民共和国劳动合同法》。)

业务承包，是指劳务派遣公司以合同或协议形式，与用工单位签订契约，承包某项业务，双方法律责任适用《中华人民共和国合同法》。

劳务派遣服务允许选择差额征税，简易征收方式。

案例 50　人力资源外包服务，并不是真正意义上的差额征税，明确销售额概念意义重大

甲企业是一家具备资质的人力资源公司，为增值税小规模纳税人。2016 年 7 月，甲企业承包了某大型外资企业的人力资源部门的核心业务。甲企业为该外资企业提供招聘服务、培训服务，以及计算工资社保公积金，代为发放工资和缴纳社保费公积金等。收取款项 618 万元，其中服务费 103 万元，代企业缴纳的工资社保公积金等为 515 万元。

问题：甲企业如何处理该业务的账务核算、税额计算？销售额如何确定？

｜案例解析｜

1. 人力资源外包服务代收代付的工资等项目，不属于销售额的组成部分

甲企业从客户处收取的费用，其中代为发放的工资和缴纳社的保费公积金等，属于代收代付的情形，因此其本身并不是销售额的组成部分。我们从文件中也可以清楚地看到其表述，"销售额不包括受客户单位委托代为向客户单位员工发放的工资和代理缴纳的社会保险、住房公积金"，而劳务派遣，旅游服务等，其描述为从收到的全部价款和价外费用中"扣除"的项目，既然是扣除，则其内涵是，本身是销售的组成部分，但是政策允许扣除，这与人力资源外包服务的概念有本质的区别。

对于销售额定义的明确，并不只是在概念上的澄清，其对于纳税人有重要的影响。

2. 确定销售额对纳税人的影响

（1）影响账务处理。

我们来对比以下两种不同的账务处理方式。

第一种账务处理方式：只将服务费计入销售额。

根据文件的规定，甲企业代收代付的工资社保公积金等，不属于销售额的组成部分，其账务处理为（单位：万元，下同）：

　　借：银行存款　　　　　　　　　　　　　　　　　　　　　　618

　　　　贷：其他应付款　　　　　　　　　　　　　　　　　　　515

　　　　　　主营业务收入　　　　　　100〔（618－515）÷（1＋3％）〕

　　　　　　应交税费——未交增值税　　　　3〔100×3％〕

　　支付工资社保公积金等时：

　　借：其他应付款　　　　　　　　　　　　　　　　　　　　515

```
        贷：银行存款                                        515
    第二种账务处理方式：将全部收取款项计入销售额，将扣除项目计入成本。
        借：银行存款                                        618
          贷：主营业务收入                                  600
            应交税费——未交增值税                           18
        借：主营业务成本                                    500
          应交税费——未交增值税                             15
          其他应付款                                       515
    支付工资社保公积金等时：
        借：其他应付款                                      515
        贷：银行存款                                        515
```

以上两种账务处理方式，第一种符合税务政策规定，以及企业会计准则对于收入的相关规定。第二种虽然最终缴纳的增值税额与第一种一致，但虚增了甲企业的收入和成本。

（2）影响纳税人的一般纳税人身份认定。

甲企业的年应税销售额超过 500 万元，应认定为一般纳税人，根据财税〔2016〕36 号文件的规定，应税销售额的标准，按未差额扣除之前的销售额计算。

如果按照第二种账务处理方式，并将人力资源外包税务政策理解为差额征税，则其年应税销售额为 600 万元，超过了小规模纳税人的标准，应认定为一般纳税人。而按照第一种方式，其年应税销售额为 100 万元，不考虑其他因素，未超过小规模纳税人的标准，暂不需要认定为一般纳税人。

（3）影响小规模纳税人享受免增值税政策。

根据规定，小规模纳税人销售额不超过 3 万元/月或者 9 万元/季，可以享受免增值税政策。本案例中，假设 2016 年第三季度收取总价款为 20.6 万元，其中代收代付的工资社保公积金等为 15.45 万元，如果将其理解为差额征税政策，则其差额征税前的不含税销售额为 $20.6 \div (1+3\%) = 20$（万元），超过了免税标准，不能享受免税政策。而按照人力资源外包服务的销售额不包括各种代收代付费用，则其不含税销售额为 $(20.6 - 15.45) \div (1+3\%) \times 3\% = 5$（万元），可以享受小规模纳税人免增值税政策。

综上，纳税人销售人力资源外包服务，代为向客户单位员工发放的工资和代理缴纳的社会保险、住房公积金不属于销售额的组成部分，应准确理解这一概念，否则有可能造成不必要的税务损失或风险。

3. 人力资源外包服务税率征收率莫混淆

纳税人提供人力资源外包服务，按照经纪代理服务缴纳增值税。小规模纳税人征收率为 3％，一般纳税人税率为 6％，一般纳税人也可以选择 5％征收率。

4. 人力资源外包服务的发票开具

根据文件规定，代为向客户单位员工发放的工资和代理缴纳的社会保险、住房公积金不属于销售额的组成部分，此部分不得开具增值税专用发票，可以开具普通发票。

有纳税人问，销售人力资源外包服务，代为向客户单位员工发放的工资和代理缴纳的社会保险、住房公积金不属于销售额的组成部分，为什么还要单独规定该部分不得开具增值税专用发票？在实务中，笔者就曾碰到过这样的情况，人力资源外包服务就这部分代收代付的款项也开具发票。因此文件明确此部分代收代付的费用不得开具增值税专用发票。

说明：劳务派遣挣的是"人"的钱，人力资源外包挣的是"活"的钱，两者适用税务政策不同，账务处理也不同。

| 相关政策浏览 |

《财政部 国家税务总局关于进一步明确全面推开营改增试点有关劳务派遣服务、收费公路通行费抵扣等政策的通知》（财税〔2016〕47 号）

纳税人提供人力资源外包服务，按照经纪代理服务缴纳增值税，其销售额不包括受客户单位委托代为向客户单位员工发放的工资和代理缴纳的社会保险、住房公积金。向委托方收取并代为发放的工资和代理缴纳的社会保险、住房公积金，不得开具增值税专用发票，可以开具普通发票。

一般纳税人提供人力资源外包服务，可以选择适用简易计税方法，按照 5％的征收率计算缴纳增值税。

案例 51 融资性售后回租业务，营改增后政策发生重大变化

甲企业为经人民银行、银监会或者商务部批准从事融资租赁业务的一般纳税人。2016 年 10 月为乙公司提供融资性售后回租服务，合同约定租赁期 5 年，合同标的物公允价值 10 000 万元，每年收取 2 424 万元，5 年共收取 12 120 万元。甲企业每年支付借款利息 318 万元。

问题：融资性售后回租业务，营改增后增值税政策发生了哪些重大的变化？

| 案例解析 |

1. 融资性售后回租的销售额不包括本金

本案例中，甲企业提供融资性售后回租服务，其中本金部分为 10 000 万元。根据财税〔2016〕36 号文件的规定，提供融资性售后回租的销售额不包括本金，因此，甲企业的不含增值税销售额为 （12 120－10 000）÷（1＋6％）＝2 000（万元）。每年的不含税销售额＝2 000÷5＝400（万元）。

注意：并不是销售额扣除本金后是 2 000 万元，而是其本身的不含税销售额就是 2 000 万元。

2. 融资性售后回租扣除利息支出是差额征税政策

根据财税〔2016〕36 号文件的规定，提供融资性售后回租，以取得的全部价款和价外费用（不含本金），扣除对外支付的借款利息（包括外汇借款和人民币借款利息）、发行债券利息后的余额作为销售额。

因此，扣除对外支付的利息支出作为销售额，这属于差额征税政策，与上述本金政策不同。

3. 税额计算

不考虑其他进项税额等因素，则：

甲企业每年应纳增值税额＝(424－318)÷(1＋6％)×6％＝6(万元)

4. 对于甲企业销售额的计算，不再需要本金扣除凭证

本次全面营改增前，根据《财政部 国家税务总局关于将铁路运输和邮政业纳入营业税改征增值税试点的通知》（财税〔2013〕106 号）的规定，甲企业提供融资性售后回租服务的销售额可扣除本金后作为计税销售额，但是差额扣除的前提是取得承租方开具给甲企业的本金增值税普通发票。因承租方销售标的物不属于增值税范围，承租方应开具免税的增值税普通发票，但实务中承租方因手续麻烦以及征管原因等，更多地是开具收据。乙公司不能取得税法规定的可以差额扣除的合法凭证，一般对本金部分也采取开具收据的方式，即"收据对收据"，其实这本身没有任何意义，增加纳税人工作量，还带来不必要的风险。

本次全面营改增后，对于融资性售后回租的出租方的销售额进行了重新定义，用"不含本金"进行描述，而不是之前的从销售额中扣除的概念。这实际上意味着，不需要扣除本金计算销售额，也即不需要承租方开具的本金的增值税普通发票作为扣除凭证。道理很简单，不需要扣除，何来扣除凭证？将承租方开

具的普通发票作为本金的扣除凭证的规定，已经在财税〔2016〕36 号文件中取消。

提示：本金不作为扣除处理，不属于差额征税的范畴，但是各种利息还是属于差额征税的范围，注意区分概念，仍然应取得文件规定的合法有效的凭证。

5. 甲企业融资性售后回租差额征税的账务处理

账务处理如下（单位：万元）：

（1）出租日：

借：长期应收款　　　　　　　　　　　　　　　　　　　12 000

　　贷：融资租赁固定资产　　　　　　　　　　　　　　　　10 000

　　　　未实现融资收益　　　　　　　　　　　　　　　　　2 000

说明：长期应收款根据不含增值税金额入账，包括 10 000 万元的本金以及 2 000 万元的利息收入，未包括 120 万元的增值税。如果长期应收款按照含增值税金额入账，则需要在贷方相应地记入长期应付款 120 万元，表示将来计入增值税销项税额的金额。笔者认为，按照不含税金额核算长期应收款比较合理。

未实现融资收益按照不含增值税金额入账，表示将来计入收入的金额。

（2）每年收到款项时：

借：银行存款　　　　　　　　　　　　　　　　　　　　2 424

　　贷：长期应收款　　　　　　　　　　　　　　　　　　　2 400

　　　　应交税费——应交增值税（销项税额）　24 [424÷(1+6%)×6%]

（3）假设按照实际利率法第一年应确认利息收入 500 万元时：

借：未确认融资收益　　　　　　　　　　　　　　　　　　500

　　贷：主营业务收入　　　　　　　　　　　　　　　　　　500

这里需要注意，甲企业根据每期开具发票的 424 万元计提增值税，但根据企业会计准则的相关要求，按照实际利率法确认每期的收入，两者不相等。

（4）支付的利息支出差额征税时：

借：主营业务成本　　　　　　　　　　　　　300 [318÷(1+6%)]

　　应交税费——应交增值税（营改增抵减的销项税额）

　　　　　　　　　　　　　　　　　　　18 [318÷(1+6%)×6%]

　　贷：银行存款等　　　　　　　　　　　　　　　　　　　318

（5）结转增值税时：

借：应交税费——应交增值税（转出未交增值税）　　6（24−18）

　　贷：应交税费——未交增值税　　　　　　　　　　　　　　6

| 相关政策浏览 |

1.《财政部 国家税务总局关于全面推开营业税改征增值税试点的通知》（财税〔2016〕36 号）附件 1 附：《销售服务、无形资产、不动产注释》

一、销售服务。

（五）金融服务。

1. 贷款服务。

贷款，是指将资金贷与他人使用而取得利息收入的业务活动。

各种占用、拆借资金取得的收入，包括金融商品持有期间（含到期）利息（保本收益、报酬、资金占用费、补偿金等）收入、信用卡透支利息收入、买入返售金融商品利息收入、融资融券收取的利息收入，以及融资性售后回租、押汇、罚息、票据贴现、转贷等业务取得的利息及利息性质的收入，按照贷款服务缴纳增值税。

融资性售后回租，是指承租方以融资为目的，将资产出售给从事融资性售后回租业务的企业后，从事融资性售后回租业务的企业将该资产出租给承租方的业务活动。

2.《财政部 国家税务总局关于全面推开营业税改征增值税试点的通知》（财税〔2016〕36 号）附件 2

一、营改增试点期间，试点纳税人〔指按照《营业税改征增值税试点实施办法》（以下称《试点实施办法》）缴纳增值税的纳税人〕有关政策

（三）销售额。

5. 融资租赁和融资性售后回租业务。

（2）经人民银行、银监会或者商务部批准从事融资租赁业务的试点纳税人，提供融资性售后回租服务，以取得的全部价款和价外费用（不含本金），扣除对外支付的借款利息（包括外汇借款和人民币借款利息）、发行债券利息后的余额作为销售额。

200 MUST-READ CASES

第 3 章

计税方式案例

案例 52　装修公司涨价，计税方式不是挡箭牌

甲企业是一家大型商场，2016 年 3 月经营租赁购物中心，并由乙建筑公司进行装修。合同约定工程造价为 1 000 万元，2016 年 4 月收到 300 万元工程款，乙公司缴纳营业税。2016 年 5 月，乙公司提出，因营改增后一般纳税人建筑企业的税率为 11％，较之前的 3％营业税税率增幅较大，故要求增加工程总造价。

甲企业为新办企业，前期筹建时积累了较大金额的进项税，同时销售规模尚未达到预期，进销倒挂情况比较严重。预期在可见的时间段内实现增值税额的可能性比较小，因此甲企业对进项税需求不是非常迫切，且多抵扣的进项税来自甲企业多支付的款项，管理层不希望增加该部分预算。但乙公司以所有项目必须都选择一般计税为由，坚持要求涨价。

问题：甲企业是否必须接受一般计税方式开具的增值税专用发票？乙公司的要求是否合理？

| 案例解析 |

1. 营改增后，建筑服务选择简易计税方式条件比较宽松

建筑业的行业特点以及营改增过渡期间的因素，决定了销售建筑服务的一般纳税人取得进项税额一般比较困难，或者只能取得很少的进项税额。考虑到这些因素，财税〔2016〕36 号文件对销售建筑服务的纳税人选择简易计税提供了非常宽松的条件，可在清包工、甲供工程以及老项目三种情况下选择简易计税 3％征收率。尤其是甲供工程，不对甲供比例做任何限制，即我们平时所说的甲方即使只提供一根钉子也可以按照甲供工程选择简易计税方式。

2. 营改增后销售建筑服务可以根据项目选择计税方式

纳税人销售建筑服务，一般会有很多项目。在财税〔2016〕36 号文件刚发布时，对于是否可按照工程项目选择计税方式就有很大的争议。

笔者一直认为可以按照建筑项目选择计税方式，否则因为某一家或几家业主要求选择一般计税方式，所有的项目均必须选择一般计税方式，这明显与营改增政策的税负平衡过渡要求不符。当时有很多不同观点，国家税务总局也一直未有明确文件，各地方政策基本上规定可按照项目选择计税方式，这一政策同时适用于房地产开发企业按照不同项目选择计税方式。

回到本案例，乙公司以全部项目必须选择同一计税方式为由涨价，我们要看到其背后的真实目的。乙公司选择 11% 税率，肯定是经过测算得出选择一般计税方式对其比较有利。最后，甲企业坚持选择简易计税方式，最终双方协商同意按照简易计税方式，仍然按照原工程造价结算。

由此可见，乙公司不能以营改增后的计税方式为由提高工程造价。如果有其他的原因，比如原材料涨价，人工费提高，工期紧张等，这些可以谈判，但是不能以营改增计税方式的选择为由。

| 相关政策浏览 |

1. 《财政部　国家税务总局关于全面推开营业税改征增值税试点的通知》（财税〔2016〕36 号）附件 2

一、营改增试点期间，试点纳税人［指按照《营业税改征增值税试点实施办法》（以下称《试点实施办法》）缴纳增值税的纳税人］有关政策

（七）建筑服务。

1. 一般纳税人以清包工方式提供的建筑服务，可以选择适用简易计税方法计税。

以清包工方式提供建筑服务，是指施工方不采购建筑工程所需的材料或只采购辅助材料，并收取人工费、管理费或者其他费用的建筑服务。

2. 一般纳税人为甲供工程提供的建筑服务，可以选择适用简易计税方法计税。

甲供工程，是指全部或部分设备、材料、动力由工程发包方自行采购的建筑工程。

3. 一般纳税人为建筑工程老项目提供的建筑服务，可以选择适用简易计税方法计税。

建筑工程老项目，是指：

（1）《建筑工程施工许可证》注明的合同开工日期在 2016 年 4 月 30 日前的建筑工程项目；

（2）未取得《建筑工程施工许可证》的，建筑工程承包合同注明的开工日期在 2016 年 4 月 30 日前的建筑工程项目。

2. 部分地方政策

（1）〈山东国税〉房地产开发企业是否适用简易计税方法，并非取决于自己的身份，而是以房地产项目为对象的。举例来说，一个房地产开发企业有 A、B 两个项目，A 项目适用简易计税方法并不影响 B 项目选择一般计税方法。这一原

则对于建筑企业选择简易计税方法同样适用。

（2）〈河北国税〉建筑企业的多个老项目可以部分选择简易计税方法，部分选择一般计税方法。

例如，一个建筑企业有 A、B 两个老项目，A 项目适用简易计税方法并不影响 B 项目选择一般计税方法。

案例 53　为房产老项目提供的建筑服务，如何选择计税方式

甲企业是一家大型建筑企业，为增值税一般纳税人。2016 年 6 月承建乙生产企业自有厂房的改扩建工程，该厂房为乙企业在 2013 年 12 月自建取得。

问题：该建筑服务在营改增后发生，但是厂房的开工日期为 2015 年 4 月 30 日前，能否根据厂房是老项目选择简易计税方式？

| 案例解析 |

1.　建筑服务根据工程项目时间确定计税方式

在该问题上，甲企业财务人员混淆了概念。根据规定，一般纳税人为建筑工程老项目提供的建筑服务，可以选择适用简易计税方法计税，这里的老项目，指的是开工日期在 2016 年 4 月 30 日前的建筑工程项目，即《建筑工程施工许可证》注明的合同开工日期在 2016 年 4 月 30 日前或者合同注明的开工日期在 2016 年 4 月 30 日前的建筑工程项目，与厂房的开工日期或者取得日期无关。

简单理解，即要看工程的开工日期，而不是施工对象的开工日期。因此，不能以厂房是 2016 年 4 月 30 日前取得为由选择简易计税方式，不过可以签订甲供工程，以此为由选择简易计税方式。

纳税人销售不动产，房地产开发企业销售自行开发的房地产项目，以及纳税人出租不动产，这些政策会涉及不动产老项目的判定，建筑服务与此无关，要注意厘清概念。

2.　建筑服务老项目的时间判定标准

为工程老项目提供建筑服务，可以选择一般计税方式，其老项目的标准为《建筑工程施工许可证》注明的合同开工日期在 2016 年 4 月 30 日前的建筑工程项目；或者未取得《建筑工程施工许可证》，但是建筑工程承包合同注明的开工日期在 2016 年 4 月 30 日前的建筑工程项目，这是财税〔2016〕36 号文件的规定。在实务中，还可能发生一些例外情况：

（1）取得了《建筑工程施工许可证》但其中未注明合同开工日期，只在建筑

工程承包合同中注明了开工日期。

对于此种情况，《国家税务总局关于发布〈纳税人跨县（市、区）提供建筑服务增值税征收管理暂行办法〉的公告》（国家税务总局公告 2016 年第 17 号，以下简称 17 号公告）规定：

《建筑工程施工许可证》未注明合同开工日期，但建筑工程承包合同注明的开工日期在 2016 年 4 月 30 日前的建筑工程项目，属于财税〔2016〕36 号文件规定的可以选择简易计税方法计税的建筑工程老项目。

（2）纳税人既无《建筑工程施工许可证》，也无建筑工程承包合同。

这种情况也是有可能发生的，尤其容易发生在一些小型的不是非常正规的建筑企业。

对此情况如何判断老项目，国家税务总局并无明确规定，各地方政策有政策，而且掌握的原则并不完全一致。有的地区按照实质重于形式原则，只要能提供 2016 年 4 月 30 日前开工的确凿证据，即可认定为老项目；有的地区则认为如果既无施工许可证也无合同，应视为新项目，不能判定为老项目。

┃部分地方政策┃

（1）〈山东国税〉对于现实中存在的《建筑工程施工许可证》以及建筑工程承包合同中都没有注明开工时间的情况，按照实质重于形式的原则，只要纳税人可以提供 2016 年 4 月 30 日前实际已开工的证明，可以按照建筑工程老项目进行税务处理。

（2）〈湖北国税〉一个工程项目，甲方和乙方未签订合同，也未取得工程施工许可证，能否以其他方式证明工程实际上在 4 月 30 日前已经开工，并选择适用简易计税方法？

答：财税〔2016〕36 号文规定，判断是否属于建筑老项目的标准有两个，一是以施工许可证上注明的开工时期来划分；二是未取得建筑工程施工许可证的，以建筑工程承包合同注明的开工日期来划分。所以，对于未取得施工许可证也未签订相关合同的，应视为新项目，不能选择适用简易计税方法。

（3）〈河北国税〉关于无工程承包合同或合同约定开工日期不明确的开发项目是否可以选择简易计税方法问题。

部分开发项目，由于特殊原因未签订工程承包合同，或者工程承包合同中约定的合同开工日期不明确，但是确已在 2016 年 4 月 30 日前开始施工。按照实质重于形式的原则，只要纳税人能够提供 2016 年 4 月 30 日前实际已开工的确凿证明，可以按照老项目选择简易计税方法。

案例 54　建筑企业的总分包合同如何确定新老项目，选择计税方式

甲企业是一家建筑企业，为增值税一般纳税人。2016 年 2 月经过招标程序，承建乙公司建筑项目，办理的施工许可证上注明工程施工日期为 2016 年 4 月。2016 年 5 月，甲企业与丙建筑公司（一般纳税人）签订分包合同，由丙企业承建其中的消防工程。

问题：分包合同中的施工方丙公司，是否可以按照老项目选择简易计税方式？

| 案例解析 |

总包合同在营改增前签订，分包合同在营改增后签订，分包合同中的施工方丙公司，是否可以按照老项目选择简易计税方式，这一问题存在一定的争议。各地方的营改增政策中，有的认为应以总包合同为准，有的认为总分包合同应分别认定。

笔者认为，本不该有此争议。财税〔2016〕36 号文件规定，"一般纳税人为建筑工程老项目提供的建筑服务，可以选择适用简易计税方法计税"，因此，只要建筑工程为老项目，即可选择简易计税方式，而建筑工程是否为老项目，与合同签订日期无关，而是要看施工许可证上注明的开工日期，以及建筑施工承包合同中注明的开工日期，两者都没有的，按照实质重于形式等原则进行判定。

本案例中的建筑工程项目施工许可证上注明的施工日期为 2016 年 4 月，则该工程项目为老项目，分包合同为老项目提供建筑服务，当然可以选择简易计税方式。

| 相关政策浏览 |

1.《财政部 国家税务总局关于全面推开营业税改征增值税试点的通知》（财税〔2016〕36 号）附件 2

一、营改增试点期间，试点纳税人［指按照《营业税改征增值税试点实施办法》（以下称《试点实施办法》）缴纳增值税的纳税人］有关政策

（七）建筑服务。

3. 一般纳税人为建筑工程老项目提供的建筑服务，可以选择适用简易计税方法计税。

2. 部分地方政策

（1）〈深圳国税〉采取总分包方式提供建筑服务的，应该根据总分包合同分

别独立确定计税方式。总合同符合选择适用简易计税方式的条件，但分包合同不符合的，分包合同不得适用简易计税方式。

提供建筑服务，采取总分包形式的，应该根据总分包合同注明的开工日期分别独立确定。

（2）〈河北国税〉关于建筑分包合同老项目的判断问题。

提供建筑服务新老项目的划分，以总包合同为准，如果总包合同属于老项目，分包合同也应视为老项目。

例如，一个项目甲方和乙方签订了合同，施工许可证上注明的开工日期在 4 月 30 日前，5 月 1 日后乙方又与丙方签订了分包合同，丙方可以按照老建筑项目选择简易计税方法。

财税〔2016〕36 号文件附件 2《营业税改征增值税试点有关事项的规定》明确，为建筑工程老项目提供的建筑服务可以选择适用简易计税方法。丙方提供的建筑服务从业务实质来看，是在为甲方的建筑老项目提供建筑服务，所以按照政策规定，丙方可以选择适用简易计税方法。

（3）〈湖北国税〉一个项目甲方和乙方签订了合同，施工许可证上注明的开工日期在 4 月 30 日前，5 月 1 日后乙方又与丙方签订了分包合同，丙方能否选择简易计税方法？

财税〔2016〕36 号文件规定，为建筑工程老项目提供的建筑服务可以选择适用简易计税方法。丙方提供的建筑服务业务实质来看，是在为甲方的建筑老项目提供建筑服务，所以按照政策规定，丙方可以选择适用简易计税方法。

案例 55　销售取得的不动产（不包括自建不动产）如何判定新老项目，选择计税方式

甲企业是一家进出口集团公司，为增值税一般纳税人，2016 年因办公地点变更，购置乙公司的办公楼两层，购置价 10 000 万元。双方签订合同，约定在 2016 年 4 月缴齐房款，并办理房屋权属变更手续。2016 年 4 月甲企业缴齐房款，在 2016 年 5 月办理变更手续。甲企业将其作为固定资产核算，预计使用年限 20 年，假设期末无净残值。2018 年 5 月甲企业将该办公楼转让，转让价款为 15 000 万元。根据营改增相关文件规定，转让 2016 年 4 月 30 日前取得的不动产，可以选择简易计税 5% 征收率计征增值税。

问题：甲企业取得的办公楼是否属于在 2016 年 4 月 30 日前取得，从而可以选择简易计税方式？

| 案例解析 |

1. 关于如何判定取得日期，政策不明朗

营改增后销售取得的不动产，可以选择简易计税方式且差额征税的情形只有一种，即该不动产的取得时间在 2016 年 4 月 30 日前，但何为 2016 年 4 月 30 日前"取得"的不动产，国家税务总局层面没有统一明确的文件规定，在各地方的营改增政策指引中也不是非常明确。

2. "取得"时间判定标准的难点

对于"取得"时间相关标准，笔者认为至少有以下几项：合同签订时间，房屋权属变更时间，缴纳契税时间，发票开具时间，房款缴齐时间。

以法律条文来分析"取得"的概念，笔者认为完全没有必要，应该着眼于，在哪个时点之前取得的不动产，不能抵扣进项税，从而认定为老项目，可选择简易计税方式，保证税负公平。但是该时点的确定要考虑到征管的难度，这完全不是物权法等法律条文可以解决的问题。

比如，房产证上注明的日期为 2016 年 5 月 9 日，但是该房屋所有交易在 2016 年 4 月 30 日之前已完成，这种情况下无法取得进项税。按照产权证日期确定其新老项目并选择计税方式明显不符合选择简易计税方式的基本原理。本案例中，乙公司将不动产销售给甲企业时，应缴纳营业税，即使房屋产权证上注明的日期在 2016 年 5 月 1 日后，甲企业也绝不可能取得增值税专用发票抵扣进项税。笔者认为，政策不允许纳税人取得增值税扣税凭证，不允许抵扣的情形，纳税人可选择简易计税方式。

而按照其他日期标准，很可能存在同样的问题。比如，合同签订日期和房款缴齐日期均在 2016 年 4 月 30 日前，但是发票开具日期在之后，因此以发票开具日期来判定取得日期也会导致同样的问题。在实际的征管中，确实有一定的难度。

3. 开辟新思路，以营业税纳税义务发生时间判定计税方式

销售不动产时按照适用税率计征增值税，取得不动产时却无相应的进项税予以抵扣，这明显不符合增值税的链条抵扣的原理。注意：此处所称的无进项税抵扣，指的是因政策原因不得抵扣，而不是因纳税人的原因不得抵扣。在 2016 年 4 月 30 日前取得的不动产即属于政策不允许抵扣的情形之一，此时尚未营改增，不动产尚处在营业税时期。

因此，对于因营改增过渡导致的不动产不得抵扣，从而可选择简易计税方式的判定标准，笔者认为，应根据营业税的纳税义务发生时间判定：如果取得不动产时销售方应缴纳营业税的，再转让时可以选择简易计税方式。

　　按照上述原则，在税理上和实务中均相对比较容易操作。本案例中，甲企业购置不动产时，销售方乙公司应缴纳营业税，因此即使房产证上注明日期在营改增后，也可以选择简易计税方式计征增值税，比较简单合理易操作。

　　提示：销售不动产的新老项目判定更为重要，因为建筑业如果判定为新项目，还可以根据甲供工程等条件选择简易计税方式，但是销售不动产现阶段只能根据老项目选择简易计税方式且差额征税。

4. 税法不允许抵扣且未抵扣，应允许选择简易计税方式

　　现阶段，销售取得的不动产可选择简易计税方式只适用于一种情形，即 2016 年 4 月 30 日前取得的不动产。实际上还忽略了另一种重要的情况，即在购置时，明确用于简易计税方法计税项目、免征增值税项目、集体福利或者个人消费等不得抵扣项目，不允许抵扣且未抵扣的情形。此种情况，按照简易计税的税理来讲，应也可以选择简易计税方式，不得抵扣的原因是税法不允许抵扣，而不是企业的因素导致的不得抵扣。但是在文件规定中现阶段还有一定的空白，《财政部 国家税务总局关于部分货物适用增值税低税率和简易办法征收增值税政策的通知》（财税〔2009〕9 号）规定的一般纳税人销售自己使用过的用于不得抵扣项目的固定资产，按简易办法征收增值税的政策，其中的固定资产概念，不包括不动产，固定资产在增值税概念中，属于"货物"的范畴。所以从文件规定来讲，现阶段销售不动产比照财税〔2009〕9 号文件规定的简易计税政策执行并不可行。

　　笔者建议参照转让使用过的固定资产的政策，不是单纯地按照日期来判定新老项目的计税方式选择，而是将新老项目的判定和其他情况的简易计税方式选择一并考虑。不管是老项目选择简易计税方式，还是用于不得抵扣项目再转让时选择简易计税方式，实际上遵循的都是同样的税理：在取得不动产时，如果税务政策不允许取得进项税抵扣且没有抵扣的，为公平税负，转让时应可以选择简易计税方式。

5. 账务处理（单位：万元）

　　（1）购买时：

　　　借：固定资产——办公楼　　　　　　　　　　　　　　　10 000

　　　　贷：银行存款　　　　　　　　　　　　　　　　　　　10 000

　　（2）计提折旧时：

　　　借：成本费用　　　　　　　　　1 000（10 000÷240×24）

　　　　贷：累计折旧　　　　　　　　　　　　　　　　　　　1 000

　　（3）转让不动产时：

　　　借：固定资产清理　　　　　　　　　　　　　　　　　　9 000

累计折旧	1 000
贷：固定资产	10 000
借：银行存款	15 000
贷：固定资产清理	15 000
借：固定资产清理　　238.1〔(15 000－10 000)÷1.05×5％〕	
贷：应交税费——未交增值税	238.1

说明：虽然甲企业是增值税一般纳税人，但由于选择简易计税方式，因此记入"应交税费——未交增值税"科目。这一点一定要注意，不能记入"应交税费——应交增值税（销项税额）"科目，简易计税实现的增值税，与销项税额不是一个概念，在纳税申报表上也不在销项税额中体现。

（4）结转固定资产清理时：

借：固定资产清理　　5 761.9（15 000－9 000－238.1）	
贷：营业外收入	5 761.9

假设甲企业所在地主管税务机关认为房产证上注明的日期为 2016 年 5 月 1 日后，不能按照老项目选择简易计税方式，应适用一般计税方式，此时账务处理如下：

转让不动产时：

借：银行存款	15 000
贷：固定资产清理	15 000
借：固定资产清理　　1 486.49〔15 000÷1.11×11％〕	
贷：应交税费——应交增值税（销项税额）	1 486.49

说明：在特定情况下，销售不动产选择一般计税方式，可能比选择简易计税方式在增值税上更加合适。比如，甲企业的增值税留抵税额较大，即使销售不动产选择一般计税方式，实现的销项税额也无法消化留抵税额，仍然未实现增值税应纳税额；如果选择简易计税方式，不能抵扣进项税，反而实现了增值税应纳税额。这也是纳税人销售不动产选择计税方式时可考虑的因素之一。

| 案例延伸 |

1. 个人转让不动产的取得时间判定

《国家税务总局 财政部 建设部关于加强房地产税收管理的通知》（国税发〔2005〕89 号）规定，个人购买住房以取得的房屋产权证或契税完税证明上注明的时间作为其购买房屋的时间。

国税发〔2005〕89 号文件是营改增前的文件，现在有些地方政策也引用该文件确定个人转让不动产的取得时间。

2. 转让土地使用权的计税方式

财税〔2016〕36 号文件对销售土地使用权并未规定差额征税以及简易计税方式，财税〔2016〕47 号文件规定，"纳税人转让 2016 年 4 月 30 日前取得的土地使用权，可以选择适用简易计税方法，以取得的全部价款和价外费用减去取得该土地使用权的原价后的余额为销售额，按照 5％的征收率计算缴纳增值税"。

│相关政策浏览│

1.《财政部 国家税务总局关于全面推开营业税改征增值税试点的通知》（财税〔2016〕36 号）附件 2

一、营改增试点期间，试点纳税人〔指按照《营业税改征增值税试点实施办法》（以下称《试点实施办法》）缴纳增值税的纳税人〕有关政策

（八）销售不动产。

1. 一般纳税人销售其 2016 年 4 月 30 日前取得（不含自建）的不动产，可以选择适用简易计税方法计税，以取得的全部价款和价外费用扣除不动产购置原价或者取得不动产时的作价后的余额为销售额，按照 5％的征收率计算应纳税额。纳税人应按照上述计税方法向不动产所在地主管地税机关预缴税款，向机构所在地主管国税机关进行纳税申报。

3. 一般纳税人销售其 2016 年 5 月 1 日后取得（不含自建）的不动产，应适用一般计税方法，以取得的全部价款和价外费用为销售额计算应纳税额。

2.《国家税务总局 财政部 建设部关于加强房地产税收管理的通知》（国税发〔2005〕89 号）

个人购买住房以取得的房屋产权证或契税完税证明上注明的时间作为其购买房屋的时间。

3. 部分地方政策

〈青岛国税〉一般纳税人销售其 2016 年 4 月 30 日前取得（不含自建）的不动产，选择简易计税方法的，提供以下资料：

（1）《营改增试点纳税人差额征税备案表》；

（2）注明不动产购置原价或取得不动产时作价的凭证（税务部门监制的发票，法院判决书、裁定书、调解书及仲裁裁决书、公证债权文书，国家税务总局规定的其他凭证）（查验原件后留存复印件）；

（3）不动产买卖合同（查验原件后留存复印件）。

案例 56　健身俱乐部按照文化体育服务选择简易计税方式

甲企业是一家健身俱乐部，营改增后因在连续不超过 12 个月内销售额（包括营改增前的营业额）超过了 500 万元，被认定为一般纳税人。健身俱乐部很难取得进项税，现在认定为一般纳税人后的税率为 6%，税负比之前的营业税大为增加。

问题：营改增后是否有可以降低甲企业税负的政策？

| 案例解析 |

健身俱乐部如果属于提供文化体育服务，则可选择简易计税 3% 征收率。财税〔2016〕36 号文件附件 1 附：《销售服务、无形资产、不动产注释》中对于文化体育服务的定义为：

文化体育服务，包括文化服务和体育服务。

（1）文化服务，是指为满足社会公众文化生活需求提供的各种服务。包括：文艺创作、文艺表演、文化比赛，图书馆的图书和资料借阅，档案馆的档案管理，文物及非物质遗产保护，组织举办宗教活动、科技活动、文化活动，提供游览场所。

（2）体育服务，是指组织举办体育比赛、体育表演、体育活动，以及提供体育训练、体育指导、体育管理的业务活动。

因此，如甲企业提供的服务符合上述规定的范围，可在当地主管税务机关备案后选择简易计税方式依 3% 征收率，不能抵扣进项税。

| 相关政策浏览 |

《财政部 国家税务总局关于全面推开营业税改征增值税试点的通知》（财税〔2016〕36 号）附件 2

一、营改增值试点期间，试点纳税人〔指按照《营业税改征增值税试点实施办法》（以下称《试点实施办法》）缴纳增值税的纳税人〕有关政策

（六）计税方法。

一般纳税人发生下列应税行为可以选择适用简易计税方法计税：

3. 电影放映服务、仓储服务、装卸搬运服务、收派服务和文化体育服务。

案例 57　非学历教育可选择简易计税方式

甲企业是一家外语培训学校，营改增后认定为一般纳税人，税率为 6%，其进项税取得较少，因此营改增后税负较高。

问题：甲企业是否可以选择简易计税方式计征增值税？

┃案例解析┃

财税〔2016〕36 号文件规定，从事学历教育的学校提供的教育服务项目免征增值税，对于非学历教育服务，《关于进一步明确全面推开营改增试点有关再保险、不动产租赁和非学历教育等政策的通知》（财税〔2016〕68 号）规定，一般纳税人提供非学历教育服务，可以选择适用简易计税方法按照 3% 征收率计算应纳税额。

因此，甲企业可以向当地主管税务机关备案后选择简易计税方式 3% 征收率计征增值税，同时不得抵扣进项税。

┃相关政策浏览┃

1.《关于进一步明确全面推开营改增试点有关再保险、不动产租赁和非学历教育等政策的通知》（财税〔2016〕68 号）

一般纳税人提供非学历教育服务，可以选择适用简易计税方法按照 3% 征收率计算应纳税额。

2. 部分地方政策

〈海南国税〉关于非学历教育可否选择简易计税方式问题。

一般纳税人提供非学历教育服务，可以选择适用简易计税方法按照 3% 征收率计算应纳税额。

非学历教育服务，包括学前教育、各类培训、演讲、讲座、报告会等。

案例 58　销售取得的不动产，如何理解税率差的问题

甲企业是一家大型贸易公司，为增值税一般纳税人。2016 年 12 月从乙公司处购买不动产一栋，取得增值税专用发票，发票上注明，价税合计 21 000 万元，

税额为 250 万元。乙公司取得该不动产的时间为 2016 年 4 月 30 日前，购置价为 15 750 万元，销售时可以选择简易计税方式，并且可以扣除购置价。所以，乙公司应纳增值税额＝(21 000－15 750)÷1.05×5％＝250（万元），销售取得的不动产，也要采取差额开票功能，甲企业只能抵扣 250 万元的进项税。2018 年，甲企业将该不动产转让，转让价款为 27 750 万元，由于不符合可以选择简易计税方式的条件，因此甲企业只能按照 11％的税率计提销项税。

问题：甲企业按照此种方式缴纳的增值税额较大，有无政策可降低税负？

| 案例解析 |

1. 甲企业转让只能选择一般计税 11％税率，却只能抵扣简易计税且差额征税后的进项税

甲企业转让时，由于销售的不是 2016 年 4 月 30 日前取得的不动产，因此不能选择简易计税方式和差额征税，只能按照收到的全部价款和价外费用依 11％税率计征增值税，同时可以抵扣从乙公司购置不动产时取得的进项税，但只能抵扣 5％且是差额征税后的进项税，实际抵扣率只有 1.2％ [250÷(21 000－250)]。

甲企业在转让不动产时应纳增值税额＝27 750÷(1＋11％)×11％－250＝2 500（万元），增值税税负＝2 500÷25 000＝10％，还是比较高的。

2. 造成税率差的原因

造成该结果的原因，主要是在营改增过渡期，营改增前无法取得进项税，即使营改增后销售不动产可以选择简易计税方式，购买方也只能抵扣简易计税的进项税。如果乙公司销售时即选择一般计税方式，那么其销售额必然大于简易计税的销售额。甲企业多花钱多抵扣，少花钱少抵扣。

另外一个重要的原因是，乙公司采取差额开票功能，甲企业只能抵扣差额征税后的进项税。在税理上，笔者一直认为，只能抵扣差额征税后的进项税并不是非常合理。这里不纠结于此，政策如何规定，纳税人就如何执行。

综上，甲企业销售取得的不动产的税率差，是营改增过渡期间的因素造成的，暂时无政策解决该问题。

| 相关政策浏览 |

《财政部 国家税务总局关于全面推开营业税改征增值税试点的通知》（财税〔2016〕36 号）附件 2

一、营改增值试点期间，试点纳税人［指按照《营业税改征增值税试点实施

办法》（以下称《试点实施办法》）缴纳增值税的纳税人〕有关政策

（八）销售不动产。

1. 一般纳税人销售其 2016 年 4 月 30 日前取得（不含自建）旳不动产，可以选择适用简易计税方法计税，以取得的全部价款和价外费用扣除不动产购置原价或者取得不动产时的作价后的余额为销售额，按照 5％的征收率计算应纳税额。纳税人应按照上述计税方法向不动产所在地主管地税机关预缴税款，向机构所在地主管国税机关进行纳税申报。

3. 一般纳税人销售其 2016 年 5 月 1 日后取得（不含自建）的不动产，应适用一般计税方法，以取得的全部价款和价外费用为销售额计算应纳税额。

案例 59　销售自建不动产，根据取得时间选择计税方式

甲企业是一家生产企业，为增值税一般纳税人。为扩大生产规模，在郊区的生产基地新建一批厂房，由乙建设公司承建，《建筑工程施工许可证》注明的合同开工日期是 2015 年 1 月，在 2016 年 8 月完工，通过验收后即投入使用。甲企业向乙公司最后一次付款（扣除质保金）在 2016 年 10 月，从乙公司取得最后一张发票的开具时间为 2016 年 10 月，2016 年 12 月办理完毕各种证件。

问题：甲企业在 2018 年转让该不动产时，应如何确定其取得时间？

| 案例解析 |

1. 自建时间决定计税方式

如果该不动产的自建时间为 2016 年 4 月 30 日前，则可以选择简易计税方法，5％征收率。如果为 2016 年 5 月 1 日之后，则只能按照 11％的适用税率计征增值税。所以，自建的时间非常重要。

2. 关于自建时间尚无明确规定，一般按照开工日期确定

对于不动产自建时间，国家税务总局层面尚无统一明确文件，在国家税务总局的答疑与地方政策中，能找到对自建时间判定执行的口径。

国家税务总局在热点问题的解答中指出，"4 月 30 日之前自建"可以参照销售建筑服务的老项目的判定，即结合财税〔2016〕36 号文件和 17 号公告的规定，有以下三种情况可判定为自建时间在 2016 年 4 月 30 日前。即：《建筑工程施工许可证》注明的合同开工日期在 2016 年 4 月 30 日前的建筑二程项目；《建筑工程施工许可证》未注明合同开工日期，但建筑工程承包合同注明的开工日期

在 2016 年 4 月 30 日前的建筑工程项目；以及未取得《建筑工程施工许可证》的，建筑工程承包合同注明的开工日期在 2016 年 4 月 30 日前的建筑工程项目。

本案例中，因《建筑工程施工许可证》注明的合同开工日期是 2015 年 1 月，所以该不动产属于 2016 年 4 月 30 日前自建的不动产，虽然最后的各种证件上的日期在 2016 年 5 月 1 日后，但仍然属于销售其 2016 年 4 月 30 日前自建的不动产，可以选择适用简易计税方法，依 5％ 的征收率计征增值税。

3. 选择简易计税方式应转出抵扣的进项税

本案例中，开工日期为 2015 年 1 月，在 2016 年 8 月完工，那么在 2016 年 5 月 1 日后取得的与该在建工程相关的进项税，可以抵扣。15 号公告规定，2016 年 5 月 1 日后发生的不动产在建工程，其进项税可抵扣。

如果 2016 年 5 月 1 日后发生的不动产在建工程的进项税已抵扣，同时又因开工日期在 2016 年 4 月 30 日前，转让时选择了简易计税，则其已经抵扣的进项税应转出。

4. 自建时不允许抵扣的，转让时应可选择简易计税方式

假设自建不动产的时间为 2016 年 5 月 1 日后，但专用于简易计税方法计税项目、免征增值税项目、集体福利或者个人消费等不得抵扣项目，则其进项税不得抵扣。待该自建不动产转让时，根据税法原理，应可以选择简易计税方式，但从现行文件来看，尚无明确的文件规定支持此种操作方式。财税〔2009〕9 号文件规定的一般纳税人销售自己使用过的用于不得抵扣项目的固定资产，按简易办法计征增值税的政策，其中的固定资产概念，不包括不动产，固定资产在增值税概念中，属于"货物"的范畴。

| 相关政策浏览 |

1. 《财政部 国家税务总局关于全面推开营业税改征增值税试点的通知》（财税〔2016〕36 号）附件 2

一、营改增值试点期间，试点纳税人［指按照《营业税改征增值税试点实施办法》（以下称《试点实施办法》）缴纳增值税的纳税人］有关政策

（八）销售不动产。

2. 一般纳税人销售其 2016 年 4 月 30 日前自建的不动产，可以选择适用简易计税方法，以取得的全部价款和价外费用为销售额，按照 5％ 的征收率计算应纳税额。

4. 一般纳税人销售其 2016 年 5 月 1 日后自建的不动产，应适用一般计税方法，以取得的全部价款和价外费用为销售额计算应纳税额。

2. 国家税务总局热点问题解答

财税〔2016〕36 号文件规定，"一般纳税人销售其 2016 年 4 月 30 日前自建的不动产，可以选择适用简易计税方法"，此处的"4 月 30 日之前自建"应如何界定？

答：根据《财政部 国家税务总局关于全面推开营业税改征增值税试点的通知》（财税〔2016〕36 号）及《国家税务总局关于发布〈纳税人跨县（市、区）提供建筑服务增值税征收管理暂行办法〉的公告》（国家税务总局公告 2016 年第 17 号）的规定，4 月 30 日之前自建老项目是指：

（1）《建筑工程施工许可证》注明的合同开工日期在 2016 年 4 月 30 日前的建筑工程项目；

（2）《建筑工程施工许可证》未注明合同开工日期，但建筑工程承包合同注明的开工日期在 2016 年 4 月 30 日前的建筑工程项目。

（3）未取得《建筑工程施工许可证》的，建筑工程承包合同注明的开工日期在 2016 年 4 月 30 日前的建筑工程项目。

3. 部分地方政策

（1）〈甘肃国税〉财税〔2016〕36 号文件规定，"一般纳税人销售其 2016 年 4 月 30 日前自建的不动产，可以选择适用简易计税方法"，此处的"4 月 30 日之前自建"应如何界定？

答：4 月 30 日之前自建是指：

①《建筑工程施工许可证》注明的合同开工日期在 2016 年 4 月 30 日前的建筑工程项目；

②未取得《建筑工程施工许可证》的，建筑工程承包合同注明的开工日期在 2016 年 4 月 30 日前的建筑工程项目。

（2）〈江西国税〉纳税人出租或转让自建不动产，以建筑工程许可证注明的开工日期为不动产取得的时间。

案例 60　出租不动产，根据新老项目判定计税方式

甲企业是增值税一般纳税人，位于丁市的工业园区内，2016 年 1 月开始自建厂房，取得的《建筑工程施工许可证》上注明的开工日期为 2016 年 1 月 1 日。2016 年 5 月完工并办理各项产权手续，2016 年 8 月将该厂房租赁给同一工业园区的乙公司。

甲企业又于 2016 年 4 月从丙公司处购买办公楼一座，合同约定付款日期在 2016 年 4 月，甲企业在 2016 年 4 月缴齐全部价款。2016 年 6 月办理产权过户手续，并与当月将其出租给丙公司。

问题：甲企业如何判定出租不动产的取得时间，从而选择计税方式？

| 案例解析 |

1. 关于出租不动产取得时间，国家税务总局层面尚无统一规定

营改增后，一般纳税人出租取得的不动产可选择简易计税方式的唯一条件是，出租的标的物是 2016 年 4 月 30 日前取得的不动产，可选择 5% 征收率。但是对于何为"2016 年 4 月 30 日前取得"，现阶段未有统一明确规定，各地方政策有不同的规定。

2. 取得方式不同，判定取得时间的标准有差异

出租取得的不动产，包括以直接购买、接受捐赠、接受投资入股、自建以及抵债等各种形式取得的不动产。

取得的方式不同，则判定其取得时间原则有区别。

（1）直接购买取得。

取得时间可以是房屋产权证上注明的时间、购置不动产合同注明的时间，甚至是账簿上注明的时间。各地方政策有的综合考虑，有的只采用其中一种，规定各有不同。

笔者建议，应以一般纳税人取得不动产时，税法是否允许取得增值税扣税凭证抵扣进项税为标准，判定一般纳税人销售该不动产时该如何选择计税方式。而取得不动产是否允许抵扣，据前文所述，应以上游销售时是否应缴纳增值税为标准。如本案例，甲企业取得不动产时，转让不动产的丙公司应缴纳营业税，则甲企业在政策层面上无法取得增值税专用发票，此时如果以房屋产权证上的时间来判定其取得时间为 2016 年 5 月 1 日后，从而不允许其选择简易计税方式计征增值税，明显不合理且不公平，增加了甲企业的增值税税负。如果上例改为合同约定在 2016 年 5 月付款且实际在 5 月付款，则转让方丙公司应缴纳增值税，此时甲企业在政策层面上可以取得增值税专用发票，即使由于各种原因未取得增值税专用发票，甲企业在出租该不动产时，仍然应适用一般计税方式。

接受捐赠、接受投资入股以及抵债等各种取得方式，可参照直接购买取得方式处理。

（2）自建取得。

地方政策主要倾向于按照《建筑工程施工许可证》注明的开工日期或者建造合同上注明的开工日期，基本上与销售取得的不动产的时间判定一致。笔者认

为，这是比较合理且有利于纳税人的政策。本案例中，甲企业《建筑工程施工许可证》上注明的开工日期为 2016 年 1 月 1 日，虽然产权证上的日期为营改增后，但出租该厂房时，仍然可以选择简易计税。

从税理上分析，只有 2016 年 5 月 1 日后发生的不动产在建工程，其进项税额才能抵扣，之前的在建工程不能抵扣进项税，相应的出租不动产也应可选择简易计税方式。

提示：此时需注意一个问题，即选择简易计税方式应转出已抵扣的进项税。

本案例中，《建筑工程施工许可证》上注明的开工日期为 2016 年 1 月，在 2016 年 5 月完工，那么在 2016 年 5 月 1 日后取得的与该在建工程相关的进项税，可以抵扣。15 号公告规定，2016 年 5 月 1 日后发生的不动产在建工程，其进项税可抵扣。

如果 2016 年 5 月 1 日后发生的不动产在建工程的进项税已抵扣，同时又因开工日期在 2016 年 4 月 30 日前，出租该不动产时选择了简易计税方式，则其已经抵扣的进项税应转出。

3. 自建不动产时专用于不得抵扣项目，出租时是否可选择简易计税方式尚不确定

假设自建不动产的时间为 2016 年 5 月 1 日后，但专用于简易计税方法计税项目、免征增值税项目、集体福利或者个人消费等不得抵扣项目，则其进项税不得抵扣。待该自建不动产出租时，是否可选择简易计税方式？根据税法原理，笔者认为应可以选择简易计税方式，但从现行文件来看，尚无明确的文件规定支持此种操作方式。财税〔2009〕9 号文件规定的一般纳税人销售自己使用过的用于不得抵扣项目的固定资产，按简易办法计征增值税的政策，其中的固定资产概念，不包括不动产，固定资产在增值税概念中，属于"货物"的范畴，而且，财税〔2009〕9 号文件并未规范出租行为如何选择计税方式。

| 案例延伸 |

经营租赁出租土地使用权可比照经营出租不动产政策执行

财税〔2016〕36 号文件对于出租土地使用权并未规定是否可选择简易计税方式。财税〔2016〕47 号文件规定，"纳税人以经营租赁方式将土地出租给他人使用，按照不动产经营租赁服务缴纳增值税"。

| 相关政策浏览 |

1.《国家税务总局关于发布〈纳税人提供不动产经营租赁服务增值税征收管理暂行办法〉的公告》（国家税务总局公告 2016 年第 16 号）

第二条 纳税人以经营租赁方式出租其取得的不动产（以下简称出租不动

产），适用本办法。

取得的不动产，包括以直接购买、接受捐赠、接受投资入股、自建以及抵债等各种形式取得的不动产。

第三条　一般纳税人出租不动产，按照以下规定缴纳增值税：

（一）一般纳税人出租其 2016 年 4 月 30 日前取得的不动产，可以选择适用简易计税方法，按照 5% 的征收率计算应纳税额。

（二）一般纳税人出租其 2016 年 5 月 1 日后取得的不动产，适用一般计税方法计税。

2. 部分地方政策

（1）〈河北国税〉一般纳税人出租不动产，选择适用简易计税方式及备案证明材料的问题。

纳税人提供不动产经营租赁服务，标的物属于 2016 年 4 月 30 日前取得（不含自建）的不动产，选择适用简易征收计税方法进行备案时，需提供《房屋所有权证》（不动产权证书）或者取得（不含自建）该不动产的合同证明该不动产于 2016 年 4 月 30 日前取得。由于客观原因，无法提供上述材料的，纳税人须提供有效的会计核算凭证，以该不动产在账簿上记录的账载日期作为证明材料。

纳税人提供不动产经营租赁服务，标的物属于 2016 年 4 月 30 日前自建的不动产，选择适用简易征收计税方法进行备案时，需提供开工日期在 2016 年 4 月 30 日前的《建筑工程施工许可证》证明该不动产于 2016 年 4 月 30 日前自建；未取得《建筑工程施工许可证》的，可提供开工日期在 2016 年 4 月 30 日前的建筑工程承包合同作为证明材料。由于客观原因，无法提供上述材料的，纳税人须提供有效的会计核算凭证，以该不动产在账簿上记录的账载日期作为证明材料。

纳税人将 2016 年 4 月 30 日前租入的不动产对外转租的，选择适用简易征收计税方法进行备案时，需提供租入该不动产的合同证明该不动产于 2016 年 4 月 30 日前租入。纳税人 2016 年 5 月 1 日之后租入的不动产对外转租的，不能选择适用简易征收计税方法。

（2）〈海南国税〉2016 年 4 月 30 日前开工建设的在建工程，完工后用于出租，可以选择简易计税方法。

《国家税务总局关于发布〈纳税人提供不动产经营租赁服务增值税征收管理暂行办法〉的公告》（国家税务总局公告 2016 年第 16 号）第三条第（一）款规定："一般纳税人出租其 2016 年 4 月 30 日前取得的不动产可以选择适用简易计税方法，按照 5% 的征收率计算应纳税额。"

此问题的实质是对不动产租赁中"取得"的概念进行解释。16 号公告允许选择简易计税方法的基本出发点，是基于取得"老不动产"缺少进项税额这一事实，营改增前开工、营改增后完工的在建工程，无法取得全部进项税额。本着同类问题同样处理的原则，可以比照提供建筑服务、房地产开发划分新老项目的标准，确定是否可以选用简易计税方法。

（3）〈江西国税〉一般纳税人出租其 2016 年 4 月 30 日前取得的不动产，可以选择适用简易计税方法，按照 5% 的征收率计算应纳税额。请问"取得"是按照什么证件的时间来划分的？

答：目前国家税务总局对于纳税人出租取得的不动产，其"取得"时间如何划分没有明确，在总局明确前，暂按以下原则把握：

（1）以直接购买、接受捐赠、接受投资入股或抵债方式取得的，以不动产权属变更的当天为取得的时间。

（2）纳税人出租或转让自建不动产，以建筑工程许可证注明的开工日期为不动产取得的时间。

（3）对于不动产转出租的，按前一次租赁合同的签订时间确定不动产"取得"时间，即：一般纳税人将 2016 年 4 月 30 日之前租入的不动产对外转租的，可选择简易办法征税；将 5 月 1 日之后租入的不动产对外转租的，不能选择简易办法征税。

案例 61　房地产企业出租自行开发房地产，如何判定取得时间及选择计税方式

甲企业是一家房地产开发企业，为增值税一般纳税人。2016 年 6 月出租自行开发的商品房两间，该商品房是 2015 年开发楼盘剩余自用部分，《建筑工程施工许可证》注明的开工日期是 2015 年 4 月 30 日。

问题：甲企业出租该商品房如何判定取得时间？是否可选择简易计税方式？

| 案例解析 |

营改增后纳税人经营出租不动产的增值税事项，主要由 16 号公告进行规范，但该文件并未涉及房地产企业出租自行开发的房产相关事项。

房地产开发企业出租自行开发的房地产老项目，在《关于进一步明确全面推开营改增试点有关再保险、不动产租赁和非学历教育等政策的通知》（财税〔2016〕68 号）中有规定，出租自行开发的房地产老项目可选择简易计税方式，

在不动产所在地预缴增值税等政策，基本上房地产出租自行开发房地产与其他纳税人出租不动产的政策接轨。但是上述文件均未界定房地产开发企业出租自行开发老项目的时间标准。

国家税务总局有关资料与各地方政策对此有规定，一般倾向于房地产企业自行开发的产品按照自建取得时间标准，即一般按照《建筑工程施工许可证》注明的开工日期在 2016 年 4 月 30 日前的房地产项目进行判定，也有个别地区认为应以房地产权属变更日期确定。

因此，甲企业出租的不动产，《建筑工程施工许可证》注明的开工日期在2015 年 4 月 30 日，根据自建取得不动产时间判定标准，属于 2016 年 4 月 30 日前取得的不动产，可以选择简易计税方式计征增值税。

| 相关政策浏览 |

1.《关于进一步明确全面推开营改增试点有关再保险、不动产租赁和非学历教育等政策的通知》（财税〔2016〕68 号）

二、不动产经营租赁服务

1. 房地产开发企业中的一般纳税人，出租自行开发的房地产老项目，可以选择适用简易计税方法，按照 5% 的征收率计算应纳税额。纳税人出租自行开发的房地产老项目与其机构所在地不在同一县（市）的，应按照上述计税方法在不动产所在地预缴税款后，向机构所在地主管税务机关进行纳税申报。

房地产开发企业中的一般纳税人，出租其 2016 年 5 月 1 日后自行开发的与机构所在地不在同一县（市）的房地产项目，应按照 3% 预征率在不动产所在地预缴税款后，向机构所在地主管税务机关进行纳税申报。

2. 房地产开发企业中的小规模纳税人，出租自行开发的房地产项目，按照5% 的征收率计算应纳税额。纳税人出租自行开发的房地产项目与其机构所在地不在同一县（市）的，应按照上述计税方法在不动产所在地预缴税款后，向机构所在地主管税务机关进行纳税申报。

2. 国家税务总局发言资料

（1）关于房地产开发企业自行开发产品出租有关问题。

有纳税人在营改增来信情况专报中咨询，关于房地产企业将自行开发的产品用于出租，增值税是否适用简易计税，适用条件如何。

关于这个问题，《财政部 国家税务总局关于全面推开营业税改征增值税试点的通知》（财税〔2016〕36 号）以及《国家税务总局关于发布〈纳税人提供不动产经营租赁服务增值税征收管理暂行办法〉的公告》（国家税务总局公告 2016 年第 16 号）已经对此进行了明确，房地产开发企业如果是小规模纳税人其出租不动产应适用简易计税方法；如果是一般纳税人，则要根据取得不动产的时间来判定，2016 年 4 月 30 日前取得的不动产属于"老"的不动产，可以选择适用简易计税方法；2016 年 5 月 1 日以后取得的不动产属于"新"的不动产，出租时适用的是一般计税方法。

对此规定，部分人员觉得对于房地产开发企业自行开发的产品用于出租并没有进行规定。我们在 16 号公告中明确，取得的不动产，包括以直接购买、接受捐赠、接受投资入股、自建以及抵债等各种形式取得的不动产。房地产企业自行开发的产品属于自建取得，所以适用普遍规定。

（2）财税〔2016〕36 号文件中明确：房地产老项目，是指《建筑工程施工许可证》注明的开工日期在 2016 年 4 月 30 日前的房地产项目。新、老项目的界定标准，对房地产开发企业的不同的经营行为是相同的，按照租、售相同，税收公平原则，房地产开发企业将尚未出售的房屋进行出租，仍按上述标准判定是否属于新老项目。

3．部分地方政策

（1）〈新疆国税〉房地产开发企业将自行开发的房产用于出租，是否适用简易计税方法缴纳增值税？

答：根据《财政部 国家税务总局关于全面推开营业税改征增值税试点的通知》（财税〔2016〕36 号）和《国家税务总局关于发布〈纳税人提供不动产经营租赁服务增值税征收管理暂行办法〉的公告》（国家税务总局公告 2016 年第 16 号）相关规定，房地产开发企业如果是小规模纳税人，其出租不动产应适用简易计税方法；如果是一般纳税人，则要根据取得不动产的时间来判定，2016 年 4 月 30 日前取得的不动产，可以选择适用简易计税方法；2016 年 5 月 1 日以后取得的不动产，出租时适用的是一般计税方法。

取得的不动产，包括以直接购买、接受捐赠、接受投资入股、自建以及抵债等各种形式取得的不动产。房地产企业自行开发的不动产属于自建取得。

房地产开发企业取得不动产的时间为不动产权属发生变更的当天。

（2）〈海南国税〉房地产老项目，是指《建筑工程施工许可证》注明的开工日期在 2016 年 4 月 30 日前的房地产项目。新老项目的界定标准，对房地产开发企业的不同的经营行为是相同的，按照租、售相同，税收公平原则，房地产开发企业将尚未出售的房屋进行出租，仍按上述标准判定是否属于老项目。

案例 62 转租不动产，如何根据取得时间确定计税方式

甲企业是一家物业管理公司，为增值税一般纳税人。2016 年 4 月与乙公司签订租赁合同，承租乙公司两层办公楼，合同约定 2016 年 5 月甲企业支付乙公司 1 年租金，并实际在当月支付 1 年租金。2016 年 6 月甲企业与丙公司签订租赁合同，将租来的不动产转租给丙公司，并于当月收取 1 年租金。

问题：甲企业转租不动产，如何根据取得第一手房屋时间确定计税方式？

│ 案例解析 │

16 号公告规定，一般纳税人出租其 2016 年 4 月 30 日前取得的不动产，可以选择适用简易计税方法，按照 5% 的征收率计算应纳税额。但是对于转租，如何确定根据取得时间确定计税方式，现阶段还无文件统一规定。各地方的政策规定各有不同，有的根据合同签订日期确定，有的比照出租不动产政策执行。

本案例中，甲企业与一手房东乙公司合同签订日期为 2016 年 4 月，但其合同约定以及实际付款日期均为营改增之后，根据营业税与增值税纳税义务发生时间判定原则，乙公司应缴纳增值税，乙公司可以开具增值税专用发票，甲企业在政策上可以抵扣租赁不动产的进项税，转租该不动产时即不可选择简易计税方式，所以根据合同签订日期确定实际上并不十分正确。笔者认为，应根据租入第一手不动产时应缴纳的税种，判定是否可以取得增值税专用发票抵扣进项税，从而确定是否可选择简易计税方式计征增值税。

当然这只是笔者基于税理得出的观点，具体操作还应以国家税务总局文件以及各地方政策为准。

│ 相关政策浏览 │

1. 国家税务总局热点问题解答

《国家税务总局关于发布〈纳税人提供不动产经营租赁服务增值税征收管理暂行办法〉的公告》（国家税务总局公告 2016 年第 16 号）规定："第二条　纳税人以经营租赁方式出租其取得的不动产（以下简称出租不动产），适用本办法。取得的不动产，包括以直接购买、接受捐赠、接受投资入股、自建以及抵债等各种形式取得的不动产。"纳税人二次转租，自己没有取得该不动产，适用什么税率？

答：关于转租不动产如何纳税的问题，总局明确按照纳税人出租不动产来确定。

一般纳税人将2016年4月30日之前租入的不动产对外转租的，可选择简易办法征税；将5月1日之后租入的不动产对外转租的，不能选择简易办法征税。

2. 部分地方政策

(1)〈山东国税〉转租不动产适用简易计税方法问题。

转租人于2016年4月30日前租入不动产，于2016年5月1日之后进行转租，视为将2016年4月30日前取得的不动产对外出租，收取的租金可以选择适用简易计税方法计算缴纳增值税。

(2)〈上海国税〉二房东出租不动产，如何确定取得的不动产时间？

答：可以通过与一手房东的租赁合同以及不动产的产权登记证明结合判断，包括一手租赁的时候开具的发票等。如果从一手房东租赁的时候已经是按试点前取得的不动产租赁来适用1.5%征收率的话，那么在转租的时候也同样适用。

(3)〈天津国税〉转租不动产如何纳税？可否选择简易计税办法？

答：16号公告中明确，取得的不动产，包括以直接购买、接受捐赠、接受投资入股、自建以及抵债等各种形式取得的不动产。对于租入等形式取得不拥有所有权只拥有使用权的不动产对外出租，按照纳税人出租不动产执行11%税率。一般纳税人将2016年4月30日之前租入或受托管理的不动产对外转租的，可选择简易办法征税；将5月1日之后租入或受托管理的不动产对外转租的，不能选择简易办法征税，简易计税备案需提供2016年4月30日之前租入不动产的租赁合同或其他授权合同。

(4)〈河北国税〉关于转租房产是否允许选择简易计税方法问题。

转租人转租房产是否允许选择简易计税方式，应区分情况确定。转租人根据2016年4月30日前签订的老租赁合同收取的租金，视为在2016年4月30日之前取得的不动产对外出租，可以选择简易计税方法。

例如，M公司2015年1月1日从A公司租入不动产，同月M公司与B公司签订租赁合同，将该不动产转租给B公司，合同期限3年，至2017年12月31日到期。在该老租赁合同到期前，M公司转租该不动产收取的租金，可以选择简易计税方法。

200 MUST-READ CASES

第 4 章

特殊销售行为案例（混合销售、视同销售、兼营）

案例 63 提供设计服务同时销售试验品，主业决定计税方式，发票开具遇困境

甲企业是一家生产模具的企业，为增值税一般纳税人，适用增值税税率 17％。2016 年 8 月应乙公司要求，为其设计新模具样式，书面合同约定，甲企业在规定期限内提供一批试验品供乙公司试用，以确定其质量与合规性，试验品的费用包括在乙公司支付给甲企业设计费用中。

问题：甲企业应向乙公司开具何种名称以及何种税率的增值税专用发票？

| 案例解析 |

1. 销售设计服务的混合销售，根据主业判定为销售货物计征增值税

根据财税〔2016〕36 号文件的规定，该销售行为既涉及服务又涉及货物，因此属于混合销售。混合销售的计征原则根据纳税人的主业判定，如果主业是货物的生产销售，则混合销售按照销售货物计征增值税；否则按照销售服务计征增值税。本案例中甲企业的该项混合销售行为，由于主业是生产销售模具，因此该设计业务应按照销售货物 17％税率计征增值税。

2. 混合销售开具发票名称与税率难统一

甲企业应向乙公司开具名称为设计费，税率为 17％的增值税专用发票。

很多人可能觉得比较奇怪：设计费属于销售服务，如何能开 17％税率的发票？但是，如想既满足开具发票名称正确，又满足税率正确，似乎只能选择这样开具发票。

虽然甲企业销售的是设计服务，却因为主业是生产销售货物，所以该销售服务业必须按照销售货物适用税率计征增值税。虽然结论不是非常合理，但是现行文件就是这样规定的。

3. 混合销售规定的缺陷

（1）根据主业确定计税方式并不合理。

如本案例，根据主业是销售货物，即判定一项设计服务按照 17％税率计征增值税，不是非常合理。

（2）主业的确定方式未明确。

即使按照财税〔2016〕36 号文件的规定，根据主业确定应计征混合销售的增值税，但是对于如何判定主业，现阶段也无统一明确的规定。根据销售额比重

50％的标准早已作废，因在实务中很难操作，多元化经营的公司销售额比重随时在变化，确定主业的标准确实比较困难。

提示：要注意区分判定主业的销售额的比重标准与判定小规模纳税人标准的销售额比重标准，这两者是不一样的。

《中华人民共和国增值税暂行条例实施细则》第二十八条规定，小规模纳税人的标准为：

（一）从事货物生产或者提供应税劳务的纳税人，以及以从事货物生产或者提供应税劳务为主，并兼营货物批发或者零售的纳税人，年应征增值税销售额（以下简称应税销售额）在 50 万元以下（含本数，下同）的；

（二）除本条第一款第（一）项规定以外的纳税人，年应税销售额在 80 万元以下的。

本条第一款所称以从事货物生产或者提供应税劳务为主，是指纳税人的年货物生产或者提供应税劳务的销售额占年应税销售额的比重在 50％以上。

以从事货物生产或者提供应税劳务为主，是指纳税人的年货物生产或者提供应税劳务的销售额占年应税销售额的比重在 50％以上。

这里所称的 50％比重标准判定的主业，指的是在小规模纳税人标准中的主业，而不是指在混合销售中的主业，这两者不能混为一谈。笔者就曾看到有混淆的情况，根据销售额比重标准判定主业，从而判定混合销售的计税方式，可能具有较大的税务风险。

还有的观点建议，按照自行申报的主营业务或者经营范围第一项确定主业，这是参考《关于调整新增企业所得税征管范围问题的通知》（国税发〔2008〕120号）对于企业所得税征管的规定提出的，当然也可作为实务征管中的思路之一。但是无统一明确文件规定，同时该思路也有缺陷，纳税人的主业可能随时在变化，根据税务登记或经营范围即确定纳税人主业，实务中很可能出现问题。

（3）根据业务性质判定计征增值税方式也有缺陷。

有观点认为，应根据混合销售的业务性质决定如何计征增值税。比如提供的是建筑服务，即不论纳税人的主业是什么，均按照销售建筑服务计征增值税。

但如此处理也有问题。比如，某企业兼有批发零售建筑材料和提供建筑服务的经营范围，该企业销售建筑材料，同时提供部分建筑服务，该业务的实质是什么？仍然无法判定。

4. 不能把地方性的政策人为地推广

营改增后很多地方政策与财税〔2016〕36 号文件的混合销售概念并不完全

一致，有的地区规定分开核算可分别适用不同税率，或者合同分别注明可分别核算，但纳税人一定要注意，这是地方性的政策，不能应用到全国。我们注意到，在国家税务总局的在线访谈或者资料中，仍然对混合销售适用财税〔2016〕36号文件的规定。

| 相关政策浏览 |

1.《财政部 国家税务总局关于全面推开营业税改征增值税试点的通知》（财税〔2016〕36 号）附件 1

第四十条 一项销售行为如果既涉及服务又涉及货物，为混合销售。从事货物的生产、批发或者零售的单位和个体工商户的混合销售行为，按照销售货物缴纳增值税；其他单位和个体工商户的混合销售行为，按照销售服务缴纳增值税。

本条所称从事货物的生产、批发或者零售的单位和个体工商户，包括以从事货物的生产、批发或者零售为主，并兼营销售服务的单位和个体工商户在内。

2. 部分地方政策

(1)〈湖南国税〉纳税人销售自产货物并同时提供建筑业服务的行为，应如何征税？

答：按照《试点实施办法》规定，纳税人销售自产货物并同时提供建筑业服务的行为属于混合销售。从事货物的生产、批发或者零售的单位和个体工商户的混合销售行为，按照销售货物缴纳增值税；其他单位和个体工商户的混合销售行为，按照销售服务缴纳增值税。如纳税人对混合销售行为已分开核算销售额的，可分别适用不同税率。

(2)〈湖北国税〉关于混合销售界定的问题。

一项销售行为如果既涉及服务又涉及货物，为混合销售。对于混合销售，按以下方法确定如何计税：

(1) 该销售行为必须是一项行为，这是与兼营行为相区别的标志。

(2) 按企业经营的主业确定。

若企业在账务上已经分开核算，以企业核算为准。

说明： 该地方政策后来又取消了"若企业在账务上已经分开核算，以企业核算为准"的表述。

(3)〈大连国税〉园林绿化企业，将自产苗木销售给客户后，再利用上述苗木施工，能否认定为甲供工程选择简易征收？

答：若分开签订合同或在合同内分别注明金额的，则分开核算，销售苗木免税，苗木施工认定为甲供工程简易征收；否则应按照混合销售原则执行。

（4）〈大连国税〉甲供材建筑劳务中的收入确认范围是哪些？材料款、施工安全费、保险费等如何处理？

答：若分开签订合同或在合同内分别注明金额的，则分开核算，销售材料按17%征税，建筑服务认定为甲供工程简易征收；否则应按照混合销售行为执行。

案例64　装修公司兼营材料批发，主业难确定

甲企业是一家装修公司，为增值税一般纳税人，具有建筑装饰装修工程专业承包企业资质，兼营批发零售建筑材料，有自己的销售店铺。2014年提供装修劳务的营业额为1 000万元，各种建筑材料及其他货物的销售额为300万元；2015年装修劳务的营业额为500万元，货物销售额为600万元。

甲企业的营业执照中的经营范围注明，第一项为建筑装饰材料、五金制品的购销，其他项目包括建筑装饰工程的设计与施工、经济信息咨询、市场营销策划等。

2016年6月，甲企业承接一项装修工程，为乙公司装饰办公室，工程价款50万元，包括30万元的建筑材料和20万元的劳务款。由甲企业采购主要建筑材料，乙公司采购部分辅材。施工完毕验收合格后，甲企业向乙公司开具发票。

问题：基于以上情况，甲企业应如何根据主业判定混合销售的计税方式？

| 案例解析 |

1. 主业的确定方式未明确

甲企业向乙公司销售建筑服务同时销售装修材料，是典型的混合销售，即既涉及销售货物又涉及销售服务的一项销售行为。根据文件规定，是按照销售货物，还是按照销售服务征税，要看甲企业的主业是生产销售货物，还是销售服务。

现在对于混合销售的尴尬在于，不但根据主业确定计税方式不合理，而且没有明确如何确定纳税人的主业，坊间有各种版本，各地税务机关的掌握也不尽相同。

2. 判定主业的各种方式

（1）第一种，根据销售的比重判断。

该标准的随意性较大，销售额的变化也可能比较大，新办企业没有年应税销售额又该如何处理？此标准实在不具备税法的严肃性。

本案例中，2014 年提供装修劳务的营业额为 1 000 万元，货物销售额为 300 万元，提供劳务营业额比重大于 50%；2015 年装修劳务的营业额为 500 万元，货物销售额为 600 万元，货物销售额比重大于 50%。纳税人当然不能每年根据销售额比重调整主业，所以以此方式判定主业并不是非常合适。

（2）第二种，根据自行申报的主营业务或者经营范围第一项确定主业。

国税发〔2008〕120 号文件规定，"既缴纳增值税又缴纳营业税的企业，原则上按照其税务登记时自行申报的主营业务应缴纳的流转税税种确定征管归属；企业税务登记时无法确定主营业务的，一般以工商登记注明的第一项业务为准；一经确定，原则上不再调整"。该规定虽然只是确定了既缴纳增值税又缴纳营业税的企业的征管归属，但是也被引用到混合销售的主业判定上，当然也有其不合理性。企业的情况随时可能发生较大的变化，比如当时登记时的主营业务为服务业，但之后根据市场变化主要开展货物购销业务等，根据工商登记来确定主业也不是合适的方式。

本案例中，甲企业经营范围第一项为"建筑装饰材料、五金制品的购销"，但如果据此将其主业判定为销售货物，则 2016 年 6 月销售的装修服务要按照销售材料计征增值税，这明显是不合理的。

3. 甲企业应按照销售建筑服务计征增值税

甲企业销售建筑服务，因此其销售的建筑材料也应根据建筑服务计征增值税，一般计税方式 11% 税率，简易计税方式 3% 征收率，而不是按照建筑材料的 17% 的税率。

结论： 混合销售按照主业确定计税方式，本身就有一定的不合理性，但即使按照主业判定计税方式，也很难确定纳税人的主业。

│相关政策浏览│

1.《财政部 国家税务总局关于全面推开营业税改征增值税试点的通知》（财税〔2016〕36 号）附件 1

第四十条 一项销售行为如果既涉及服务又涉及货物，为混合销售。从事货物的生产、批发或者零售的单位和个体工商户的混合销售行为，按照销售货物缴纳增值税；其他单位和个体工商户的混合销售行为，按照销售服务缴纳增值税。

本条所称从事货物的生产、批发或者零售的单位和个体工商户，包括以从事货物的生产、批发或者零售为主，并兼营销售服务的单位和个体工商户在内。

2. 部分地方政策

〈湖南国税〉纳税人销售自产货物并同时提供建筑业服务的行为，应如何征税？

答：按照《试点实施办法》规定，纳税人销售自产货物并同时提供建筑业服务的行为属于混合销售。从事货物的生产、批发或者零售的单位和个体工商户的混合销售行为，按照销售货物缴纳增值税；其他单位和个体工商户的混合销售行为，按照销售服务缴纳增值税。如纳税人对混合销售行为已分开核算销售额的，可分别适用不同税率。

案例 65　销售自产设备同时提供建筑安装服务，特殊混合销售营改增后税负增加

甲企业是一家生产大型自动化设备的企业，为增值税一般纳税人。2016 年 8 月向乙公司销售 2 台设备，合同注明设备每台销售价款为 1 170 万元，同时向乙公司提供专业的安装调试设备，收取安装费每台 117 万元。2016 年 9 月安装调试设备完毕，经负荷运转，乙公司确认运转良好，扣除 5％的质保金，取得甲企业开具的增值税专用发票后支付设备款。

问题：销售自产货物同时提供建筑业服务，营改增后甲企业应如何计征增值税？

| 案例解析 |

1. 销售自产货物同时提供建筑服务，营改增前分别缴纳增值税和营业税

销售自产货物同时提供建筑劳务的，在营改增前，是混合销售的唯一的一种例外情况。混合销售只缴纳一种税，而此种情况可以就销售货物缴纳增值税，就建筑服务缴纳营业税。本案例中，在营业税时期，设备款按照销售货物 17％税率计征增值税，安装服务按照建筑业 3％计征营业税。实务中，一般在合同中分别列明销售货物的销售额和建筑业的营业额，在合理的范围内，通常都可以这样执行。根据《国家税务总局关于纳税人销售自产货物并同时提供建筑业劳务有关税收问题的公告》（国家税务总局公告 2011 年第 23 号）规定，先在机构所在地主管国家税务机关办理手续，后在劳务发生地地税机关计征营业税。这样保证增值税和营业税的税源均不流失。

2. 销售自产货物同时提供建筑服务，营改增后税负增大

营改增后，上述公告因涉及营业税，自然失效。同时上次部分营改增中提出的混业经营的概念也被取消，此种销售自产货物同时提供建筑劳务的情况，

现在只能按照营改增后混合销售的概念，按照纳税人的主业确定计税方式。本案例中，甲企业的主业是生产销售设备，即使在合同中分别注明各自的销售额或者在账务上分别核算，其混合销售也应按照销售货物依 17％税率计征增值税。

类似于此种专业安装的服务，一般占销售额的比重较大，但可抵扣的进项税很少，税率增幅却较大。

如果援引营改增前的混业经营的概念，销售建筑服务税率为 11％，低于17％税率，同时建筑服务符合条件还可选择简易计税方式，这样就不会导致其税负大幅增加了。

3. 甲企业账务处理（单位：万元）

借：应收账款　　　　　　　　　　　　2 574 [(1 170＋117)×2]

　　贷：主营业务收入——销售设备　　　　　　　　　　2 000

　　　　　　　　　　——安装费　　　　　　　　　　　 200

　　　应交税费——应交增值税（销项税额）

　　　　　　　　　　　　　　374 [2 574÷(1＋17％)×17％]

| 相关政策浏览 |

《国家税务总局关于纳税人销售自产货物并同时提供建筑业劳务有关税收问题的公告》（国家税务总局公告 2011 年第 23 号）

纳税人销售自产货物同时提供建筑业劳务，应按照《中华人民共和国增值税暂行条例实施细则》第六条及《中华人民共和国营业税暂行条例实施细则》第七条规定，分别核算其货物的销售额和建筑业劳务的营业额，并根据其货物的销售额计算缴纳增值税，根据其建筑业劳务的营业额计算缴纳营业税。未分别核算的，由主管税务机关分别核定其货物的销售额和建筑业劳务的营业额。

纳税人销售自产货物同时提供建筑业劳务，须向建筑业劳务发生地主管地方税务机关提供其机构所在地主管国家税务机关出具的本纳税人属于从事货物生产的单位或个人的证明。建筑业劳务发生地主管地方税务机关根据纳税人持有的证明，按本公告有关规定计算征收营业税。

本公告自 2011 年 5 月 1 日起施行。《国家税务总局关于纳税人销售自产货物提供增值税劳务并同时提供建筑业劳务征收流转税问题的通知》（国税发〔2002〕117 号）同时废止。本公告施行前已征收增值税、营业税的不再做纳税调整，未征收增值税或营业税的按本公告规定执行。

案例 66　同时销售建筑服务与建筑材料，各地方政策有不同规定

甲企业是增值税一般纳税人，以销售建筑材料为主业，兼营零星的建筑服务。2016 年 6 月向乙公司销售装修服务，同时使用企业自己的建筑材料。合同中分别注明销售服务价款以及建筑材料价款。

问题：合同中分别注明销售额，甲企业是否可分别计征增值税？

| 案例解析 |

本案例把销售建筑服务单独列出，是因为地方政策对其有单独的规定，纳税人也比较关注。

本案例属于典型的混合销售，应根据纳税人的主业来判定计税方式。由于甲企业是以销售货物为主的纳税人，因此该混合销售行为按照销售货物 17％税率计征增值税。

可以看出，甲企业销售的是建筑服务，却要按照销售货物计征增值税。销售建筑服务最低可以选择 3％的简易计税征收率，但现在按照混合销售只能适用 17％增值税税率。可能是对于营改增后混合销售的概念沿用有不同意见，很多地方政策对此都有不同的规定。

如果当地有明确的政策，纳税人可以遵循当地的政策，但是不能作为全国性处理方法。

| 部分地方政策 |

（1）〈深圳国税〉企业提供建筑服务，同时提供建筑中所需要的建材（如钢架构等），按照建筑服务缴纳增值税。

（2）〈河北国税〉关于销售建筑材料同时提供建筑服务征税问题。

销售建筑材料（例如钢结构企业）同时提供建筑服务的，可在销售合同中分别注明销售材料价款和提供建筑服务价款，分别按照销售货物和提供建筑服务缴纳增值税。未分别注明的，按照混合销售的原则缴纳增值税。

案例 67　房地产企业卖房送装修家电，不属于混合销售以及视同销售

甲企业是一家房地产开发企业，为增值税一般纳税人。2016 年 8 月开盘某项目，部分为精装房，为促销推出"买房送家电"的销售政策。销售精装房一套，含税价格 525 万元，赠送的家具与电器，购买的含税价格为 10 万元。根据成本核算，该套房屋的装修价格成本为 20 万元，在市场上的公允价值为 25 万元。

问题：甲企业销售的建筑服务和家电应如何计征增值税？

| 案例解析 |

1. 房地产开发企业销售不动产同时赠送装修家电不属于混合销售

本案例中，甲企业销售不动产的同时涉及建筑服务和销售货物，而混合销售的概念是"一项销售行为如果既涉及服务又涉及货物"，销售不动产不属于销售货物，因此不属于混合销售。即使属于混合销售，也是销售建筑服务和销售家电的混合销售，对此按照销售家电或者销售服务计征增值税显然是不正确的。因此，房地产企业买房送装修、家电，不能按照混合销售原则进行税务处理。

2. 房地产开发企业销售不动产同时赠送装修家电不属于视同销售

根据财税〔2016〕36 号文件对视同销售的定义，视同销售强调的是"无偿"的概念，而附着在不动产的销售上的建筑服务和家电销售，显然无论如何也不可能是"无偿"销售，这个问题并没有太多的讨论余地。因此，销售不动产同时赠送的装修和家电，无须按照视同销售计征增值税。

房地产企业销售房地产老项目，可以选择简易计税方式，如果按照销售建筑服务 11％税率和销售家电 17％税率，税负增加幅度不小。

各地方的政策中，一般认为销售的不动产价值中包括精装修和家电的价值，因此统一按照销售不动产计征增值税。

3. 账务处理（单位：万元）

借：银行存款或现金等　　　　　　　　　　　　　　　　　　525
　　贷：主营业务收入　　　　　　　　　　　　500［525÷（1＋5％）］
　　　　应交税费——未交增值税　　　25［525÷（1＋5％）×5％］

4. 企业所得税处理

根据《国家税务总局关于确认企业所得税收入若干问题的通知》（国税函

〔2008〕875 号）的规定，企业以买一赠一等方式组合销售本企业商品的，不属于捐赠，应将总的销售金额按各项商品的公允价值的比例来分摊确认各项的销售收入。

因此，甲企业销售房地产时赠送的装修家电，属于组合销售，不属于捐赠，不按照视同销售计征企业所得税。

| 相关政策浏览 |

1. 《财政部 国家税务总局关于全面推开营业税改征增值税试点的通知》（财税〔2016〕36 号）附件 1

第十四条　下列情形视同销售服务、无形资产或者不动产：

（一）单位或者个体工商户向其他单位或者个人无偿提供服务，但用于公益事业或者以社会公众为对象的除外。

（二）单位或者个人向其他单位或者个人无偿转让无形资产或者不动产，但用于公益事业或者以社会公众为对象的除外。

（三）财政部和国家税务总局规定的其他情形。

2. 部分地方政策

（1）〈山东国税〉房地产开发企业"买房送装修、送家电"征税问题。

房地产开发企业销售住房赠送装修、家电，作为房地产开发企业的一种营销模式，其主要目的为销售住房。购房者统一支付对价，可参照混合销售的原则，按销售不动产适用税率申报缴纳增值税。

（2）〈海南国税〉房地产企业销售不动产的同时，无偿提供家具、家电等货物的征税问题。

房地产企业销售不动产，将不动产与货物一并销售，且货物包含在不动产价格以内的，不单独对货物按照适用税率征收增值税。例如随精装房一并销售的家具、家电等货物，不单独对货物按 17% 税率征收增值税。

房地产企业销售不动产时，在房价以外单独无偿提供的货物，应视同销售货物，按货物适用税率征收增值税。例如，房地产企业销售商品房时，为促销举办抽奖活动赠送的家电，应视同销售货物，按货物适用税率征收增值税。

（3）〈河北国税〉关于房地产开发企业销售精装修房所含装饰、设备是否视同销售问题。

《营业税改征增值税试点实施办法》第十四条第二款规定，视同销售不动产的范围是："单位或者个人向其他单位或者个人无偿转让无形资产或者不动产，但用于公益事业或者以社会公众为对象的除外。"

房地产开发企业销售精装修房，在《商品房买卖合同》中注明的装修费用（含装饰、设备等费用），已经包含在房价中，因此不属于税法中所称的无偿赠送，无须视同销售。房地产企业"买房赠家电"等营销方式的纳税比照该原则处理。

例如，房地产公司销售精装修房一套，其中精装修部分含电器、家具的购进价格为 10 万元，销售价格 200 万元，并按照 200 万元全额开具增值税发票，按照 11％税率申报销项税额。此时，无须对 10 万元电器部分单独按照销售货物征收增值税。

案例 68　提供餐饮服务的同时取得售卖烟酒以及外卖收入，混合销售与兼营的区分

甲企业是一家餐饮企业，为增值税一般纳税人。2016 年 8 月销售各类卷烟 20 万元，各种酒类 25 万元，各种饮料 26 万元，餐具 5 万元，其他菜肴和服务收入为 25 万元，合计实现收入 106 万元。当月还实现外卖收入 1.17 万元。

问题：甲企业的烟酒饮料及外卖收入应如何计征增值税？

| 案例解析 |

1. 销售餐饮服务同时销售的烟酒饮料等，按照混合销售原则处理

该案例中，在销售餐饮服务的同时销售的烟酒饮料餐具等货物，符合混合销售的定义，属于典型的混合销售，国家税务总局的掌握精神以及各地方政策，基本上认同随餐饮服务销售的烟酒等项目按照混合销售处理，饭店的主业是销售餐饮服务，因此按照销售餐饮服务计征增值税。这一点基本上没有争议。

2. 单独销售的烟酒饮料等，按照兼营原则处理

如果销售的烟酒饮料不是随同销售餐饮服务一并提供的，则因不是一项销售行为，不符合混合销售的定义，应按照兼营的原则处理。根据财税〔2016〕36 号文件的规定，纳税人兼营的项目适用不同的税率或者征收率，应分别核算适用不同税率或者征收率的销售额，未分别核算销售额的，从高适用税率或者征收率。

有纳税人咨询，对于餐馆销售的烟酒饮料等，很难判定其是随同餐饮服务销

售还是单独销售，是否可将单独销售的烟酒饮料也作为混合销售作简化处理。笔者认为，第一，我们应严格遵守税法规定；第二，提供餐饮服务的点菜单、出库单、系统中的流程等信息，均有助于判断其是否属于单独销售。因此，纳税人应根据自身的不同情况以及内部流程的环节，严格区分销售的烟酒饮料是否属于单独销售，控制税务风险。

3. 外卖按照兼营原则处理

外卖不属于餐饮服务。餐饮服务的定义为，"是指通过同时提供饮食和饮食场所的方式为消费者提供饮食消费服务的业务活动"，而外卖食品并未同时提供饮食场所，应按照销售货物的适用税率计征增值税。这实际上也属于兼营的处理原则，即兼营销售餐饮服务和销售货物。

| 相关政策浏览 |

1. 国家税务总局的讲话材料

营改增里相同的例子是餐饮企业在提供餐食的同时售卖烟酒，也是混合销售的餐饮服务，烟酒和菜品一样可能都是单独计价的，但不能按照兼营单独征税，这些东西加上厨师和服务人员的劳动，共同形成了餐饮服务。

2. 部分地方政策

（1）〈山东国税〉顾客到酒店吃饭同时消费了烟酒，酒店给顾客开具发票的税率应是多少？

答：根据《财政部 国家税务总局关于全面推开营业税改征增值税试点的通知》（财税〔2016〕36 号）附件 1《营业税改征增值税试点实施办法》规定，一项销售行为如果既涉及服务又涉及货物，为混合销售。从事货物的生产、批发或者零售的单位和个体工商户的混合销售行为，按照销售货物缴纳增值税；其他单位和个体工商户的混合销售行为，按照销售服务缴纳增值税。

本条所称从事货物的生产、批发或者零售的单位和个体工商户，包括以从事货物的生产、批发或者零售为主，并兼营销售服务的单位和个体工商户在内。

因此，酒店应按照销售服务缴纳增值税，为顾客开具发票的税率为 6%。

（2）〈湖北国税〉餐饮业一般纳税人在客人用餐时收取的烟酒饮料费，按什么税率计税？

答：餐饮企业在提供餐饮服务的同时，提供现场消费的烟酒饮料取得的收入，按 6% 的税率计税。

（3）〈江西国税〉宾馆、餐饮行业销售烟、酒是兼营还是混合销售行为，在实际工作中如何判定？

答：如单独销售烟酒，应按销售货物处理；如提供餐饮服务同时销售货物，按混合销售处理。

（4）〈青岛国税〉餐饮企业在提供餐食的同时售卖烟酒，如何确定是混合销售还是兼营？

答：餐饮企业提供餐食的同时售卖烟酒，也是混合销售的餐饮服务，烟酒和菜品一样可能都是单独计价的，但不能按照兼营单独征税，这些东西加上厨师和服务人员的劳动，共同形成了餐饮服务。

案例 69　酒店承接会议，混合销售与兼营的区分

甲企业是一家大型酒店，2016 年 10 月承接乙公司大型会议，合同约定会议费用合计 10 600 元，租赁场地费公允价值 2 000 元；提供自助餐，公允价值 2 000 元；提供接送开会人员服务，公允价值 1 000 元；提供会议人员服务，公允价值 1 000 元，提供各种会议所需材料，公允价值 1 000 元；住宿费 2 000 元；联系当地旅行社，旅游费用 1 600 元。

问题：甲企业如何处理各种不同项目的费用？如何开具发票？

│ 案例解析 │

1．从税理上看，各服务项目都是会议展览服务的组成部分

笔者认为，从税理上看，会议服务的所有项目均应按照会议展览服务项目计征增值税，但是在征管实务中，这种方式较难实现。

酒店提供的所有服务项目，都是会议展览服务的组成部分，如果这些人员不来参加会议，即不会向其提供住宿、餐饮、接送等服务；如果没有这些服务，这也不构成一项会议服务。

会议展览服务的相关概念：

会议展览服务，是指为商品流通、促销、展示、经贸洽谈、民间交流、企业沟通、国际往来等举办或者组织安排的各类展览和会议的业务活动。

会展服务，是指为保证会议、展览正常进行所提供的全过程（会前、会中、会后；或看展前、展中、展后）服务，既包括发生在展会现场的租赁、广告、安保、清洁、展品运输、仓储、展位搭建等专业服务，也包括餐饮、旅游、住宿、交通、运输、地方特产等相关行业的配套服务。

2. 会议服务在实际征管中的难点

根据多年的财税工作经验，笔者对会议费总结了一句话，"会议费是个筐，什么都能装"。经常有纳税人问，我们单位给职工搞了个优秀员工旅游活动，让酒店开会议费发票，都需要什么材料；在酒店举办的宴会能不能开会议费发票；等等。虽然对开会议费发票有各种材料上的要求，但这些都不是什么太困难的问题。

如果政策明确，所有的服务项目均按照会议费计征增值税，类似招待费、福利费、娱乐费等不能抵扣进项税或者税前扣除受到限制的项目，很可能就改头换面地登堂入室了。

对于会议费的问题，国家税务总局只是很谨慎地略有涉及，从各地方政策来看，也没有具体给出令人信服的说法，一般只是给出答案，要求会议费的各项目分别开具发票，少数地区认为可以合并开具会议费发票。

因此，甲企业可根据当地的政策，按会议费的各项目分别计征增值税，分别开具发票。

3. 甲企业账务处理

（1）全部按照会议费计征增值税，开具发票的情形：

借：现金或银行存款等	10 600
贷：主营业务收入——会议收入	10 000
应交税费——应交增值税（销项税额）	600

（2）分别服务项目计征增值税，开具发票的情形：

借：现金或银行存款等	10 600
贷：主营业务收入——会议收入	9 985.72
应交税费——应交增值税（销项税额）	614.28

$[2\,000 \div (1+11\%) \times 11\% + 1\,000 \div (1+11\%) \times 11\% + (1\,000+1\,000) \div (1+6\%) \times 6\% + 2\,000 \div (1+6\%) \times 6\% + 1\,600 \div (1+6\%) \times 6\%]$

说明：本案例中，对于甲企业来讲，实现的是会议展览服务收入。但是税务要求兼营业务分开核算销售额，否则从高适用税率或征收率。

| 相关政策浏览 |

1. 国家税务总局的讲话材料

（1）近期，几个地区反映，对宾馆出租会议室取得的场租收入适用的税目及税率，现行政策规定不够明确。有的地区提出，要按照不动产租赁征税，这是不对的。

宾馆出租会议室不是单独提供场地，还包括会议服务，比如整理、打扫、饮水、音响等，这与不动产经营租赁有本质的区别，应按照"会议展览服务"征税。

（2）在判断适用税目的时候要把握一个原则：根据纳税人提供服务的属性确定该项服务的税目归属。对于宾馆酒店而言，住宿是住宿、餐饮是餐饮、会展是会展。把握住这个原则，怎么交税、怎么开票就明确了。

2. 部分地方政策

（1）〈河北国税〉关于试点纳税人提供会议服务开具增值税专用发票的问题。

试点纳税人提供会议服务，且同时提供住宿、餐饮、娱乐、旅游等服务的，在开具增值税专用发票时不得将上述服务项目统一开具为"会议费"，应按照《商品和服务税收分类与编码（试行）》规定的商品和服务编码，在同一张发票上据实分项开具，并在备注栏中注明会议名称和参会人数。

（2）〈北京国税〉公司在酒店举办会议、培训期间，取得的住宿费、餐饮费增值税专用发票，是否可以抵扣进项税额？

答：一般纳税人取得住宿费专用发票，可以按规定进行抵扣。企业购进餐饮服务，进项税额不得从销项税额中抵扣。

（3）〈湖北国税〉酒店业纳税人对提供会议服务中包含的餐饮服务、住宿服务收入，可一并按会议服务核算计税，开具增值税发票。

案例 70 酒店各收费项目，混合销售与兼营的处理

甲企业是一家酒店，为增值税一般纳税人。2016 年 8 月实现住宿收入 106 万元，销售房间内明码标价的食品、饮料、用品收入 11.7 万元，酒吧服务收入 53 万元，酒店小商店销售商品 23.4 万元，KTV 服务收入 106 万元，美容美发厅收入 6.18 万元，洗衣服务收入 2.18 万元，餐饮服务收入 106 万元，接送客人服务收入 11.1 万元。其中的 KTV 与美容美发厅对外承包，但其以酒店的名义经营，且收费均通过酒店的财务系统，因此酒店是纳税人。

问题：甲企业应根据何种原则处理以上各项增值税业务？

| 案例解析 |

1. 从税理上看，销售住宿服务的同时销售货物，是混合销售行为

销售住宿服务的同时涉及的其他服务，不是混合销售行为，因混合销售的概

念中必须同时包括销售货物和销售服务，这一点不需要考虑。下面只分析销售住宿服务和销售货物的混合销售行为。

住宿服务是一项持续的行为，从客人入住到离开这段持续的时间，都属于酒店向其提供住宿服务，因此，在提供住宿服务的同时销售货物，就是一项销售行为。笔者实在想不出有什么理由可以认为这项销售行为不属于混合销售。

2. 实务中的政策，基本上按照兼营处理

如果按照混合销售处理，根据财税〔2016〕36 号文件按照主业处理混合销售的思路，则所有的销售货物均可适用 6％的较低税率，房间内的明码标价的商品，酒吧内销售的烟酒饮料，小商店销售的纪念品等，这些项目均可按照住宿服务依 6％税率计征增值税，并开具增值税专用发票，受票方可以抵扣进项税或者税前扣除。而在实务中，现阶段各地方政策基本上都是按照兼营的思路处理，此种处理的结果是，酒店销售的各种明码标价的货物等应按照适用税率计征增值税，而采购方取得的增值税专用发票不能按照住宿业抵扣进项税。

相对而言，提供餐饮服务同时销售的烟酒饮料，可以统一按照餐饮服务计征增值税，都是混合销售，税务待遇并不相同。

总结：销售住宿服务的同时涉及的销售货物，在理论上属于混合销售的概念，在实务中一般按照兼营的原则处理。

｜部分地方政策｜

（1）〈河北国税〉宾馆（酒店）在楼层售货或房间内的单独收费物品如何征税？

答：宾馆（酒店）在楼层售货或在客房中销售方便面等货物，应分别核算销售额，按适用税率缴纳增值税。

（2）〈山东国税〉对于酒店明码标价提供的餐饮服务、商品部销售物品、房间内迷你吧等，应分别核算销售额，按适用税率计算缴纳增值税。

（3）〈湖北国税〉纳税人销售服务时，单独标价收取费用的货物、服务，应当分别计算缴纳增值税。例如，酒店在客房中单独标价销售的饮料、日常用品等，不得并入房价按照住宿服务收入征收增值税，应按照销售货物征收增值税。

（4）〈湖北国税〉酒店业一般纳税人提供的单独收费的货物、服务征税问题。

①长包房、餐饮、洗衣、商务中心的打印、复印、传真、秘书翻译、快递服

务收入，按 6% 的税率计税。

②电话费收入按 11% 的税率计税。

③酒店商品部、迷你吧的收入按所售商品的适用税率计税。

④避孕药品和用具可免征增值税。应向主管国税机关办理备案，免税收入应分开核算，按规定进行申报，且不得开具增值税专用发票。

⑤接送客人取得的收入按 11% 的税率计税。

⑥停车费收入、将场地出租给银行安放 ATM 机、给其他单位或个人做卖场取得的收入，均为不动产租赁服务收入，按 11% 的税率计税。该不动产在 2016 年 4 月 30 日前取得的，可选择简易计税方法按 5% 征收率计税。

⑦酒店送餐到房间的服务，按照 6% 的税率计税。

案例 71 物业公司提供物业管理服务，混合销售与兼营的区分

甲企业是一家物业公司，为增值税一般纳税人。2016 年 8 月实现物业费收入 106 万元，租赁不动产收入 105 万元，转售电收入 23.4 万元，转售水收入 5.15 万元，转售天然气收入 10.13 万元；修理桌椅、灯具服务收入 1.17 万元，修理门禁系统，天花板、墙面修理收入 5.55 万元。

问题：甲企业的上述业务应如何计征增值税？

| 案例解析 |

在营改增文件刚刚发布时，就有很多物业公司的纳税人关心这个问题。所有项目都按照物业服务的 6% 税率计征增值税，有没有这个可能性？

1. 从税理上看，销售物业服务同时销售货物属于混合销售行为

从税理上看，提供物业服务是一个持续的过程，只要在服务期间内，都是一项销售行为，因此在此期间涉及的销售货物行为，都属于混合销售。需要注意，在销售物业服务的同时涉及的其他服务，不属于混合销售，混合销售一定是同时涉及销售货物和销售服务。

2. 实务中的政策一般按照兼营处理

实务中，各地方政策基本上不认为在销售物业服务的同时销售货物是混合销售行为，一般都按照兼营处理。

3. 区分动产与不动产维修服务的税目与税率

物业公司的维修收入，其中对于动产的维修，属于《中华人民共和国增值税

暂行条例》中规定的"加工修理修配劳务"。

注意：增值税中"劳务"的概念与营改增后的"服务"不是同一个概念，前者特指"加工修理修配劳务"，后者是指营改增后的各项服务。

对于不动产的维修，是营改增后销售服务的概念，属于建筑服务中的修缮服务，不动产维修服务的一般计税方式税率为 11％，而动产维修的一般计税方式税率为 17％。

实务中需注意对不动产维修和动产维修的区分。对不动产及其附属设备的保养修理，均属于不动产维修，比如粉刷外墙，修补房间天花板，支付保养维修电梯费用，维修门禁系统，各种管道保养修理等；而修理桌椅、换灯泡等均为动产维修。

4. 维修服务的混合销售

这里需要注意的是，如果物业公司提供维修服务，同时领用的原材料或者器具等，应按照提供维修服务计征增值税，但不一定属于混合销售。比如，物业公司向业主提供办公桌椅的维修服务，同时领用的材料，该销售行为未涉及销售服务（因为对于动产的修理修配不是销售服务），不属于混合销售。但是对于维修不动产的同时销售的材料，就属于混合销售，即销售货物的同时涉及销售服务，对不动产的维修属于销售服务。

5. 税额计算

本案例中的税额计算如下：

物业费收入销项税额＝106÷(1+6％)×6％＝6（万元）

租赁不动产收入应纳增值税额＝105÷(1+5％)×5％＝5（万元）

修理桌椅，灯具服务收入销项税额＝1.17÷(1+17％)×17％＝0.17（万元）

修理门禁系统，天花板、墙面修理收入销项税额＝5.55÷(1+11％)×11％＝0.55（万元）

转售水电应单独计算税额，但其计算相对比较特殊，我们在后面详细讲解。

| 相关政策浏览 |

1. 国家税务总局热点问题解答

营改增后，物业管理公司同时有房屋租赁业务，可否开一张租赁发票，再开一张物业服务费发票，以区别不同税率？

答：《财政部 国家税务总局关于全面推开营业税改征增值税试点的通知》（财税〔2016〕36 号）第三十九条规定，纳税人兼营销售货物、劳务、服务、无形资产或者不动产，适用不同税率或者征收率的，应当分别核算适用不同税率或者征收率的销售额；未分别核算的，从高适用税率。

因此，可以按照不同税率分别开具。不同税率可以在同一张发票上开具。

2. 《财政部 国家税务总局关于全面推开营业税改征增值税试点的通知》（财税〔2016〕36 号）附件 1 附：《销售服务、无形资产、不动产注释》

一、销售服务

（四）建筑服务。

3. 修缮服务。

修缮服务，是指对建筑物、构筑物进行修补、加固、养护、改善，使之恢复原来的使用价值或者延长其使用期限的工程作业。

3. 部分地方政策

〈湖北国税〉物业公司取得的物业管理费、停车费、广告费及水电费等收入，如何计算缴纳增值税？

答：物业管理费、广告费适用 6％ 的税率。

若将小区的墙面、电梯作为广告位出租用于广告发布，应按照不动产经营租赁服务缴纳增值税，适用 11％ 的税率。

停车费按车辆停放服务、按照不动产经营租赁服务缴纳增值税，适用 11％ 的税率。

上述用于出租的不动产在 2016 年 4 月 30 日之前取得的，可以选择简易办法征税。

物业公司在提供物业管理服务中，向用户收取的水费、电费等，属于混合销售行为，一并按物业管理服务征收增值税。

案例 72　酒店免费赠送早餐券、生活用品不属于视同销售

甲企业是一家商务酒店，为增值税一般纳税人，2016 年 8 月实现住宿费收入 106 万元。在房间里摆放各种食品、饮料、茶叶包，并明码标价，实现此类物品销售收入 11.7 万元；在盥洗间摆放的洗漱用品（如洗发水、香皂、毛巾、刮胡刀、拖鞋等）均免费赠送给顾客使用。

问题：甲企业对于赠送以及明码标价的物品，应如何进行增值税处理？

| 案例解析 |

1. 无偿赠送的早餐券、生活用品等不视同销售

对于此类问题，比如商场促销赠送商品，买一赠一，销售不动产赠送装修家电等，关于无偿和有偿的"争议"，笔者认为实在没有讨论的价值，其结论显而易见，不属于视同销售，因为其本身就是销售，主商品和从商品共同组成价值，主商品是销售，从商品也是销售，可以把从商品的价值理解为实物折扣。

我们在商场购物，一件商品标价 100 元，促销打 8.5 折；一件商品标价 100 元，赠送擦车布一块，顾客会算账，自己买一块擦车布，怎么也要花 15 元，相当于打了 8.5 折，结果是一样的，但并不会对折扣也计征增值税。

该问题各地方营改增的政策中基本都涉及，而且口径比较一致，在笔者看来，这本身就不是个问题。

2. 酒店明码标价的商品作为销售处理

在房间里摆放并销售的各种明码标价的商品，应作为销售处理，不能根据混合销售处理。前面已经详细阐述，此处不再赘述。

3. 甲企业账务处理（单位：万元）

借：银行存款现金等　　　　　　　　　　　　　　　　117.7
　　贷：主营业务收入——住宿费收入　　　　　　　　　　100
　　　　　　　　　　——饮料食品烟酒等　　　　　　　　　10
　　　　应交税费——应交增值税（销项税额）　　　　　　7.7

有纳税人曾咨询，是否应将各免费赠送的物品也在收入中体现。笔者认为不需要，管理层只要掌控这些赠送物品的成本即可，其带来的收入效益不可控，没有核算价值。

| 相关政策浏览 |

1.《中华人民共和国增值税暂行条例实施细则》

第四条　单位或者个体工商户的下列行为，视同销售货物：
（八）将自产、委托加工或者购进的货物无偿赠送其他单位或者个人。

2.《财政部 国家税务总局关于全面推开营业税改征增值税试点的通知》（财税〔2016〕36 号）附件 1

第十四条　下列情形视同销售服务、无形资产或者不动产：

（一）单位或者个体工商户向其他单位或者个人无偿提供服务，但用于公益事业或者以社会公众为对象的除外。

（二）单位或者个人向其他单位或者个人无偿转让无形资产或者不动产，但用于公益事业或者以社会公众为对象的除外。

（三）财政部和国家税务总局规定的其他情形。

3. 国家税务总局材料

酒店业赠送餐饮服务是否视同销售的问题

酒店住宿的同时，免费提供餐饮服务（以早餐居多），是酒店的一种营销模式，消费者也已统一支付对价，且适用税率相同，不应列为视同销售范围，不需另外组价征收，按酒店实际收取的价款，依适用税率计算缴纳增值税。

4. 部分地方政策

(1)〈河北国税〉宾馆（酒店）提供住宿服务的同时向客户免费提供餐饮服务，以实际收到的价款缴纳增值税，向客户免费提供餐饮服务不做视同销售处理。

(2)〈山东国税〉酒店业视同销售问题。

酒店住宿的同时，免费提供餐饮服务（以早餐居多）、矿泉水、水果、洗漱用品等，作为酒店的一种营销模式，消费者统一支付对价，不列为视同销售范围，不需要另外组价征收，按酒店实际收取的价款，依适用税率计算缴纳增值税；对于酒店明码标价提供的餐饮服务、商品部销售物品、房间内的迷你餐吧等，应分别核算销售额，按适用税率计算缴纳增值税。

案例 73　保险公司在销售保险服务同时赠送的礼品，不属于视同销售

甲企业是一家保险公司，为增值税一般纳税人，为促进客户购买意愿，2016年 10 月在向客户销售保险服务的同时赠送礼品。

问题：甲企业在销售保险服务时赠送的礼品，是否需视同销售计征增值税？

| 案例解析 |

1. 在销售保险服务同时提供的赠品，不视同销售

保险公司销售保险时赠送客户礼品促销品，购买者已统一支付对价，属于赠

送实物的价值包含在售价中的情况，不应对赠送品做视同销售处理。

2. 不是在销售保险服务同时提供的赠品，应视同销售

在销售保险服务的同时提供的各种赠品，一般不按照视同销售处理，但是，不是在销售保险服务时点提供的赠品，一般认为视同销售处理。前者的赠品价值一般认为包含在保险服务的价值中，后者则未能体现在保险服务的价值中。

| 部分地方政策 |

（1）〈山东国税〉保险公司销售保险时，附带赠送客户的促销品，如行车记录仪等，作为保险公司的一种营销模式，购买者已统一支付对价，不列为视同销售范围，按保险公司实际收取的价款，依适用税率计算缴纳增值税。

（2）〈山东国税〉金融企业购买礼品无偿赠送给客户需要交税吗？

答：根据《中华人民共和国增值税暂行条例实施细则》第四条规定，单位或者个体工商户的下列行为，视同销售货物：（八）将自产、委托加工或者购进的货物无偿赠送其他单位或者个人。因此，金融企业购买礼品无偿赠送给客户属于增值税视同销售，应按规定缴纳增值税。

（3）〈湖北国税〉关于保险公司在承揽业务时送的洗车卡、油卡等是否视同销售的问题。

在承揽业务时送的洗车卡、油卡等，要视同销售处理。销售实现时间为洗车卡、油卡等消费卡实际赠送的当天。

国家税务总局明确的销售货物时无偿赠送的服务，如销售空调同时免费安装所指的情形是指与销售货物密切相关的服务。

视同销售的服务能够取得抵扣凭证且符合抵扣范围的，其进项税额可以抵扣。

（4）〈河北国税〉关于保险公司销售保险时赠送的促销品征收增值税问题。

保险公司销售保险时，附带赠送客户的促销品，如刀具、加油卡等货物，不按视同销售处理。

（5）〈吉林国税〉金融机构给客户赠送的加油卡，商品券等是否视同销售？

答：根据规定，对于"无偿赠送"商品，要视同销售征收增值税。因此，是否视同销售，重点要判断该行为属于"无偿"赠送还是"有偿"赠送。

金融机构给购买了其服务的客户赠送的商品，是一种经济利益的让渡，应视为"有偿"赠送，不做视同销售处理。其用于赠送客户的外购商品取得的进项税也应区别处理。如果该商品构成其销售服务的主体（如电信公司存话费赠手机，手机与话费形成一份"合约套餐"），则该商品购进的进项税允许抵扣，但销售额要以其取得的全部价款和价外费用分别核算，按不同税率分别计税。另一种情况是，该商品不构成销售服务的主体（如金融机构赠送客户的加油卡、商品券等），该部分商品不构成企业生产经营必需成本，属于赠送回馈客户，性质上与"交际应酬类消费"相同，比照"纳税人的交际应酬类消费属于个人消费"，不得抵扣进项税。

金融机构将购买的商品赠送非特定客户，如宣传活动中的商品赠送，视同销售征收增值税。

案例 74　以不动产投资入股不属于视同销售，应按照销售不动产计征增值税

甲企业是一家生产企业，在市区拥有多栋办公楼。为稳定原材料来源，甲企业决策层决定参股其重要的原材料供应商乙公司，对其形成共同控制关系。为避免参股的资金压力，甲企业决定将一栋办公楼作价 10 500 万元（与公允价值同）投资于乙公司，占股份 35％，并派驻高级管理人员参与乙公司董事会决策。

该办公楼原值为 8 000 万元，甲企业作为固定资产核算，已经计提折旧 2 000 万元，无减值准备。2016 年 8 月办理产权转移手续。因该办公楼购置时间为 2016 年 4 月 30 日前，购置价为 8 400 万元，可以选择简易计税 5％征收率，并向乙公司开具增值税专用发票，乙公司分 2 年抵扣进项税。暂不考虑土地增值税等其他因素。

问题：营改增后，不动产对外投资的行为是否仍需视同销售计征增值税？

| 案例解析 |

1.　将自有不动产对外投资属于有偿的销售不动产行为

甲企业将自有不动产投资于乙公司占有股份，共同承担风险和共享利润，属于有偿销售不动产的行为，应按照销售不动产计征增值税。实务中有个误区：涉及未收款的业务，纳税人习惯性地认为其属于视同销售的范畴，这是对视同销售概念的误解。

2.　有偿不只包括取得货币，还包括取得货物或者其他经济利益

财税〔2016〕36 号文件规定，"销售服务、无形资产或者不动产"的概念为

"是指有偿提供服务、有偿转让无形资产或者不动产"，即通常情况下，有偿是增值税行为中"销售"的前提条件，而"有偿"的定义为"是指取得货币、货物或者其他经济利益"，所以有偿不只是收到货币，还包括"其他经济利益"的概念。

本案例中的以不动产投资取得股份，即属于取得上述的"其他经济利益"，因此，该业务的实质为，甲企业向乙公司销售不动产，乙公司支付的对价是部分股权，甲企业取得了经济利益。这是典型的有偿销售不动产的行为，应按照销售不动产计征增值税，而不是视同销售不动产计征增值税。

3. 与《中华人民共和国增值税暂行条例实施细则》的衔接问题

《中华人民共和国增值税暂行条例实施细则》规定，"将自产、委托加工或者购进的货物作为投资，提供给其他单位或者个体工商户"属于视同销售，其与本案例中将自有不动产对外投资的行为实质相同，为何前者视同销售，后者作为销售行为？应如何理解这两者的矛盾？

笔者从事财税工作多年，对于《中华人民共和国增值税暂行条例实施细则》规定的实物投资视同销售中的概念，一直无法厘清其在整个增值税理论体系中的架构。《中华人民共和国增值税暂行条例实施细则》对于"有偿"的定义，"所称有偿，是指从购买方取得货币、货物或者其他经济利益"，与财税〔2016〕36 号文件一脉相承，却将实物投资作为视同销售处理，实在让人费解。

国家税务总局在营改增的材料中对于不动产和无形资产对外投资事项的描述是："对增值税税制的认识，需要一个过程。原来的增值税条例形成于 1994 年，现在来看还是存在一些需要修正的地方。这个问题就是其中之一。老的增值税条例其实对有偿转移货物所有权的'有偿'做出了原则性的表述，包括取得货币、货物和其他经济利益。其实'有偿'的概念已经涵盖了货物投资入股征税的问题，取得股权就是取得了经济利益。"

现在看来，对于以不动产投资在增值税上不是视同销售，而是一种真正的销售行为，该思路已经确认无疑。

4. 税额计算

甲企业应纳增值税额＝(10 500－8 400)÷(1＋5％)×5％＝100(万元)

销售 2014 年 4 月 30 日前取得的不动产，可选择简易计税方式，并可以扣除购置价后的余额作为销售额。

甲企业根据当地税务机关要求，采取差额开票功能，开具增值税专用发票注明税额 100 万元，乙企业分 2 年抵扣 100 万元进项税，第一年抵扣 60％，第二年抵扣 40%。

5. 甲企业账务处理（单位：万元）

（1）结转固定资产时：

借：固定资产清理	6 000
累计折旧	2 000
贷：固定资产——办公楼	8 000

（2）办理产权转移手续以及股权登记手续时：

借：长期股权投资	10 500
贷：固定资产清理	6 000
应交税费——未交增值税	100
营业外收入	4 400

| 相关政策浏览 |

《财政部 国家税务总局关于全面推开营业税改征增值税试点的通知》（财税〔2016〕36 号）附件 1

第十条　销售服务、无形资产或者不动产，是指有偿提供服务、有偿转让无形资产或者不动产……

第十一条　有偿，是指取得货币、货物或者其他经济利益。

案例 75　自然人无偿借款给企业，不属于视同销售，需关注税务机关核定风险

甲企业是一家贸易公司，为解决资金周转困难，从个人股东乙处借款100 万元，用于生产经营。贸易公司由乙个人创办，因此股东乙不收取借款利息。

问题：自然人无偿借款给企业的行为，是否可按视同销售计征增值税？

| 案例解析 |

1. 自然人无偿销售服务不视同销售，自然人无偿销售不动产和无形资产才视同销售

营改增后，"销售服务"和"销售不动产和无形资产"这两者在视同销售的

概念中有不同的待遇。

对于"销售服务"，只规定了"单位或者个体工商户"无偿销售服务视同销售，但行为主体中未包括"自然人"；对于"销售不动产和无形资产"，则规定的是"单位或者个人"无偿转让无形资产或者不动产视同销售。第一种情况下只包括单位与个体工商户，未包括自然人；第二种情况下包括单位、个体工商户以及自然人，因在增值税概念中，"个人"包括个体工商户和自然人。

因此，本案例中自然人无偿借款给企业，不属于营改增后视同销售的行为主体，不作为视同销售处理。

2.　税务机关有权调整不具有合理商业目的应税行为价格

财税〔2016〕36 号文件规定，"纳税人发生应税行为价格明显偏低或者偏高且不具有合理商业目的的，或者发生本办法第十四条所列行为而无销售额的，主管税务机关有权确定销售额"。

财税〔2016〕36 号文件对"合理商业目的"的定义为，"不具有合理商业目的，是指以谋取税收利益为主要目的，通过人为安排，减少、免除、推迟缴纳增值税税款，或者增加退还增值税税款"。

本案例中的自然人借款给企业，可能企业有较大金额的未弥补亏损，不需要取得税前扣除的凭证，因此安排无偿借款，但私下通过其他方式给予自然人利息补偿，自然人借此规避借款利息的增值税。笔者认为，这种情况应属于"以谋取税收利益为主要目的，通过人为安排减少增值税税款"的不具有合理商业目的的行为。

综上，自然人股东将款项借予甲企业，在增值税概念上不属于视同销售，不按照视同销售计征增值税。但如果是以规避纳税义务为目的的不合理安排，则税务机关有权调整不具有合理商业目的应税行为价格。

| 相关政策浏览 |

《财政部 国家税务总局关于全面推开营业税改征增值税试点的通知》（财税〔2016〕36 号）附件 1

第十条　销售服务、无形资产或者不动产，是指有偿提供服务、有偿转让无形资产或者不动产，但属于下列非经营活动的情形除外：

（一）行政单位收取的同时满足以下条件的政府性基金或者行政事业性收费。

1.　由国务院或者财政部批准设立的政府性基金，由国务院或者省级人民政府及其财政、价格主管部门批准设立的行政事业性收费；

2. 收取时开具省级以上（含省级）财政部门监（印）制的财政票据；

3. 所收款项全额上缴财政。

（二）单位或者个体工商户聘用的员工为本单位或者雇主提供取得工资的服务。

（三）单位或者个体工商户为聘用的员工提供服务。

（四）财政部和国家税务总局规定的其他情形。第十一条有偿，是指取得货币、货物或者其他经济利益。

第十四条 下列情形视同销售服务、无形资产或者不动产：

（一）单位或者个体工商户向其他单位或者个人无偿提供服务，但用于公益事业或者以社会公众为对象的除外。

（二）单位或者个人向其他单位或者个人无偿转让无形资产或者不动产，但用于公益事业或者以社会公众为对象的除外。

（三）财政部和国家税务总局规定的其他情形。

案例 76　企业之间无偿拆借资金，视同销售计征增值税，应如何确定销售额

甲企业是一家中外合资的生产企业，为增值税一般纳税人。为缓解资金周转压力，甲企业从中方股东乙公司处借款人民币 100 万元，用于生产经营，约定 2 年后归还，无利息。假设乙公司开户银行的同期同类贷款年利率为 6%。

问题：企业之间无偿拆借是否应视同销售计征增值税？应如何确定销售额？

| 案例解析 |

1. 企业之间无偿拆借应视同销售计征增值税

根据财税〔2016〕36 号文件的规定，单位或者个体工商户向其他单位或者个人无偿提供服务，视同销售服务计征增值税。因此本案例与上例不同的是，单位无偿借款给其他单位，属于视同销售的行为主体，应作为视同销售处理。同时，该行为也与非经营活动无关，应计征增值税。

2. 企业之间无偿拆借视同销售如何确定销售额

现在的问题是，应如何计算其销售额。根据财税〔2016〕36 号文件的规定，发生视同销售而无销售额的，应按照纳税人最近时期销售同类服务、无形资产或者不动产的平均价格；其他纳税人最近时期销售同类服务、无形资产或者不动产的平均价格；组成计税价格的顺序来确定销售额。由于乙公司之前无类似借款业

务，因此应按照第二顺序，其他纳税人最近时期销售同类服务的平均价格确定视同销售销售额，应参考其他金融机构近期的销售贷款服务的平均价格确定，比如同类同期的贷款利率。但是金融机构与贷款种类较多，应如何选择，增值税上没有类似规定，笔者建议可参照企业所得税的相关规定执行。

《国家税务总局关于企业所得税若干问题的公告》（国家税务总局公告 2011 年第 34 号）第一条规定：

根据《实施条例》第三十八条规定，非金融企业向非金融企业借款的利息支出，不超过按照金融企业同期同类贷款利率计算的数额的部分，准予税前扣除。鉴于目前我国对金融企业利率要求的具体情况，企业在按照合同要求首次支付利息并进行税前扣除时，应提供"金融企业的同期同类贷款利率情况说明"，以证明其利息支出的合理性。

"金融企业的同期同类贷款利率情况说明"中，应包括在签订该借款合同当时，本省任何一家金融企业提供同期同类贷款利率情况。该金融企业应为经政府有关部门批准成立的可以从事贷款业务的企业，包括银行、财务公司、信托公司等金融机构。"同期同类贷款利率"是指在贷款期限、贷款金额、贷款担保以及企业信誉等条件基本相同下，金融企业提供贷款的利率。既可以是金融企业公布的同期同类平均利率，也可以是金融企业对某些企业提供的实际贷款利率。

3.　无偿拆借在企业所得税上的视同销售问题

乙公司无偿借款给甲企业的行为，在增值税上判定为视同销售，计征增值税。在企业所得税上是否也需按照视同销售确认视同销售收入和视同销售成本，现阶段尚无明确文件规定。《关于企业处置资产所得税处理问题的通知》（国税函〔2008〕828 号）规定的视同销售，指的是"资产所有权属已发生改变而不属于内部处置资产，应按规定视同销售确定收入"，而销售贷款服务并不是资产所有权属的改变，不能按照该文件规定处理。

笔者认为，虽然现阶段文件规定并不明确，但根据税务原理，乙公司应在企业所得税上确认视同销售收入，同时赠送贷款服务的行为不属于公益性捐赠支出，不能在利润总额的 12% 部分内税前扣除。因此，该行为在企业所得税上的处理为，按照公允价值计算的利息收入，调增企业所得税应纳税所得额，而对应的捐赠支出不能税前扣除。

4.　乙公司账务处理（单位：万元）

（1）借款时：

| 借：长期应收款 | 100 |
| 贷：银行存款 | 100 |

（2）视同销售时：

| 借：营业外支出 $[100×6\%÷(1+6\%)×6\%]$ 0.34 | |
| 贷：应交税费——应交增值税（销项税额） | 0.34 |

说明： 根据无偿拆借属于无偿赠送贷款服务的性质，此处分录记入"营业外支出"科目。

（3）收取借款时：

| 借：银行存款 | 100 |
| 贷：长期应收款 | 100 |

5. 对于无偿拆借资金视同销售的探讨

（1）从文件规定来看，企业之间无偿拆借资金视同销售是确认无疑的。财税〔2016〕36 号文件对于视同销售主要定位于"无偿"。

（2）从征管实务的角度来看，如果纳税人表面上做资金的无偿拆借，实际上私下支付利息，从而规避借出款项方的纳税义务，对于税务监管是比较有难度的，而视同销售的规定对此种行为也可起到一定的防范作用。

（3）从纳税人的角度来讲，企业之间拆借资金，无偿为关联企业提供帮助，反而要计征增值税，且对方不能抵扣贷款服务的进项税，纳税人对于增加的该部分税负很难接受。但现阶段税务文件的规定即是如此，在新的文件出台前，我们只能根据现行有效政策执行。

（4）有对价的无偿资金拆借，不属于视同销售。

在实务中，有的企业之间的无偿资金拆借，是以其他经济利益为代价完成的。比如甲企业从乙公司处借款用于资金周转，合同约定无息，但甲企业向乙公司销售货物的折扣增加了 1%，这并不是视同销售，而是增值税概念上的有偿销售服务行为，财税〔2016〕36 号文件规定，"有偿，是指取得货币、货物或者其他经济利益"，乙公司向甲企业提供资金，取得了经济利益，属于销售贷款服务的行为，应按照其取得的经济利益的公允价值作为计征利息收入增值税的依据。

│ **相关政策浏览** │

《财政部 国家税务总局关于全面推开营业税改征增值税试点的通知》（财税〔2016〕36 号）附件 1

第四十四条 纳税人发生应税行为价格明显偏低或者偏高且不具有合理商业

目的的，或者发生本办法第十四条所列行为而无销售额的，主管税务机关有权按照下列顺序确定销售额：

（一）按照纳税人最近时期销售同类服务、无形资产或者不动产的平均价格确定。

（二）按照其他纳税人最近时期销售同类服务、无形资产或者不动产的平均价格确定。

（三）按照组成计税价格确定。组成计税价格的公式为：

组成计税价格＝成本×（1＋成本利润率）

成本利润率由国家税务总局确定。

不具有合理商业目的，是指以谋取税收利益为主要目的，通过人为安排，减少、免除、推迟缴纳增值税税款，或者增加退还增值税税款。

案例 77　餐饮企业为员工提供餐饮住宿服务属于视同销售，但属于非经营活动，不计征增值税

甲企业是一家餐饮企业，为增值税一般纳税人。员工大多为外地人，其工作餐以及住宿均由甲企业负责，工作餐在甲企业的餐厅食用甲企业自产的食品，住宿为甲企业的宿舍。

问题：甲企业向员工提供的餐饮及住宿服务，是否应视同销售计征增值税？

| 案例解析 |

1. 餐饮企业为员工提供餐饮住宿服务属于视同销售

单位向其他个人无偿提供服务，属于视同销售，因此甲企业为员工无偿提供的餐饮服务和住宿服务，符合视同销售的定义。但是属于视同销售不一定计征增值税，还要看其是否属于非经营活动。

2. 餐饮企业为员工提供餐饮住宿服务属于非经营活动

单位为聘用的员工提供服务，属于非经营活动，因此不征收增值税，这里要注意概念，如果属于非经营活动，不论是销售还是视同销售行为，均不征收增值税。

3. 销售货物没有非经营活动的概念

有人会问，《中华人民共和国增值税暂行条例实施细则》规定，以自产货物用于集体福利或者个人消费，视同销售，甲企业使用自己生产的食品用于集体福利，为什么不视同销售？这里我们一定要厘清概念。非经营活动的概念只限于销售服

务、不动产和无形资产，销售货物没有非经营活动的概念，而本案例中的甲企业为员工提供的是餐饮服务，"餐饮服务，是指通过同时提供饮食和饮食场所的方式为消费者提供饮食消费服务的业务活动"，而不是销售货物，医此可以适用非经营活动判定增值税纳税义务，而单纯的销售货物不能以非经营活动判定增值税纳税义务。

虽然不视同销售，但是甲企业用于集体福利的进项税，比如购进食材取得的进项税，租赁房屋取得的进项税（假设专用于员工住宿），应按照规定做进项税额转出。

| 相关政策浏览 |

《财政部 国家税务总局关于全面推开营业税改征增值税试点的通知》（财税〔2016〕36 号）附件 1

第十条　销售服务、无形资产或者不动产，是指有偿提供服务、有偿转让无形资产或者不动产，但属于下列非经营活动的情形除外：

（一）行政单位收取的同时满足以下条件的政府性基金或者行政事业性收费。

1. 由国务院或者财政部批准设立的政府性基金，由国务院或者省级人民政府及其财政、价格主管部门批准设立的行政事业性收费；

2. 收取时开具省级以上（含省级）财政部门监（印）制的财政票据；

3. 所收款项全额上缴财政。

（二）单位或者个体工商户聘用的员工为本单位或者雇主提供取得工资的服务。

（三）单位或者个体工商户为聘用的员工提供服务。

（四）财政部和国家税务总局规定的其他情形。

第十四条　下列情形视同销售服务、无形资产或者不动产：

（一）单位或者个体工商户向其他单位或者个人无偿提供服务，但用于公益事业或者以社会公众为对象的除外。

（二）单位或者个人向其他单位或者个人无偿转让无形资产或者不动产，但用于公益事业或者以社会公众为对象的除外。

（三）财政部和国家税务总局规定的其他情形。

案例 78　员工无偿向企业出租车辆不属于视同销售，需关注税务机关核定风险

甲企业为增值税一般纳税人，员工将自有车辆无偿租赁给甲企业使用，并且

签订了无偿租赁合同。

问题：甲企业认为，使用该车辆相关的费用可以税前扣除，取得增值税扣税凭证的，也可以抵扣进项税。甲企业的认识是否正确？

| 案例解析 |

根据财税〔2016〕36 号文件的规定，只有单位和个体工商户无偿销售服务，才视同销售，自然人不属于无偿销售服务视同销售的行为主体。自然人向企业无偿销售租赁车辆服务，不按照视同销售处理。

但是我们仍然要注意，税务机关对于无正当商业理由的价格偏低的情形有调整权利，比如表面上员工是无偿出租车辆给公司使用，实际上公司采取其他形式进行补偿，从而规避了员工的纳税义务，这属于为逃避纳税进行的不合理安排。

对于无偿租赁相关的费用，其税前扣除和进项税的抵扣，在征管实务中，笔者认为有一定的风险，当地主管税务机关不一定认可这种形式。

| 相关政策浏览 |

《财政部 国家税务总局关于全面推开营业税改征增值税试点的通知》（财税〔2016〕36 号）附件 1

第十四条 下列情形视同销售服务、无形资产或者不动产：

（一）单位或者个体工商户向其他单位或者个人无偿提供服务，但用于公益事业或者以社会公众为对象的除外。

（二）单位或者个人向其他单位或者个人无偿转让无形资产或者不动产，但用于公益事业或者以社会公众为对象的除外。

（三）财政部和国家税务总局规定的其他情形。

案例 79 商场为顾客提供免费班车服务，按照视同销售处理的争辩

甲企业是一家大型商场，为增值税一般纳税人。为吸引顾客购物，甲企业租赁大型客车用于接送顾客，顾客无须支付任何费用。

问题：甲企业向顾客提供免费班车，是否应视同销售计征增值税？

| 案例解析 |

从视同销售的定义来看，"单位或者个体工商户向其他单位或者个人无偿提

供服务"，属于视同销售服务，因此本案例中甲企业向个人无偿提供运输服务，属于视同销售的范围，应计征增值税。同时，该行为也不属于非经营活动，不能按照非经营活动的概念判定不需要计征增值税。

班车服务的价值已经转移到了销售商品或服务的价值中，中间还要横生枝节，征收一道增值税，这明显是不合理的。

笔者个人认为，此种行为不应征收增值税，但从文件中尚未找到驳斥该观点的依据，建议与当地主管税务机关进行沟通。

| 相关政策浏览 |

《财政部 国家税务总局关于全面推开营业税改征增值税试点的通知》（财税〔2016〕36 号）附件 1

第十四条　下列情形视同销售服务、无形资产或者不动产：

（一）单位或者个体工商户向其他单位或者个人无偿提供服务，但用于公益事业或者以社会公众为对象的除外。

（二）单位或者个人向其他单位或者个人无偿转让无形资产或者不动产，但用于公益事业或者以社会公众为对象的除外。

（三）财政部和国家税务总局规定的其他情形。

200 MUST-READ CASES

第 5 章

征管案例

案例 80　小规模纳税人免增值税政策，分别计算销售额，营改增前后待遇有区别

甲企业是一家贸易公司，为增值税小规模纳税人，按季度申报增值税。2015 年第四季度实现不含税销售货物收入 6 万元，实现不含税咨询费收入 8 万元；2016 年第四季度实现不含税销售货物收入 6 万元，实现不含税咨询费收入 8 万元。以上销售收入均开具增值税普通发票。虽然实现的销售额相同，但是营改增前后的纳税待遇却不一致。

问题：营改增前后的免征增值税政策有何区别？

| 案例解析 |

1. 2015 年第四季度不能享受免增值税政策

营改增前，《国家税务总局关于小微企业免征增值税和营业税有关问题的公告》（国家税务总局公告 2014 年第 57 号）规定，兼营增值税和营业税项目的小规模纳税人，季度增值税销售额不超过 9 万元的，免增值税；季度营业税营业额不超过 9 万元的，免营业税。

本案例中，甲企业 2015 年第四季度实现增值税销售额为 6＋8＝14（万元），因此不符合免税条件，应就 14 万元全部计征增值税。

2. 2016 年第四季度可享受免增值税政策

营改增后，原来的营业税项目变成了增值税项目，如果还是按照之前政策执行，则无形间减少了优惠额度。因此 23 号公告规定，可分别核算销售货物，提供加工修理修配劳务，和销售服务、无形资产的销售额，分别计算免税额度，基本上延续了之前的政策。

本案例中，甲企业 2016 年第四季度实现销售货物销售额 6 万元，未超过 9 万元的免税标准；实现销售服务销售额 8 万元，未超过 9 万元的免税标准，因此均可享受免增值税政策。

这就是为什么说"基本上"延续了营改增前分别核算的政策的原因，因为有的项目在全面营改增前已经计征增值税，会导致上面看到的销售额完全一致，但是营改增前后享受免税政策待遇却有区别的情况。

| 相关政策浏览 |

1.《国家税务总局关于小微企业免征增值税和营业税有关问题的公告》（国家税务总局公告 2014 年第 57 号）

增值税小规模纳税人兼营营业税应税项目的，应当分别核算增值税应税项目的销售额和营业税应税项目的营业额，月销售额不超过 3 万元（安季纳税 9 万元）的，免征增值税；月营业额不超过 3 万元（按季纳税 9 万元）的，免征营业税。

2.《国家税务总局关于全面推开营业税改征增值税试点有关税收征收管理事项的公告》（国家税务总局公告 2016 年第 23 号）

增值税小规模纳税人应分别核算销售货物，提供加工、修理修配劳务的销售额，和销售服务、无形资产的销售额。增值税小规模纳税人销售货物，提供加工、修理修配劳务月销售额不超过 3 万元（按季纳税 9 万元），销售服务、无形资产月销售额不超过 3 万元（按季纳税 9 万元）的，自 2016 年 5 月 1 日起至 2017 年 12 月 31 日，可分别享受小微企业暂免征收增值税优惠政策。

案例 81　小规模纳税人代开增值税专用发票，如何享受免税政策

甲企业是一家小型装修公司，为增值税小规模纳税人，兼营装修业务和销售建筑材料、五金器具等，按季度申报增值税。2016 年第四季度，实现建筑业销售收入 6 万元，其中，在税务机关代开建筑业增值税专用发票不含税金额为 2 万元；实现销售货物收入 8 万元，其中，在税务机关代开销售货物增值税专用发票不含税金额为 3 万元。

问题：小规模纳税人代开增值税专用发票应如何享受免征增值税的政策？

| 案例解析 |

1. 免税额度内开具专票部分，不得享受免税政策

销售建筑服务收入 6 万元小于 9 万元/季度的免增值税标准，可以免增值税，但是其中的 2 万元开具增值税专用发票部分不能享受免税，因免增值税项目不得开具增值税专用发票，开具增值税专用发票，就不能享受免增值税政策。同理，货物销售额的 8 万元，其中开具增值税专用发票的 3 万元不能免增值税。小规模

纳税人在代开增值税专用发票时，必须先缴纳增值税款，只有增值税专用发票全部联次追回或者开具红字发票后，代开发票的税务机关才会退还已经缴纳的增值税额。

因此，甲企业的 14 万元的销售额，其中的 9 万元可以享受免税政策，开具增值税专用发票的 5 万元不能免增值税。

2. 免税额度包括专票的销售额

虽然免税额度内开具增值税专用发票部分不得享受免税政策，但是开具增值税专用发票的销售额却要参与是否符合免税标准的计算。

本案例中，若改为建筑服务销售额为 10 万元，其中的 2 万元开具增值税专用发票，2 万元不能免增值税，剩余的 8 万元可以享受免税政策吗？答案是不可以，因为免增值税的销售额标准是按照全部的销售额来判定的，加上开具增值税专用发票部分销售额为 10 万元，超过了 9 万元/季度的免税标准，则所有的 10 万元销售收入均不能免增值税。这一点尤其要注意，很多纳税人在此处存在理解的误区。

3. 享受免增值税政策的主体是小规模纳税人，而不是小微企业

还要指出一个非常重要的误区：虽然小规模纳税人免征增值税的文件中有"小微企业"的字样，但是纵观全文，表述中只是对于小规模纳税人进行了规范，因此我们只需考虑小规模纳税人身份即可，而不需要考虑其是否属于小微企业。实务中，确实有税务机关根据小微企业身份来判定其是否享受免增值税政策，这是不太准确的，很多地区已经进行了修正。

│ **相关政策浏览** │

《国家税务总局关于小微企业免征增值税和营业税有关问题的公告》（国家税务总局公告 2014 年第 57 号）

增值税小规模纳税人月销售额不超过 3 万元（按季纳税 9 万元）的，当期因代开增值税专用发票（含货物运输业增值税专用发票）已经缴纳的税款，在专用发票全部联次追回或者按规定开具红字专用发票后，可以向主管税务机关申请退还。

案例 82　小规模纳税人免增值税政策，按照差额前的销售额确定免税标准

甲企业是一家小型旅行社，为增值税小规模纳税人，按季度申报增值税。2016

年第四季度销售旅游服务收入为 15.45 万元，可以差额扣除的项目为 7.21 万元。

问题：甲企业应根据差额征税后的销售额确定享受免征增值税政策，还是根据差额征税前的销售额确定？

| 案例解析 |

甲企业差额扣除前的不含增值税销售额为 15.45÷（1＋3％）＝15 （万元）；差额扣除后的不含增值税销售额为 （15.45－7.21）÷（1＋3％）＝8 （万元），应该按照哪个销售额确定小规模纳税人免增值税标准？

《关于明确营改增试点若干经营问题的公告》（国家税务总局公告 2016 年第 26 号）规定，按照差额扣除前的销售额确定是否可以享受免增值税政策。甲企业第四季度差额前的销售额为 15 万元，大于 9 万元/季度的免增值税标准，不能享受免增值税政策。

| 相关政策浏览 |

《关于明确营改增试点若干征管问题的公告》（国家税务总局公告 2016 年第 26 号）

适用增值税差额征收政策的增值税小规模纳税人，以差额前的销售额确定是否可以享受 3 万元（按季纳税 9 万元）以下免征增值税政策。

案例 83　小规模纳税人的不动产销售额是否可享受免增值税政策

甲企业是一家装修企业，为增值税小规模纳税人，主营装修业务，兼营销售建筑材料、五金器具等，按季度申报增值税。2016 年第四季度，实现建筑业销售收入 6 万元；实现销售货物收入 8 万元。在此期间，甲企业还转让了自有的一间店铺，销售额为 5 万元。

问题：该不动产的销售额是否可享受小规模纳税人免增值税政策？

| 案例解析 |

1. 本案例中的不动产销售额不能享受免税政策

营改增后，小规模纳税人可以分别核算销售货物，提供加工、修理修配劳务的销售额，和销售服务、无形资产的销售额，分别确定是否符合免增值税标准。这里需要注意的是，文件规定中并不包含不动产的销售额，即只要销售服务、无形资产的销售额不超过免增值税标准，即可享受免增值税政策。因此，本案例中销售服务的销售额为 6 万元，未超过 9 万元/季度的标准，可以享受免增值税政策。而销售不动产的销售额 5 万元，不能享受免增值税政策。

2. 单独销售不动产销售额不超过标准可享受免税政策

如果将上述案例修改，甲企业在 2016 年第四季度只实现了销售不动产销售额 2 万元，未实现其他任何销售收入，是否可以享受免增值税政策？

根据财税〔2016〕36 号文件的规定，2017 年 12 月 31 日前，对月销售额 2 万元（含本数）至 3 万元的增值税小规模纳税人，免征增值税。因此，甲企业不动产销售额不超过 3 万元，应可以享受免增值税政策。

这里需要提醒的是，实务中各地的执行可能有一定的差异，这一点要引起足够的注意。

┃ 相关政策浏览 ┃

《财政部 国家税务总局关于全面推开营业税改征增值税试点的通知》（财税〔2016〕36 号）附件 1

第五十条 增值税起征点幅度如下：

（一）按期纳税的，为月销售额 5 000—20 000 元（含本数）。

（二）按次纳税的，为每次（日）销售额 300—500 元（含本数）。

起征点的调整由财政部和国家税务总局规定。省、自治区、直辖市财政厅（局）和国家税务局应当在规定的幅度内，根据实际情况确定本地区适用的起征点，并报财政部和国家税务总局备案。

对增值税小规模纳税人中月销售额未达到 2 万元的企业或非企业性单位，免征增值税。2017 年 12 月 31 日前，对月销售额 2 万元（含本数）至 3 万元的增值税小规模纳税人，免征增值税。

案例 84 小规模纳税人免税政策与预缴制度的矛盾应如何解决

甲企业是一家建筑企业，为增值税小规模纳税人，机构注册地在丁省。2016 年 10 月在乙省承接工程项目。第四季度实现建筑业销售收入 8.24 万元，不含增值税销售额为 8.24÷（1＋3%）＝8（万元）。根据销售建筑服务异地预缴的规定，在异地应预缴的增值税额＝8.24÷（1＋3%）×3%＝0.24（万元），假设该季度一共实现销售额 8.24 万元。

问题：甲企业该季度销售额低于免增值税标准，已经预缴的增值税如何享受免增值税政策？

| 案例解析 |

1. 现阶段没有对预缴增值税退税的规定

甲企业 2016 年第四季度销售服务不含税收入为 8 万元，未超过 9 万元/季度的免增值税标准，可以享受免增值税政策。但是已经在异地预缴了税款，按照税理来讲，应该在预缴增值税额的异地主管税务机关退税，但是现在没有任何文件对于预缴增值税的退税进行规范。其机构所在地主管税务机关未入库增值税款，所以在机构所在地主管税务机关退税也无法操作。

2. 预缴时享受免税政策，在实际征管中难度较大

如果采取另一种方式，预缴时即根据预缴销售额是否符免税标准处理，是否可行？由于甲企业可能有很多异地的项目，乙省的主管税务机关无法知晓或者确认甲企业在第四季度一共实现了多少销售额，因此在预缴时即享受免增值税政策在实际征管中的难度非常大。

为解决该问题，有的地区政策规定，不超过免增值税标准的，暂不在建筑服务发生地预缴税款。这样做可能有两个问题：一个问题正如上所述，预缴时不能知晓当季度全部的销售额；另一个问题是，当地政策只能规范当地，异地会按照当地的政策执行吗？比如本案例中，甲企业机构所在地的丁省税务机关规定季度销售额不超过 9 万元，暂不在建筑服务发生地预缴税款，可能在丁省所属地区有效力，但是乙省的税务机关会执行丁省税务机关的政策吗？乙省税务机关会要求甲企业根据国家文件规定在当地预缴。

综上所述，纳税人如能在当地执行效力有效的地区范围内提供异地销售服务，可按照当地的政策执行；否则，应与机构所在地与建筑服务发生地的主管税务机关充分沟通，确定如何享受免税政策。

| 相关政策浏览 |

1. 《国家税务总局关于发布〈纳税人跨县（市、区）提供建筑服务增值税征收管理暂行办法〉的公告》（国家税务总局公告 2016 年第 17 号）

适用简易计税方法计税的，应预缴税款＝（全部价款和价外费用－支付的分包款）÷（1＋3％）×3％。

2. 部分地方政策

（1）〈山东国税〉是否享受 3 万元（按季纳税 9 万元）以下免征增值税政策，应以增值税纳税主体来判定，也就是在机构所在地申报时，才能判定是否享受。但由于小规模纳税人跨（县、区）提供建筑服务，在建筑服务发生地预缴税款时，难以判定该纳税人在机构所在地申报时，是否符合小微企业免税条件。一旦能够符合免税条件，在建筑服务发生地预缴的税款将难以处理。本着有利于纳税人，有利于国家小微企业政策落实的原则，对于小规模纳税人跨（县、区）提供建筑服务的，在建筑服务发生地取得的全部价款和价外费用，按月不超过 3 万元（按季纳税 9 万元）的，暂不在建筑服务发生地预缴税款，回机构所在地主管税务机关进行纳税申报，按照申报销售额来确定是否享受小微企业免征增值税政策。

（2）〈福建国税〉小规模纳税人外出经营建筑服务需要代开普通发票，金额没有超过 3 万，可以免税代开吗？可以不预缴税款吗？

答：不可以，应按规定进行预缴。

（3）〈吉林国税〉建筑业小规模纳税人在异地预缴时销售收入不超 3 万元，回机构所在地申报纳税时不超 3 万元可以享受小微企业税收优惠政策，就需要将其在异地预缴的税款在机构所在地办理退税，但是这样就会导致本来未在机构所在地缴纳的税款而在机构所在地退库的问题，机构所在地的国库目前无法操作。该如何处理？

答：纳税人预缴税款的纳税期限与其他业务纳税期限一致，纳税人可以在一个税款所属期结束后，自行判断当期销售额是否超过 3 万元，如果不到 3 万元，不用预缴税款。

案例 85　一般纳税人营改增前享受的营业税优惠，营改增后无法转移至增值税

甲企业是一家大型商场，为增值税一般纳税人，收取供应商服务费，2016 年 4 月 30 日前计征营业税。每季度营业额不超过 9 万元，可以享受免营业税政策。营改增后，这部分销售额不能享受免税政策。

问题：为何营改增后收取的服务费不能享受免增值税政策？

| 案例解析 |

本案例中的免税政策，只有增值税小规模纳税人方可享受。

23 号公告规定，增值税小规模纳税人应分别核算销售货物，提供加工、修理修配劳务的销售额，和销售服务、无形资产的销售额。增值税小规模纳税人销售货物，提供加工、修理修配劳务月销售额不超过 3 万元（按季纳税 9 万元），销售服务、无形资产月销售额不超过 3 万元（按季纳税 9 万元）的，自 2016 年 5 月 1 日起至 2017 年 12 月 31 日，可分别享受小微企业暂免征收增值税优惠政策。

甲企业是一般纳税人，因此营改增后不能享受小规模纳税人才能享受的小微企业免增值税政策。而营改增前可以享受免税政策的原因是，营改增前享受免营业税政策的主体不要求是小规模纳税人，对营业税来讲，只有营业税纳税人，没有一般纳税人和小规模纳税人的概念。

因此，甲企业收取的服务费，在营改增前可免营业税，但在营改增后不能享受免增值税政策，因其是增值税一般纳税人，无论是否超过免税标准，都不能享受免税政策。

|　相关政策浏览　|

《国家税务总局关于小微企业免征增值税和营业税有关问题的公告》（国家税务总局公告 2014 年第 57 号）

增值税小规模纳税人和营业税纳税人，月销售额或营业额不超过 3 万元（含 3 万元，下同）的，按照上述文件规定免征增值税或营业税。其中，以 1 个季度为纳税期限的增值税小规模纳税人和营业税纳税人，季度销售额或营业额不超过 9 万元的，按照上述文件规定免征增值税或营业税。

案例 86　混淆劳务与服务概念误申报，被强制认定为一般纳税人

甲企业是增值税小规模纳税人，主营业务是经济信息咨询，年销售额 300 万元，其中 280 万元的销售额属于向境外提供的服务，享受免增值税政策，一直按照免税收入申报增值税。由于未超过 500 万元年销售额的标准，因此应税部分的销售额一直按照小规模纳税人 3％ 的征收率计征增值税。

某月甲企业忽然接到税务局通知，称该企业已经被认定为增值税一般纳税人，以后申报按照 6％ 税率计征增值税。

问题：未超过小规模纳税人年销售额标准，为什么被认定为增值税一般纳税人？免税的销售额是否也归为认定增值税一般纳税人年销售额？认定增值税一般纳税人有法定程序，为什么甲企业会被直接认定为增值税一般纳税人？

| 案例解析 |

1. 应税劳务与销售服务概念不同

经查询，甲企业在填报增值税纳税申报表时，将销售服务的销售额作为"货物及劳务"销售额进行申报，其财务人员误以为销售的咨询服务属于劳务行为。实际上增值税中的劳务特指加工修理修配。而增值税中对于小规模纳税人标准的规定是，从事货物生产或者提供应税劳务的纳税人，以及以从事货物生产或者提供应税劳务为主，并兼营货物批发或者零售的纳税人，年销售额在 50 万元上的，应认定为一般纳税人，其他的纳税人，年销售额在 80 万元以上的，应认定为一般纳税人。甲企业"提供应税劳务"年销售额 300 万元，超过了 80 万元的标准，因此被税务机关认定为增值税一般纳税人。

财税〔2016〕36 号文件规定，年销售额超过 500 万元的，应认定为一般纳税人。甲企业销售咨询服务，年销售额超过 500 元，才需认定为一般纳税人，但是财务部门误申报为劳务，超过了 80 万元的标准，故被认定为一般纳税人。

2. 免税销售额包括在一般纳税人认定销售额标准内

根据《增值税一般纳税人资格认定管理办法》的规定，纳税人在连续不超过 12 个月内累计销售额超过小规模纳税人标准，应按照规定办理一般纳税人相关手续，这里的销售额包括免增值税销售额。

因此，甲企业 280 万元的免税销售额，也包括在一般纳税人认定销售额标准内。

3. 未接到通知即被认定为增值税一般纳税人有原因

根据文件规定，纳税人年销售额超过小规模纳税人标准的，应当在申报期结束后 20 个工作日申请一般纳税人认定手续；如未按照规定办理，税务机关在规定期限结束后 10 个工作日内制作《税务事项通知书》，告知纳税人应当在 10 个工作日内向主管税务机关办理相关手续。甲企业未收到税务机关的通知，据当地税务机关解释，因一直未能联系到甲企业，期限到达后，直接认定为增值税一般纳税人。至于为什么认定为一般纳税人之后又能联系上了，就没有太详尽的解释了。

甲企业可取得的进项税非常少，可忽略不计，但税率变为 6%，较之前的 3% 征收率增加将近一倍，造成了较大的税务损失。

综上，我们可以得知，增值税中劳务与服务的概念区分非常重要，两者适用的增值税小规模纳税人标准差距较大，混淆其概念很可能会造成较大的税务损失。

| 相关政策浏览 |

1. 《中华人民共和国增值税暂行条例实施细则》

第二十八条　条例第十一条所称所称小规模纳税人的标准为：

（一）从事货物生产或者提供应税劳务的纳税人，以及以从事货物生产或者提供应税劳务为主，并兼营货物批发或者零售的纳税人，年应征增值税销售额（以下简称应税销售额）在 50 万元以下（含本数，下同）的；

（二）除本条第一款第（一）项规定以外的纳税人，年应税销售额在 80 万元以下的。

本条第一款所称以从事货物生产或者提供应税劳务为主，是指纳税人的年货物生产或者提供应税劳务的销售额占年应税销售额的比重在 50％以二。

2. 《增值税一般纳税人资格认定管理办法》

第三条　增值税纳税人（以下简称纳税人），年应税销售额超过财政部、国家税务总局规定的小规模纳税人标准的，除本办法第五条规定外，应当向主管税务机关申请一般纳税人资格认定。

本办法所称年应税销售额，是指纳税人在连续不超过 12 个月的经营期内累计应征增值税销售额，包括免税销售额。

3. 《国家税务总局关于调整增值税一般纳税人管理有关事项的公告》（国家税务总局公告 2015 年第 18 号）

纳税人年应税销售额超过规定标准的，在申报期结束后 20 个工作日内按照本公告第二条或第三条的规定办理相关手续；未按规定时限办理的，主管税务机关应当在规定期限结束后 10 个工作日内制作《税务事项通知书》，告知纳税人应当在 10 个工作日内向主管税务机关办理相关手续。

案例 87　营改增过渡期间一般纳税人认定，应注意哪些风险

甲企业是一家建筑企业，于 2014 年 1 月成立，至 2016 年 4 月 30 日，连续 12 个月累计销售建筑服务营业额为 309 万元。支付分包款并取得发票的金额为 100 万元，甲企业扣除分包款后计征营业税。在此期间，甲企业销售自有店铺一间，转让价款 350 万元。

至 2016 年 6 月，甲企业连续 12 个月累计建筑服务销售额为 618 万元，分包款为 400 万元。在此期间，还实现了独立的销售建筑材料 41.2 万元。

问题：在增值税一般纳税人认定过程中应关注哪些重点事项？

| 案例解析 |

1. 营改增前后均应按照差额扣除前的销售额计算增值税小规模纳税人标准

根据 23 号公告的规定，甲企业营改增前应税行为年应税销售额＝连续不超过 12 个月应税行为营业额合计÷(1＋3％)＝309÷(1＋3％)＝300 (万元)，年应税销售额未超过 500 万元，暂不需要向主管国税机关办理增值税一般纳税人资格登记手续。

营改增后，甲企业连续 12 个月累计建筑服务销售额＝618÷(1＋3％)＝600 (万元)。注意：此处的年销售额不能扣除分包款，应按照未扣除前的销售额计算。因此甲企业在 2016 年 6 月连续 12 个月累计销售额为 600 万元，超过了年销售额 500 万元的标准，应按照规定办理增值税一般纳税人认定手续。

2. 分项目计算增值税小规模纳税人标准

销售建筑材料实现销售收入 41.2 万元，换算为不含税销售额＝41.2÷(1＋3％)＝40 (万元)，未超过小规模纳税人的年销售额标准，但是由于销售建筑服务额超过标准，应办理增值税一般纳税人认定手续，则甲企业以后销售建筑材料，也应按照 17％的适用税率计征增值税。

3. 试点实施前已是增值税一般纳税人，试点后不需要重新办理认定手续

如果甲企业在营改增前因销售建筑材料超过标准已经被认定为一般纳税人，则营改增后销售建筑服务，即应按照一般纳税人进行增值税处理，符合条件的可以选择简易计税方式，不符合条件的必须按照 11％的适用税率计征增值税。此处经常有人混淆概念，很多人认为销售货物按照一般纳税人处理，销售建筑服务按照小规模纳税人处理，这样的理解是不正确的。

4. 营改增前后偶然发生的转让不动产的销售额，不计入应税行为年应税销售额

甲企业营改增前转让不动产取得的营业额，应属于文件规定的"偶然"发生的转让不动产，不计入一般纳税人的年销售额标准。

注意：营改增后，也是同样的政策。

关于何为"偶然"发生的销售不动产，没有文件对其规范，比如，以什么样的频率转让不动产，才属于"偶然"发生？

笔者认为，不以销售不动产为主要业务的，应认为是"偶然发生"。

│ 相关政策浏览 │

《国家税务总局关于全面推开营业税改征增值税试点有关税收征收管理事项的公告》（国家税务总局公告 2016 年第 23 号）

二、一般纳税人资格登记

（二）除本公告第二条第（三）项规定的情形外，营改增试点实施前（以下简称试点实施前）销售服务、无形资产或者不动产（以下简称应税行为）的年应税销售额超过 500 万元的试点纳税人，应向主管国税机关办理增值税一般纳税人资格登记手续。

试点纳税人试点实施前的应税行为年应税销售额按以下公式换算：

$$应税行为年应税销售额 = \frac{连续不超过 12 个月应税行为营业额合计}{} \div (1 + 3\%)$$

按照现行营业税规定差额征收营业税的试点纳税人，其应税行为营业额按未扣除之前的营业额计算。

试点实施前，试点纳税人偶然发生的转让不动产的营业额，不计入应税行为年应税销售额。

（六）试点实施后，符合条件的试点纳税人应当按照《增值税一般纳税人资格认定管理办法》（国家税务总局令第 22 号）、《国家税务总局关于调整增值税一般纳税人管理有关事项的公告》（国家税务总局公告 2015 年第 18 号）及相关规定，办理增值税一般纳税人资格登记。按照营改增有关规定，应税行为有扣除项目的试点纳税人，其应税行为年应税销售额按未扣除之前的销售额计算。

增值税小规模纳税人偶然发生的转让不动产的销售额，不计入应税行为年应税销售额。

案例 88　人力资源外包服务不能按照差额征税确认销售额，判断是否符合小规模纳税人的标准

甲企业是一家提供人力资源服务的公司，为增值税小规模纳税人，向乙公司提供人力资源外包服务，代其发放乙公司员工的工资、社会保险费、住房公积金等。2016 年 10 月收取乙公司款项 618 万元，其中 612.85 万元是代乙公司支付的

员工工资、社会保险费、住房公积金，剩余部分为甲企业提供服务的销售额。

问题：收取款项已经超过 500 万元，是否应认定为增值税一般纳税人？

| 案例解析 |

如果将甲企业提供的人力资源外包服务视为差额征税方式，则根据 23 号公告的规定，应税行为年应税销售额按未扣除之前的销售额计算，甲企业扣除差额前的不含税销售额为 $618 \div (1 + 3\%) = 600$（万元），超过了小规模纳税人的标准，应认定为一般纳税人。

但甲企业提供的人力资源外包服务并不是差额征税方式。根据财税〔2016〕47 号文件的规定，纳税人提供人力资源外包服务，其销售额不包括受客户单位委托代为向客户单位员工发放的工资和代理缴纳的社会保险、住房公积金。

因此，甲企业实际的不含税销售额应为 $(618 - 612.85) \div (1 + 3\%) = 5$（万元），未超过小规模纳税人的年销售额 500 万元的标准，不需要认定为增值税一般纳税人。

实务中，有的纳税人提供人力资源外包服务，收到的代收代付工资社保公积金等也向客户开具发票，如此处理，其代收代付部分就很可能被认为是销售额，参与计算小规模纳税人年销售额的标准。

| 相关政策浏览 |

1.《财政部 国家税务总局关于进一步明确全面推开营改增试点有关劳务派遣服务、收费公路通行费抵扣等政策的通知》（财税〔2016〕47 号）

纳税人提供人力资源外包服务，按照经纪代理服务缴纳增值税，其销售额不包括受客户单位委托代为向客户单位员工发放的工资和代理缴纳的社会保险、住房公积金。向委托方收取并代为发放的工资和代理缴纳的社会保险、住房公积金，不得开具增值税专用发票，可以开具普通发票。

一般纳税人提供人力资源外包服务，可以选择适用简易计税方法，按照 5% 的征收率计算缴纳增值税。

2.《国家税务总局关于全面推开营业税改征增值税试点有关税收征收管理事项的公告》（国家税务总局公告 2016 年第 23 号）

试点实施后，符合条件的试点纳税人应当按照《增值税一般纳税人资格认定管理办法》（国家税务总局令第 22 号）、《国家税务总局关于调整增值税一般纳税人管理有关事项的公告》（国家税务总局公告 2015 年第 18 号）及相关规定，办理增值税一般纳税人资格登记。按照营改增有关规定，应税行为有扣除项目的试点纳税人，其应税行为年应税销售额按未扣除之前的销售额计算。

案例 89　销售建筑服务，在营改增过渡期间的纳税义务判定

甲企业是一家装修公司，2016 年 3 月为乙公司装修办公室，合同总价款 100 万元。合同约定，在入场施工前，乙公司支付 20％的工程款 20 万元。在完成进度 30％时，累计支付 30％的工程款；完成进度 50％时，累计支付 50％的工程款；完工后支付 45％的工程款，剩余的 5％质保金在 1 年后无质量问题再支付。

2016 年 4 月，据验收，甲企业完成 30％的工程量，向乙公司请求支付 10 万元工程款，乙公司在 2016 年 5 月拨付工程款 10 万元。

2016 年 5 月完成进度 40％，乙公司未支付工程款。

2016 年 6 月完成进度 50％，乙公司在 2016 年 6 月拨付工程款 20 万元。

2016 年 8 月工程完工，乙公司尚未支付剩余工程款。

问题：甲企业在营改增过渡期间应如何确认营业税及增值税纳税义务发生时间？

| 案例解析 |

营改增前提供营业税劳务的纳税人，在营改增后改为缴纳增值税，因此在营改增前后，营业税和增值税纳税义务，需要根据政策规定进行判断。其原则是根据营业税以及增值税的纳税义务发生时间进行判定。

1. 2016 年 3 月预收建筑业服务工程款达到营业税纳税义务发生时间

根据《中华人民共和国营业税暂行条例实施细则》的规定，纳税人提供建筑业或者租赁业劳务，销售不动产或者转让土地使用权，采取预收款方式的，其营业税纳税义务发生时间为收到预收款的当天，因此甲企业在 2016 年 3 月进行施工前收到工程款时即应缴纳营业税，应缴纳营业税为 20×3％＝0.6（万元）。

2. 2016 年 4 月"取得索取营业收入款项凭据的当天"，为书面合同确定的付款日期的当天

甲企业提供建筑业劳务，书面合同约定在 2016 年 4 月收取的 10 万元工程款，虽然在 2016 年 5 月收到，但应在 2016 年 4 月缴纳营业税。甲企业 4 月应纳营业税额＝10×3％＝0.3（万元）。

根据《中华人民共和国营业税暂行条例实施细则》的规定，纳税人提供营业

税劳务，并"取得索取营业收入款项凭据"，即达到了营业税纳税义务发生时间，而甲企业提供建筑服务，合同约定在 2016 年 4 月收取的 10 万元工程款，即属于营业税概念中的"取得索取营业收入款项凭据"。

3. 2016 年 5 月提供建筑服务，但未收讫销售款项或者取得索取销售款项凭据，无纳税义务

甲企业在 2016 年 5 月提供建筑服务，但未收讫款项，同时合同未约定 5 月付款，因此也未"取得索取销售款项凭据"，甲企业在 2016 年 5 月无增值税纳税义务。

4. 2016 年 6 月发生增值税应税行为并收讫销售款项，应缴纳增值税

甲企业在 2016 年 6 月销售了建筑业服务，并且在 6 月取得工程款 20 万元，属于发生应税行为并收讫销售款项，因此在 2016 年 6 月应缴纳增值税。甲企业 2016 年 6 月应纳增值税额＝20÷(1＋3％)×3％＝0.582 5（万元）。

说明：甲企业根据工程老项目选择简易计税方式。

5. 2016 年 8 月取得索取销售款项凭据，应缴纳增值税

甲企业在 2016 年 8 月完工，虽然未收到款项，但书面合同规定的付款日期是完工时支付 45 万元，因此属于"取得索取销售款项凭据"，应在 2016 年 8 月缴纳增值税。甲企业 8 月应纳增值税额＝45÷(1＋3％)×3％＝1.31（万元）。

提示：如果书面合同未约定付款在完工时如何支付款项，则 2016 年 8 月完工当天"取得索取销售款项凭据"，达到增值税纳税业务发生时间，在 2016 年 8 月应计征增值税。

6. 对于营业税纳税义务发生时间的小结

关于营业税纳税义务发生时间的确定，其基本原则为提供应税劳务且收讫款项或者取得索取营业收入款项凭据的当天，通俗地理解，即提供劳务且收到款项，才需缴纳营业税。

为防止出现部分纳税人提供了应税劳务但不收取款项，从而规避或延迟纳税义务的情况，采取了"取得索取营业收入款项凭据"的概念，即使未收取款项，也以合同规定的付款日期作为纳税义务发生时间；又为了防止出现部分纳税人不签订合同或合同不规定付款日期，规避或延迟纳税义务的情况，规定以完成应税劳务的日期为纳税义务发生时间。

在此基本原则的前提下，对四种特殊的应税行为做出了特殊规定，即转让土地使用权或者销售不动产，提供建筑业或者租赁业劳务，采取预收款方式的，其纳税义务发生时间为收到预收款的当天。通俗地理解，这四种行为，即使未开始提供劳务，只要收到款项，也达到营业税纳税义务发生时间。

▎重要提示▎

营改增过渡期间，营业税和增值税的纳税义务发生时间的判定非常重要，一个原因是增值税可以开具增值税专用发票（即使是简易计税也可于专票），受票方可抵扣进项税；另一个原因是如果缴纳税种错误，由于牵扯到两个不同的征管机关，很可能导致不必要的税务损失。

▎相关政策浏览▎

1.《中华人民共和国营业税暂行条例》

第十二条　营业税纳税义务发生时间为纳税人提供应税劳务、转让无形资产或者销售不动产并收讫营业收入款项或者取得索取营业收入款项凭据的当天。国务院财政、税务主管部门另有规定的，从其规定。

2.《中华人民共和国营业税暂行条例实施细则》

第二十四条　条例第十二条所称收讫营业收入款项，是指纳税人应税行为发生过程中或者完成后收取的款项。

条例第十二条所称取得索取营业收入款项凭据的当天，为书面合同确定的付款日期的当天；未签订书面合同或者书面合同未确定付款日期的，为应税行为完成的当天。

第二十五条　纳税人转让土地使用权或者销售不动产，采取预收款方式的，其纳税义务发生时间为收到预收款的当天。

纳税人提供建筑业或者租赁业劳务，采取预收款方式的，其纳税义务发生时间为收到预收款的当天。

3.《财政部 国家税务总局关于全面推开营业税改征增值税试点的通知》（财税〔2016〕36 号）附件 1

第四十五条　增值税纳税义务、扣缴义务发生时间为：

（一）纳税人发生应税行为并收讫销售款项或者取得索取销售款项凭据的当天；先开具发票的，为开具发票的当天。

收讫销售款项，是指纳税人销售服务、无形资产、不动产过程中或者完成后收到款项。

取得索取销售款项凭据的当天，是指书面合同确定的付款日期；未签订书面合同或者书面合同未确定付款日期的，为服务、无形资产转让完成的当天或者不动产权属变更的当天。

（二）纳税人提供建筑服务、租赁服务采取预收款方式的，其纳税义务发生时间为收到预收款的当天。

（三）纳税人从事金融商品转让的，为金融商品所有权转移的当天。

（四）纳税人发生本办法第十四条规定情形的，其纳税义务发生时间为服务、无形资产转让完成的当天或者不动产权属变更的当天。

（五）增值税扣缴义务发生时间为纳税人增值税纳税义务发生的当天。

案例 90　销售建筑服务预收工程款，达到增值税纳税义务发生时间，同时预缴增值税

甲企业是一家建筑企业，为增值税一般纳税人，机构注册地位于丁市。2016年10月在乙市为乙公司提供厂房建筑服务。在进驻场地开始施工前，甲企业预收乙公司工程款 103 万元。在 2016 年 12 月完成双方约定的工程进度时，甲企业又收取乙公司工程款 206 万元。

问题：对该预收款应如何确定预缴增值税与实现增值税纳税义务发生时间？

| 案例解析 |

1. 甲企业在预收工程款时即达到增值税纳税义务发生时间

营改增前，销售不动产和土地使用权，出租不动产，提供建筑劳务，均在预收款环节达到营业税纳税义务发生时间。营改增后，只有出租不动产和销售建筑服务两种情况在预收款环节达到增值税纳税义务发生时间，因此甲企业在施工前收到的工程款，即达到增值税纳税义务发生时间。

2. 销售建筑服务预收工程款达到增值税纳税义务发生时间并预缴增值税

《国家税务总局关于发布〈纳税人跨县（市、区）提供建筑服务增值税征收管理暂行办法〉的公告》（国家税务总局公告 2016 年第 17 号）规定，销售建筑服务预缴税款时间，按照增值税纳税义务发生时间执行，甲企业在预收工程款时已经达到了增值税纳税义务发生时间，因此应在预收工程款时向服务发生地主管税务机关预缴增值税。

综上，销售建筑服务预收工程款，即达到了增值税纳税义务发生时间，也达到了预缴增值税时间。甲企业在进驻场地之前收到的工程款，既需要在建筑服务

发生地主管税务机关预缴增值税，也需要在机构所在地申报增值税。

3. 销售建筑服务并收取工程款达到增值税纳税义务发生时间并预缴增值税

甲企业在 2016 年 12 月发生了销售建筑服务的行为并收讫销售款项 206 万元，因此达到了增值税纳税义务发生时间，同时也应在当地主管税务机关预缴增值税。

| 相关政策浏览 |

1. 《财政部 国家税务总局关于全面推开营业税改征增值税试点的通知》（财税〔2016〕36 号）附件 1

第四十五条　增值税纳税义务、扣缴义务发生时间为：

（三）纳税人提供建筑服务、租赁服务采取预收款方式的，其纳税义务发生时间为收到预收款的当天。

2. 《国家税务总局关于发布〈纳税人跨县（市、区）提供建筑服务增值税征收管理暂行办法〉的公告》（国家税务总局公告 2016 年第 17 号）

第十一条　纳税人跨县（市、区）提供建筑服务预缴税款时间，按照财税〔2016〕36 号文件规定的纳税义务发生时间和纳税期限执行。

案例 91　非房地产开发企业销售自建不动产，先开具发票的，纳税义务发生时间为开具发票的当天

甲企业是一家生产企业，为增值税一般纳税人，2016 年向乙公司销售自建不动产一套，售价 1 000 万元。2016 年 4 月甲企业收取乙公司预付款 300 万元，2016 年 5 月开具销售不动产发票 700 万元，2016 年 6 月与乙公司办理产权转移手续并收取剩余房款 700 万元。

问题：甲企业应如何确定销售不动产纳税义务发生时间？

| 案例解析 |

1. 2016 年 4 月预收房款，应缴纳营业税

根据《中华人民共和国营业税暂行条例》及其实施细则的相关规定，销售不动产在预收房款时，即达到营业税纳税义务发生时间，因此在 2016 年 4 月应缴纳营业税＝300×5％＝15（万元）。

2. 2016 年 5 月开具发票，应缴纳增值税

甲企业在 2016 年 5 月开具发票，根据财税〔2016〕36 号文件的规定，纳税人增值税纳税义务发生时间，"先开具发票的，为开具发票的当天"。因此在 2016 年 5 月虽未收到款项也未办理产权转移手续，但开具了销售不动产发票，应缴纳增值税＝700÷（1＋5％）×5％＝33.33（万元）。甲企业因销售 2016 年 4 月前自建的房产，选择简易计税 5％征收率，并可以开具增值税专用发票，乙公司分两年抵扣该进项税。

此处需注意，以"先开具发票的，为开具发票的当天"作为纳税义务发生时间，是增值税才有的概念，在营业税中无此规定。

| 相关政策浏览 |

《财政部 国家税务总局关于全面推开营业税改征增值税试点的通知》（财税〔2016〕36 号）附件 1

第四十五条　增值税纳税义务、扣缴义务发生时间为：

（一）纳税人发生应税行为并收讫销售款项或者取得索取销售款项凭据的当天；先开具发票的，为开具发票的当天。

案例 92　非房地产开发企业销售自建不动产，如何确定预缴增值税时间

甲企业是一家生产企业，为增值税一般纳税人，机构所在地位于丁市。2016 年向乙公司销售位于丙市的自建不动产一套，售价 105 万元。2016 年 6 月甲企业收取乙公司预付款 30 万元，2016 年 7 月与乙公司办理产权转移手续并收取剩余房款 75 万元。甲企业选择简易计税方式计征增值税。

问题：在预收房款时是否需向不动产所在地主管税务机关同时预缴增值税？

| 案例解析 |

1. 营改增后，销售不动产预收款项时未达到增值税纳税义务发生时间

营改增后，销售不动产采取预收方式的，与营业税时期规定不同，在预收款项时不确认为增值税纳税义务发生时间。

2. 营改增后，销售不动产在不动产所在地预缴增值税

营业税时期，销售不动产在不动产所在地缴纳营业税，而营改增后的基本原

则是在机构所在地缴纳增值税，为保障各地区税源稳定，规定了销售不动产向不动产所在地主管税务机关预缴增值税的政策。

3. 销售不动产，在达到增值税纳税业务发生时间时才需预缴增值税

这里需要重点注意的是，销售不动产的预缴增值税，不是因为预收款项，而是因为异地销售不动产，在预收款项时不需要预缴增值税，而是在达到增值税纳税义务发生时间时预缴增值税。

注意，非房地产企业销售不动产的预缴增值税时间，在文件中找不到明确的规定。而异地销售建筑服务，异地出租不动产，以及房地产开发企业销售自行开发的房地产项目，均对预缴增值税时间作了明确规定。异地销售建筑服务的预缴增值税时间按照建筑服务的增值税纳税义务发生时间确定；异地出租不动产，在收到租金的次月申报期内（或者不动产所在地主管国税机关核定的纳税期限）预缴增值税；房地产开发企业销售自行开发的房地产项目，在预收时预缴增值税。

笔者认为，非房地产企业销售不动产，在预收房款时既未达到增值税纳税义务发生时间，也无明确规定在预收时预缴增值税，因此应在销售不动产业务达到增值税纳税义务发生时间时，向不动产所在地主管税务机关预缴增值税。

本案例中，甲企业在 2016 年 7 月达到了销售不动产的增值税纳税义务发生时间，因此应在 2016 年 7 月预缴增值税，即在 2016 年 8 月申报所属期为 7 月的增值税时，预缴增值税款。

4. 税额计算

甲企业在丙市预缴增值税额＝105÷(1＋5％)×5％＝5(万元)

甲企业在机构所在地申报增值税额＝105÷(1＋5％)×5％＝5(万元)

扣减预缴的增值税后，在机构所在地税务机关缴纳增值税为 0。

5. 预缴增值税的期限

超过 6 个月应预缴增值税而未预缴的，税务机关可按照征管法规的相关规定进行处理。

| 相关政策浏览 |

《国家税务总局关于发布〈纳税人转让不动产增值税征收管理暂行办法〉的公告》（国家税务总局公告 2016 年第 14 号，以下简称 14 号公告）

第三条　一般纳税人转让其取得的不动产，按照以下规定缴纳增值税：

（二）一般纳税人转让其 2016 年 4 月 30 日前自建的不动产，可以选择适用简易计税方法计税，以取得的全部价款和价外费用为销售额，按照 5％ 的征收率计算应纳税额。纳税人应按照上述计税方法向不动产所在地主管地税机关预缴税款，向机构所在地主管国税机关申报纳税。

第六条　其他个人以外的纳税人转让其取得的不动产，区分以下情形计算应向不动产所在地主管地税机关预缴的税款：

（一）以转让不动产取得的全部价款和价外费用作为预缴税款计算依据的，计算公式为：

$$应预缴税款＝全部价款和价外费用÷(1＋5％)×5％$$

第十二条　纳税人转让不动产，按照本办法规定应向不动产所在地主管地税机关预缴税款而自应当预缴之月起超过 6 个月没有预缴税款的，由机构所在地主管国税机关按照《中华人民共和国税收征收管理法》及相关规定进行处理。

案例 93　房地产开发企业销售房地产，如何确定预收款的预缴增值税时间

甲企业是一家房地产开发企业，为增值税一般纳税人。2016 年 8 月销售自行开发的房地产项目，预收房款 1050 万元，2016 年 10 月预收款对应的房产项目完成销售。甲企业选择简易计税方式计征增值税。

问题：甲企业销售自行开发的房地产项目预收房款，应在何时预缴增值税？

| 案例解析 |

1. 房地产开发企业销售房地产的预缴，是对于税收的时间上的调节，在预收款项时应预缴增值税

营改增后，房地产开发企业销售自行开发的房地产项目，采取预收款方式的，预收款时未达到增值税的纳税义务发生时间，而是在预收款时预缴增值税，在真正实现增值税时，抵减已经预缴的增值税额，这种预缴实际上是对于税收的时间上的调节。一般房地产开发企业经营周期较长，在预收时即应缴纳一部分税款。而前面介绍的房地产开发企业以外的纳税人销售不动产的预缴，是对于税收的空间上的调节，即平衡不同地区的税源。

房地产开发企业采取预收款方式销售所开发的房地产项目，在收到预收款时按照 3％ 的预征率预缴增值税。

2. 税额计算

$$应预缴税款＝预收款÷(1＋适用税率或征收率)×3\%$$
$$＝1\,050÷(1＋5\%)×3\%＝30(万元)$$

说明：房地产开发企业适用简易计税方法计税的，按照 5% 的征收率计算。

$$应纳税额＝1\,050÷(1＋5\%)×5\%＝50(万元)$$
$$应补缴税款＝50－30＝20(万元)$$

实务中，有的地区，对于本地房地产开发企业的预收款，选择简易计税方式的，直接按照 5% 征收增值税，而不按照预缴的 3% 计算，这实际上是不符合政策规定的。

│ 相关政策浏览 │

1.《财政部 国家税务总局关于全面推开营业税改征增值税试点的通知》（财税〔2016〕36 号）附件 2

一、营改增试点期间，试点纳税人［指按照《营业税改征增值税试点实施办法》（以下称《试点实施办法》）缴纳增值税的纳税人］有关政策

（八）销售不动产。

房地产开发企业采取预收款方式销售所开发的房地产项目，在收到预收款时按照 3% 的预征率预缴增值税。

2.《国家税务总局关于发布〈房地产开发企业销售自行开发的房地产项目增值税征收管理暂行办法〉的公告》（国家税务总局公告 2016 年第 18 号）

第十一条　应预缴税款按照以下公式计算：

$$应预缴税款＝预收款÷(1＋适用税率或征收率)×3\%$$

适用一般计税方法计税的，按照 11% 的适用税率计算；适用简易计税方法计税的，按照 5% 的征收率计算。

案例 94　营改增后不动产租赁服务预收款，在确定增值税纳税义务的同时预缴增值税

甲企业是一家大型进出口公司，为增值税一般纳税人，机构注册地在丁市。甲企业拥有多套房产，近年来逐渐把出租房产作为主营业务。2015 年与乙公司

签订租房合同，将位于丙市的不动产向乙公司出租。合同约定，租赁期限为 2015 年 11 月 30 日至 2016 年 10 月 31 日，并在 2015 年 11 月预收半年房租 10 万元，2016 年 5 月预收半年房租 10 万元，在预收房租的当天开具房租发票。

问题：营改增后出租不动产何时计征增值税？何时预缴增值税？如何计算应纳税额与预缴税款？

│ 案例解析 │

1. 2015 年 11 月预收半年房租，应缴纳营业税

甲企业 2015 年 11 月预收半年房租，预收时即产生营业税纳税义务，应缴纳营业税＝10×5％＝0.5（万元）。

2. 2016 年 5 月预收半年房租，应缴纳增值税

营改增后，增值税对于预收的政策发生了变化，只有提供建筑服务、租赁服务这两种情况，采取预收款方式的，其增值税纳税义务发生时间为收到预收款的当天。所以甲企业在 2016 年 5 月提供不动产租赁服务预收房租款时，即达到增值税纳税义务发生时间。甲企业应纳增值税额＝10÷(1＋5％)×5％＝0.476 2（万元）。

营改增后的增值税纳税义务发生时间，与营业税时期有所不同，尤其要注意对预收款的不同规定。

3. 2016 年 5 月预收房租时应预缴增值税

根据 2016 年 16 号公告的规定，纳税人出租不动产的，应向不动产所在地主管国税机关预缴税款，向机构所在地主管国税机关申报纳税。预缴税款的时间规定为："纳税人出租不动产，按照本办法规定需要预缴税款的，应在取得租金的次月纳税申报期或不动产所在地主管国税机关核定的纳税期限预缴税款"。因此，甲企业应在 2016 年 5 月预收房款的次月申报期内预缴增值税款，即在 2016 年 6 月申报所属期为 5 月的增值税时，向丙市的主管国税机关预缴增值税额。

甲企业应向丙市主管国税机关预缴增值税款＝含税销售额÷(1＋5％)×5％＝10÷(1＋5％)×5％＝0.476 2（万元），与实现的增值税额相等。

说明：纳税人出租不动产适用简易计税方法计税的，预缴税款按照 5％征收率计算。

│ 相关政策浏览 │

《国家税务总局关于发布〈纳税人提供不动产经营租赁服务增值税征收管理暂行办法〉的公告》（国家税务总局公告 2016 年第 16 号）

第三条　一般纳税人出租不动产，按照以下规定缴纳增值税：

（一）一般纳税人出租其 2016 年 4 月 30 日前取得的不动产，可以选择适用简易计税方法，按照 5％的征收率计算应纳税额。

不动产所在地与机构所在地不在同一县（市、区）的，纳税人应按照上述计税方法向不动产所在地主管国税机关预缴税款，向机构所在地主管国税机关申报纳税。

不动产所在地与机构所在地在同一县（市、区）的，纳税人向机构所在地主管国税机关申报纳税。

（二）一般纳税人出租其 2016 年 5 月 1 日后取得的不动产，适用一般计税方法计税。

不动产所在地与机构所在地不在同一县（市、区）的，纳税人应按照 3％的预征率向不动产所在地主管国税机关预缴税款，向机构所在地主管国税机关申报纳税。

不动产所在地与机构所在地在同一县（市、区）的，纳税人应向机构所在地主管国税机关申报纳税。

一般纳税人出租其 2016 年 4 月 30 日前取得的不动产适用一般计税方法计税的，按照上述规定执行。

第六条　纳税人出租不动产，按照本办法规定需要预缴税款的，应在取得租金的次月纳税申报期或不动产所在地主管国税机关核定的纳税期限预缴税款。

第七条　预缴税款的计算

（一）纳税人出租不动产适用一般计税方法计税的，按照以下公式计算应预缴税款：

$$应预缴税款＝含税销售额÷(1＋11％)×3％$$

（二）纳税人出租不动产适用简易计税方法计税的，除个人出租住房外，按照以下公式计算应预缴税款：

$$应预缴税款＝含税销售额÷(1＋5％)×5％$$

案例 95　营改增过渡期间，提供物业服务纳税义务发生时间的确定，注意税理与实际征管的差异

甲企业是一家物业公司，为增值税一般纳税人。与乙公司签订物业服务合同，约定服务期限为 2016 年 2 月 29 日至 2017 年 1 月 31 日。甲企业在 2016 年 1 月预收了乙公司一个季度（2—4 月）的物业费 3 000 元，在 2016 年 4 月预收了

5—7月的物业费 3 000 元。在收款时均开具发票。

　　问题：甲企业应如何判定营改增前后的营业税与增值税纳税义务发生时间？

| 案例解析 |

1. 2016 年 1 月预收物业费，无营业税纳税义务

　　根据营业税纳税义务发生时间判定原则，提供应税劳务且收讫款项或确定收款的，达到营业税纳税义务发生时间（销售不动产及土地使用权、出租不动产、提供建筑劳务除外）。甲企业 2016 年 1 月收取了物业费，但此时甲企业尚未提供物业管理服务，因此未满足提供服务同时收讫款项或确定收款的条件，同时物业管理服务不属于四种在预收时即缴纳营业税的特殊情况，因此在 2016 年 1 月无营业税纳税义务，但是在 2016 年 2 月应缴纳营业税，因为此时已经开始提供服务，同时也已经收讫了款项。

　　提示：甲企业虽然在 2016 年 1 月预收物业费时开具了营业税发票，但在营业税纳税义务发生时间判定原则中，并无"先开具发票的，为开具发票的当天"的纳税义务发生时间概念，因此在税理上不能因开具营业税发票而判定达到了营业税纳税义务发生时间。

　　但在实务中，开具了营业税发票，一般即申报缴纳营业税，这里我们要注意税法原理与实务征管之间的区别。

2. 2016 年 4 月预收物业费，应缴纳增值税

　　此种情况比较复杂。从税理分析应缴纳增值税，但是实务中不便于操作。

　　甲企业在 2016 年 4 月收取 5—7 月的物业费，此时尚未提供 5—7 月的物业服务，因此在 4 月无营业税纳税义务，应在 5 月开始提供服务时纳税。但 5 月已经营改增，需缴纳增值税，且符合在销售服务同时收讫款项的增值税纳税义务发生时间的规定，因此应在 5 月缴纳增值税。但在实务中，甲企业在 4 月开具了发票，申报缴纳了营业税，退营业税再缴纳增值税的操作难度较大。严格来讲，甲企业的主管国税机关就该部分款项，可以要求其缴纳增值税，这样就可能陷入两边为难的尴尬境地。

　　有人会问，如果书面合同约定在 2016 年 4 月收取物业费，这不是属于取得索取营业收入款项凭据，应该缴纳营业税的情况吗？这旦需要注意区分概念，首先要提供应税服务，然后收讫营业收入款项或者取得索取营业收入款项凭据，才达到营业税纳税义务发生时间（四种特殊情况除外），而 2016 年 4 月尚未提供 5—7 月的物业服务。

| 相关政策浏览 |

1.《中华人民共和国营业税暂行条例》

第十二条　营业税纳税义务发生时间为纳税人提供应税劳务、转让无形资产或者销售不动产并收讫营业收入款项或者取得索取营业收入款项凭据的当天。国务院财政、税务主管部门另有规定的，从其规定。

2.《中华人民共和国营业税暂行条例实施细则》

第二十四条　条例第十二条所称收讫营业收入款项，是指纳税人应税行为发生过程中或者完成后收取的款项。

条例第十二条所称取得索取营业收入款项凭据的当天，为书面合同确定的付款日期的当天；未签订书面合同或者书面合同未确定付款日期的，为应税行为完成的当天。

第二十五条　纳税人转让土地使用权或者销售不动产，采取预收款方式的，其纳税义务发生时间为收到预收款的当天。

纳税人提供建筑业或者租赁业劳务，采取预收款方式的，其纳税义务发生时间为收到预收款的当天。

纳税人发生本细则第五条所称将不动产或者土地使用权无偿赠送其他单位或者个人的，其纳税义务发生时间为不动产所有权、土地使用权转移的当天。

3.《财政部 国家税务总局关于全面推开营业税改征增值税试点的通知》（财税〔2016〕36 号）附件 1

第四十五条　增值税纳税义务、扣缴义务发生时间为：

（一）纳税人发生应税行为并收讫销售款项或者取得索取销售款项凭据的当天；先开具发票的，为开具发票的当天。

收讫销售款项，是指纳税人销售服务、无形资产、不动产过程中或者完成后收到款项。

取得索取销售款项凭据的当天，是指书面合同确定的付款日期；未签订书面合同或者书面合同未确定付款日期的，为服务、无形资产转让完成的当天或者不动产权属变更的当天。

（二）纳税人提供建筑服务、租赁服务采取预收款方式的，其纳税义务发生时间为收到预收款的当天。

（三）纳税人从事金融商品转让的，为金融商品所有权转移的当天。

（四）纳税人发生本办法第十四条规定情形的，其纳税义务发生时间为服务、无形资产转让完成的当天或者不动产权属变更的当天。

（五）增值税扣缴义务发生时间为纳税人增值税纳税义务发生的当天。

案例 96　向境外支付款项扣缴增值税义务发生时间，按照增值税纳税义务发生时间确定

甲企业是一家外资企业，为增值税一般纳税人。甲企业的境外母公司允许其使用生产技术，用于其在境内的产品。境外母公司根据使用该技术生产产品销售额的一定比例，向甲企业收取技术使用费。合同约定每季度初第 5 个工作日支付上一季度的技术使用费。假设 2016 年 10 月 12 日甲企业应支付第三季度技术使用费 106 万元，实际在 2016 年 12 月支付，并在支付时代扣代缴增值税。

问题：甲企业支付技术使用费，是否应扣缴增值税？应在何时扣缴增值税？

| 案例解析 |

1. 母公司提供技术使用权应按照销售无形资产计征增值税

母公司向甲企业提供技术的使用权，在增值税上按照销售无形资产计征增值税。财税〔2016〕36 号文件规定，销售无形资产，是指转让无形资产所有权或者使用权的业务活动。无形资产，包括专利技术和非专利技术。所以甲企业的母公司销售技术的使用权，属于增值税概念中的销售无形资产。

2. 母公司属于在境内销售无形资产

根据〔2016〕36 号文件的规定，无形资产（自然资源使用权除外）的销售方或者购买方在境内，属于在境内销售无形资产；同时，境外单位或者个人向境内单位或者个人销售完全在境外使用的无形资产，不属于在境内销售无形资产。由于该技术在境内供甲企业使用，不属于完全在境外使用的无形资产，因此判定为在境内销售无形资产，应在境内计征增值税。

3. 甲企业负有扣缴增值税的义务

母公司在境内发生了增值税应税行为，又在境内未设有经营机构，应以购买方甲企业为增值税扣缴义务人。

$$应扣缴税额＝购买方支付的价款÷(1＋税率)×税率$$
$$＝106÷(1＋6\%)×6\%＝6(万元)$$

注意：虽然甲企业的母公司不是我国登记注册认定的增值税一般纳税人，但是此种境外付款扣缴增值税的情况，需按照适用税率计算应扣缴增值税。

4. 扣缴税款时间为合同约定付款日期

书面合同约定在 2016 年 10 月 12 日支付款项，虽然在 2016 年 12 月才支付，但是母公司在 2016 年 10 月 12 日取得了"索取销售额款项的凭据"，达到了增值税纳税义务发生时间。而增值税扣缴义务发生时间为纳税人增值税纳税义务发生的当天，即两者的时间一致，甲企业应在 2016 年 10 月 12 日履行扣缴增值税义务，而不是在 2016 年 12 月实际支付时扣缴增值税。

| 相关政策浏览 |

1. 《财政部 国家税务总局关于全面推开营业税改征增值税试点的通知》（财税〔2016〕36 号）附件 1

第六条　中华人民共和国境外（以下称境外）单位或者个人在境内发生应税行为，在境内未设有经营机构的，以购买方为增值税扣缴义务人。财政部和国家税务总局另有规定的除外。

第十二条　在境内销售服务、无形资产或者不动产，是指：

（一）服务（租赁不动产除外）或者无形资产（自然资源使用权除外）的销售方或者购买方在境内。

第十三条　下列情形不属于在境内销售服务或者无形资产：

（二）境外单位或者个人向境内单位或者个人销售完全在境外使用的无形资产。

第二十条　境外单位或者个人在境内发生应税行为，在境内未设有经营机构的，扣缴义务人按照下列公式计算应扣缴税额：

$$应扣缴税额＝购买方支付的价款÷（1＋税率）×税率$$

第四十五条　增值税纳税义务、扣缴义务发生时间为：

（五）增值税扣缴义务发生时间为纳税人增值税纳税义务发生的当天。

2. 《财政部 国家税务总局关于全面推开营业税改征增值税试点的通知》（财税〔2016〕36 号）附件 1 附：《销售服务、无形资产、不动产注释》

二、销售无形资产

销售无形资产，是指转让无形资产所有权或者使用权的业务活动。无形资产，是指不具实物形态，但能带来经济利益的资产，包括技术、商标、著作权、商誉、自然资源使用权和其他权益性无形资产。

技术，包括专利技术和非专利技术。

案例 97 异地销售建筑服务，在建筑服务发生地预缴增值税

甲企业是一家建筑企业，为增值税一般纳税人，机构所在地为丁市。2016 年 8 月开始在丙市为乙公司提供建筑服务。2016 年 7 月预收工程款 55.5 万元，7 月取得进项税额 4 万元；2016 年 9 月收取工程款 111 万元，支付分包款 66.6 万元，取得分包单位开具的增值税专用发票，9 月取得其他进项税 5 万元。甲企业选择一般计税方式计征增值税。

问题：预缴增值税的时间和地点应如何确定？

| 案例解析 |

1. 甲企业异地销售建筑服务，应按照增值税纳税义务发生时间确定预缴义务发生时间

17 号公告规定，纳税人跨县（市、区）提供建筑服务预缴税款时间，按照财税〔2016〕36 号文件规定的纳税义务发生时间和纳税期限执行。

甲企业在 2016 年 7 月收取的 55.5 万元工程款，属于在销售建筑服务前的预收款项，根据增值税纳税义务发生时间的判定原则，在 2016 年 7 月达到了增值税纳税义务发生时间，该预收款 55.5 万元在丙市的预缴时间也是 2016 年 7 月。

2016 年 9 月收取工程款，属于销售了建筑服务同时收讫了销售款项，达到了增值税纳税义务发生时间，该工程款 111 万元在丙市的预缴时间也是 2016 年 9 月。

2. 甲企业向建筑服务发生地主管国税机关预缴税款，向机构所在地主管国税机关申报纳税

2016 年 7 月的预收工程款，与 2016 年 9 月的工程款，均应在丙市国税机关预缴增值税，在机构所在地国税机关申报纳税，可抵减预缴税款。

3. 税额计算

(1) $\text{2016 年 7 月甲企业在丙市应预缴税款} = \left(\text{全部价款和价外费用} - \text{支付的分包款} \right) \div (1 + 11\%) \times 2\%$

$$= 55.5 \div (1 + 11\%) \times 2\% = 1 \text{（万元）}$$

$\text{2016 年 7 月甲企业在机构所在地丁市应申报增值税} = 55.5 \div (1 + 11\%) \times 11\% - 4 = 1.5 \text{（万元）}$

应补缴增值税额＝1.5－1＝0.5（万元）

(2) $\begin{array}{l}2016\ 年\ 9\ 月甲企业\\在丙市应预缴税款\end{array}=\left(\begin{array}{c}全部价款和\\价外费用\end{array}-\begin{array}{c}支付的\\分包款\end{array}\right)\div(1+11\%)\times2\%$

$=(111-66.6)\div(1+11\%)\times2\%=0.3（万元）$

$\begin{array}{l}2016\ 年\ 9\ 月甲企业在机构\\所在地丁市应申报增值税\end{array}=111\div(1+11\%)\times11\%-66.6\div(1+3\%)\times$

$3\%-5=4.06（万元）$

应补缴增值税额＝4.06－0.8＝3.26（万元）

说明：预缴时，可以扣减分包款后计算预缴增值税额，但不能抵扣进项税；因选择一般计税方式，所以在机构所在地申报时不能扣减分包款，而是抵扣分包款的进项税以及其他的进项税。

| 相关政策浏览 |

《国家税务总局关于发布〈纳税人跨县（市、区）提供建筑服务增值税征收管理暂行办法〉的公告》（国家税务总局公告 2016 年第 17 号）

第三条　纳税人跨县（市、区）提供建筑服务，应按照财税〔2016〕36 号文件规定的纳税义务发生时间和计税方法，向建筑服务发生地主管国税机关预缴税款，向机构所在地主管国税机关申报纳税。

第五条　纳税人跨县（市、区）提供建筑服务，按照以下公式计算应预缴税款：

（一）适用一般计税方法计税的，应预缴税款＝（全部价款和价外费用－支付的分包款）÷（1＋11％）×2％

（二）适用简易计税方法计税的，应预缴税款＝（全部价款和价外费用－支付的分包款）÷（1＋3％）×3％

第十一条　纳税人跨县（市、区）提供建筑服务预缴税款时间，按照财税〔2016〕36 号文件规定的纳税义务发生时间和纳税期限执行。

案例 98　非房地产开发企业销售不动产，地税代征、地税预缴与国税申报的关系应如何处理

甲企业是一家生产企业，为增值税一般纳税人，非房地产开发企业，机构所

在地为丁市。2016 年 8 月销售其位于丙市的不动产一套，售价 1 050 万元，甲企业在 2014 年购置该不动产时发票注明不动产价值 840 万元。

问题：营改增后销售不动产后增值税在地税机关代征，在地税机关预缴，在国税机关申报，应如何操作？

| 案例解析 |

1. 销售不动产地税机关代征与预缴的关系

根据《国家税务总局关于营业税改征增值税委托地税局代征税款和代开增值税发票的通知》（税总函〔2016〕145 号）的规定，营改增后纳税人销售其取得的不动产和其他个人出租不动产增值税业务由地税机关办理。

根据 14 号公告的规定，纳税人销售取得的不动产，向不动产所在地主管地税机关预缴税款，向机构所在地主管国税机关申报纳税。

由上述文件可见，所谓的在地税代征销售不动产项目，即为向不动产所在地地税机关预缴增值税，最终仍然需在国税机关申报纳税。

2. 甲企业应向不动产所在地丙市地税机关预缴增值税，向不动产所在地国税机关申报纳税

纳税人（其他个人除外）销售取得的不动产，均为向不动产所在地主管地税机关预缴税款，向机构所在地主管国税机关申报纳税（注：不包括房地产开发企业）；

其他个人应向不动产所在地主管地税机关申报纳税。

有人可能会问：如果不动产所在地和机构所在地相同，应如何缴纳？笔者认为，仍需在地税机关预缴增值税，在国税机关申报纳税，只不过国地税机关在同一个地区，为了平衡税源而已。

3. 税额计算

$$应预缴税款 = \left(\begin{array}{c} 全部价款和 \\ 价外费用 \end{array} - \begin{array}{c} 不动产购置原价或者 \\ 取得不动产时的作价 \end{array} \right) \div (1+5\%) \times 5\%$$

$$= (1\,050 - 840) \div (1+5\%) \times 5\% = 10(万元)$$

因此，甲企业应在不动产所在地丙市主管地税机关预缴增值税额 10 万元。

$$应纳税款 = \left(\begin{array}{c} 全部价款和 \\ 价外费用 \end{array} - \begin{array}{c} 不动产购置原价或者 \\ 取得不动产时的作价 \end{array} \right) \div (1+5\%) \times 5\%$$

$$= (1\,050 - 840) \div (1+5\%) \times 5\% = 10(万元)$$

因此，甲企业应在机构所在地丁市主管国税机关申报增值税额 10 万元，抵减已经预缴的增值税额，应补缴增值税额 0 万元。

| 相关政策浏览 |

1.《国家税务总局关于营业税改征增值税委托地税局代征税款和代开增值税发票的通知》(税总函〔2016〕145 号)

国税局是增值税的主管税务机关。营改增后，为方便纳税人，暂定由地税局办理纳税人销售其取得的不动产和其他个人出租不动产增值税的纳税申报受理、计税价格评估、税款征收、税收优惠备案、发票代开等有关事项。地税局办理征缴、退库业务，使用地税局税收票证，并负责收入对账、会计核算、汇总上报工作。本代征业务国税局和地税局不需签订委托代征协议。

2.《国家税务总局关于发布〈纳税人转让不动产增值税征收管理暂行办法〉的公告》(国家税务总局公告 2016 年第 14 号)

第三条 一般纳税人转让其取得的不动产，按照以下规定缴纳增值税：

(一) 一般纳税人转让其 2016 年 4 月 30 日前取得(不含自建)的不动产，可以选择适用简易计税方法计税，以取得的全部价款和价外费用扣除不动产购置原价或者取得不动产时的作价后的余额为销售额，按照 5% 的征收率计算应纳税额。纳税人应按照上述计税方法向不动产所在地主管地税机关预缴税款，向机构所在地主管国税机关申报纳税。

第六条 其他个人以外的纳税人转让其取得的不动产，区分以下情形计算应向不动产所在地主管地税机关预缴的税款：

(一) 以转让不动产取得的全部价款和价外费用作为预缴税款计算依据的，计算公式为：

$$应预缴税款 = 全部价款和价外费用 \div (1 + 5\%) \times 5\%$$

(二) 以转让不动产取得的全部价款和价外费用扣除不动产购置原价或者取得不动产时的作价后的余额作为预缴税款计算依据的，计算公式为：

$$应预缴税款 = \left(\begin{array}{l} 全部价款和 \\ 价外费用 \end{array} - \begin{array}{l} 不动产购置原价或者 \\ 取得不动产时的作价 \end{array} \right) \div (1 + 5\%) \times 5\%$$

案例 99 其他个人销售住房，按持有时间确定税务待遇，向地税机关申报

自然人王先生，2016 年 10 月销售位于淄博市的住房一套，售价 105 万元，于 2016 年 10 月 20 日办理产权过户手续。该房屋购置时取得的房产证注明时间为 2014 年 9 月 1 日，购置发票注明金额为 63 万元。

问题：王先生应如何确定增值税征免待遇以及申报地点？

| 案例解析 |

1. 个人销售住房的根据持有时间确定征税待遇

营改增前，个人销售住房即根据持有时间确定征免税待遇，2 年以上免营业税。营改增后，基本上延续了其政策，税率也延续了营业税时期的 5%，同时由于增值税为价外税，因此其实际税率为 5%÷(1+5%)=4.76%。

关于如何确定取得时间，国家税务总局暂未有明确规定，参考地方政策，一般以个人购买住房取得的房屋产权证或契税完税证明上注明的时间作为其购买房屋的时间（以两者时间孰先为准）。本案例中，房屋产权证上注明的时间为 2014 年 9 月 1 日，因此至 2016 年 10 月 20 日，王先生其购买的住房满两年，可以享受免增值税政策。

2. 个人销售住房向住房所在地地税机关申报纳税

其他个人销售住房，应向住房所在地主管地税机关申报纳税。

3. 税额计算

假设本案例中王先生不满足免征增值税的条件，而是全额计征增值税，则其应纳增值税额=105÷(1+5%)×5%=5（万元）。

| 相关政策浏览 |

1.《财政部 国家税务总局关于全面推开营业税改征增值税试点的通知》（财税〔2016〕36 号）附件 3

五、个人将购买不足 2 年的住房对外销售的，按照 5% 的征收率全额缴纳增值税；个人将购买 2 年以上（含 2 年）的住房对外销售的，免征增值税。上述政策适用于北京市、上海市、广州市和深圳市之外的地区。

个人将购买不足 2 年的住房对外销售的，按照 5% 的征收率全额缴纳增值税；

个人将购买 2 年以上（含 2 年）的非普通住房对外销售的，以销售收入减去购买住房价款后的差额按照 5% 的征收率缴纳增值税；个人将购买 2 年以上（含 2 年）的普通住房对外销售的，免征增值税。上述政策仅适用于北京市、上海市、广州市和深圳市。

2.《国家税务总局关于发布〈纳税人转让不动产增值税征收管理暂行办法〉的公告》（国家税务总局公告 2016 年第 14 号）

第五条　个人转让其购买的住房，按照以下规定缴纳增值税：

（一）个人转让其购买的住房，按照有关规定全额缴纳增值税的，以取得的全部价款和价外费用为销售额，按照 5% 的征收率计算应纳税额。

（二）个人转让其购买的住房，按照有关规定差额缴纳增值税的，以取得的全部价款和价外费用扣除购买住房价款后的余额为销售额，按照 5% 的征收率计算应纳税额。

个体工商户应按照本条规定的计税方法向住房所在地主管地税机关预缴税款，向机构所在地主管国税机关申报纳税；其他个人应按照本条规定的计税方法向住房所在地主管地税机关申报纳税。

3．部分地方政策

〈山东国税〉关于个人二手房购买时间的确定问题。

《营业税改征增值税试点过渡政策的规定》中规定：对于北京市、上海市、广州市和深圳市之外的地区，个人将购买不足 2 年的住房对外销售的，按照 5% 的征收率全额缴纳增值税；个人将购买 2 年以上（含 2 年）的住房对外销售的，免征增值税。

对于住房购买时间，参照《国家税务总局 财政部 建设部关于加强房地产税收管理的通知》（国税发〔2005〕89 号）规定，个人购买住房以取得的房屋产权证或契税完税证明上注明的时间作为其购买房屋的时间（以两者时间孰先为准）。

案例 100　房地产开发企业销售房地产预缴地点，政策不明朗

甲企业是一家房地产开发企业，为增值税一般纳税人，机构所在地位于丁市。2016 年 10 月在丙市开发楼盘，未在丙市办理营业执照和税务登记等手续。2017 年预收房款 1 030 万元，实现销售房款收入 2 060 万元。

问题：甲企业预收房款时应在何处预缴增值税？

| 案例解析 |

1. 房地产开发企业因预收款预缴，不是因跨地区预缴

房地产开发企业销售自行开发房地产项目预缴增值税，是因为预收房款而预缴增值税；非房地产开发企业销售不动产，在不动产所在地预缴增值税，是因为异地销售而预缴增值税款。

2. 房地产开发企业预收房款的预缴地点，暂无统一明确规定

本案例中，甲企业预收房款 1 030 万元，应预缴增值税，但是应在丁市还是丙市主管税务机关预缴，现阶段政策似乎并不明朗。

财税〔2016〕36 号文件规定：

房地产开发企业中的一般纳税人销售房地产老项目，以及一般纳税人出租其 2016 年 4 月 30 日前取得的不动产，适用一般计税方法计税的，应以取得的全部价款和价外费用，按照 3% 的预征率在不动产所在地预缴税款后，向机构所在地主管税务机关进行纳税申报。

这是笔者所能找到的国家税务总局唯一的对于房地产开发企业跨地区预缴的文件规定，根据该规定，作为增值税一般纳税人的房地产开发企业销售房地产老项目，应在不动产所在地预缴，在机构所在地申报纳税。而其他情况，比如一般纳税人销售新项目，或者小规模纳税人销售老项目或者新项目，均不需要跨地区预缴。

对于该规定，业界或者各地税务机关很少有观点或者讨论涉及该条款，甚至有的地区政策直接描述为，"目前出台的营改增政策中，对房地产开发企业销售跨县自行开发的房地产项目是否在不动产所在地预缴税款，并未进行相关规定"。

虽然现阶段大部分房地产开发企业在异地进行工商登记和税务登记，但据笔者所知，确实也存在部分房地产开发企业未在异地登记的情况。

笔者认为，此种异地税源冲突的情况，最好是由国家层面统一做出规定，各地方政策只能规范当地的跨区预缴行为，如果在当地范围之外的地区，便无约束力。比如对于跨地区销售建筑服务，17 号公告规定，同一直辖市或者计划单列市国税机关有权利决定，在本市内跨地区的销售服务是否使用异地预缴的政策，但是超过本市范围的地区，则无权利进行约束。

作为纳税人来讲，对于这种无统一明确政策的情况，最好的办法是与当地主管税务机关充分沟通，在未明确之前，可暂按当地政策执行。

笔者认为，房地产开发企业跨地区销售房地产项目，应在项目所在地预缴增值税。

丨相关政策浏览丨

1.《财政部 国家税务总局关于全面推开营业税改征增值税试点的通知》（财税〔2016〕36 号）附件 2

一、营改增试点期间，试点纳税人［指按照《营业税改征增值税试点实施办法》（以下称《试点实施办法》）缴纳增值税的纳税人］有关政策

（八）销售不动产。

9. 房地产开发企业采取预收款方式销售所开发的房地产项目，在收到预收款时按照 3% 的预征率预缴增值税。

（十）……

房地产开发企业中的一般纳税人销售房地产老项目，以及一般纳税人出租其 2016 年 4 月 30 日前取得的不动产，适用一般计税方法计税的，应以取得的全部价款和价外费用，按照 3% 的预征率在不动产所在地预缴税款后，向机构所在地主管税务机关进行纳税申报。

2.《国家税务总局关于发布〈纳税人跨县（市、区）提供建筑服务增值税征收管理暂行办法〉的公告》（国家税务总局公告 2016 年第 17 号）

第二条 本办法所称跨县（市、区）提供建筑服务，是指单位和个体工商户（以下简称纳税人）在其机构所在地以外的县（市、区）提供建筑服务。

纳税人在同一直辖市、计划单列市范围内跨县（市、区）提供建筑服务的，由直辖市、计划单列市国家税务局决定是否适用本办法。

3. 部分地方政策

〈山东国税〉目前出台的营改增政策中，对房地产开发企业销售跨县自行开发的房地产项目是否在不动产所在地预缴税款，并未进行相关规定。

本着不影响现有财政利益格局的原则，建议房地产开发企业在每个项目所在地均办理营业执照和税务登记，独立计算和缴纳税款；对于未在项目所在地办理税务登记的，参照销售不动产的税务办法进行处理，在不动产所在地按照 5% 进行预缴，在机构所在地进行纳税申报，并自行开具发票，对于不能自行开具增值税发票的，可向不动产所在地主管国税机关申请代开。

案例 101　出租不动产向不动产所在地国税机关预缴，向机构所在地国税机关申报

甲企业是一家物流企业，为增值税一般纳税人，机构所在地为丁市。在丙市拥有 2 层办公楼用于出租。2016 年 8 月一次性预收房屋租金 105 万元，由于该不动产取得日期在 2016 年 4 月 30 日前，因此甲企业可选择简易计税方式。

问题：甲企业该出租不动产行为是否应在地税机关申报？是否可分期确认纳税义务？

| 案例解析 |

1. 甲企业需向不动产所在地丙市主管国税机关预缴增值税，向机构所在地丁市主管国税机关申报纳税

此处需注意区别，只有其他个人出租不动产在地税预缴增值税，其他情况仍然需要在国税机关办理。

2. 税额的计算

甲企业为增值税一般纳税人，出租 2016 年 4 月 30 日前取得的不动产，可以选择简易计税方式计征增值税。

甲企业向不动产所在地丙市应预缴增值税额为：$105 \div (1 + 5\%) \times 5\% = 5$（万元）；甲企业向机构所在地丁市应申报增值税额为：$105 \div (1 + 5\%) \times 5\% = 5$（万元）。

单就此项目，甲企业向所在地丁市主管国税机关应补缴增值税为 0。

3. 一次性预收房屋租金，是否可分期计算

现阶段政策中，只有其他个人出租不动产一次性收取的租金，可以在租赁期内平均分摊，以确定其是否可享受小规模纳税人销售 3 万元/月免增值税政策，但是也不可平均计算增值税。其他一次性房屋租金的情况，尚未见到可以平均计算的规定，因此，应一次性计征增值税。

4. 未抵减完的预缴税款，留待以后各期继续抵减，应不区分项目和计税方式

如果上述案例中，甲企业改为选择一般计税方式计征增值税，假设一次性收取一年房屋租金为 111 万元，则甲企业向不动产所在地丙市应预缴增值税额为：$111 \div (1 + 11\%) \times 3\% = 3$（万元）；甲企业向机构所在地丁市应申报增值税销项税额为：$111 \div (1 + 11\%) \times 11\% = 11$（万元）。

　　甲企业选择一般计税方式计征增值税，可以抵扣进项税，因此当期实现的增值税额不确定，也可能当期未实现增值税额。此时，预缴的增值税额的处理方式为：未抵减完的预缴税款，留待以后各期继续抵减。笔者认为，应不区分项目和计税方式，凡是预缴的增值税额可全部抵减实现的增值税额，16 号公告规定的是预缴税款"可以在当期增值税应纳税额中抵减"，并未特指该项目的或者该计税方式的增值税应纳税额。

　　预缴税款抵减应纳税额不分项目和计税方式，现阶段有一定的争议，以上为笔者个人意见，具体执行还应充分咨询当地主管税务机关的意见。

｜相关政策浏览｜

《国家税务总局关于发布〈纳税人提供不动产经营租赁服务增值税征收管理暂行办法〉的公告》（国家税务总局公告 2016 年第 16 号）

　　第三条　一般纳税人出租不动产，按照以下规定缴纳增值税：

　　（一）一般纳税人出租其 2016 年 4 月 30 日前取得的不动产，可以选择适用简易计税方法，按照 5% 的征收率计算应纳税额。

　　不动产所在地与机构所在地不在同一县（市、区）的，纳税人应按照上述计税方法向不动产所在地主管国税机关预缴税款，向机构所在地主管国税机关申报纳税。

　　不动产所在地与机构所在地在同一县（市、区）的，纳税人向机构所在地主管国税机关申报纳税。

　　第七条　预缴税款的计算

　　（一）纳税人出租不动产适用一般计税方法计税的，按照以下公式计算应预缴税款：

$$应预缴税款 = 含税销售额 \div (1 + 11\%) \times 3\%$$

　　（二）纳税人出租不动产适用简易计税方法计税的，除个人出租住房外，按照以下公式计算应预缴税款：

$$应预缴税款 = 含税销售额 \div (1 + 5\%) \times 5\%$$

　　第十条　单位和个体工商户出租不动产，向不动产所在地主管国税机关预缴的增值税款，可以在当期增值税应纳税额中抵减，抵减不完的，结转下期继续抵减。

　　纳税人以预缴税款抵减应纳税额，应以完税凭证作为合法有效凭证。

案例 102　其他个人出租不动产，向地税机关申报纳税，无须预缴

自然人张先生，在甲市拥有非住房一套用于出租，一年房租为 12.6 万元，一次性预先收取。该不动产的购置日期为 2016 年 4 月 30 日前。

问题：张先生应如何确定申报地点？是否需要预缴？

| 案例解析 |

其他个人出租不动产，不存在不动产所在地与机构所在地不同的情况，因为其他个人不可能有机构所在地，如果有机构所在地，则一般不能称之为税法概念上的其他个人。因此，其他个人出租不动产，在不动产所在地主管地税机关申报缴纳增值税即可。

提示：个人出租不动产也是地税代征的项目之一。

由于张先生一次性收取一年房租 12.6 万元，平均到租赁期内每月不含税租金收入为 12.6÷(1＋5%)÷12＝1（万元），未超过小规模纳税人 3 万元/月的免增值税标准，因此可享受免增值税的政策，只能在地税机关代开增值税普通发票；如果张先生选择不享受免增值税政策，可以在地税机关代开增值税专用发票。

| 相关政策浏览 |

1.《国家税务总局关于营改增试点若干征管问题的公告》（国家税务总局公告 2016 年第 53 号）

其他个人采取一次性收取租金的形式出租不动产，取得的租金收入可在租金对应的租赁期内平均分摊，分摊后的月租金收入不超过 3 万元的，可享受小微企业免征增值税优惠政策。

2.《国家税务总局关于发布〈纳税人提供不动产经营租赁服务增值税征收管理暂行办法〉的公告》（国家税务总局公告 2016 年第 16 号）

第四条　小规模纳税人出租不动产，按照以下规定缴纳增值税：

（二）其他个人出租不动产（不含住房），按照 5% 的征收率计算应纳税额，向不动产所在地主管地税机关申报纳税。其他个人出租住房，按照 5% 的征收率减按 1.5% 计算应纳税额，向不动产所在地主管地税机关申报纳税。

第八条　其他个人出租不动产，按照以下公式计算应纳税款：

（一）出租住房：

应纳税款＝含税销售额÷(1＋5％)×1.5％

（二）出租非住房：

应纳税款＝含税销售额÷(1＋5％)×5％

案例 103　房地产企业预缴时，不能差额扣除土地成本

甲企业是一家房地产开发企业，为增值税一般纳税人。营改增后 2016 年 7 月开发楼盘，支付土地出让金 1 亿元。该项目不属于增值税概念中的老项目，甲企业适用一般计税方式计征增值税。甲企业 2017 年预收房款 1 030 万元，房地产企业适用一般计税方式，可扣除当期销售房地产项目对应的土地价款后的余额计算销售额。

问题：在预缴增值税时是否即可以扣减土地成本后的余额作为销售额？

| 案例解析 |

本案例属于房地产开发企业的一般纳税人销售房地产新项目的情形，因此不能选择简易计税方式。根据规定，房地产开发企业适用一般计税方式可以扣除土地成本后作为销售额计征增值税。一般来讲，在实现房屋销售，计提增值税的销项税额时，扣减对应的土地成本，其计算方式为销售房屋的面积占总可供出售面积的比例乘以土地成本。

房地产开发企业在预收房款时，需要按照 3％ 预征率预征增值税。关于在预缴时是否可以扣减对应的土地成本，我们来看相关的文件规定。

财税〔2016〕36 号文件规定，"房地产开发企业中的一般纳税人销售其开发的房地产项目（选择简易计税方法的房地产老项目除外），以取得的全部价款和价外费用，扣除受让土地时向政府部门支付的土地价款后的余额为销售额"。

房地产开发企业在预收房款预缴增值税时，并未实现销售额，因此不能在预缴时即扣减土地价款。

| 相关政策浏览 |

《财政部 国家税务总局关于全面推开营业税改征增值税试点的通知》（财税〔2016〕36 号）附件 2

一、营改增试点期间，试点纳税人〔指按照《营业税改征增值税试点实施办

法》（以下称《试点实施办法》）缴纳增值税的纳税人〕有关政策

（三）销售额。

10. 房地产开发企业中的一般纳税人销售其开发的房地产项目（选择简易计税方法的房地产老项目除外），以取得的全部价款和价外费用，扣除受让土地时向政府部门支付的土地价款后的余额为销售额。

案例 104　房地产开发企业预缴增值税，未异地经营无须同时缴纳城市维护建设税及附加

甲企业是房地产开发企业，为增值税一般纳税人。2016 年 10 月在丙市开发楼盘，在丙市注册房地产开发公司，并进行税务登记。2017 年预收房款 1 030 万元，在丙市主管国税机关预缴增值税。

问题：甲企业是否在预缴增值税时，即应缴纳城市建设维护税及附加？

| 案例解析 |

1. 营改增后的新文件只规定了异地经营预缴增值税才需要同时缴纳城市维护建设税及附加

《财政部 国家税务总局关于纳税人异地预缴增值税有关城市维护建设税和教育费附加政策问题的通知》（财税〔2016〕74 号）规定，预缴增值税时应同时缴纳相应的城市维护建设税及附加，但该文件只规定了异地预缴增值税涉及的城市维护建设税及附加的情况，具体的描述为"现就纳税人异地预缴增值税涉及的城市维护建设税和教育费附加政策执行问题通知如下"。

2. 房地产企业不属于异地预缴增值税的，无须同时缴纳城市维护建设税及附加

不是只有异地才会产生预缴增值税，房地产企业即使未异地销售房地产项目，也需要在预收房款时按照 3% 预征率预缴增值税，此种未"异地预缴增值税"的情况，是否也需要同时缴纳城市维护建设税及附加？

异地销售预缴增值税同时缴纳城市维护建设税及附加，是为了平衡房地产项目所在地区的地税税源，如果类似房地产开发企业这种不异地销售也存在预缴的情况，城市维护建设税及附加最终也是在本地区缴纳。严格按照文件规定，房地产开发企业异地销售不动产，可以不在预缴时同时缴纳城市维护建设税及附加。

如果房地产开发企业未在不动产所在地办理工商登记和税务登记（这种情况比较少，但现实中确实存在），因异地经营导致预缴增值税的，应根据财税〔2016〕74 号文件的规定，在预缴增值税时在不动产所在地缴纳城市建设维护税及附加。

实务中，有的地区，只要在国税缴纳或者预缴了增值税，国地税联网互通信息，地税即要求缴纳城市维护建设税及附加。这一点要注意不同地区的规定。

综上，根据文件规定，房地产开发企业未异地经营预缴增值税，不同时缴纳城市维护建设税及附加。具体执行应咨询当地主管税务机关意见。

3. 预缴增值税的城市维护建设税及附加不予退还

纳税人异地预缴增值税，但是有可能最终未实现增值税应纳税额。比如纳税人异地销售建筑服务，适用一般计税方式，进项税额大于销项税额，最终产生留抵税额，未实现增值税应纳税额。现阶段对于预缴增值税退税尚无任何统一规定，但是即使能退还预缴增值税，也无法退还相应的城市建设维护税及附加。

根据《财政部 国家税务总局关于增值税、营业税、消费税实行先征后返等办法有关城建税和教育费附加政策的通知》（财税〔2005〕72 号）的规定，对随增值税附征的城市维护建设税和教育费附加，一律不予退（返）还。

最终可能产生的结果是，纳税人未实现增值税应纳税额，却缴纳了以增值税额为计税依据计算的城市建设维护税及附加。

│ **相关政策浏览** │

1. 《财政部 国家税务总局关于纳税人异地预缴增值税有关城市维护建设税和教育费附加政策问题的通知》（财税〔2016〕74 号）

一、纳税人跨地区提供建筑服务、销售和出租不动产的，应在建筑服务发生地、不动产所在地预缴增值税时，以预缴增值税税额为计税依据，并按预缴增值税所在地的城市维护建设税适用税率和教育费附加征收率就地计算缴纳城市维护建设税和教育费附加。

二、预缴增值税的纳税人在其机构所在地申报缴纳增值税时，以其实际缴纳的增值税税额为计税依据，并按机构所在地的城市维护建设税适用税率和教育费附加征收率就地计算缴纳城市维护建设税和教育费附加。

三、本通知自 2016 年 5 月 1 日起执行。

2.《中华人民共和国城市维护建设税暂行条例》

第三条　城市维护建设税，以纳税人实际缴纳的产品税、增值税、营业税税额为计税依据，分别与产品税、增值税、营业税同时缴纳。

3.《财政部　国家税务总局关于增值税、营业税、消费税实行先征后返等办法有关城建税和教育费附加政策的通知》（财税〔2005〕72 号）

经研究，现对增值税、营业税、消费税（以下简称"三税"）实行先征后返、先征后退、即征即退办法有关的城市维护建设税和教育费附加政策问题明确如下：

对"三税"实行先征后返、先征后退、即征即退办法的，除另有规定外，对随"三税"附征的城市维护建设税和教育费附加，一律不予退（返）还。

案例 105　预缴增值税，不分项目不分计税方式抵减增值税应纳税额[1]

甲企业是一家房地产开发企业，为增值税一般纳税人。有 A、B、C 三个项目，其中 A 项目适用简易计税方法，B、C 项目适用一般计税方法。2016 年 8 月，三个项目分别收到不含税销售价款 1 亿元，分别预缴增值税 300 万元，共预缴增值税 900 万元。2017 年 8 月，B 项目达到了纳税义务发生时间，当月计算出应纳税额为 1 000 万元。

问题：甲企业预缴增值税是否应区分项目和计税方式抵减实现的增值税应纳税额？

| 案例解析 |

在该问题上，现阶段有一定的争议。笔者认为，预缴的增值税，应不分项目，不分计税方式，可以抵减当期实现的增值税应纳税额。现行营改增文件对于预缴增值税抵减的规定，均描述为预缴的增值税额可抵减当期实现的增值税应纳税额，而并未对其有任何限制性规定。

当然现在有观点认为应区分抵减预缴税款，笔者并不赞同。其原因有四：一是不符合文件规定；二是没有可操作性；三是可能造成纳税人不必要的损失；四是没有必要分开抵减。

因此，本案例中，甲企业当期实现 1 000 万元的增值税应纳税额，抵减 900

---

[1]　本案例引自某地方营改增政策讲解材料。

万元预缴税款后的余额，当期只缴纳 100 万元增值税即可。

当期纳税申报表填报，甲企业应当在增值税纳税申报表主表第 19 行"应纳税额"填报 1 000 万元，第 24 行"应纳税额合计"填报 1 000 万元，第 28 行"分次预缴税额"填报 900 万元，第 34 行"本期应补（退）税额"填报 100 万元。

提示：建筑服务也存在同样的问题。17 号公告规定，"纳税人应按照工程项目分别计算应预缴税款，分别预缴"，但未明确应交增值税抵减应纳税额是否应区分工程项目。

| 相关政策浏览 |

1.《纳税人跨县（市、区）提供建筑服务增值税征收管理暂行办法》（国家税务总局公告 2016 年第 17 号）

纳税人跨县（市、区）提供建筑服务，向建筑服务发生地主管国税机关预缴的增值税税款，可以在当期增值税应纳税额中抵减，抵减不完的，结转下期继续抵减。

2.《房地产开发企业销售自行开发的房地产项目增值税征收管理暂行办法》（国家税务总局公告 2016 年第 18 号）

第十四条　一般纳税人销售自行开发的房地产项目适用一般计税方法计税的，应按照《营业税改征增值税试点实施办法》（财税〔2016〕36 号文件印发，以下简称《试点实施办法》）第四十五条规定的纳税义务发生时间，以当期销售额和 11％的适用税率计算当期应纳税额，抵减已预缴税款后，向主管国税机关申报纳税。未抵减完的预缴税款可以结转下期继续抵减。

第十五条　一般纳税人销售自行开发的房地产项目适用简易计税方法计税的，应按照《试点实施办法》第四十五条规定的纳税义务发生时间，以当期销售额和 5％的征收率计算当期应纳税额，抵减已预缴税款后，向主管国税机关申报纳税。未抵减完的预缴税款可以结转下期继续抵减。

案例 106　营改增后，减除营业额须退营业税，开具发票有风险

甲企业是一家建筑企业，机构所在地为丁市。2015 年开始为丙市的乙公司提供建筑服务，合同总价款 1 000 万元，2016 年 2 月完工，扣除 10％质保金后收到 900 万元工程款，开具 1 000 万元营业税发票，向丙市主管地税机关缴纳营业税 30 万元。2016 年 8 月，因工程出现质量问题，乙公司要求甲企业承担相应施工责任，

100 万元的质保金只能支付 10 万元，甲企业的实际营业额为 910 万元。

问题：甲企业对退款部分应如何开具发票？

| 案例解析 |

1. 营改增后退款减除营业额只能退还营业税

甲企业应缴纳营业税为：$910×3‰＝27.3$（万元），实际缴纳营业税 30 万元，多缴纳的 2.7 万元营业税，只能向原缴纳营业税地税机关申请退还，即向丙市地税机关申请退还。

2. 营改增后减除营业额开具国税发票的方式

23 号公告规定，营改增前缴纳营业税未开具发票的情况，营改增后只能开具国税的普通发票，同理，开具红字发票也是一样处理。

根据以上规定，甲企业已经缴纳营业税并开具了营业税发票，营改增后发生减除营业额情况的，应在地税机关退还多缴纳的营业税 2.7 万元，同时开具红字增值税普通发票 1 000 万元，再开具蓝字增值税普通发票 910 万元。

但是这里会出现一个问题：如果按照上述方式开具发票且进行增值税申报，会导致冲减了营改增后的增值税销售额，这不符合文件规定。因此，上述发票开具时应采取一定的措施，达到营改增后的开具发票行为不影响应纳增值税的销售额的目的。

综上，甲企业应采取的开票模式为：在确定减除营业额的当期，收回原开具的营业税发票后，在税控开票系统中开具红字增值税普通发票，金额 1 000 万元，选择对应的原已开具的营业税发票信息，并在备注栏中注明其发票代码、号码等信息。开具蓝字增值税普通发票，金额 910 万元，根据《国家税务总局关于营改增试点若干征管问题的公告》（国家税务总局公告 2016 年第 53 号）的规定，编码选择"未发生销售行为的不征税项目"下设的 603"已申报缴纳营业税未开票补开票"，发票税率栏应填写"不征税"。多缴纳的营业税向原主管地税机关申请退还。

如果当地主管税务机关有相应规定，以上发票可选择不在增值税纳税申报表中填报信息。

需要提醒的是，各地方政策可能会有不同，应以当地主管税务机关的规定为准。

| 相关政策浏览 |

1.《财政部 国家税务总局关于全面推开营业税改征增值税试点的通知》（财税〔2016〕36 号）附件 2

一、营改增试点期间，试点纳税人〔指按照《营业税改征增值税试点实施办

法》（以下称《试点实施办法》）缴纳增值税的纳税人〕有关政策

（十三）试点前发生的业务。

2. 试点纳税人发生应税行为，在纳入营改增试点之日前已缴纳营业税，营改增试点后因发生退款减除营业额的，应当向原主管地税机关申请退还已缴纳的营业税。

2. 部分地方政策

（1）〈山东国税〉房地产企业在营改增之前已缴纳营业税，营改增后发生退货，应如何办理？

答：试点纳税人发生应税行为，在纳入营改增试点之日前已缴纳营业税，营改增试点后因发生退款减除营业额的，应当向原主管地税机关申请退还已缴纳的营业税。

2016 年 4 月 30 日前，纳税人已经开具的地税发票，需要开具红字发票冲回的，应当持主管地税机关证明开具（代开）国税机关监制的红字发票；冲回后需要重新开具的，应当开具（代开）国税机关监制的发票；涉及营业税税款退库的，由主管地税机关办理。

（2）〈厦门国税〉营改增之前已开具营业税发票，营改增后需要红冲，如何处理？

答：因红冲业务属于营改增之前的业务，所以不能开具红字发票冲销营改增以后的销售额，可以向原地税机关申请退还营业税。

（3）〈福建国税〉原已开具地税的不动产发票若发生退房、更名等需要开具红字发票的情况，红字发票如何开具？发生退税行为的去哪个部门受理？

答：试点纳税人 2016 年 4 月 30 日前销售服务、无形资产或者不动产已开具发票，2016 年 5 月 1 日后发生销售中止、折让、开票有误等，且不符合发票作废条件的，开具红字增值税普通发票，开具时应在备注栏内注明红字发票对应原开具的营业税发票的代码、号码及开具原因，不得抵减当期增值税应税收入。

根据 36 号文附件二规定，试点纳税人发生应税行为，在纳入营改增试点之日前已缴纳营业税，营改增试点后因发生退款减除营业额的，应当向原主管地税机关申请退还已缴纳的营业税。

（4）〈河南国税〉纳税人 4 月 30 日之前开具的营业税发票，5 月 1 日之后发现开具有误，能否开具红字增值税普通发票进行处理？

答：按照原营业税规定，可以开具红字发票冲减的，营改增后可以开具红字增值税普通发票进行冲减，同时按照国家税务总局 2016 年第 23 号公告"纳税人在地税机关已申报营业税未开具发票，2016 年 5 月 1 日以后需要补开发票的，可于 2016 年 12 月 31 日前开具增值税普通发票（税务总局另有规定的除外）"的规定，开具增值税普通发票。

案例 107　营改增后房地产开发企业针对面积误差，补退营业税及开具一张发票的处理

甲企业是一家房地产开发企业，为增值税一般纳税人。2015 年销售的某房产，销售价格 100 万元，建筑面积 100 平方米，已经开具营业税发票并缴纳营业税 5 万元。2016 年 7 月正式交房时，实测面积为 95 平方米，应退消费者房款 5 万元。

问题：该差额应退营业税还是应抵减增值税？如何重新开具发票？

| 案例解析 |

1. 退房款应在地税机关退营业税

这个政策已经很明确了，虽然很多人说地税退税困难，但是现在就是这个政策。要么退营业税，要么放弃退税。抵减营改增后实现的增值税不符合政策规定，国税机关也不予办理。

2. 应根据实收金额开具一张增值税发票

现在很多房产交易中心明确表示只接受一张发票，关于如何开具一张发票，据笔者查询国家税务总局及各地政策，暂无明确详细的操作流程。

根据政策规定以及实务要求，笔者认为，根据实务中的情况，采取以下方式开具发票比较合理：

甲企业在地税机关办理营业税退税；甲企业收回原开具的营业税发票后，开具红字增值税普通发票，金额为 −100 万元，并在备注栏注明相应的营业税发票信息。再开具蓝字增值税普通发票 95 万元，根据 53 号公告的规定，编码选择"未发生销售行为的不征税项目"下设的 603"已申报缴纳营业税未开票补开票"，发票税率栏应填写"不征税"。如果当地主管税务机关有相应规定，以上发票可选择不在增值税纳税申报表中填报信息。

3. 实测面积大于原面积的处理风险

如果营改增后实测房屋面积大于原面积，根据上述规定，应在地税机关补缴营业税。实务中，有的纳税人处理如下：假设原面积为 100 平方米，实测面积为 105 平方米，纳税人开具红字增值税普通发票 100 万元，然后再开具蓝字增值税

普通发票 105 万元，并进行申报。结果是将应缴纳营业税的部分缴纳了增值税。笔者认为这样处理是有风险的，地税机关会认为应缴纳营业税。

4. 实务中不能退营业税的处理

如果地税机关不允许退还已经缴纳的营业税，也不建议冲减营改增后实现的增值税额，这是文件明确规定不允许的行为，即使损失了应退营业税，也不建议从增值税上补回损失。

| 部分地方政策 |

（1）〈河南国税〉房地产开发企业采取预售方式的，按照预售面积开具发票后，在交房时对面积差需要补开或开红票冲减的，如何开具发票和计税？

答：《财政部　国家税务总局关于全面推开营业税改征增值税试点的通知》（财税〔2016〕36 号）规定，试点纳税人发生应税行为，在纳入营改增试点之日前已缴纳营业税，营改增试点后因发生退款减除营业额的，应当向原主管地税机关申请退还已缴纳的营业税。试点纳税人纳入营改增试点之日前发生的应税行为，因税收检查等原因需要补缴税款的，应按照营业税政策规定补缴营业税。

综上，房地产开发企业在交房时对面积差需要补开或开红票冲减的，如果营改增之前开具地税发票，营改增后可以开具增值税普通发票进行冲减或补缴。

（2）〈大连国税〉出售房屋已经在地税缴纳税款，但是由于质量问题退房，经过修缮后将再次出售。由于目前地税退税困难，能否用已缴地税税款抵扣国税税款？

答：不可以。

（3）〈新疆国税〉我们单位 2015 年 1 月开了一张销售不动产发票，当时预售面积为 700 平方米，后经测绘面积为 690 平方米，现需开具冲红发票，再按 690 平方米开正确的票，单价不变，那我们是到地税局开，还是到国税局开？

答：根据《财政部　国家税务总局关于全面推开营业税改征增值税试点的通知》（财税〔2016〕36 号）规定，试点纳税人发生应税行为，在纳入营改增试点之日前已缴纳营业税，营改增试点后因发生退款减除营业额的，应当向原主管地税机关申请退还已缴纳的营业税。

根据《国家税务总局关于发布〈房地产开发企业销售自行开发的房地产项目增值税征收管理暂行办法〉的公告》（国家税务总局公告 2016 年第 18 号）规定，一般纳税人销售自行开发的房地产项目，其 2016 年 4 月 30 日前收取并已向主管地税机关申报缴纳营业税的预收款，未开具营业税发票的，可以开具增值税普通发票，不得开具增值税专用发票。

（4）〈江西国税〉在房管部门还未出具实际测绘房产面积时，房地产开发企业在地税机关的催促下，于 4 月 30 日前在地税机关已开票缴税，取得了地税机关的销售不动产统一发票。5 月 1 日后，如出现预售房产面积与实际房产测绘面积不符，需重开发票的，应如何操作？如出现预售房产面积小于实际房产测绘面积，应补缴增值税还是营业税？

答：根据赣地税函〔2016〕21 号文件规定，房地产开发企业采取地税部门代开票方式开具销售不动产发票的，在 5 月 1 日之后发生房产实测建筑面积大于预测建筑面积的，按照规定纳税人应向地税部门补缴营业税，就补缴部分开具增值税普通发票；实测建筑面积小于预测建筑面积的，纳税人向地税部门申请办理差额部分的退税，并按规定作废原已开具的地税发票，重新开具增值税普通发票。房地产开发企业采取自开票方式开具销售不动产发票，在结余地税发票用完或 7 月 1 日后发生上述情况的，纳税人应正确区分税款所属期，按规定申报缴纳；发票开具按照国税部门规定办理。

案例 108　营改增前提供建筑服务尚未扣除完的分包款，只能退还营业税，不能抵减增值税

甲企业是一家建筑企业。2016 年 2 月开始为注册地在丙市的乙公司提供建筑服务，2016 年 4 月收到总包款 100 万元，支付分包款 150 万元并取得分包方发票。营业税差额征收。由于分包款大于总包款，因此当期申报营业税额为 0，尚有 50 万元分包款留待以后抵减。

2016 年 5 月，甲企业又实现建筑服务销售额 82.4 万元，甲企业选择简易计税方式。

问题：营改增前尚未抵减完的分包款，是否可以抵扣营改增后实现的增值税销售额？

| 案例解析 |

根据财税〔2016〕36 号文件的规定，甲企业在营改增前差额征收营业税，因总包款不足以抵减允许抵扣的分包款，营改增后尚未扣除的部分，应向原地税机关申请退还营业税，而不能抵减增值税的销售额。根据规定，

甲企业应退营业税额＝50×3%＝1.5(万元)

甲企业应缴纳增值税＝82.4÷(1＋3%)×3%＝2.4(万元)

有人会问：营改增前甲企业未缴纳营业税，丙市的地税机关没收到营业税款，能同意退营业税吗？这里要注意，甲企业的分包方开具了发票，而《中华人民共和国营业税暂行条例》规定，提供建筑业劳务在劳务发生地缴纳营业税，说明分包方在丙市的地税机关已经缴纳了营业税，丙市的地税机关并不是未收到营业税款。

| 相关政策浏览 |

1.《财政部 国家税务总局关于全面推开营业税改征增值税试点的通知》（财税〔2016〕36 号）附件 2

一、营改增试点期间，试点纳税人［指按照《营业税改征增值税试点实施办法》（以下称《试点实施办法》）缴纳增值税的纳税人］有关政策

（十三）试点前发生的业务。

1. 试点纳税人发生应税行为，按照国家有关营业税政策规定差额征收营业税的，因取得的全部价款和价外费用不足以抵减允许扣除项目金额，截至纳入营改增试点之日前尚未扣除的部分，不得在计算试点纳税人增值税应税销售额时抵减，应当向原主管地税机关申请退还营业税。

2.《国家税务总局纳税服务司关于下发营改增热点问题答复口径和营改增培训参考材料的函》（税总纳便函〔2016〕71 号）

差额征税的规定可能会涉及增值税、营业税政策交叉。在 5 月征期申报 4 月的营业税时，如果当期取得全部价款和价外费用不足以抵减允许扣除项目金额，尚未扣除的部分，不能在计算增值税应税销售额时抵减，应向原主管地税机关申请退还相应营业税。比如说收入只有 80 万元，可是支付的允许扣除项目金额为 100 万元，余下不足抵减的 20 万元需要找地税局退还相应的营业税，不能抵减增值税应税销售额。5 月 1 日营改增后，对于使用差额征税政策的试点纳税人，营业税发票仍可作为增值税差额征税的扣除凭证，以建筑业为例，4 月 30 日前开具的建筑业营业税发票，可以在计征增值税时抵减销售额。但是这张票如果在申报营业税时以作为差额征税的扣除凭证抵减营业额了，就不能同时用于抵减增值税应税销售额。如果这张建筑业营业税发票用于差额计算增值税应税销售额，假如建筑企业当期的收入是 80 万元，建筑企业取得 100 万元的建筑业营业税发票，那么余下的 20 万元可以继续流转到下一期计算销售额。

案例 109　总分机构汇总缴纳增值税，审批权限及流程是关键

甲企业是一家加工企业，为增值税一般纳税人。为方便开展业务，注册地点和办公地点在市区，出于节省成本以及环境因素的考虑，生产车间设在郊区。生产车间在当地进行了分公司的工商注册和税务登记，总分公司均在同一市内（设区的市），总公司负责联系业务，与客户签订合同等，分公司负责生产产品。

问题：此种情况甲企业能否在总公司汇总缴纳增值税？

| 案例解析 |

1.　总分公司分别纳税的劣势

第一，总分公司分别纳税成本高，很不方便。第二，总分公司之间，很容易形成移送货物的情况，在增值税上视同销售。比如，分公司的税务机关可能会认为分公司生产产品，总公司销售，从而认为分公司视同销售给总公司产品。

2.　汇总纳税的程序问题

财税〔2016〕36 号文件规定，总分机构增值税汇总纳税，必须经财政部和国家税务总局或者其授权的财政和税务机关批准。实际操作中，具体审批权限如下：

总分机构不在同一省、自治区、直辖市的，经财政部和国家税务总局批准，可以由总机构向总机构所在地的主管税务机关申报纳税；

总分机构不在同一县（市），但在同一省、自治区、直辖市范围内的，经省、自治区、直辖市财政厅（局）、国家税务局审批同意，可以由总机构向总机构所在地的主管税务机关申报纳税。

提示：实务中，计划单列市也可能有这种权限。

具体的操作，一般是由甲企业向分公司所在地主管税务机关申请总分机构汇总纳税，再向总公司所在地主管税务机关申请，经批准后，可在总公司所在地主管税务机关汇总处理所有的增值税事宜，包括开具发票、认证抵扣、增值税申报、退税等，在分公司所在地主管税务机关零申报即可。

提示：实务中，有的纳税人采取在分公司所在地不进行工商登记以及税务登记的方式，避免办理总分机构汇总申报的手续，这是具有较大税务风险的。

3.　总分机构与合并纳税的区别

总分机构指的是总公司和分公司之间，在总公司汇总计征增值税；合并纳税

指的是两个或两个以上的纳税人，视为一个纳税人合并纳税，并不限制于总分公司，也可能包括母子公司。

合并纳税的概念在《中华人民共和国增值税暂行条例》及其实施细则中并未出现，这是营改增后才有的（包括之前的部分营改增试点），但具体的操作细则现在似乎并未明确。

｜相关政策浏览｜

《财政部 国家税务总局关于全面推开营业税改征增值税试点的通知》（财税〔2016〕36号）附件1

第七条　两个或者两个以上的纳税人，经财政部和国家税务总局批准可以视为一个纳税人合并纳税。具体办法由财政部和国家税务总局另行制定。

第四十六条　增值税纳税地点为：

（一）固定业户应当向其机构所在地或者居住地主管税务机关申报纳税。总机构和分支机构不在同一县（市）的，应当分别向各自所在地的主管税务机关申报纳税；经财政部和国家税务总局或者其授权的财政和税务机关批准，可以由总机构汇总向总机构所在地的主管税务机关申报纳税。

200 MUST-READ CASES

第 6 章

发票案例

案例 110 质量扣款导致专用发票金额大于付款金额，需转出进项税额

甲企业是一家服务性企业，为增值税一般纳税人，2016 年 8 月从乙公司购进咨询服务，用于企业生产经营。取得增值税专用发票价税合计 10.6 万元，增值税额为 0.6 万元。因甲企业对接受的服务质量不满意，经协商后支付 5.3 万元的咨询服务费。该增值税专用发票经认证相符，并抵扣进项税。

问题：甲公司是否应将未付款部分做进项税额转出？

| 案例解析 |

1. 进项税额需转出的几种情形

一般来讲，纳税人取得进项税并抵扣以后，发生以下几种情形，应将其转出：

(1) 进项税用于不得抵扣项目，比如用于简易计税方法计税项目、免征增值税项目、集体福利或者个人消费，或者用于非正常损失的项目，以及用于购进的旅客运输服务、贷款服务、餐饮服务、居民日常服务和娱乐服务。

以上这些情况，属于税法规定的进项税在取得时即不得抵扣的情形，即使已经抵扣了也需转出。

(2) 取得红字增值税专用发票。

增值税一般纳税人开具增值税专用发票后，发生销货退回、开票有误、应税服务中止等情形但不符合发票作废条件，或者因销货部分退回及发生销售折让，需要开具红字专用发票的，采购方取得红字专用发票后，需将进项税额转出。

(3) 用于抵税的项目。

取得的增值税扣税凭证，如果用于抵减增值税应纳税额，则其包含的进项税额不能重复抵扣增值税。最典型的例子是增值税纳税人购进防伪税控专用设备或者技术服务费，可以抵减增值税应纳税额，但其增值税专用发票如果已经认证抵扣，则需将进项税额转出。

2. 本案例应适用于销售折让的情形

从表面上看，本案例似乎不属于上述的任何一种情形，但从实质分析，根据《国家税务总局关于确认企事业所得税收入若干问题的通知》（国税函〔2008〕875 号）的规定，企业因售出商品的质量不合格等原因而在售价上给予的减让属

于销售折让（说明，营改增后，销售服务也应适用），本案例中的服务质量扣款，即属于销售折让，虽然乙公司由于种种原因（比如对方进项税较大）并未开具红字专用发票，但对于甲公司来讲，真正购入的服务价款为 5.3 万元，其差额为销售折让，应转出进项税，或者让乙公司在开具红字专用发票后重新开具正确的蓝字发票。

实际的稽查案例中，对于此种质量扣款导致的少付采购款，需要转出进项税额，纳税人应注意该种税务风险。

3. 进项税额转出的计算

甲企业应转出进项税额＝5.3÷(1＋6％)×6％＝0.3(万元)

| 相关政策浏览 |

《国家税务总局关于红字增值税发票开具有关问题的公告》（国家税务总局公告 2016 年第 47 号）

增值税一般纳税人开具增值税专用发票（以下简称"专用发票"）后，发生销货退回、开票有误、应税服务中止等情形但不符合发票作废条作，或者因销货部分退回及发生销售折让，需要开具红字专用发票。

案例 111　纳税人差额开票可采取几种方式，不一定要采取差额开票功能

甲企业是一家劳务派遣公司，为增值税一般纳税人。2016 年 12 月月从客户处收取的全部价款为 105 万元，支付员工工资、社会保险费、住房公积金等合计 84 万元，甲企业选择差额征税，征收率 5％，对方要求开具增值税专用发票。当地主管税务机关不允许甲企业在新系统中采取差额开票功能。

问题：甲企业如何才能开具符合税法规定的增值税专用发票？

| 案例解析 |

1. 甲企业差额征收应纳税额

应纳增值税＝(105－84)÷(1＋5％)×5％＝1(万元)

2. 差额开票的四种方式

方式一：新系统采取差额开票功能开具增值税专用发票。

通过新系统中差额征税开票功能，录入含税销售额 105 万元和扣除额 84 万元，系统自动计算增值税额为 1 万元，以及不含税金额 104 万元，受票方只能抵扣 1 万元的进项税。此即属于 23 号公告中所称的差额开票功能。

方式二：零税率普票＋专票。

开具增值税普通发票 84 万元，增值税率为 0；开具 21 万元增值税专用发票，增值税额 1 万元，不含税金额 20 万元，受票方只能抵扣 1 万元的进项税。

方式三：普票＋专票＋申报表扣除项目。

开具增值税普通发票 84 万元，增值税额 4 万元；开具 21 万元增值税专用发票，增值税额 1 万元，不含税金额 20 万元，受票方只能抵扣 1 万元的进项税；在增值税纳税申报表附表一中的扣除项目填报含税销售额 84 万元，系统自动计算增值税额为 1 万元，受票方只能抵扣 1 万元的进项税。

方式四：普票＋申报表扣除项目。

开具增值税普通发票 105 万元，不含税金额 100 万元，增值税额 5 万元，在增值税纳税申报表附表一中的扣除项目填报含税销售额 84 万元，系统自动计算增值税额为 1 万元。采取这种方式的条件是受票方不要求取得增值税专用发票。

提示： 开票方式需要按照当地税务机关的要求确定，比如本案例中甲企业所在地的主管税务机关，不允许纳税人采取差额开票功能开具发票，规定只有销售取得的不动产才能采取该功能。一定要注意各地不同的税务政策。

| 相关政策浏览 |

《国家税务总局关于全面推开营业税改征增值税试点有关税收征收管理事项的公告》（国家税务总局公告 2016 年第 23 号）

按照现行政策规定适用差额征税办法缴纳增值税，且不得全额开具增值税发票的（财政部、税务总局另有规定的除外），纳税人自行开具或者税务机关代开增值税发票时，通过新系统中差额征税开票功能，录入含税销售额（或含税评估额）和扣除额，系统自动计算税额和不含税金额，备注栏自动打印"差额征税"字样，发票开具不应与其他应税行为混开。

案例 112　定额发票使用有期限，超期不能作为合法有效凭证

甲企业是增值税一般纳税人，2016 年 7 月，财务部门反映，有部分员工报销的费用里有地税机关监制的定额发票。

问题：财务部门无法确定该定额发票的取得时间，不知是否为合规发票，该如何处理？

| 案例解析 |

根据 23 号公告的规定，地税机关印制的发票可以使用到 2016 年 6 月 30 日（特殊情况经省国税局确定，最迟不超过 2016 年 8 月 31 日），所以地税印制的定额发票，也需遵循该使用期限的限制。

定额发票有其特殊性，定额发票上虽然有开具时间，但是一般情况下，提供定额发票的纳税人不填写开具日期，而纳税人也很难知晓发票的开具时间。从地税机关网站查询，只能得知开具单位等信息，不能辨别其开具时间。报销人坚持说是 6 月取得的定额发票，单位也无法查证。

笔者建议，为避免风险，6 月以后的费用的地税定额发票，一律认为是不合规发票。当然这有点一刀切的意思，但现阶段确实没有太好的办法。

| 相关政策浏览 |

《国家税务总局关于全面推开营业税改征增值税试点有关税收征收管理事项的公告》（国家税务总局公告 2016 年第 23 号）

自 2016 年 5 月 1 日起，地税机关不再向试点纳税人发放发票。试点纳税人已领取地税机关印制的发票以及印有本单位名称的发票，可继续使用至 2016 年 6 月 30 日，特殊情况经省国税局确定，可适当延长使用期限，最迟不超过 2016 年 8 月 31 日。

案例 113　发票备注车船税作为"会计核算原始凭证"，可税前扣除

甲企业为增值税一般纳税人，2016 年 10 月为自有车辆购买保险，取得的保费发票中，在备注栏中注明保险单号、税款所属期（详细至月）、代收车船税金额、滞纳金全额、金额合计等。

问题：该发票能否作为车船税的税前扣除凭证？

| 案例解析 |

车船税一般由保险公司在收取交强险时代收，保险公司无法就代收的车船税开具增值税发票，《国家税务总局关于保险机构代收车船税开具增值税发票问题

的公告》（国家税务总局公告 2016 年第 51 号）规定，在增值税发票备注栏中注明代收车船税税款信息，该增值税发票可作为纳税人车船税以及滞纳金的"会计核算原始凭证"。

如何理解"会计核算原始凭证"？会计核算原始凭证当然指的是会计上记账的附件，即会计上根据备注有车船税信息的保险费增值税发票，可以对车船税进行账务处理。而对于会计处理进行规范，属于财政部的管辖范围。

文件表述该增值税发票可作为纳税人车船税以及滞纳金的"会计核算原始凭证"，但未明确表示是否可税前扣除，有纳税人担心税前扣除的问题。此处需注意，备注有车船税信息的增值税发票，完全可以证明纳税人缴纳车船税的真实性，企业所得税前扣除没有问题。

| 相关政策浏览 |

《国家税务总局关于保险机构代收车船税开具增值税发票问题的公告》（国家税务总局公告 2016 年第 51 号）

保险机构作为车船税扣缴义务人，在代收车船税并开具增值税发票时，应在增值税发票备注栏中注明代收车船税税款信息。具体包括：保险单号、税款所属期（详细至月）、代收车船税金额、滞纳金金额、金额合计等。该增值税发票可作为纳税人缴纳车船税及滞纳金的会计核算原始凭证。

本公告自 2016 年 5 月 1 日起施行。

案例 114　营改增前缴纳营业税未开票，差额开票功能解决"一张"发票问题

甲企业是一家房地产开发企业，2015 年 1 月在丁市开发楼盘。根据营业税时期当地政策，对预收房款开具房地产业的专用收据，已经就预收房款缴纳了营业税。营改增后，甲企业需要向消费者开具一张总的发票，以便于消费者办理各种手续。还有部分消费者为一般纳税人的企业，因此希望就营改增后的增值税部分取得增值税专用发票。

假设其中某一套房产，营改增前预收房款 100 万元。已经缴纳营业税 5 万元，未开具发票。营改增后，该房屋销售完毕，达到增值税纳税义务发生时间，房款共 300 万元。

问题：甲企业应如何开具一张增值税专用发票？

| 案例解析 |

1. 营改增前缴纳的营业税，营改增后只能开具增值税普通发票

营改增前已经缴纳营业税，但是未开具发票的情形，根据文件规定，只能开具增值税普通发票。此处需要注意的是，虽然文件规定地税发票有过渡期，可以使用至 2016 年 6 月 30 日（特殊情况经省国税局确定，最迟不超过 2016 年 8 月 31 日），但这里所说的可以使用的地税发票，不是针对营业税，而是在计征增值税时使用的。所以营改增前缴纳的营业税，营改增后不能使用上述的营业税发票，只能开具国税的普通发票。

2. 避免重复征税

由于在营改增前已经缴纳了营业税，因此在营改增后开具国税普通发票，如果不妥善处理，很可能导致重复征税，即又缴纳营业税，又缴纳增值税，所以各地方政策对于该种情况规定了不同的措施，避免重复纳税。

比如，采取诸如开具零税率国税普通发票，不申报，在发票备注栏注明原营业税信息，留存备查营业税资料等各种措施。

对于该问题，国家税务总局在 2016 年 8 月 18 日发布了《国家税务总局关于营改增试点若干征管问题的公告》（国家税务总局公告 2016 年第 53 号），增加商品和服务税收分类与编码，6 "未发生销售行为的不征税项目" 下设 603 "已申报缴纳营业税未开票补开票"，发票税率栏填写 "不征税"，这样就解决了开具增值税普通发票但不重复缴纳增值税的问题。

3. 如何开具 "一张" 发票

有的地区的房地产交易中心明确要求，不接受一张以上的发票。

如果对方不需要增值税专用发票，则按照上述措施，开具一张全额增值税普通发票。

如果对方需要增值税专用发票，则只能抵扣营改增后应缴纳增值税对应的进项税额，此时可参照差额开票功能，将之前缴纳营业税的营业额作为差额扣除部分，受票方只能抵扣营改增以后增值税的部分。

采用新系统中的差额开票功能，录入含税销售额（或含税评估额），然后录入扣除额。此处 "扣除额" ＝该套房产已缴纳营业税金额/5％，系统自动计算税额和不含税金额，备注栏自动打印 "差额征税" 字样。

如本案例，在新系统中录入含税销售额 300 万元，录入扣除额＝5÷5％＝100（万元），系统自动计算税额＝（300－100）÷1.05×5％＝9.52（万元），不含税金额＝300－9.52＝290.48（万元）。购房者可以抵扣 9.52 万元的增值税，这也是营改增后增值税销售额 200 万元对应的增值税额。

还有一种方式，即"普票＋专票"的模式，适用于可以接受一张以上发票的地区。

提示：53 号公告发布后，有的纳税人觉得既然已有国家统一规定，就不需要关注各地方的政策了。笔者认为，还是应继续关注，比如 53 号公告并未明确如何开具一张增值税专用发票等问题，另外各地的执行力度也不同。

｜相关政策浏览｜

1.《国家税务总局关于全面推开营业税改征增值税试点有关税收征收管理事项的公告》（国家税务总局公告 2016 年第 23 号）

纳税人在地税机关已申报营业税未开具发票，2016 年 5 月 1 日以后需要补开发票的，可于 2016 年 12 月 31 日前开具增值税普通发票。

2.《国家税务总局关于营改增试点若干征管问题的公告》（国家税务总局公告 2016 年第 53 号）

九、《国家税务总局关于全面推开营业税改征增值税试点有关税收征收管理事项的公告》（国家税务总局公告 2016 年第 23 号）附件《商品和服务税收分类与编码（试行）》中的分类编码调整以下内容，纳税人应将增值税税控开票软件升级到最新版本（V2.0.11）：

（十一）增加 6 "未发生销售行为的不征税项目"，用于纳税人收取款项但未发生销售货物、应税劳务、服务、无形资产或不动产的情形。

"未发生销售行为的不征税项目"下设 601 "预付卡销售和充值"、602 "销售自行开发的房地产项目预收款"、603 "已申报缴纳营业税未开票补开票"。

使用 "未发生销售行为的不征税项目"编码，发票税率栏应填写 "不征税"，不得开具增值税专用发票。

3. 部分地方政策

（1）〈深圳国税〉纳税人 2016 年 4 月 30 日前已在地税申报缴纳营业税，但未开具发票的收入，2016 年 5 月 1 日以后需要补开发票的，可于 2016 年 12 月 31 日前开具增值税普通发票（国家税务总局另有规定的除外）。纳税人在补开发票的次月（申报期）申报时，无须申报补开发票的销售额。

补开发票收入需要代开增值税普通发票的纳税人，可凭 4 月 30 日前已经在地税缴纳营业税的完税凭证，到主管国税机关办理代开手续。

（2）〈河北国税〉关于建筑企业和房地产开发企业已缴纳营业税开具增值税普通发票纳税申报问题。

23号公告第三条第（七）款规定："纳税人在地税机关已申报营业税未开具发票，2016年5月1日以后需要补开发票的，可于2016年12月31日前开具增值税普通发票（税务总局另有规定的除外）"。

根据以上规定，建筑企业和房地产开发企业在地税机关已申报营业税未开具发票的，应将缴纳营业税的完税凭证留存备查，并在开具的增值税普通发票备注栏注明"已缴纳营业税，完税凭证号码××××"字样。纳税申报时，可在开具增值税普通发票的当月，以无票收入负数冲减销售收入。

例如，2016年5月，某房地产企业开具一张价税合计为100万元的增值税普通发票，该笔房款已在地税机关申报营业税。纳税申报时，应在《增值税纳税申报表附列资料（一）》第9b"5％征收率的服务、不动产和无形资产"行、"开具其他发票"列，填报销售额95.24万元，销项（应纳）税额4.76万元；同时在《增值税纳税申报表附列资料（一）》第9b"5％征收率的服务、不动产和无形资产"行、"未开具发票"列，填报销售额－95.24万元，填报销项（应纳）税额－4.76万元。

（3）〈山东国税〉关于"已缴纳营业税未开具营业税发票"问题。

23号公告明确规定："纳税人在地税机关已申报营业税未开具发票，2016年5月1日以后需要补开发票的，可于2016年12月31日前开具增值税普通发票"。上述规定的出台明确了已缴纳营业税但未开具发票事宜如何衔接以及具体的时限要求，纳税人发生上述情形在开具普通发票时暂选择"零税率"开票，同时将缴纳营业税时开具的发票、收据及完税凭证等相关资料留存备查，在发票备注栏单独备注"已缴纳营业税"字样。

秉持"对于征税主体发生的一项应税行为，不重复征税"的原则，对适用上述情况开具的增值税普通发票，不再征收增值税，也不通过纳税申报表体现。

（4）〈山东国税〉关于房地产开发企业预收款开票问题。

《营业税改征增值税试点实施办法》规定，房地产开发企业采取预收款方式销售自行开发的房地产项目，应在收到预收款时按照3％的预征率预缴增值税。

营改增前，企业收到预收款后，开具由山东省地税局统一印制的收据，作为企业开具发票前收取预收款的结算凭证。该收据统一编号，管理上类似于发票，购房者持该收据可以到房管、公积金、金融等部门办理相关业务。

营改增后，为保证不影响购房者正常业务的办理，允许房地产开发企业在收到预收款时，向购房者开具增值税普通发票，在开具增值税普通发票时暂选择"零税率"开票，在发票备注栏单独备注"预收款"。开票金额为实际收到的预收款全款，待下个月申报期内通过《增值税预缴税款表》进行申报并按照规定预缴增值税。在申报当期增值税时，不再将已经预缴税款的预收款通过申报表进行体现，将来正式确认收入开具不动产销售发票时也不再进行红字冲回。

（5）〈山东国税〉房地产开发企业 2016 年 4 月 30 日前已在地税机关申报缴纳营业税，正式销售时增值税发票应如何开具？

答：房地产企业正式销售时，为方便纳税人办理房产过户，避免出现"一套房产、两张发票"的情形，在正式开具不动产发票时建议采取以下方式：

（一）不动产已全额缴纳营业税，本次开票不涉及税款补退

此种情况参照本指引中上条"关于已缴纳营业税未开具营业税发票问题"进行处理；

（二）不动产已部分缴纳营业税，本次开票需要再征收增值税

此种情况暂可通过新系统中差额征税开票功能进行开票。首先，录入含税销售额（或含税评估额），然后录入扣除额。此处"扣除额"＝该套房产已缴纳营业税金额/5％，系统自动计算税额和不含税金额，备注栏自动打印"差额征税"字样。

在填报增值税纳税申报表时，已征收营业税对应的收入暂不通过申报表体现，仅填报增值税应税收入。

案例 115　营改增后提供建筑服务，一般纳税人无须在劳务发生地税务机关开具发票

甲企业是一家建筑企业，为增值税一般纳税人，注册地为丁市。2016 年 1 月在丙市提供建筑服务，在丙市主管地税机关开具营业税发票，并在丙市地税机关申报缴纳营业税。2016 年 10 月在丙市销售建筑服务。

问题：营改增后，甲企业是否仍然按照营业税时期的政策，需在丙市税务机关开具发票？

| 案例解析 |

1. 营业税时期，在建筑劳务发生地主管税务机关开具发票

营改增前的营业税时期，提供建筑业劳务的纳税人，在提供建筑业发生地缴纳营业税，同时在建筑劳务发生地地税机关开具发票，否则受票方在取得发票方面不合规，实际上是用在建筑劳务发生地开具发票的方式约束纳税人在劳务发生地纳税。

2. 营改增后，开票地点的变化

营改增后，取消了以销售建筑服务发生地作为纳税地点的规定，代之以在机构所在地纳税，在建筑服务发生地只有预缴的义务。相应地，开票方式也发生了变化：

一般纳税人在机构所在地自行开具增值税专用发票和普通发票。

可自行开具发票的小规模纳税人在机构所在地自行开具增值税普通发票，向建筑服务发生地主管国税机关申请代开增值税专用发票。

不能自行开具发票的小规模纳税人，向建筑服务发生地主管国税机关申请代开增值税普通发票和增值税专用发票。

甲企业为增值税一般纳税人，因此在机构所在地开具增值税发票即可，不需要在销售建筑服务发生地开具增值税发票。

| 相关政策浏览 |

1.《财政部 国家税务总局关于全面推开营业税改征增值税试点的通知》（财税〔2016〕36 号）附件 1

第四十六条　增值税纳税地点为：

（一）固定业户应当向其机构所在地或者居住地主管税务机关申报纳税。总机构和分支机构不在同一县（市）的，应当分别向各自所在地的主管税务机关申报纳税；经财政部和国家税务总局或者其授权的财政和税务机关批准，可以由总机构汇总向总机构所在地的主管税务机关申报纳税。

（二）非固定业户应当向应税行为发生地主管税务机关申报纳税；未申报纳税的，由其机构所在地或者居住地主管税务机关补征税款。

（三）其他个人提供建筑服务，销售或者租赁不动产，转让自然资源使用权，应向建筑服务发生地、不动产所在地、自然资源所在地主管税务机关申报纳税。

（四）扣缴义务人应当向其机构所在地或者居住地主管税务机关申报缴纳扣缴的税款。

2.《国家税务总局关于发布〈纳税人跨县（市、区）提供建筑服务增值税征收管理暂行办法〉的公告》（国家税务总局公告 2016 年第 17 号）

第九条　小规模纳税人跨县（市、区）提供建筑服务，不能自行开具增值税发票的，可向建筑服务发生地主管国税机关按照其取得的全部价款和价外费用申请代开增值税发票。

3. 部分地方政策

〈安徽国税〉建筑企业跨县、市、区承接建筑工程，是自行开具增值税发票还是由工程所在地国税机关代开增值税发票？

答：建筑企业跨县、市、区承接建筑工程，在营改增后应按以下要求开具增值税发票：

（一）一般纳税人应自行向建筑服务购买方开具增值税发票。

（二）符合自开增值税普通发票条件的增值税小规模纳税人，建筑服务购买方不索取增值税专用发票的，小规模纳税人应自行开具增值税普通发票；建筑服务购买方索取增值税专用发票的，小规模纳税人可按规定向建筑服务发生地或不动产所在地主管国税机关申请代开。

（三）不符合自开增值税普通发票条件的增值税小规模纳税人，可按规定向建筑服务发生地主管国税机关申请代开增值税普通发票和增值税专用发票。

案例 116　增值税专用发票当月认证当月不抵扣，税务风险咋处理

甲企业是一家保险公司，为增值税一般纳税人。2016 年 10 月装修办公室，取得增值税专用发票，当月认证相符。甲企业的办税人员王某由于对甲企业长期怀有不满情绪，在增值税申报期结束前一天，未履行工作交接手续擅自离职，甲企业财务部门其他人员并不知晓其申报情况，导致过了申报截止日期仍然没有进行申报。税务部门虽然在临近申报期结束时进行了提醒，但王某收到信息后并未通知甲企业。

甲企业财务部门安排人员进行增值税补申报时，被告知已经认证的增值税专用发票全部不能抵扣。

问题：甲企业是否有补救措施挽回不能抵扣进项税额的税务损失？

| **案例解析** |

1. "当月认证，当月抵扣"的含义

实务中，增值税一般纳税人对于"当月认证，当月抵扣"的说法可能并不陌生，这句话的意思是，在认证通过的次月申报期内，申报抵扣进项税。

比如，2016 年 10 月取得一张增值税专用发票并认证相符，在 11 月的申报期内，申报所属期为 10 月的增值税时，就必须申报抵扣该发票的进项税，否则，以后期间不能抵扣。

以上是通俗的说法，正式的说法叫作"未按期申报抵扣增值税扣税凭证"，本案例中的甲企业即属于该种情况，虽然各种手续完备，取得了真实的增值税扣税凭证，业务也是真实发生的，但因客观原因导致不能抵扣进项税，给纳税人造成了损失。为此，国家税务总局制定了相关的补救措施。

2. 未按期申报抵扣增值税扣税凭证的补救措施

根据《国家税务总局关于未按期申报抵扣增值税扣税凭证有关问题的公告》（国家税务总局公告 2011 年第 78 号，以下简称 78 号公告）的规定，增值税一般纳税人取得的增值税扣税凭证已认证，但未按照规定期限申报抵扣，属于发生真实交易且文件规定的客观原因的，经主管税务机关审核，允许纳税人继续申报抵扣其进项税额。

对于客观原因，78 号公告规定了五种情形：

（一）因自然灾害、社会突发事件等不可抗力原因造成增值税扣税凭证未按期申报抵扣；

（二）有关司法、行政机关在办理业务或者检查中，扣押、封存纳税人账簿资料，导致纳税人未能按期办理申报手续；

（三）税务机关信息系统、网络故障，导致纳税人未能及时取得认证结果通知书或稽核结果通知书，未能及时办理申报抵扣；

（四）由于企业办税人员伤亡、突发危重疾病或者擅自离职，未能办理交接手续，导致未能按期申报抵扣；

（五）国家税务总局规定的其他情形。

本案例中，甲企业财务人员王某的情况，即属于第（四）项中所述"企业办税人员伤亡、突发危重疾病或者擅自离职，未能办理交接手续，导致未能按期申报抵扣"的情形，因此可以根据文件规定准备好相应资料，向主管税务机关申请

继续抵扣进项税。

提示：只有文件中规定的这些原因才能申请继续抵扣，其他原因不可以申请。比如，甲企业的财务人员弄错了申报的截止日，从而未按期申报，这不属于文件规定的客观原因，不符合申请继续抵扣的条件。

｜相关政策浏览｜

《国家税务总局关于未按期申报抵扣增值税扣税凭证有关问题的公告》（国家税务总局公告 2011 年第 78 号）

一、增值税一般纳税人取得的增值税扣税凭证已认证或已采集上报信息但未按照规定期限申报抵扣；实行纳税辅导期管理的增值税一般纳税人以及实行海关进口增值税专用缴款书"先比对后抵扣"管理办法的增值税一般纳税人，取得的增值税扣税凭证稽核比对结果相符但未按规定期限申报抵扣，属于发生真实交易且符合本公告第二条规定的客观原因的，经主管税务机关审核，允许纳税人继续申报抵扣其进项税额。

本公告所称增值税扣税凭证，包括增值税专用发票（含货物运输业增值税专用发票）、海关进口增值税专用缴款书和公路内河货物运输业统一发票。

增值税一般纳税人除本公告第二条规定以外的其他原因造成增值税扣税凭证未按期申报抵扣的，仍按照现行增值税扣税凭证申报抵扣有关规定执行。

二、客观原因包括如下类型：

（一）因自然灾害、社会突发事件等不可抗力原因造成增值税扣税凭证未按期申报抵扣；

（二）有关司法、行政机关在办理业务或者检查中，扣押、封存纳税人账簿资料，导致纳税人未能按期办理申报手续；

（三）税务机关信息系统、网络故障，导致纳税人未能及时取得认证结果通知书或稽核结果通知书，未能及时办理申报抵扣；

（四）由于企业办税人员伤亡、突发危重疾病或者擅自离职，未能办理交接手续，导致未能按期申报抵扣；

（五）国家税务总局规定的其他情形。

三、增值税一般纳税人发生符合本公告规定未按期申报抵扣的增值税扣税凭证，可按照本公告附件《未按期申报抵扣增值税扣税凭证抵扣管理办法》的规定，申请办理抵扣手续。

四、增值税一般纳税人取得 2007 年 1 月 1 日以后开具，本公告施行前发生的未按期申报抵扣增值税扣税凭证，可在 2012 年 6 月 30 日前按本公告规定申请办理，逾期不再受理。

五、本公告自 2012 年 1 月 1 日起施行。

案例 117　增值税扣税凭证逾期，应如何采取补救措施

甲企业是一家培训公司，为增值税一般纳税人。2017 年 10 月从乙公司购买信息咨询服务，乙公司开具了 6% 税率的增值税专用发票，因未收款暂时未交付给甲企业。后甲企业对乙公司的服务质量不满意，双方未能就最终价款达成一致。直到 2018 年 10 月，甲企业才取得该增值税专用发票。由于已经超过 180 天，该增值税专用发票无法认证。

问题：甲企业是否有补救措施可继续抵扣进项税？

| 案例解析 |

1. 增值税专用发票认证期限为 180 天，超期不能抵扣

根据《国家税务总局关于调整增值税扣税凭证抵扣期限有关问题的通知》（国税函〔2009〕617 号）的规定，一般纳税人取得增值税扣税凭证后，应在开具之日起 180 日内到税务机关办理认证手续，逾期认证的，不予抵扣进项税。

这里需要注意两个问题：第一，期限是 180 天，不是 6 个月，要按照天数计算；第二，是在税务机关认证的截止日期，而不是申报的截止日期。

2. 六种客观原因导致逾期认证，可申请抵减进项税

本案例中，甲企业采购的真实业务取得的增值税专用发票，由于客观原因，导致无法认证抵扣产生了损失。为解决这一问题，《国家税务总局关于逾期增值税扣税凭证抵扣问题的公告》（国家税务总局公告 2011 年第 50 号）规定，六种客观原因导致增值税扣税凭证逾期的，可以向主管税务机关申请抵扣进项税。

可以继续申请抵扣的六种客观原因包括：

（一）因自然灾害、社会突发事件等不可抗力因素造成增值税扣税凭证逾期；

（二）增值税扣税凭证被盗、抢，或者因邮寄丢失、误递导致逾期；

（三）有关司法、行政机关在办理业务或者检查中，扣押增值税扣税凭证，纳税人不能正常履行申报义务，或者税务机关信息系统、网络故障，未能及时处

理纳税人网上认证数据等导致增值税扣税凭证逾期；

（四）买卖双方因经济纠纷，未能及时传递增值税扣税凭证，或者纳税人变更纳税地点，注销旧户和重新办理税务登记的时间过长，导致增值税扣税凭证逾期；

（五）由于企业办税人员伤亡、突发危重疾病或者擅自离职，未能办理交接手续，导致增值税扣税凭证逾期；

（六）国家税务总局规定的其他情形。

本案例中，甲企业与乙公司有经济纠纷，未就合同价格达成一致，未能及时传递增值税专用发票，导致逾期，属于上述的客观原因之一，可以向当地主管税务机关递交材料，申请抵扣进项税。

3. 关于开具红字发票解决逾期认证的观点讨论

实务中有这样一种观点：甲企业可要求乙公司开具红字增值税专用发票，然后开具相同金额的蓝字增值税专用发票，甲企业凭借新开具的蓝字增值税专用发票，在认证期限内认证相符后抵扣进项税。采用这种方式的问题在于，甲企业取得了红字增值税专用发票，就必须在增值税纳税申报表中申报进项税转出。

纳税人在新系统中填报了《开具红字增值税专用发票信息表》（以下简称《信息表》），主管税务机关通过网络接收纳税人上传的《信息表》，系统自动校验通过后，生成带有"红字发票信息表编号"的《信息表》，并将信息同步至纳税人端系统中。纳税人在申报时必须在增值税纳税申报表的附表二中，第 20 栏次，"红字专用发票信息表注明的进项税额"，填报红字增值税专用发票注明的增值税额，做进项税额转出处理。

所以对于甲企业来讲，先转出再抵扣，实际上没有意义。现在最重要的问题是，在填开了《信息表》后，是否无须做进项税额转出。至于哪些属于可在有《信息表》后无须做进项税转出的情形，纳税人可在当地税务大厅咨询，以当地税务机关的政策掌握为准。

| 相关政策浏览 |

1.《国家税务总局关于调整增值税扣税凭证抵扣期限有关问题的通知》（国税函〔2009〕617 号）

一、增值税一般纳税人取得 2010 年 1 月 1 日以后开具的增值税专用发票、公路内河货物运输业统一发票和机动车销售统一发票，应在开具之日起 180 日内到税务机关办理认证，并在认证通过的次月申报期内，向主管税务机关申报抵扣进项税额。

二、实行海关进口增值税专用缴款书（以下简称海关缴款书）"先比对后抵扣"管理办法的增值税一般纳税人取得 2010 年 1 月 1 日以后开具的海关缴款书，应在开具之日起 180 日内向主管税务机关报送《海关完税凭证抵扣清单》（包括纸质资料和电子数据）申请稽核比对。

未实行海关缴款书"先比对后抵扣"管理办法的增值税一般纳税人取得 2010 年 1 月 1 日以后开具的海关缴款书，应在开具之日起 180 日后的第一个纳税申报期结束以前，向主管税务机关申报抵扣进项税额。

三、增值税一般纳税人取得 2010 年 1 月 1 日以后开具的增值税专用发票、公路内河货物运输业统一发票、机动车销售统一发票以及海关缴款书，未在规定期限内到税务机关办理认证、申报抵扣或者申请稽核比对的，不得作为合法的增值税扣税凭证，不得计算进项税额抵扣。

2.《国家税务总局关于逾期增值税扣税凭证抵扣问题的公告》（国家税务总局公告 2011 年第 50 号）

一、对增值税一般纳税人发生真实交易但由于客观原因造成增值税扣税凭证逾期的，经主管税务机关审核、逐级上报，由国家税务总局认证、稽核比对后，对比对相符的增值税扣税凭证，允许纳税人继续抵扣其进项税额。

增值税一般纳税人由于除本公告第二条规定以外的其他原因造成增值税扣税凭证逾期的，仍应按照增值税扣税凭证抵扣期限有关规定执行。

本公告所称增值税扣税凭证，包括增值税专用发票、海关进口增值税专用缴款书和公路内河货物运输业统一发票。

二、客观原因包括如下类型：

（一）因自然灾害、社会突发事件等不可抗力因素造成增值税扣税凭证逾期；

（二）增值税扣税凭证被盗、抢，或者因邮寄丢失、误递导致逾期；

（三）有关司法、行政机关在办理业务或者检查中，扣押增值税扣税凭证，纳税人不能正常履行申报义务，或者税务机关信息系统、网络故障，未能及时处理纳税人网上认证数据等导致增值税扣税凭证逾期；

（四）买卖双方因经济纠纷，未能及时传递增值税扣税凭证，或者纳税人变更纳税地点，注销旧户和重新办理税务登记的时间过长，导致增值税扣税凭证逾期；

（五）由于企业办税人员伤亡、突发危重疾病或者擅自离职，未能办理交接手续，导致增值税扣税凭证逾期；

（六）国家税务总局规定的其他情形。

三、增值税一般纳税人因客观原因造成增值税扣税凭证逾期的，可按照本公告附件《逾期增值税扣税凭证抵扣管理办法》的规定，申请办理逾期抵扣手续。

案例 118　采用海关进口增值税专用缴款书抵扣进项税，需关注滞后风险

甲企业是一家进出口公司，从国外进口货物后，凭海关进口增值税专用缴款书上注明的进项税，经稽核相符后抵扣内销时的销项税额。截止到 2017 年 10 月注销时，甲企业共发生增值税销项税额 1 000 万元，进项税额 900 万元，增值税应纳税额额 400 万元，增值税留抵税额 300 万元。甲企业实际的增值税应纳税额为 1 000－900＝100（万元）。但由于海关进口增值税专用缴款书的取得具有滞后性，先缴纳了 400 万元的增值税额，后取得的进项税放在留抵税额中抵扣以后实现的销项税额。

甲企业在注销时，发现还有大量的增值税留抵税额，但此时已经没有内销业务产生的销项税额。该留抵税额主要由海关进口增值税专用缴款书的进项税组成。

问题：甲企业是否可采取补救措施挽回损失？申请税务机关退税是否可行？

| 案例解析 |

1. 采用海关进口增值税专用缴款书抵扣进项税的特点

纳税人在缴纳进口增值税额后，可取得海关进口增值税专用缴款书，上面注明增值税额。纳税人将其信息在国税机关网站上录入申请，税务机关的稽核确认结果需要等待一段时间。只要在申报期内得到稽核确认结果，即可以在当期抵扣进项税。每月只能确认一次结果。

海关进口增值税专用缴款书，申请稽核后，不会马上得到稽核信息，需要等待，而且需要纳税人自己确认，因此在时间上会有延迟。在当月底前采集上传，并且在当申报期结束前得到的稽核结果，都可抵扣。比如，海关进口增值税专用缴款书开具日期为 8 月 16 日，纳税人在 8 月拿到缴款书并在系统中采集信息提

交，纳税人在 9 月 2 日得到稽核结果，在所属期为 8 月的申报期，都可申报抵扣该进项税。

这与增值税专用发票的抵扣有所不同。增值税专用发票即使是月底取得，只要当天能够认证，也可在当月申报期内申报抵扣；海关进口增值税专用缴款书采集信息上传后，如果在申报期结束前得不到稽核结果确认，当期申报期内就不能申报抵扣进项税。

海关进口增值税专用缴款书抵扣进项税的特点，导致了其申报抵扣具有滞后性。

2. 可先取得电子信息，申请稽核比对

纳税人取得海关进口增值税专用缴款书会花费一定的时间，比如从货代公司处取得，需要经过结算、邮寄等过程，这会花费一定的时间。纳税人可从货代公司先取得海关进口增值税专用缴款书信息，以便进行稽核比对申请，不必拿到纸质缴款书后再走流程。

3. 每月核对，避免忘记采集上传申请

有的纳税人进口业务比较多，有时候忘了录入信息。海关进口增值税专用缴款书与增值税专用发票的期限是一样的，要求自开具日期起 180 天内申请稽核比对，如果超期则不能抵扣。

4. 当月稽核相符，当月必须抵扣

与增值税专用发票相同，海关进口增值税专用缴款书当月确认稽核结果相符，当月必须抵扣，否则逾期不得抵扣。

与增值税专用发票相同，海关进口增值税专用缴款书出现 78 号公告规定的五种客观原因的，可以向主管税务机关申请继续抵扣。

综上，本案例中甲企业的此种情况，尚无文件规定可以采取补救措施挽回损失，增值税的留抵税额不能退税，因此，该税务损失无法挽回。甲企业在注销前，应注意在合法合理的前提下调节销项税额与进项税额，避免出现先缴纳增值税，而增值税留抵税额浪费的情况，导致较大的税务损失。

| 相关政策浏览 |

《国家税务总局关于调整增值税扣税凭证抵扣期限有关问题的通知》（国税函〔2009〕617 号）

二、实行海关进口增值税专用缴款书（以下简称海关缴款书）"先比对后抵扣"管理办法的增值税一般纳税人取得 2010 年 1 月 1 日以后开具的海关缴款书，

应在开具之日起 180 日内向主管税务机关报送《海关完税凭证抵扣清单》（包括纸质资料和电子数据）申请稽核比对。

未实行海关缴款书"先比对后抵扣"管理办法的增值税一般纳税人取得 2010 年 1 月 1 日以后开具的海关缴款书，应在开具之日起 180 日后的第一个纳税申报期结束以前，向主管税务机关申报抵扣进项税额。

三、增值税一般纳税人取得 2010 年 1 月 1 日以后开具的增值税专用发票、公路内河货物运输业统一发票、机动车销售统一发票以及海关缴款书，未在规定期限内到税务机关办理认证、申报抵扣或者申请稽核比对的，不得作为合法的增值税扣税凭证，不得计算进项税额抵扣。

四、增值税一般纳税人丢失海关缴款书，应在本通知第二条规定期限内，凭报关地海关出具的相关已完税证明，向主管税务机关提出抵扣申请。主管税务机关受理申请后，应当进行审核，并将纳税人提供的海关缴款书电子数据纳入稽核系统进行比对。稽核比对无误后，方可允许计算进项税额抵扣。

案例 119　使用完税凭证抵扣进项税，资料齐全很重要

甲企业是一家外资企业，为增值税一般纳税人。2017 年 10 月支付境外母公司技术使用费，甲企业为扣缴义务人，代扣代缴增值税，取得代扣代缴通用缴款书。

问题：扣缴的增值税是否可抵扣，应履行何种程序？使用完税凭证抵扣进项税有无时间限制？

│案例解析│

1. 通用缴款书上的增值税额可抵扣进项税，无期限限制

财税〔2016〕36 号文件规定，从境外单位或者个人购进服务、无形资产或者不动产，按照规定应当扣缴增值税的，准予从销项税额中抵扣的进项税额为自税务机关或者扣缴义务人取得的解缴税款的完税凭证上注明的增值税额。

纳税人应在《增值税纳税申报表附列资料（二）》（本期进项税额明细）第 7 栏"代扣代缴税收缴款凭证"填写本期按规定准予抵扣的完税凭证上注明的增值税额。当期填报当期抵扣，现行文件中并未对其有期限的限制。

2. 使用完税凭证抵扣进项税额需要的资料

纳税人凭完税凭证抵扣进项税额的，应当具备书面合同、付款证明和境外单位的对账单或者发票。资料不全的，其进项税额不得从销项税额中抵扣。

实务中，一般企业如果想向境外付汇，上述这些材料基本上都需要向银行提供，一般也会附在凭证后。

3. 取得完税凭证即可申报抵扣

甲企业在扣缴增值税后，取得完税凭证，即可在当月填报增值税申报表信息，申报抵扣进项税，不需要认证稽核比对等手续。

| 相关政策浏览 |

《财政部 国家税务总局关于全面推开营业税改征增值税试点的通知》（财税〔2016〕36 号）附件 1

第二十五条　下列进项税额准予从销项税额中抵扣：

（四）从境外单位或者个人购进服务、无形资产或者不动产，自税务机关或者扣缴义务人取得的解缴税款的完税凭证上注明的增值税额。

第二十六条　纳税人取得的增值税扣税凭证不符合法律、行政法规或者国家税务总局有关规定的，其进项税额不得从销项税额中抵扣。

增值税扣税凭证，是指增值税专用发票、海关进口增值税专用缴款书、农产品收购发票、农产品销售发票和完税凭证。

纳税人凭完税凭证抵扣进项税额的，应当具备书面合同、付款证明和境外单位的对账单或者发票。资料不全的，其进项税额不得从销项税额中抵扣。

案例 120　使用出口转内销证明抵扣进项税，关注外贸企业退税特点

甲企业是一家外贸企业，为增值税一般纳税人，兼营出口和内销业务。2017年10月采购一批货物用于出口，取得了供应商开具的增值税专用发票，认证后，在增值税纳税申报表中做放弃抵扣处理。后国外客户取消订单，甲企业将该批货物转为内销，但是之前取得的增值税专用发票已经在增值税纳税申报表中做放弃抵扣处理，无法抵扣。

问题：甲企业应如何抵扣出口转内销实现的增值税额？

| 案例解析 |

1. 外贸企业放弃抵扣用来退税，原专票的进项税无法抵扣出口转内销的销项税额

外贸企业的退税政策与生产企业有所不同。外贸企业因为没有生产加工过

程，采购和销售可以做到对应，所以其退税必须是出口货物对应的增值税扣税凭证上注明的税额。

外贸企业取得的增值税专用发票上的增值税，用来退税，不能重复用于抵扣国内销售产生的销项税。实务中，纳税人将用来退税的增值税专用发票认证后，在增值税纳税申报表中会出现认证的信息，此时需要做放弃抵扣处理，才能在出口申报时用来退税。因此，在将出口货物转为内销时，由于已经将取得的增值税扣税凭证在纳税申报表中放弃了抵扣，因此内销的销项税没有进项税抵扣。当然如果在出口转内销之前，并未在增值税纳税申报表中放弃抵扣，则可以正常申报抵扣内销的销项税。

放弃抵扣进项税用来退税，具体操作是：在增值税纳税申报表的附表二中，第 26 栏次"本期认证相符且本期未申报抵扣"，以及 27 栏次"期末已认证相符但未申报抵扣"填入用于出口的增值税扣税凭证信息。比如某月认证 10 份增值税专用发票，税额 100 万元，其中 6 份用于出口，税额 60 万元，将该 6 份用于出口退税的增值税专用发票信息填入附表二中的第 26 和第 27 栏次，本期可以抵扣销项税额的进项税就成了 $100-60=40$（万元）。

这里需要注意一个问题：现阶段外贸企业的出口退税系统与增值税申报系统没有勾稽关系，即使当期没有做放弃退税处理，当期也可以申请退税，但是一般税务机关会采取核对程序，纳税人有此种行为可能会受到一定的处罚。

2. 出口转内销证明替代增值税专用发票抵扣

为解决上述无法抵扣的问题，《关于发布〈出口货物劳务增值税和消费税管理办法〉的公告》（国家税务总局公告 2012 年第 24 号）规定，由纳税人向主管税务机关申请开具出口货物转内销证明，用来抵扣内销货物产生的销项税额。纳税人在取得该证明的下一个申报期内，在《增值税纳税申报表附列资料（二）》（本期进项税额明细）第 11 栏"（五）外贸企业进项税额抵扣证明"，填写本期申报抵扣的税务机关出口退税部门开具的《出口货物转内销证明》列明允许抵扣的进项税额。

| 相关政策浏览 |

《国家税务总局关于发布〈出口货物劳务增值税和消费税管理办法〉的公告》（国家税务总局公告 2012 年第 24 号）

外贸企业发生原记入出口库存账的出口货物转内销或视同内销货物征税的，以及已申报退（免）税的出口货物发生退运并转内销的，外贸企业应于发生内销或视同内销货物的当月向主管税务机关申请开具出口货物转内销证明。

外贸企业应在取得出口货物转内销证明的下一个增值税纳税申报期内申报纳税时，以此作为进项税额的抵扣凭证使用。

案例 121　农产品采购的进项税抵扣，普票抵扣有争议

甲企业是一家农产品加工企业，主要原材料是玉米等农作物。2017 年 10 月从乙商贸公司（小规模纳税人）处采购农产品，取得 3% 税率的代开增值税专用发票。

问题：取得 3% 税率的代开增值税专用发票，是应按照代开的增值税专用发票上的税额计算抵扣进项税额，还是按照发票上注明的采购价乘以 13% 扣除率计算可抵扣的进项税额？

| 案例解析 |

1.　采购农产品抵扣进项税的几种途径

（1）采购时取得增值税专用发票；　　　．

（2）进口时取得海关进口增值税专用缴款书；

（3）采购时向农业生产者开具农业收购发票；

（4）核定抵扣；

（5）采购时取得销售发票。

2.　小规模纳税人已经缴纳过增值税的普通发票才能按照 13% 扣除率抵扣进项税

《中华人民共和国增值税暂行条例》规定：

购进农产品，除取得增值税专用发票或者海关进口增值税专用缴款书外，按照农产品收购发票或者销售发票上注明的农产品买价和 13% 的扣除率计算的进项税额。计算公式为：

进项税额＝买价×扣除率

注意：此处无须换算为不含税价，用买价直接乘以 13% 扣除率即可。

《财政部、国家税务总局关于免征部分鲜活肉蛋产品流通环节增值税政策的通知》（财税〔2012〕75 号）规定：

《中华人民共和国增值税暂行条例》第八条所列准予从销项税额中扣除的进

项税额的第（三）项所称的"销售发票"，是指小规模纳税人销售农产品依照3％征收率按简易办法计算缴纳增值税而自行开具或委托税务机关代开的普通发票。批发、零售纳税人享受免税政策后开具的普通发票不得作为计算抵扣进项税额的凭证。

本案例中，乙公司为小规模纳税人，在税务机关代开 3％征收率的增值税专用发票，只能抵扣 3％的进项税额，而不能按照 13％扣除率计算抵扣的进项税额。因为文件的规定非常明确，只有小规模纳税人销售农产品依照 3％征收率按简易办法计算缴纳增值税而自行开具或委托税务机关代开的普通发票方符合《中华人民共和国增值税暂行条例》中规定的可抵扣 13％扣除率的凭证的要求。

3. 一般纳税人开具的普通发票不能按照 13％扣除率抵扣进项税

由上述可知，小规模纳税人开具的已经缴纳过增值税的普通发票，按照13％抵扣率抵扣进项税，而一般纳税人开具的增值税普通发票，却不能如上计算。

有的纳税人朋友可能会问：为什么小规模纳税人开具的普通发票可以抵扣13％扣除率的进项税，而一般纳税人却不能？道理很简单，一般纳税人在不免税的情况下，可以开具增值税专用发票，甲企业可以要求对方换开增值税专用发票。

4. 对于可抵扣农产品进项税销售发票的争议

如上，《中华人民共和国增值税暂行条例》规定了农产品销售发票可以按照13％扣除率抵扣进项税，财税〔2012〕75 号文件又对其进行了解释，"销售发票"是指小规模纳税人销售农产品依照 3％征收率按简易办法计算缴纳增值税而自行开具或委托税务机关代开的普通发票。

简而言之，即"小规模纳税人＋已纳增值税＋普通发票"，三个条件缺一不可，构成农产品销售发票按照 13％扣除率抵扣进项税的要素。

农业合作社开具的免税普通发票，不具备上述要素，根据财税〔2012〕75号文件的规定，不能按照 13％扣除率抵扣进项税，但是《财政部 国家税务总局关于农民专业合作社有关税收政策的通知》（财税〔2008〕81 号）规定，增值税一般纳税人从农民专业合作社购进的免税农业产品，可按 13％的扣除率计算抵扣增值税进项税额。而财税〔2008〕81 号文件仍然全文有效，这样就出现了文件互相矛盾的问题。

两个有效文件出现了不同的规定，而且对于农业合作社开具的免税普通发票不允许抵扣进项税，实际上具有一定的不合理性。从农业生产者中采购农产品，开具收购发票可按13%扣除率计算抵扣进项税，而农民专业合作社销售农产品，与农业生产者销售农产品实质上并无太大区别，财税〔2008〕81号文件第一条规定，"对农民专业合作社销售本社成员生产的农业产品，视同农业生产者销售自产农业产品免征增值税"。

因此，笔者个人认为，应按照财税〔2008〕81号文件的规定，农民专业合作社销售免税农产品开具的农产品销售发票，可以按规定计算抵扣13%扣除率的进项税额。由于文件未统一，因此各地方政策也有不同的掌握。

实务中有一个问题：从批发市场采购农产品，批发市场开具或代开小规模3%的已纳增值税的普通发票，采购方可以按照13%扣除率计算抵扣进项税额吗？根据文件规定是可以的，但各地税务机关对此似乎不是特别明确。

| 相关政策浏览 |

1.《中华人民共和国增值税暂行条例》

第八条　纳税人购进货物或者接受应税劳务（以下简称购进货物或者应税劳务）支付或者负担的增值税额，为进项税额。

下列进项税额准予从销项税额中抵扣：

（一）从销售方取得的增值税专用发票上注明的增值税额。

（二）从海关取得的海关进口增值税专用缴款书上注明的增值税额。

（三）购进农产品，除取得增值税专用发票或者海关进口增值税专用缴款书外，按照农产品收购发票或者销售发票上注明的农产品买价和13%的扣除率计算的进项税额。进项税额计算公式：

$$进项税额＝买价×扣除率$$

2.《财政部 国家税务总局关于免征部分鲜活肉蛋产品流通环节增值税政策的通知》（财税〔2012〕75号）

《中华人民共和国增值税暂行条例》第八条所列准予从销项税额中扣除的进项税额的第（三）项所称的"销售发票"，是指小规模纳税人销售农产品依照3%征收率按简易办法计算缴纳增值税而自行开具或委托税务机关代开的普通发票。批发、零售纳税人享受免税政策后开具的普通发票不得作为计算抵扣进项税额的凭证。

3. 《财政部 国家税务总局关于农民专业合作社有关税收政策的通知》（财税〔2008〕81号）

一、对农民专业合作社销售本社成员生产的农业产品，视同农业生产者销售自产农业产品免征增值税。

二、增值税一般纳税人从农民专业合作社购进的免税农业产品，可按13％的扣除率计算抵扣增值税进项税额。

4. 部分地方政策

〈山东国税〉根据现行政策，现将购入农产品进项税额抵扣问题梳理如下：

第一，从销售方取得的增值税专用发票上注明的增值税额，准予从销项税额中抵扣。

第二，从海关取得的海关进口增值税专用缴款书上注明的增值税额，准予从销项税额中抵扣。

第三，农产品销售发票：

（1）生产环节。

①农业生产者销售自产免税农产品开具的农产品销售发票，可以按规定计算抵扣进项税额。

②根据《财政部 国家税务总局关于农民专业合作社有关税收政策的通知》（财税〔2008〕81号），对农民专业合作社销售本社成员生产的农业产品，视同农业生产者销售自产农业产品免征增值税。因此，农民专业合作社销售免税农产品开具的农产品销售发票，可以按规定计算抵扣进项税额。

（2）批发零售环节。

①纳税人批发零售蔬菜、鲜活肉蛋等免税农产品开具的农产品销售发票，不得计算抵扣进项税额。

②对不享受免税政策的批发、零售纳税人，依照3％征收率按简易办法计算缴纳增值税而自行开具或委托税务机关代开的农产品销售发票，可以计算抵扣进项税额。

第四，农产品收购发票。

增值税一般纳税人购进农业生产者自产农产品，可以使用国税机关监制的农产品收购发票，按照现行规定计算抵扣进项税额。

根据《山东省国家税务局普通发票监控管理办法》，纳税人收购农业生产者自产农业产品的应严格按规定开具农产品收购发票，对收购的货物非农业生产者自产免税农业产品的，应要求销售方开具发票。

案例 122　关于开具增值税红字发票的规定，新文件有重大变化

甲企业是一家商务咨询公司，为增值税一般纳税人。2016 年 10 月与乙公司签订代理合同，并向乙公司开具增值税专用发票，由于乙公司未付款，甲公司未将增值税专用发票交付对方。2016 年 11 月，由于乙公司业务发生变化，与甲企业协商取消该合同。甲企业未收取任何违约金和赔偿金，同意解除合同。

问题：自 2016 年 8 月 1 日起，红字增值税发票的操作按照新文件执行，应如何开具红字增值税发票？

│ 案例解析 │

2016 年 7 月 20 日，国家税务总局发布《国家税务总局关于红字增值税发票开具有关问题的公告》（国家税务总局公告 2016 年第 47 号，以下简称 47 号公告），对于红字专用发票管理进行了规范，自 2016 年 8 月 1 日起，红字增值税专用发票的操作按照该文件执行。

1. 未交付发票的，由销售方填开上传《信息表》

由于甲企业未将增值税专用发票交付给乙公司，根据 47 号公告的规定，应由销售方甲企业在新系统中填开并上传《信息表》，在填开《信息表》时应填写相对应的蓝字专用发票信息。

主管税务机关通过网络接收纳税人上传的《信息表》，系统自动校验通过后，生成带有"红字发票信息表编号"的《信息表》，并将信息同步至纳税人端系统中。

甲企业凭税务机关系统校验通过的《信息表》开具红字专用发票，在新系统中以销项负数开具。红字专用发票应与《信息表》一一对应。

乙公司在生成带有"红字发票信息表编号"的《信息表》当月申报期内，在纳税申报表中必须做进项税转出，否则申报不能通过校验。

2. 如已交付发票，由采购方填开上传《信息表》

已交付发票的情况，不论采购方是否认证，均由采购方在新系统中填开上传《信息表》，已经认证的，在填开上传《信息表》时不需要填写蓝字发票的信息，在新系统中的开具红字增值税专用发票发票界面，如果选择"已认证"，则下面

对应的蓝字发票信息为灰色，无法填写；未认证的，需要填写对应的蓝字增值税专用发票的信息。

3. 超过 180 天认证期限也可开具红字发票

在之前对于红字增值税专用发票规范的文件，即《国家税务总局关于推行增值税发票系统升级版有关问题的公告》（国家税务总局公告 2014 年第 73 号）中，对于红字增值税专用发票对应的蓝字增值税专用发票的认证是有要求的，比如，专用发票已交付购买方的，《信息表》所对应的蓝字专用发票应经税务机关认证（所购货物或服务不属于增值税扣税项目范围的除外）；专用发票尚未交付购买方或者购买方拒收的，销售方应于专用发票认证期限内在增值税发票系统升级版中填开并上传《信息表》。

而新的 47 号公告中，对蓝字增值税专用发票是否认证并无规定，我们可以认为，即使增值税专用发票超过认证期限仍未认证的，也可以根据 47 号公告进行红字专用发票的操作。

4. 红字增值税专用发票不需要认证

经常有纳税人咨询：红字专用发票是否需要认证？答案很明确：不需要。

5. 应注意适用开具红字增值税发票情形的税务风险

根据 47 号公告的规定，增值税一般纳税人开具增值税专用发票后，只有发生销货退回、开票有误、应税服务中止等情形但不符合发票作废条件，或者因销货部分退回及发生销售折让情形的，才可开具红字专用发票，其他情形不允许开具红字专用发票。

但是对于开具红字增值税普通发票的适用情形，我们可以发现 47 号公告并未对其有任何规定，其表述为，"纳税人需要开具红字增值税普通发票的，可以在所对应的蓝字发票金额范围内开具多份红字发票。红字机动车销售统一发票需与原蓝字机动车销售统一发票一一对应"。

笔者认为，文件并未明确规定，因此纳税人可根据实际情况开具红字增值税普通发票，而不是必须按照开具红字专用发票的适用情形。但在实务中，建议最好咨询当地主管税务机关的意见，据笔者所知，各地区税务机关掌握有所不同。

│ 相关政策浏览 │

《国家税务总局关于红字增值税发票开具有关问题的公告》（国家税务总局公告 2016 年第 47 号）

一、增值税一般纳税人开具增值税专用发票（以下简称"专用发票"）后，发生销货退回、开票有误、应税服务中止等情形但不符合发票作废条件，或者因销货部分退回及发生销售折让，需要开具红字专用发票的，按以下方法处理：

（一）购买方取得专用发票已用于申报抵扣的，购买方可在增值税发票管理新系统（以下简称"新系统"）中填开并上传《开具红字增值税专用发票信息表》（以下简称《信息表》，详见附件），在填开《信息表》时不填写相对应的蓝字专用发票信息，应暂依《信息表》所列增值税税额从当期进项税额中转出，待取得销售方开具的红字专用发票后，与《信息表》一并作为记账凭证。

购买方取得专用发票未用于申报抵扣、但发票联或抵扣联无法退回的，购买方填开《信息表》时应填写相对应的蓝字专用发票信息。

销售方开具专用发票尚未交付购买方，以及购买方未用于申报抵扣并将发票联及抵扣联退回的，销售方可在新系统中填开并上传《信息表》。销售方填开《信息表》时应填写相对应的蓝字专用发票信息。

（二）主管税务机关通过网络接收纳税人上传的《信息表》，系统自动校验通过后，生成带有"红字发票信息表编号"的《信息表》，并将信息同步至纳税人端系统中。

（三）销售方凭税务机关系统校验通过的《信息表》开具红字专用发票，在新系统中以销项负数开具。红字专用发票应与《信息表》一一对应。

（四）纳税人也可凭《信息表》电子信息或纸质资料到税务机关对《信息表》内容进行系统校验。

二、税务机关为小规模纳税人代开专用发票，需要开具红字专用发票的，按照一般纳税人开具红字专用发票的方法处理。

三、纳税人需要开具红字增值税普通发票的，可以在所对应的蓝字发票金额范围内开具多份红字发票。红字机动车销售统一发票需与原蓝字机动车销售统一发票一一对应。

四、按照《国家税务总局关于纳税人认定或登记为一般纳税人前进项税额抵扣问题的公告》（国家税务总局公告 2015 年第 59 号）的规定，需要开具红字专用发票的，按照本公告规定执行。

五、本公告自 2016 年 8 月 1 日起施行，《国家税务总局关于推行增值税发票系统升级版有关问题的公告》（国家税务总局公告 2014 年第 73 号）第四条、附件 1、附件 2 和《国家税务总局关于全面推行增值税发票系统升级版有关问题的公告》（国家税务总局公告 2015 年第 19 号）第五条、附件 1、附件 2 同时废止。

此前未处理的事项，按照本公告规定执行。

　　附件：开具红字增值税专用发票信息表

附件

开具红字增值税专用发票信息表

填开日期：年　　月　　日

销售方	名　称			购买方	名　称			
	纳税人识别号				纳税人识别号			
开具红字专用发票内容	货物（劳务服务）名称	数量	单价	金额		税率	税额	
	合计	——	——			——		
说明	一、购买方□ 　　对应蓝字专用发票抵扣增值税销项税额情况： 　　　　1. 已抵扣□ 　　　　2. 未抵扣□ 　　　　对应蓝字专用发票的代码：＿＿＿＿＿＿　号码：＿＿＿＿＿ 二、销售方□ 　　　　对应蓝字专用发票的代码：＿＿＿＿＿＿　号码：＿＿＿＿＿							
红字专用发票信息表编号								

国家税务总局

2016 年 7 月 20 日

案例 123　未开票收入申报增值税，如何处理会计准则、开票与申报的关系

甲企业为增值税一般纳税人，主要提供税务咨询业务。2016 年 12 月与乙公司签订税务咨询合同，合同约定每季度末收取咨询费 10.6 万元。甲企业按照合同约定向乙公司提供咨询服务，但一直未收到款项。根据会计准则相关规定，确定劳务收入的条件之一为"相关的经济利益很可能流入企业"，因此甲企业一直未确认收入；同时因未收取款项，故未向乙公司开具增值税发票。根据财税〔2016〕36 号文件的规定，甲企业发生应税行为并取得索取销售款项凭据时，为增值税纳税义务发生时间。取得索取销售款项凭据的当天，是指书面合同确定的付款日期，因此，甲企业应在 2017 年每季度末申报增值税。

2017 年 6 月，甲企业收到了乙公司支付的两个季度的咨询费 21.2 万元，并向乙公司开具增值税专用发票。

问题：未开票收款时应如何申报增值税？开票收款时应如何申报增值税？如何进行账务处理？

│ 案例解析 │

1.　甲企业应填报"开具其他发票"申报未开具发票的增值税

甲企业的上述业务已经达到了增值税纳税义务发生时间，虽然未开具发票收取款项，但应按照合同约定的收款时间申报增值税。甲企业应在 2017 年第一季度末在《增值税纳税申报表附列资料（一）》（本期销售情况明细）第 5 至 6 列"未开具发票"栏次中，填报增值税销售额 10 万元 [10.6÷（1＋6%）]，销项（应纳）税额 0.6 万元 [10.6÷（1＋6%）×6%]，反映本期未开具发票的销售情况。第二季度末的情况相同。

2.　实现收入开具发票，同时冲销未开票收入及税额

甲企业在 2017 年 6 月收到销售款，开具增值税专用发票，并在账务上确认收入。不含税金额为 20 万元，增值税额为 1.2 万元。之前已经申报了两个季度的销项税额 1.2 万元，现开具增值税专用发票时，《增值税纳税申报表附列资料（一）》（本期销售情况明细）中的"开具增值税专用发票"栏次，必须与甲企业税控系统开具的增值税专用发票信息完全一致，方能校验通过申报。未避免重复纳税，甲企业应在《增值税纳税申报表附列资料（一）》（本期销售情况明细）中的

"未开具发票"栏次，填报销售额—20 万元，以及销项（应纳）税额—1.2 万元。

这里应注意一个问题：如果甲企业当期无其他未开票收入，则"未开具发票"栏次中的销项（应纳）税额为负数，这样无法通过交验申报，一般的解决办法是到当地主管税务机关大厅手工申报。

3. 账务处理（单位：万元）

（1）甲企业 2017 年第一第二季度申报时：

借：应收账款——乙公司 1.2

贷：应交税费——应交增值税（销项税额） 1.2

（2）实现收入时：

借：应收账款——乙公司 20

贷：主营业务收入 20

（3）收取款项时：

借：银行存款 21.2

贷：应收账款——乙公司 21.2

| 相关政策浏览 |

《国家税务总局关于全面推开营业税改征增值税试点后增值税纳税申报有关事项的公告》（国家税务总局公告 2016 年第 13 号）附件 2

三、《增值税纳税申报表附列资料（一）》（本期销售情况明细）填写说明

3. 第 5 至 6 列"未开具发票"：反映本期未开具发票的销售情况。

案例 124   推迟开票抵扣进项税的税务风险

甲企业是一家生产企业，为增值税一般纳税人。2016 年 1 月开始车间建设工程，由乙建筑公司承建，合同约定在经双方确认完成 50% 工程进度后的 10 日内付款。2016 年 4 月 1 日，双方确认了 50% 的工程进度。甲企业于 2016 年 5 月支付工程款，并要求乙公司开具增值税专用发票，从而抵扣进项税。

问题：甲企业推迟开票的行为是否有税务风险？

| 案例解析 |

甲企业实际上采取了推迟付款和延迟开票的方式，在 2016 年 5 月 1 日后取得增值税专用发票抵扣进项税。实务中，采取这种做法的纳税人不在少数，从增

值税与营业税的纳税义务发生时间判断，这样操作并不符合营改增的相关政策规定。

书面合同约定甲企业在 2016 年 4 月支付工程款，乙公司在 2016 年 4 月即取得了索取销售款项的凭据，应在 4 月就该工程款缴纳营业税。应缴纳营业税的营业额，在 2016 年 5 月 1 日后只能开具增值税普通发票。

甲企业应取得增值税普通发票，但是取得了增值税专用发票并认证抵扣；乙公司应缴纳营业税，但是缴纳了增值税。双方均操作有误，有较大的税务风险。本案例中，如确认工程进度日期为 2016 年 5 月 1 日后，则书面合司约定的付款日期就是 2016 年 5 月，乙公司应缴纳增值税，可以开具增值税专用发票。

┃ 相关政策浏览 ┃

《国家税务总局关于全面推开营业税改征增值税试点有关税收征收管理事项的公告》（国家税务总局公告 2016 年第 23 号）

三、发票使用

（七）自 2016 年 5 月 1 日起，地税机关不再向试点纳税人发放发票。试点纳税人已领取地税机关印制的发票以及印有本单位名称的发票，可继续使用至 2016 年 6 月 30 日，特殊情况经省国税局确定，可适当延长使用期限，最迟不超过 2016 年 8 月 31 日。

纳税人在地税机关已申报营业税未开具发票，2016 年 5 月 1 日以后需要补开发票的，可于 2016 年 12 月 31 日前开具增值税普通发票（税务总局另有规定的除外）。

200 MUST-READ CASES

第 7 章

涉外案例

案例 125　营改增后，境外单位在境外提供服务，如何判定境内外增值税纳税义务

甲企业是一家生产企业，为增值税一般纳税人，所生产的产品自营出口。境外客户收到产品后，需对产品进行专门检测，将质量不符合要求的产品剔除，该检测费用由甲企业负担。

问题：甲企业应如何确定该费用的增值税境内外纳税义务？

| 案例解析 |

1.　根据境内外增值税纳税义务判定的基本原则，该业务属于在境内销售服务

该检测为境外企业向境内甲企业销售服务，根据增值税境内销售服务判定基本原则，销售方或者购买方有一方在境内，即为在境内销售服务。

在境内销售服务，才属于我国税收管辖概念中的增值税纳税人，这是前提。

从基本原则看，服务的购买方在境内，因此该业务属于在境内销售服务，但还需考虑特殊判定原则。

2.　基本原则的例外情形，"完全在境外发生"的服务不属于在境内销售服务

在上述基本原则下，还有例外情形，即"完全在境外发生"的服务。

具体情况是，如果境外单位或者个人向境内单位或者个人销售"完全在境外发生"的服务，即使购买方在境内，也不属于在境内销售服务。

根据上述规定，本案例中在境外发生的检测服务，境外单位并未派遣人员到境内，所有的服务发生地点均在境外，可以认为该业务属于完全发生在境外的销售服务。

如果该业务有一部分是境外单位派遣人员在境内检测，则属于"未完全发生在境外"的服务，不属于"完全在境外发生的服务"，应判定为在境内销售服务。

这里需要说明的是：判定为在境内销售服务，不一定在境内计征增值税，某些在境内销售服务的情况，符合条件的可以免增值税。

3.　营改增前后的差异

同样的案例，如果将其放到上次部分营改增至本次全面营改增前的时间段，应如何判定是否在境内销售？上次部分营改增试点的主要文件《财政部 国家税务总局关于将铁路运输和邮政业纳入营业税改征增值税试点的通知》（财税〔2013〕106 号），对上述的特殊判定原则定义为，"完全在境外消费的"应税

服务。

对于"消费"的定义，一直也未统一明确。上述案例中在境外发生的检测费，是否属于在境外"消费"？税企双方都不好判断。从消费的一般意义上理解，其内涵应包括使用和消耗，此处"消费"的表述，似乎是服务不但要在境外发生，而且境内接受方也要在境外使用和消耗服务，这才是消费的概念。而此次全面营改增，将其描述为完全在境外"发生"的服务，在判定境内销售原则上有比较大的变化，只发生而不是必须在境外消费，易于理解，且实务中也比较好判断。

4. 佐证上述观点——向境外单位提供的完全在境外消费的服务免税

财税〔2016〕36 号文件规定：

境内的单位和个人销售的下列服务和无形资产免征增值税，但财政部和国家税务总局规定适用增值税零税率的除外：

（三）向境外单位提供的完全在境外消费的下列服务和无形资产。

此处就是上文提到的，虽然属于在境内销售服务，但有特殊观定免税的情形，即境内的单位或者个人向境外单位提供的完全在境外消费的特定服务。对于此处的"消费"，国家税务总局的培训资料中解释称：

"完全在境外消费"是指："服务的实际接受方在境外，且与境内的货物和不动产无关"。

从这一解释中我们可以看出，服务完全在境外消费的概念，应该指服务的接受方在境外，如果接受方不在境外，就不属于在境外消费的范畴。

5. 境内外纳税义务判定新文件的规定

《国家税务总局关于营改增试点若干征管问题的公告》（国家税务总局公告2016 年第 53 号）规定：

一、境外单位或者个人发生的下列行为不属于在境内销售服务或者无形资产：

（一）为出境的函件、包裹在境外提供的邮政服务、收派服务；

（二）向境内单位或者个人提供的工程施工地点在境外的建筑服务、工程监理服务；

（三）向境内单位或者个人提供的工程、矿产资源在境外的工程勘察勘探服务；

（四）向境内单位或者个人提供的会议展览地点在境外的会议展览服务。

53 号公告第一条所列的四种情况，即属于我们上述的境外单位或者个人向境内单位或者个人提供的"完全在境外发生"的服务。53 号公告为什么只列举了以上这几种情况？其他的"完全在境外发生"的服务应如何处理？一些人对此有很多疑惑。笔者认为，53 号公告规定的这些情形，只是列举了其中的部分情况，绝非全部，比如境外单位或者个人向境内单位或者个人提供的仓储地点在境外的仓储服务，当然属于完全发生在境外的服务，虽然未在 53 号公告列举的范围之内。

6. 账务处理（单位：万元）

借：销售费用		10
应交税费——应交增值税（进项税额）		0.6
贷：其他应付款——代扣代缴增值税		0.6
——代扣代缴城市建设维护费	0.042	(0.6×7％)
——代扣代缴教育费附加	0.018	(0.6×3％)
——代扣代缴地方教育费附加	0.012	(0.6×2％)
——境外公司		9.928

说明：

（1）一般增值税计提城市维护建设税及附加以及水利基金是应纳增值税额的 13％，但是代扣代缴境外的增值税时，不需要缴纳水利基金。因此其城市维护建设税及附加是增值税的 12％，不是我们平时所缴纳的 13％。

（2）甲企业接受的检测服务，不属于企业所得税中特许权使用费的概念，因此不需要预提所得税，应按照劳务判定是否在境内负有企业所得税纳税义务。由于该劳务完全发生在境外，因此不属于在境内取得的所得，不需要在境内计征企业所得税。

| **相关政策浏览** |

1.《财政部 国家税务总局关于全面推开营业税改征增值税试点的通知》（财税〔2016〕36 号）附件 1

第一条　在中华人民共和国境内（以下称境内）销售服务、无形资产或者不动产（以下称应税行为）的单位和个人，为增值税纳税人，应当按照本办法缴纳增值税，不缴纳营业税。

第十二条　在境内销售服务、无形资产或者不动产，是指：

（一）服务（租赁不动产除外）或者无形资产（自然资源使用权除外）的销

售方或者购买方在境内。

第十三条　下列情形不属于在境内销售服务或者无形资产：

（一）境外单位或者个人向境内单位或者个人销售完全在境外发生的服务。

说明：境外单位或者个人向境内单位或者个人销售服务，因采购方在境内，因此根据上述基本原则，属于在境内销售服务，但是在该基本原则下还有特殊判定原则，销售"完全在境外发生的服务"不属于在境内销售服务。

2.《中华人民共和国企业所得税法实施条例》

第七条　企业所得税法第三条所称来源于中国境内、境外的所得，按照以下原则确定：

（二）提供劳务所得，按照劳务发生地确定。

案例 126　向境外支付费用扣缴税费，合同签订方式不同，税务待遇有异

甲企业是一家外资生产企业，为增值税一般纳税人，生产的产品用于内销和出口。甲企业的境外母公司派遣员工来境内指导产品生产，之所以要指导，是因为有技术秘密。2016 年，甲企业根据合同规定向境外母公司支付技术指导费。

问题：甲企业应如何扣缴增值税及相关税费？税前扣除以及账务处理有哪些注意点？

| 案例解析 |

1. 境外母公司应按照销售无形资产在境内计征增值税

财税〔2016〕36 号文件规定，无形资产，是指不具实物形态，但能带来经济利益的资产，包括技术、商标、著作权、商誉、自然资源使用权和其他权益性无形资产。技术，包括专利技术和非专利技术。

本案例中，境外母公司为甲企业提供的是非专利技术的使用权，其税目属于销售无形资产，而不是销售服务，因此应根据销售无形资产的境内外纳税义务原则判定其是否属于在境内发生的应税行为。

2. 销售无形资产的境内外纳税义务判定原则

财税〔2016〕36 号文件规定：

第十二条　在境内销售服务、无形资产或者不动产，是指：

（一）服务（租赁不动产除外）或者无形资产（自然资源使用权除外）的销售方或者购买方在境内；

第十三条　下列情形不属于在境内销售服务或者无形资产：

（二）境外单位或者个人向境内单位或者个人销售完全在境外使用的无形资产。

根据上述规定，境外母公司销售技术使用权，购买方甲企业在境内，同时该技术使用权完全在境内使用，因此应判定该行为属于在境内销售无形资产。

同时，该技术指导业务不符合相关条件，无法根据销售技术的免税政策进行申请，因此在境内应计征增值税。

3. 厘清销售服务与销售无形资产概念很重要，其境内外增值税纳税义务判定原则不同

这里一定要厘清概念。境外母公司的该行为，不能按照销售服务判定其境内外增值税纳税义务，其与销售无形资产的境内外增值税纳税义务判定原则不同。比如，如果该案例改为境外母公司未派遣人员到境内提供技术指导，按照销售服务判定原则，则该行为属于完全发生在境外的服务，应判定为在境外销售服务；按照销售无形资产判定原则，该行为属于在境内使用无形资产，应判定为在境内销售无形资产。

4. 技术指导费的劳务费和特许权使用费之争

技术指导，难免在指导过程中使用一定的技术，因此技术指导费在实务中比较难区分，到底是劳务费还是特许权使用费。虽然有诸如《国家税务总局关于执行税收协定特许权使用费条款有关问题的通知》（国税函〔2009〕507号），《国家税务总局关于税收协定有关条款执行问题的通知》（国税函〔2010〕46号）等文件对其进行规范，但实务中对其判定仍然有相当的难度。

在这里补充一个企业所得税方面的小知识点。境外方在境内提供劳务，在境内负有企业所得税义务，但是根据双方签订的税收协定，如果未构成常设机构，则不需要在缔约国中国缴纳企业所得税。因此技术指导费如果按照劳务费适用企业所得税政策，则在未构成常设机构的情况下，不需要在境内计征企业所得税。

实务中，很多地区的税务机关认为技术指导费属于特许权使用费的范畴，因此要求预提所得税。本案例假设甲企业所在地区的税务机关认为应扣缴10％的企业所得税。

5. 甲企业应按照 6％税率扣缴增值税以及 10％的预提所得税

虽然境外母公司在我国的增值税身份为小规模纳税人（未认定为一般纳税人的增值税纳税人均为小规模纳税人），但是扣缴增值税时，应按照 6％税率计算。

财税〔2016〕36 号文件规定，境外单位或者个人在境内发生应税行为，在境内未设有经营机构的，扣缴义务人按照下列公式计算应扣缴税额：

$$应扣缴税额＝购买方支付的价款÷（1＋税率）×税率$$

文件规定得很清楚，扣缴境外单位或者个人增值税额的，按照税率计算。

6. 账务处理分为以下几种情况（单位：万元）

（1）合同约定 10.6 万元的费用，由境外母公司承担各项税费。

借：制造费用等　　　　　　　　　　　　　　　　　　　　　　　　10

　　应交税费——应交增值税（进项税额）

　　　　　　　　　　　　　　　　0.6［10.6÷（1＋6％）×6％］

　　贷：其他应付款——代扣代缴增值税　0.6［10.6÷（1＋6％）×6％］

　　　　　　　　——代扣代缴城市建设维护费　0.042（0.6×7％）

　　　　　　　　——代扣代缴教育费附加　0.013（0.6×3％）

　　　　　　　　——代扣代缴地方教育费附加　0.012（0.6×2％）

　　　　　　　　——预提所得税　　1［10.6÷（1＋6％）×10％］

　　　　　　　　——境外公司　　　　　　　　　　　　　　8.928

代扣代缴税费总额为 0.6＋0.072＋1＝1.672（万元）。

合同总价款 10.6 万元，甲企业代扣代缴税费后，支付境外母公司 8.928 万元。甲企业可税前扣除的金额为 10 万元。

（2）合同约定 10.6 万元的费用，由境内甲企业承担各项税费，即境外母公司到手款项仍然为 10.6 万元。

这就是通常所说的"不含税价"，根据规定，应将不含税价换算为含税价。

含企业所得税价（不含增值税）＝10.6÷（1－6％×12％－10％）

　　　　　　　　　　　　　＝11.87（万元）

含企业所得税与增值税价＝11.87×（1＋6％）＝12.58（万元）

会计分录为：

借：制造费用等　　　　　11.87［10.6÷（1－6％×12％－10％）］

　　应交税费——应交增值税（进项税额）　　0.71（11.87×6％）

贷：其他应付款——代扣代缴增值税　　　　　　　0.71（11.87×6％）

　　　　　　　——代扣代缴城市建设维护费　　　0.049 7（0.71×7％）

　　　　　　　——代扣代缴教育费附加　　　　　0.021 3（0.71×3％）

　　　　　　　——代扣代缴地方教育费附加　　　0.014 2（0.71×2％）

　　　　　　　——预提所得税　　　　　　　　　1.19（11.87×10％）

　　　　　　　——境外公司　　　　　　　　　　　　　　　　10.6

说明：有小数差，注意调整。

甲企业共代扣代缴税费为：增值税 0.71 万元＋城市维护建设税及附加 0.085 万元＋预提所得税 1.19 万元＝1.985 万元。

甲企业为境外母公司承担的这些税费，在企业所得税上不得税前扣除，因此计入费用的 11.87 万元中的 1.275 万元（0.085＋1.19）不得税前扣除，可税前扣除的金额为 11.87－1.275＝10.6（万元）。

在支付境外不含税款项时，有的企业按照不含税金额代扣代缴各项税费，这样实际上少扣缴了税费。比如有的企业这样进行账务处理：

借：制造费用等　　　　　　　　　　　　　　　　　　　　　10

　　应交税费——应交增值税（进项税额）

　　　　　　　　　　　　　　　　0.6［10.6÷（1＋6％）×6％］

　　贷：其他应付款——代扣代缴增值税　　0.6［10.6÷（1＋6％）×6％］

　　　　　　　——代扣代缴城市建设维护费　　　0.042（0.6×7％）

　　　　　　　——代扣代缴教育费附加　　　　　0.018（0.6×3％）

　　　　　　　——代扣代缴地方教育费附加　　　0.012（0.6×2％）

　　　　　　　——预提所得税　　　　　　　　　1（10.6÷1.06×10％）

　　　　　　　——境外公司　　　　　　　　　　　　　　　8.928

支付款项时：

借：其他应付款——境外公司　　　　　　　　　　　　　　　8.928

　　营业外支出　　　　　　　　　　　　　　　　　　　　　1.672

贷：银行存款　　　　　　　　　　　　　　　　　　　　　　10.6

为境外公司负担的税费 1.672 万元不能税前扣除。但是最重要的问题在于，根据此种方式计算的代扣代缴税费总额为 0.6＋0.072－1＝1.672（万元），小于上述换算为含税价计算的扣缴税费 1.985 万元。

需要说明的是，实务中有不少纳税人这样处理，有的税务机关也认可这种方式。笔者认为，如果合同约定的是不含税金额，应将其换算为含税金额，才能正确地计算真实应扣缴的税费。

此种不含税的换算，在个人所得税文件中有明确规定，在其他税种中尚无明确规定。预提所得税的不含税换算，在国家税务总局的资料中要求换算为含税价格，但也没有明确的文件规定。

（3）合同约定合同总价款 12.58 万元，由境内公司承担各种税费，境外公司到手金额为 10.6 万元。

会计分录为：

借：制造费用等　　　　　　　　　　　11.87［12.58÷（1＋6％）］
　　应交税费——应交增值税（进项税额）　0.71（11.87×6％）
　贷：其他应付款——代扣代缴增值税　　　0.71（11.87×6％）
　　　　　　——代扣代缴城市建设维护费　0.049 7（0.71×7％）
　　　　　　——代扣代缴教育费附加　　　0.021 3（0.71×3％）
　　　　　　——代扣代缴地方教育费附加　0.014 2（0.71×2％）
　　　　　　——预提所得税　　　　　　　1.19（11.87×10％）
　　　　　　——境外公司　　　　　　　　　　　　10.6

说明：有小数差，注意调整。

代扣代缴税费总额为 0.71＋0.049 7＋0.021 3＋0.014 2＋1.19＝1.985（万元）。

可税前扣除的金额为 11.87 万元。

与处理方式（2）相比，境外母公司最终的到手金额也是 10.6 万元，代扣代缴的税费也是 1.985 万元，但是可以税前扣除的金额为 11.87 万元，大于方式（2）的 10.6 万元。

处理方式（3）与方式（2）有完全相同的结果，只是改变了合同的用语，即可多税前扣除。此种情况一般应用于境内外的关联公司之间，可以协商合同内容，而且此种方式是完全符合税法规定的，没有税务风险。

｜相关政策浏览｜

《财政部 国家税务总局关于全面推开营业税改征增值税试点的通知》（财税〔2016〕36 号）附件 1

第六条　中华人民共和国境外（以下称境外）单位或者个人在境内发生应税行为，在境内未设有经营机构的，以购买方为增值税扣缴义务人。财政部和国家税务总局另有规定的除外。

案例 127　向境外旅游公司支付完全在境外发生的费用，无须扣缴增值税

甲企业是一家旅行社，为增值税一般纳税人，2016 年 10 月承接境外旅行团。甲企业收取游客的旅行费用后，向境外具体负责旅游事宜的乙公司支付款项。

问题：甲企业向境外乙公司支付该旅游费时，是否需要代扣代缴增值税？

| 案例解析 |

我们首先要判断该行为是否属于境内销售旅游服务，如是，则境外旅游公司应在中国境内缴纳增值税，在境内没有代理机构，应由付款人甲企业代扣代缴增值税；如不是，则不需要在境内计征增值税，甲企业也无须代扣代缴增值税。

根据财税〔2016〕36 号文件的规定，只要服务的销售方和购买方有一方在境内，即属于在境内销售服务，这是基本原则。但例外情况是，境外单位或者个人向境内单位或者个人销售完全在境外发生的服务，不属于在境内销售服务。本案例中，境外单位乙公司向境内单位和个人提供了旅游服务，这些服务完全发生在境外，不属于在境内销售服务，不需要在境内计征增值税，甲企业也不需要代扣代缴增值税。

如上文所述，《国家税务总局关于营改增试点若干征管问题的公告》（国家税务总局公告 2016 年第 53 号）第一条规定的境外单位或者个人发生的不属于在境内销售服务或者无形资产的几种行为，并未涵盖完全在境外发生的旅游服务，但这并不妨碍我们根据增值税原理进行判定。所以，我们可以再次验证上文提出的观点：53 号公告只是列举了"完全在境外发生"中的部分情况。

| 相关政策浏览 |

1.《财政部 国家税务总局关于全面推开营业税改征增值税试点的通知》（财税〔2016〕36 号）附件 1

第十二条　在境内销售服务、无形资产或者不动产，是指：

（一）服务（租赁不动产除外）或者无形资产（自然资源使用权除外）的销售方或者购买方在境内。

第十三条 下列情形不属于在境内销售服务或者无形资产：

（一）境外单位或者个人向境内单位或者个人销售完全在境外发生的服务。

2. 《国家税务总局关于营改增试点若干征管问题的公告》（国家税务总局公告 2016 年第 53 号）

境外单位或者个人发生的下列行为不属于在境内销售服务或者无形资产：

（一）为出境的函件、包裹在境外提供的邮政服务、收派服务；

（二）向境内单位或者个人提供的工程施工地点在境外的建筑服务、工程监理服务；

（三）向境内单位或者个人提供的工程、矿产资源在境外的二程勘察勘探服务；

（四）向境内单位或者个人提供的会议展览地点在境外的会议展览服务。

案例 128 境内单位在境外提供完全发生在境外的服务，根据属人原则判定境内外增值税纳税义务

甲企业是一家外贸公司，为增值税一般纳税人。2016 年 10 月在境外进行商务联络，促成了境外乙公司向境外丙公司销售货物的业务，甲企业向境外乙公司收取服务费。

问题：甲企业财务部门认为这是完全发生在境外的服务，因此不属于在境内销售服务，不应在境内计征增值税。这样的理解是否正确？

| 案例解析 |

甲企业在认识上有误区。只要是境内的单位和个人销售的服务（不含租赁不动产），即属于在境内销售服务，这是属人原则。只有境外单位和个人完全发生在境外的服务，才不属于在境内销售服务。一定要厘清概念，否则很容易出现判断失误。

| 相关政策浏览 |

《财政部 国家税务总局关于全面推开营业税改征增值税试点的通知》（财税〔2016〕36 号）附件 1

第十三条 下列情形不属于在境内销售服务或者无形资产：

（一）境外单位或者个人向境内单位或者个人销售完全在境外发生的服务。

案例 129　境外方向境外方提供服务，根据属人原则判定境内外增值税纳税义务

甲企业是一家外资企业，为增值税一般纳税人。2016 年 10 月，其境外母公司乙向另一境外丙公司提供技术指导服务，甲企业从丙公司处收取该服务款项后再转支付给母公司乙。

问题：甲企业是否需要在支付款项时代扣代缴增值税？

| 案例解析 |

增值税境内外判定的基本原则是：销售方和购买方有一方在境内，而本案例中境外母公司乙向另一境外丙公司销售服务，销售方和购买方均不在境内，不属于在境内销售服务，因此不在境内计征增值税。即使根据"完全在境外发生的服务"判定原则，其前提也是境外单位或者个人向境内单位或者个人销售完全在境外发生的服务，"境外—境外"模式并不适用该判断原则。因此，本案例中的境外公司向境外公司销售服务，不属于在境内销售服务，不在境内计征增值税。

本案例中，甲企业需要办理好各种代收代付的外管部门以及银行的相关手续，避免被认定为从丙公司取得的收入，从而计征增值税的风险。

| 相关政策浏览 |

《财政部 国家税务总局关于全面推开营业税改征增值税试点的通知》（财税〔2016〕36 号）附件 1

第十二条　在境内销售服务、无形资产或者不动产，是指：

（一）服务（租赁不动产除外）或者无形资产（自然资源使用权除外）的销售方或者购买方在境内。

第十三条　下列情形不属于在境内销售服务或者无形资产：

（一）境外单位或者个人向境内单位或者个人销售完全在境外发生的服务。

案例 130　境外方向境内方提供调研服务，准确理解"完全"的含义

甲企业是一家大型内资生产企业，为增值税一般纳税人。2017 年 10 月委托境外乙公司进行某跨境项目可行性调研，乙公司的工作分别在境外与境内展开。

问题：甲企业向乙公司付款时，是否需要代扣代缴增值税？

| 案例解析 |

提到境外方向境内方销售服务（不包括不动产租赁），我们一定要马上想到一个判定原则："完全在境外发生的服务"。注意，境外方向境内方销售的完全在境外发生的服务，不属于在境内销售服务。

在该判定原则中，需要注意：

（1）销售方必须是境外单位或个人；

（2）采购方必须是境内单位或个人；

（3）完全在境外发生，一定要注意"完全"的含义。

本案例中，境外乙公司在境内开展部分服务业务，属于销售未完全在境外发生的服务，属于在境内销售服务。

| 相关政策浏览 |

《财政部 国家税务总局关于全面推开营业税改征增值税试点的通知》（财税〔2016〕36 号）附件 1

第十三条　下列情形不属于在境内销售服务或者无形资产：

（一）境外单位或者个人向境内单位或者个人销售完全在境外发生的服务。

案例 131　境外方向境内方出租有形动产，根据使用地点判定境内外增值税纳税义务

甲企业是一家生产企业，为增值税一般纳税人。2017 年 10 月派遣管理人员赴境外进行考察活动，委托境外某办事处从境外乙汽车租赁公司租赁车辆在境外使用。

问题：甲企业向境外乙公司支付款项时，是否应代扣代缴增值税？

| 案例解析 |

根据财税〔2016〕36 号文件的规定，境外单位或者个人向境内单位或者个人出租完全在境外使用的有形动产，不属于在境内销售服务。本案例中，境外乙公司向境内甲企业销售汽车经营租赁服务，该汽车完全在境外使用，因此该租赁服务不属于在境内销售服务，不应在境内计征增值税，甲企业支付租赁费时不需要代扣代缴增值税。

| 相关政策浏览 |

《财政部 国家税务总局关于全面推开营业税改征增值税试点的通知》（财税〔2016〕36 号）附件 1

第十三条　下列情形不属于在境内销售服务或者无形资产：

（三）境外单位或者个人向境内单位或者个人出租完全在境外使用的有形动产。

案例 132　境外方向境外方出租不动产，根据不动产地点判定境内外增值税纳税义务

甲企业是一家外资企业，其境外母公司在中国境内拥有房产一套。2017 年10 月委托甲企业将该房产出租给在中国境内工作的外籍个人，甲企业收取该租金后向境外母公司支付。

问题：甲企业向境外母公司支付款项时，是否应代扣代缴增值税？

| 案例解析 |

1. 租赁标的物不动产位于境内，属于在境内租赁不动产

租赁不动产的境内外判定原则相对比较简单，只要租赁标的物不动产位于境内，即属于在境内租赁不动产，没有其他例外情形。本案例中，租赁标的物不动产位于境内，因此甲企业母公司属于在境内租赁不动产，应在境内计征增值税。

2. 甲企业的扣缴义务人身份分析

根据财税〔2016〕36 号文件的规定，"中华人民共和国境外（以下称境外）单位或者个人在境内发生应税行为，在境内未设有经营机构的，以购买方为增值税扣缴义务人"，本案例中，境外母公司在境内未设有经营机构，甲企业不是购

买方，因此在税理上，境外母公司在境内销售不动产的行为，并无法定的增值税扣缴义务人。

实务中，甲企业在支付境外母公司款项时，一般会按照税务机关的要求代扣代缴增值税。

| 相关政策浏览 |

《财政部 国家税务总局关于全面推开营业税改征增值税试点的通知》（财税〔2016〕36 号）附件 1

第十二条　在境内销售服务、无形资产或者不动产，是指：

（二）所销售或者租赁的不动产在境内。

案例 133　境内方向境外方转让非专利技术，根据属人原则判定境内外增值税纳税义务

甲企业是一家境内生产企业，2017 年向境外乙公司销售一项非专利技术，乙公司在境外应用该技术生产产品。因资料不全，甲企业不能享受转让技术免征增值税的政策。

问题：甲企业认为，该技术完全在境外使用，可以认为销售完全在境外使用的无形资产，从而不属于在境内销售无形资产，不在境内计征增值税。甲企业对该业务的理解是否正确？

| 案例解析 |

根据文件规定，只有境外单位或者个人向境内单位或者个人销售完全在境外使用的无形资产，才不属于在境内销售无形资产。而境内的单位或者个人销售的无形资产，不论在何处使用，根据属人原则，均属于在境内销售无形资产，应在境内计征增值税。

| 相关政策浏览 |

《财政部 国家税务总局关于全面推开营业税改征增值税试点的通知》（财税〔2016〕36 号）附件 1

第一条　在中华人民共和国境内（以下称境内）销售服务、无形资产或者不

动产（以下称应税行为）的单位和个人，为增值税纳税人，应当按照本办法缴纳增值税，不缴纳营业税。

第十三条　下列情形不属于在境内销售服务或者无形资产：

（二）境外单位或者个人向境内单位或者个人销售完全在境外使用的无形资产。

案例 134　境外方向境内方销售商标使用权，完全在境外使用不属于境内销售

甲企业是一家国内生产企业，2017 年在国外拓展市场。为迅速打入当地市场，从境外乙公司处购买商标使用权，按照乙公司授权的数量和标准，出口到乙公司所在国家后在产品上粘贴商标。双方合同约定，该商标贴只能在乙公司所在国家使用。

问题：甲企业在支付乙公司商标使用费时，是否应代扣代缴增值税？

▌案例解析▐

根据文件规定，境外单位或个人向境内单位或者个人销售无形资产，由于采购方在境内，因此本应判定为在境内销售无形资产，在境内计征增值税。其例外情形为，境外方向境内方销售完全在境外使用的无形资产，不属于在境内销售无形资产，不计征增值税。

本案例中，境外乙公司向境内甲企业销售商标使用权，属于销售无形资产，但该商标使用权完全在境外使用，不属于在境内销售无形资产，在境内不需要计征增值税，甲企业在向境外乙公司支付商标使用费时，不需要代扣代缴增值税。

假设上述商标使用权不但在境外使用，而且在境内使用，则属于未完全在境外使用的无形资产，应判定为在境内销售无形资产，甲企业在支付商标使用费时，应代扣代缴增值税。

▌相关政策浏览▐

《财政部 国家税务总局关于全面推开营业税改征增值税试点的通知》（财税〔2016〕36 号）附件 1

第十三条　下列情形不属于在境内销售服务或者无形资产：

（二）境外单位或者个人向境内单位或者个人销售完全在境外使用的无形资产。

案例 135　境外方向境外方销售不动产，根据不动产地点判定境内外增值税纳税义务

甲企业是一家外资企业，其母公司于 2014 年在境内购买一套房产，购置价为 500 万元。2017 年 10 月将其转让给境外乙公司，转让价为 605 万元。

问题：甲企业认为这属于境外单位之间的销售行为，不应在境内负有增值税纳税义务，在收到房款后支付给境外母公司时，不需要代扣代缴增值税。甲企业对该业务的理解是否正确？

| 案例解析 |

1. 境外方销售位于境内的不动产，属于在境内销售不动产

销售不动产的境内外增值税判定也相对比较简单，只要所销售的不动产在境内，即可判定为在境内销售不动产，没有其他例外情形。

本案例中，所销售的不动产位于中国境内，因此属于在境内销售不动产，境外母公司在境内应按照销售不动产计征增值税。

2. 甲企业不是法定增值税扣缴义务人

这里需要注意的是，甲企业并不是法定的增值税扣缴义务人．根据财税〔2016〕36 号文件的规定，"中华人民共和国境外（以下称境外）单位或者个人在境内发生应税行为，在境内未设有经营机构的，以购买方为增值税扣缴义务人。财政部和国家税务总局另有规定的除外"，而甲企业并不是购买方，购买方是境外的乙公司，甲企业只是代收代付款项。

实务中，由甲企业代扣代缴境外母公司的增值税也并无不可，且简便易行。

综上，甲企业认为该行为不属于在境内销售不动产的理解不正确，但甲企业无法定代扣代缴增值税义务。

| 相关政策浏览 |

《财政部 国家税务总局关于全面推开营业税改征增值税试点的通知》（财税〔2016〕36 号）附件 1

第六条　中华人民共和国境外（以下称境外）单位或者个人在境内发生应税行为，在境内未设有经营机构的，以购买方为增值税扣缴义务人。财政部和国家税务总局另有规定的除外。

第十二条　在境内销售服务、无形资产或者不动产，是指：

（二）所销售或者租赁的不动产在境内。

案例 136　境内单位向境外个人购买非专利技术，增值税与所得税概念有区别

甲企业是一家中外合资企业，为增值税一般纳税人，2016 年 10 月从境外自然人处购买非专利技术的使用权。该非专利技术在中国境内的甲企业使用。

问题：甲企业是否应在支付款项时代扣代缴增值税？是否还需代扣代缴其他的税费？

| 案例解析 |

1. 境外个人销售在境内使用的无形资产，属于在境内销售

根据境内外增值税纳税义务的判定原则，无形资产（自然资源使用权除外）的销售方或者购买方在境内，且无形资产在境内使用的，该境外个人的销售非专利技术行为应判定为在境内销售无形资产，在境内负有增值税纳税义务。

2. 在增值税上属于销售无形资产，在所得税上属于特许权使用费所得

根据财税〔2016〕36 号文件的规定，纳税人销售无形资产指的是转让无形资产的所有权和使用权的行为，而技术属于无形资产的一种。因此，案例中转让非专利技术的使用权属于销售无形资产。由此可见，在增值税概念中，转让技术所有权或者使用权的行为，属于转让无形资产。

在所得税（包括企业所得税与个人所得税）的概念中，转让技术使用权的所得，属于特许权使用费所得，而不是销售无形资产。

因此，在增值税的概念中，转让无形资产，包括转让无形资产的所有权和所使用权，而企业所得税和个人所得税概念有所不同，转让所有权和使用权的税务待遇不同。本案例是个人销售无形资产，因此下面分析个人所得税中关于转让技术的政策。

个人所得税中，在中国境内转让财产所得，才属于来源于中国境内的所得；在中国境内使用的特许权所得，才属于来源于中国境内的所得。这里要注意，这两种所得的税务待遇是不同的。

个人所得税中，对于特许权使用费所得，仅定义为各种权利的使用权，并不包括所有权，我们可以认为，如果转让技术所有权，不能按照特许权转让，而应

按照转让财产所得适用个人所得税政策。

本案例中，境外个人转让的是技术使用权，因此在个人所得税上属于取得了特许权所得。由于该特许权在中国境内使用，因此属于来源于中国境内的所得，应在中国境内计征个人所得税。假如上述案例中改为销售技术所有权，应按照转让财产所得，如果转让地点在境外，不属于来源于中国境内的所得，在中国境内应无个人所得税纳税义务。

3. 境外个人是否可以享受小规模纳税人 3 万元免税政策

关于小规模纳税人免增值税的规定是，"增值税小规模纳税人销售货物、提供加工修理修配劳务月销售额超过 3 万元（按季纳税 9 万元），或者销售服务、无形资产月销售额超过 3 万元（按季纳税 9 万元），使用新系统开具增值税普通发票、机动车销售统一发票、增值税电子普通发票"。

从规定中我们可以看出，只要是增值税小规模纳税人，在符合条件的情况下，即可享受免增值税政策。但境外单位和个人在中国境内发生的增值税应税行为，均按照 6％的税率扣缴，因此不能享受小规模纳税人免税政策。

4. 境外单位个人是否可以申请转让技术免征增值税

根据财税〔2016〕36 号文件的规定，境外单位或个人向境内销售技术使用权，属于免增值税政策中"纳税人提供技术转让、技术开发和与之相关的技术咨询、技术服务"中的提供技术转让，而销售无形资产包括销售无形资产的所有权和使用权，无形资产包括专利技术和非专利技术。

所以，本案例中的境外个人向境内单位提供技术使用权，属于技术转让，可以根据财税〔2016〕36 号文件中规定的流程申请免增值税，该文件对于流程的规定为："试点纳税人申请免征增值税时，须持技术转让、开发的书面合同，到纳税人所在地省级科技主管部门进行认定，并持有关的书面合同和科技主管部门审核意见证明文件报主管税务机关备查。"

笔者个人认为，对于境外单位个人向境内单位个人提供技术使用权转让，没有文件规定不可以申请免增值税，也没有文件限制境外的单位和个人不能享受该政策。但在实务中，需要与当地主管税务机关充分沟通。

┃ 相关政策浏览 ┃

1. 《财政部 国家税务总局关于全面推开营业税改征增值税试点的通知》（财税〔2016〕36 号）附件 1

第二十条 境外单位或者个人在境内发生应税行为，在境内未设有经营机构的，扣缴义务人按照下列公式计算应扣缴税额：

$$应扣缴税额＝购买方支付的价款÷(1＋税率)×税率$$

2. 《财政部 国家税务总局关于全面推开营业税改征增值税试点的通知》（财税〔2016〕36 号）附件 1 附：《销售服务、无形资产、不动产注释》

二、销售无形资产

销售无形资产，是指转让无形资产所有权或者使用权的业务活动。无形资产，是指不具实物形态，但能带来经济利益的资产，包括技术、商标、著作权、商誉、自然资源使用权和其他权益性无形资产。

3. 《财政部 国家税务总局关于全面推开营业税改征增值税试点的通知》（财税〔2016〕36 号）附件 3

一、下列项目免征增值税

（二十六）纳税人提供技术转让、技术开发和与之相关的技术咨询、技术服务。

1. 技术转让、技术开发，是指《销售服务、无形资产、不动产注释》中"转让技术"、"研发服务"范围内的业务活动。技术咨询，是指就特定技术项目提供可行性论证、技术预测、专题技术调查、分析评价报告等业务活动。

与技术转让、技术开发相关的技术咨询、技术服务，是指转让方（或者受托方）根据技术转让或者开发合同的规定，为帮助受让方（或者委托方）掌握所转让（或者委托开发）的技术，而提供的技术咨询、技术服务业务，且这部分技术咨询、技术服务的价款与技术转让或者技术开发的价款应当在同一张发票上开具。

4. 《中华人民共和国个人所得税法实施条例》

第五条 下列所得，不论支付地点是否在中国境内，均为来源于中国境内的所得：

（三）转让中国境内的建筑物、土地使用权等财产或者在中国境内转让其他财产取得的所得；

（四）许可各种特许权在中国境内使用而取得的所得；

第八条 税法第二条所说的各项个人所得税的范围：

（六）特许权使用费所得，是指个人提供专利权、商标权、著作权、非专利技术以及其他特许权的使用权取得的所得；

（九）财产转让所得，是指个人转让有价证券、股权、建筑物、土地使用权、机器设备、车船以及其他财产取得的所得。

案例137　境内单位提供的会议展览地点在境外的会议展览服务，属于在境内销售服务，可申请享受免税政策

甲企业是一家大型会展公司，为增值税一般纳税人。2017年10月为境内乙公司在境外提供会议展览服务。

问题：甲企业在境外发生的会议展览服务是否属于在境内销售服务？是否在境内不需要计征增值税？

| 案例解析 |

1. 境内单位销售的地点在境外的会议展览服务属于在境内销售服务

根据属人原则，只要是境内单位或个人销售服务，不管接受服务对象，不管发生地点，及其他情况，即可判定为在境内销售服务。

2. 境内单位销售的地点在境外的会议展览服务可申请享受免征增值税

此处要注意一个非常重要的概念：在境内销售服务，不一定在境内计征增值税。我们在之前也强调过这一概念，因为可能会有免税等优惠政策。本案例中，境内单位甲企业提供会议展览地点在境外的会议展览服务，属于可以申请免征增值税的情形之一，甲企业可以根据文件规定申请免征增值税。

3. 与新文件53号公告的概念区分

53号公告规定：

境外单位或者个人发生的下列行为不属于在境内销售服务或者无形资产：

（一）为出境的函件、包裹在境外提供的邮政服务、收派服务；

（二）向境内单位或者个人提供的工程施工地点在境外的建筑服务、工程监理服务；

（三）向境内单位或者个人提供的工程、矿产资源在境外的工程勘察勘探服务；

（四）向境内单位或者个人提供的会议展览地点在境外的会议展览服务。

此处需注意，53号公告中列举的第（四）项情形，与本案例的情况并不相同。53号公告针对的主体是"境外单位或者个人"，其中的第（四）项，我们可

理解为境外单位或者个人向境内单位或者个人销售的"完全发生在境外的服务"，根据境内外判定原则，不属于在境内销售服务。而本案例中，境内单位或者个人销售服务，属于在境内销售服务，但由于服务地点在境外，因此可申请享受免税政策。

这两者有严格的区分，应注意其概念。

综上，甲企业在境外发生的会议展览服务属于在境内销售服务，可根据文件规定申请免征增值税。

| 相关政策浏览 |

《财政部 国家税务总局关于全面推开营业税改征增值税试点的通知》（财税〔2016〕36 号）附件 4

二、境内的单位和个人销售的下列服务和无形资产免征增值税，但财政部和国家税务总局规定适用增值税零税率的除外：

（一）下列服务：

1. 工程项目在境外的建筑服务。

2. 工程项目在境外的工程监理服务。

3. 工程、矿产资源在境外的工程勘察勘探服务。

4. 会议展览地点在境外的会议展览服务。

5. 存储地点在境外的仓储服务。

6. 标的物在境外使用的有形动产租赁服务。

7. 在境外提供的广播影视节目（作品）的播映服务。

8. 在境外提供的文化体育服务、教育医疗服务、旅游服务。

案例 138　境内方向境外方提供的完全在境外消费的服务，可申请享受免税政策

甲企业是一家境内财务公司，2017 年 10 月与境外乙公司签订税务咨询合同，为乙公司在境内的子公司丙企业提供税务咨询服务。为减少丙企业负担，该费用由境外母公司承担。

问题：甲企业认为，与境外乙公司签订合同，应可享受免增值税的政策，甲企业对该业务的理解是否正确？

| 案例解析 |

1. 境内方向境外方提供的完全在境外消费的特定服务，免征增值税

根据属人原则，境内方发生的增值税行为，应判定为在境内销售。境内方向境外方提供的完全在境外消费的特定服务，虽然也属于在境内销售，但可免征增值税。

财税〔2016〕36 号文件规定：

境内的单位或者个人向境外单位提供的完全在境外消费的下列服务，免征增值税：

1. 电信服务。

2. 知识产权服务。

3. 物流辅助服务（仓储服务、收派服务除外）。

4. 鉴证咨询服务。

5. 专业技术服务。

6. 商务辅助服务。

7. 广告投放地在境外的广告服务。

所称完全在境外消费，是指：

（一）服务的实际接受方在境外，且与境内的货物和不动产无关。

（二）无形资产完全在境外使用，且与境内的货物和不动产无关。

（三）财政部和国家税务总局规定的其他情形。

本案例中，境内单位甲企业并不是向境外单位提供服务，服务的实际接受方并不在境外，因此不符合"境外消费"定义中的"服务的实际接受方在境外"这一条件，虽然名义上是与境外母公司签订的合同，但实际上是向境内单位提供的在境内消费的服务，因此不符合免征增值税的条件。

2. "完全在境外消费的服务""完全在境外发生的服务"概念的对比区分

通过以上案例，我们对"完全在境外消费的服务""完全在境外发生的服务"这两个概念总结对比如下：

完全在境外发生的服务：指的是境外方向境内方提供的服务；没有特指，范围包括全部的销售服务（不动产租赁除外）；适用政策为：境外单位或者个人向境内单位或者个人销售完全在境外发生的服务，不属于在境内销售服务。

完全在境外消费的服务：指的是境内方提供服务，服务内容有特指，具体范围如上述；适用政策为：境内的单位和个人销售的完全在境外消费的特定服务免征增值税。

| 相关政策浏览 |

《财政部 国家税务总局关于全面推开营业税改征增值税试点的通知》（财税〔2016〕36 号）附件 4

二、境内的单位和个人销售的下列服务和无形资产免征增值税，但财政部和国家税务总局规定适用增值税零税率的除外：

（三）向境外单位提供的完全在境外消费的下列服务和无形资产：

1. 电信服务。

2. 知识产权服务。

3. 物流辅助服务（仓储服务、收派服务除外）。

4. 鉴证咨询服务。

5. 专业技术服务。

6. 商务辅助服务。

7. 广告投放地在境外的广告服务。

8. 无形资产。

第 8 章

其他实务案例

案例 139　集团统借统还免增值税政策，确定享受主体是关键

甲企业与下设多家子公司及分公司成立集团公司，并在工商部门领取《企业集团登记证》。为统筹安排资金，节省成本，集团公司在母公司设立财务中心，集团所有的资金安排均通过财务中心处理。2016 年 10 月集团公司财务中心（以母公司名义）从银行借款 2 亿元，同时与子公司乙企业签订合同，当月将款项拨付给乙企业。合同约定，乙企业将银行借款合同规定的利息及本金，按照合同规定期限向财务中心支付，由其统一归还给银行。

问题：财务中心收取利息时，是否应向子公司开具增值税发票，并计征增值税？

| 案例解析 |

1. 统借统还业务符合条件可享受免增值税政策

本案例中的行为属于集团公司的统借统还业务。财税〔2016〕36 号文件规定，向子公司乙企业收取的用于偿还银行借款的利息不高于支付给银行借款利率水平的，可以享受免增值税政策，如果超过，就全部利息计征增值税。

注意：不是就超过部分计征增值税，而是超过后，就全部利息计征增值税，类似于"起征点"的概念。

2. 对于符合免税条件之"集团"概念的理解

实务中，这是一个比较麻烦的问题。财税〔2016〕36 号文件规定，只有"企业集团"才符合上述免增值税政策的主体，但现行税法文件并未对"企业集团"有任何的定义，或者对其进行援引其他范畴的概念，至少笔者并未查到。

工商部门对于企业集团的认定，主要是根据《企业集团登记管理暂行规定》（工商企字〔1998〕第 59 号）的规定进行的。但是税法概念上的企业集团，是否与工商概念上的一致？这方面确实没有明确统一的规定。

有观点认为，必须是工商部门认定的，取得了《企业集团登记证》的集团公司才能享受免增值税政策，这当然在征管上比较简单易行，但并无税法文件明确指出这一点。而且如果某企业法人联合体因不符合工商部门要求的条件未办理，或者符合条件未办理，或者符合条件不愿意办理《企业集团登记证》，只是因形式要件的问题而不能享受免税政策，这并不是非常公允。

比如一家母公司，在全国各地有 4 家子公司，不能办理《企业集团登记证》，

因为根据《企业集团登记管理暂行规定》，至少有 5 家子公司才符合办理集团登记手续的条件，但其实质确实为企业法人的联合体，只是因形式要件的问题，不能享受免税政策。

如果根据名称中是否带"集团"字样来判断，也不是非常合理。工商企字〔1998〕第 59 号文件第十四条规定，母公司可以在企业名称中使用"集团"或者"（集团）"字样；子公司可以在自己的名称中冠以企业集团名称或者简称；参股公司经企业集团管理机构同意，可以在自己的名称中冠以企业集团名称或者简称。因此，集团公司及其成员不一定会在名称中使用"集团"字样，可以根据自己的意愿选择确定。

实务中，笔者认为，对于此类未有明确规定的政策，应与当地主管税务机关加强沟通。比如，税务机关要求必须提供《企业集团登记证》方可办理免征增值税手续，纳税人可要求其提供文件依据，如果税务机关能给出当地的规定，那么纳税人就应按照当地政策执行。

3. 实务中对利率加以限制的税务风险

假设本案例中，集团向银行借款期限为一年，合同约定一年后还本付息。子公司还款利率一致，但是半年付息一次，这样实际利率高于集团向银行借款利率，不符合不高于支付给金融机构的借款利率水平的免税条件。

如果不是一一对应，比如多笔贷款对应多个子公司，使用综合利率，则有可能会超过其中利率较低的借款，有一定的风险。集团统借统还对税务的安排，对此风险都应加以充分的考量。

4. 无偿拆借视同销售

假设本案例中，集团公司不要求子公司承担借款利息，不收取乙企业的利息，此时，根据财税〔2016〕36 号文件的相关规定，单位或者个体工商户向其他单位或者个人无偿提供服务，视同销售服务，因此本案例中母公司无偿贷款给子公司，视同销售贷款服务。但即使视同销售，如果符合免增值税条件，也可以申请享受免税政策。

| 案例延伸 |

统借统还的企业所得税如何处理？

《关于印发〈房地产开发经营业务企业所得税处理办法〉的通知》（国税发〔2009〕31 号）规定，企业集团或其成员企业统一向金融机构借款分摊集团内部其他成员企业使用的，借入方凡能出具从金融机构取得借款的证明文件，可以在使用借款的企业间合理地分摊利息费用，使用借款的企业分摊的合理利息准予在税前扣除。

这是现在国家层面上，关于集团内部借款中合理分摊的利息费用可税前扣除的唯一文件规定，但只限于房地产企业，对于其他行业的企业，现阶段还无统一的明确规定。

同时，在企业所得税方面，关联企业之间的资金拆借的利息支出税前扣除，还要考虑到资本弱化问题，比如对于利息支出税前扣除，在关联企业债权性投资与权益性投资比例的限制等，在此不展开阐述。

| 相关政策浏览 |

1.《财政部 国家税务总局关于全面推开营业税改征增值税试点的通知》（财税〔2016〕36 号）附件 3

一、下列项目免征增值税

（十九）以下利息收入。

7. 统借统还业务中，企业集团或企业集团中的核心企业以及集团所属财务公司按不高于支付给金融机构的借款利率水平或者支付的债券票面利率水平，向企业集团或者集团内下属单位收取的利息。

统借方向资金使用单位收取的利息，高于支付给金融机构借款利率水平或者支付的债券票面利率水平的，应全额缴纳增值税。

统借统还业务，是指：

（1）企业集团或者企业集团中的核心企业向金融机构借款或对外发行债券取得资金后，将所借资金分拨给下属单位（包括独立核算单位和非独立核算单位，下同），并向下属单位收取用于归还金融机构或债券购买方本息的业务。

（2）企业集团向金融机构借款或对外发行债券取得资金后，由集团所属财务公司与企业集团或者集团内下属单位签订统借统还贷款合同并分拨资金，并向企业集团或者集团内下属单位收取本息，再转付企业集团，由企业集团统一归还金融机构或债券购买方的业务。

2.《企业集团登记管理暂行规定》（工商企字〔1998〕第 59 号）

第四条　企业集团由母公司、子公司、参股公司以及其他成员单位组建而成。事业单位法人、社会团体法人也可以成为企业集团式员。

母公司应当是依法登记注册，取得企业法人资格的控股企业。

子公司应当是母公司对其拥有全部股权或者控股权的企业法人；企业集团的其他成员应当是母公司对其参股或者与母子公司形成生产经营、协作联系的其他企业法人、事业单位法人或者社会团体法人。

第五条　企业集团应当具备下列条件：

（一）企业集团的母公司注册资本在 5 000 万元人民币以上，并至少拥有 5 家子公司；

（二）母公司和其子公司的注册资本总和在 1 亿元人民币以上；

（三）集团成员单位均具有法人资格。

国家试点企业集团还应符合国务院确定的试点企业集团条件。

第十四条　企业集团名称的登记管理，参照有关企业名称登记管理的规定执行。企业集团的名称可以有简称。

母公司可以在企业名称中使用"集团"或者"（集团）"字样；子公司可以在自己的名称中冠以企业集团名称或者简称；参股公司经企业集团管理机构同意，可以在自己的名称中冠以企业集团名称或者简称。

经核准的企业集团名称可以在宣传和广告中使用，但不得以企业集团名义订立经济合同，从事经营活动。

3. 部分地方政策

〈山东国税〉关于统借统还业务中"企业集团"的界定问题。

统借统还中的"企业集团"，是指以资本为主要联结纽带的母子公司为主体，以集团章程为共同行为规范的母公司、子公司、参股公司及其他成员企业或机构共同组成的具有一定规模的企业法人联合体。

案例 140　营改增后平销返利的变化：收取供应商服务费应征增值税，可开具专票

甲企业是一家大型商场，为增值税一般纳税人。2016 年 10 月收到供应商乙公司交来的货物展示费 1 万元，该费用为每月缴纳的固定费用。

问题：营改增后，商场收取的供应商服务费应如何计征增值税，如何开具发票？

| 案例解析 |

1. 营改增后，与销售量、销售额无关的费用，应缴纳增值税

营改增前，商业企业向供应商收取的与销售额或销售量不挂钩的各种费用，

商业企业应缴纳营业税；而根据销售量销售额计算收取的各种费用，则按照平销返利处理，由供应商开具红字发票，商业企业冲减采购的进项税额。

本案例中收取的 1 万元/月的费用，属于与销售额或销售量不挂钩的费用，营改增后，因营业税取消，之前缴纳营业税的规定自然失效。营改增之后未有专门文件规定应如何缴纳，但是我们可以根据财税〔2016〕36 号文件的规定执行，甲企业向供应商乙公司销售了现代服务业，应征收 6% 的增值税。

实务中，与销售量、销售额是否挂钩相对比较难界定。比如有的商业企业，对于长期稳定的供应商收取的费用一般比较均衡，可将与销售额销售量挂钩的费用中的一部分作为固定费用处理，减少平销返利的进项税冲减。

比如商场收取供应商费用，根据销售额一定比例计算的费用每月在 5 万元左右，那么可以在合同中约定每月 4 万元的固定费用，这部分固定费用根据规定可以缴纳 6% 的增值税，不需要冲减 17% 税率的进项税额。

2. 应允许缴纳增值税部分开具增值税专用发票

营改增前，《国家税务总局关于商业企业向货物供立方收取的部分费用征收流转税问题的通知》（国税发〔2004〕136 号）规定，商业企业向供货方收取的各种收入，一律不得开具增值税专用发票。营改增前，如果是与销售量、销售额挂钩的费用，按照平销返利冲减进项税，如果是不挂钩的费用，缴纳营业税，因此不存在开具增值税专用发票的情况。但是营改增后，与销售量、销售额不挂钩的费用应缴纳增值税，这部分没有任何道理或者规定不允许商业企业向供应商开具增值税专用发票。

| **相关政策浏览** |

《国家税务总局关于商业企业向货物供应方收取的部分费用征收流转税问题的通知》（国税发〔2004〕136 号）

一、商业企业向供货方收取的部分收入，按照以下原则征收增值税或营业税：

（一）对商业企业向供货方收取的与商品销售量、销售额无必然联系，且商业企业向供货方提供一定劳务的收入，例如进场费、广告促销费、上架费、展示费、管理费等，不属于平销返利，不冲减当期增值税进项税金，应按营业税的适用税目税率征收营业税。

（二）对商业企业向供货方收取的与商品销售量、销售额挂钩（如以一定比例、金额、数量计算）的各种返还收入，均应按照平销返利行为的有关规定冲减当期增值税进项税金，不征收营业税。

二、商业企业向供货方收取的各种收入，一律不得开具增值税专用发票。

案例141　银行理财产品营改增后的增值税问题，至今难统一

甲企业是一家生产企业，为增值税一般纳税人。2016年10月利用企业闲余资金100万元在某银行购买理财产品，期限为3个月，年利率为4%，该理财产品为保本固定收益类型。

问题：收取的利息是否应缴纳增值税？

｜案例解析｜

营业税时期，对于银行理财产品的计征营业税问题即争议较大，国家税务总局层面并无统一明确规定，各地方政策对此规定各有不同。

这里之所以不深入探讨理财产品的增值税问题，主要是因为笔者认为这种探讨没有太大意义。早在营业税时期，所谓的探讨就开始了，既有真知灼见，也有随声附和，但国家税务总局层面一直未有明确的规定。

作为纳税人来讲，没有统一政策，就按照当地的政策执行。

本案例中，如果当地政策认为保本理财产品的收益应按照贷款服务计征增值税，则甲企业一个季度理财产品收益应计征增值税＝100×4%÷4÷(1＋6%)×6%＝0.056 6（万元）。

现在的主流思路是：保本固定收益的理财产品按照贷款服务计征增值税，非保本的按照投资收益不征税。笔者个人的想法是，纳税人向银行购买的理财产品，实质上更接近在银行的存款，可按照银行存款利息思路处理，而存款利息不属于增值税的征收项目。

｜相关政策浏览｜

1.《财政部 国家税务总局关于全面推开营业税改征增值税试点的通知》（财税〔2016〕36号）附件1附：《销售服务、无形资产、不动产注释》

一、销售服务

（五）金融服务。

1. 贷款服务。

贷款，是指将资金贷与他人使用而取得利息收入的业务活动。

各种占用、拆借资金取得的收入，包括金融商品持有期间（含到期）利息（保本收益、报酬、资金占用费、补偿金等）收入、信用卡透支利息收入、买入返售金融商品利息收入、融资融券收取的利息收入，以及融资性售后回租、押汇、罚息、票据贴现、转贷等业务取得的利息及利息性质的收入，按照贷款服务缴纳增值税。

融资性售后回租，是指承租方以融资为目的，将资产出售给从事融资性售后回租业务的企业后，从事融资性售后回租业务的企业将该资产出租给承租方的业务活动。

以货币资金投资收取的固定利润或者保底利润，按照贷款服务缴纳增值税

2.《财政部 国家税务总局关于全面推开营业税改征增值税试点的通知》（财税〔2016〕36 号）附件 2

一、营改增试点期间，试点纳税人［指按照《营业税改征增值税试点实施办法》（以下称《试点实施办法》）缴纳增值税的纳税人］有关政策

（二）不征收增值税项目。

2. 存款利息。

3. 部分地方政策

〈湖北国税〉企业购买银行理财产品取得的收益是否按照贷款服务缴纳增值税？

答：企业购买的保本银行理财产品取得的收益，安贷款服务缴纳增值税。企业购买的非保本银行理财产品，如果产生收益，作为投资收益，不征收增值税。

案例 142　扣缴税金的手续费返还收入，无泫推出不征增值税结论

甲企业是一家外资企业，为增值税一般纳税人，2017 年 4 月，与当地税务机关结算代扣代缴境外纳税人的增值税手续费 5.3 万元。

问题：甲企业是否应就手续费返还收入计征增值税？

| 案例解析 |

1. 手续费收入的主体是代扣代缴义务人

甲企业在支付境外纳税人款项时，根据税法要求，具有代扣代缴义务，因此

手续费收入是支付给甲企业，不是支付给甲企业的财务人员。我们首先要搞清楚，手续费收入的纳税主体是甲企业。

2. 手续费收入的增值税事项

此问题在营业税时期就没有最终的定论，营改增后争论继续。笔者认为，根据现行文件的规定，此种收入应计征增值税，虽然本心认为不应征收，但税务研究最终还应落实到依税法文件判断的原则上。

第一，扣缴义务人向税务机关提供了服务，收取了款项，首先确定这是销售了服务的增值税行为。

第二，代扣代缴的法定义务不是不征增值税的理由。

有观点认为，纳税人代扣代缴是法定义务，因此提供的服务不计征增值税。该论断的依据是什么？起码笔者未找到与此相关的任何规定。对于某一税务事项的判定一定要有充分的依据，轻描淡写的一句"法定的扣缴义务提供的服务不缴纳增值税"，法理依据何在？

第三，该事项与非经营活动无关。

有观点认为，取得的政府手续费返还收入，不属于企业的经营行为，因此按照财税〔2016〕36 号文件的规定，非经营活动不缴纳增值税。财税〔2016〕36 号文件对非经营活动有明确定义，主要针对员工与单位互相提供服务的情况，与此处的返还收入风马牛不相及。

由此可见，扣缴义务人取得的手续费收入，属于销售服务的增值税行为，且无任何规定可以判定为不属于增值税行为或者属于免增值税行为，应根据销售"经纪代理服务"计征增值税。

3. 手续费收入的企业所得税

这个问题基本没有争议，纳税人取得的所得，无明确免税规定，也不符合不征税收入递延纳税的规定，应计征企业所得税。曾经有一位咨询者对我们手续费返还收入应计征企业所得税的答复深表怀疑，坚持认为不应该征收企业所得税。对于没有专门针对该问题发布统一明确规定，笔者也深感无奈。

4. 从企业得到奖励的员工，不计征个人所得税

《财政部 国家税务总局关于个人所得税若干政策问题的通知》（财税字〔1994〕20 号）规定，个人办理代扣代缴税款手续，按规定取得的扣缴手续费暂免征收个人所得税。对于企业办理代扣代缴税款手续，将手续费奖励给代扣代缴工作做得较好的办税人员，笔者认为，也应按照该文件规定免征个人所得税，从各地的实务操作来讲，基本上也是如此执行的。

5. 账务处理（单位：万元）

（1）企业收到手续费时：

借：银行存款　　　　　　　　　　　　　　　　　　　　　5.3

　　贷：营业外收入　　　　　　　　　　　　　　　　　　　5

　　　　应交税费——应交增值税（销项税额）　　　　　　0.3

（2）奖励给员工时：

借：营业外支出

　　贷：银行存款

此处的营业外支出是否可以税前扣除？笔者认为是可以的，只要凭借支付凭证等资料即可。没有发票可以吗？被奖励的个人不需要缴纳增值税，支付方无法取得发票，因此这属于无法取得发票的情形，可以税前扣除。

如果未奖励给相关财务人员，而是用于企业经营活动，这也是很多企业的做法，税前扣除必须取得相关发票等凭据。账务处理为：

借：管理费用等

　　贷：银行存款等

│ 相关政策浏览 │

1.《国家税务总局关于印发〈个人所得税代扣代缴暂行办法〉的通知》（国税发〔1995〕65 号）

第十七条　对扣缴义务人按照所扣缴的税款，付给 2% 的手续费。扣缴义务人可将其用于代扣代缴费用开支和奖励代扣代缴工作做得较好的办税人员。但由税务机关查出，扣缴义务人补扣的个人所得税税款，不向扣缴义务人支付手续费。

2.《财政部 国家税务总局关于个人所得税若干政策问题的通知》（财税字〔1994〕20 号）

下列所得，暂免征收个人所得税：

（五）个人办理代扣代缴税款手续，按规定取得的扣缴手续费。

3.《财政部 国家税务总局关于全面推开营业税改征增值税试点的通知》（财税〔2016〕36 号）附件 1

第十条　销售服务、无形资产或者不动产，是指有偿提供服务、有偿转让无形资产或者不动产，但属于下列非经营活动的情形除外：

（一）行政单位收取的同时满足以下条件的政府性基金或者行政事业性收费。

1. 由国务院或者财政部批准设立的政府性基金，由国务院或者省级人民政府及其财政、价格主管部门批准设立的行政事业性收费；

2. 收取时开具省级以上（含省级）财政部门监（印）制的财政票据；

3. 所收款项全额上缴财政。

（二）单位或者个体工商户聘用的员工为本单位或者雇主提供取得工资的服务。

（三）单位或者个体工商户为聘用的员工提供服务。

（四）财政部和国家税务总局规定的其他情形。

4. 部分地方政策

（1）〈深圳国税〉代扣代缴个人所得税的手续费返还。

根据现行税收法规，代扣代缴个人所得税的手续费返还应按照"商务辅助服务——经纪代理服务"缴纳增值税。

（2）〈厦门国税〉代扣代缴个人所得税返还的手续费收入如何征税？

答：代扣代缴个人所得税的手续费返还应按照"商务辅助服务——代理经纪服务"缴纳增值税。

（3）〈湖北国税〉企业代扣代缴个人所得税取得的手续费是否缴纳增值税？

答：根据《中华人民共和国税收征收管理法》和《财政部 国家税务总局 中国人民银行关于进一步加强代扣代收代征税款手续费管理的通知》的规定，负有代扣代缴个人所得税义务的纳税人，按照有关规定取得的代扣代缴个人所得税手续费，不缴纳增值税。

案例 143　退租违约金属于价外费用，应计征增值税

甲企业是增值税一般纳税人。2016 年 10 月出租其自有房屋一套，年租金为 12 万元，租赁期限为 2016 年 10 月至 2017 年 10 月，合同约定违约金为一个月的房租。甲企业在 2016 年 10 月一次性收取了一年的租金 12 万元，并选择简易计税方式计征增值税，向乙公司开具了增值税专用发票。后乙公司在 2017 年 1 月提出退租，并赔偿违约金 1 万元。乙公司要求甲企业就该违约金开具增值税专用发票。

问题：甲企业认为对违约金应只开具收据，不应开具增值税专用发票。甲企业的理解是否正确？

| 案例解析 |

1. 违约金属于价外费用的性质

财税〔2016〕36 号文件规定，价外费用，是指价外收取的各种性质的费用，但不包括代为收取的政府性基金或者行政事业性收费，以及以委托方名义开具发票代委托方收取的款项。与《中华人民共和国增值税暂行条例》及其实施细则对价外费用的规定不同，财税〔2016〕36 号文件没有采取列举的形式，只是对价外费用进行了概括性的描述。

因此，销售租赁服务方甲企业在销售额的基础上收取的违约金，属于价外费用的性质，应作为增值税的销售额计征增值税。

2. 价外费用可以开具增值税专用发票

由于价外费用构成增值税销售额的一部分，因此在不属于不得开具增值税专用发票的情形下，可以开具增值税专用发票。本案例中，甲企业既不是向自然人开具发票，也不是销售免增值税服务等不得开具增值税专用发票的情形，因此对违约金可以开具增值税专用发票，在对方要求的情况下，甲企业应开具增值税专用发票。

3. 实务操作

甲企业在 2016 年 10 月已经一次性收取了一年的租金，在 2017 年 12 月退租，应将原先开具的增值税专用发票冲红。由于该发票已经交付给对方，且已认证抵扣，因此应由购买方乙公司在税控系统中填开《信息表》，甲企业凭借《信息表》开具红字专用发票 12 万元后，再开具 4 个月的租金 4 万元以及一个月的租金共 5 万元的蓝字增值税专用发票。

| 相关政策浏览 |

1.《财政部 国家税务总局关于全面推开营业税改征增值税试点的通知》（财税〔2016〕36 号）附件 1

第三十七条　销售额，是指纳税人发生应税行为取得的全部价款和价外费用，财政部和国家税务总局另有规定的除外。

价外费用，是指价外收取的各种性质的收费，但不包括以下项目：

（一）代为收取并符合本办法第十条规定的政府性基金或者行政事业性收费。

（二）以委托方名义开具发票代委托方收取的款项。

第五十三条　纳税人发生应税行为，应当向索取增值税专用发票的购买方开具增值税专用发票，并在增值税专用发票上分别注明销售额和销项税额。

属于下列情形之一的，不得开具增值税专用发票：

（一）向消费者个人销售服务、无形资产或者不动产。

（二）适用免征增值税规定的应税行为。

2.《中华人民共和国增值税暂行条例实施细则》

第十二条　条例第六条第一款所称价外费用，包括价外向购买方收取的手续费、补贴、基金、集资费、返还利润、奖励费、违约金、滞纳金、延期付款利息、赔偿金、代收款项、代垫款项、包装费、包装物租金、储备费、优质费、运输装卸费以及其他各种性质的价外收费。但下列项目不包括在内：

（一）受托加工应征消费税的消费品所代收代缴的消费税；

（二）同时符合以下条件的代垫运输费用：

1. 承运部门的运输费用发票开具给购买方的；

2. 纳税人将该项发票转交给购买方的。

（三）同时符合以下条件代为收取的政府性基金或者行政事业性收费：

1. 由国务院或者财政部批准设立的政府性基金，由国务院或者省级人民政府及其财政、价格主管部门批准设立的行政事业性收费；

2. 收取时开具省级以上财政部门印制的财政票据；

3. 所收款项全额上缴财政。

（四）销售货物的同时代办保险等而向购买方收取的保险费，以及向购买方收取的代购买方缴纳的车辆购置税、车辆牌照费。

案例 144　未完成合同的违约金赔偿金，未形成交易的，不属于价外费用

甲企业是一家建筑企业，为增值税一般纳税人。2017 年 10 月与乙公司签订装修合同，为乙公司预计于 2018 年 1 月购入的办公室提供装修服务，合同约定违约金为 10 万元。后因办公楼未购置成功，乙公司与甲企业协商，支付甲企业赔偿金 10 万元。

问题：未成立的销售业务，其违约金是否应按价外费用计征增值税？

| 案例解析 |

甲企业未向乙公司销售增值税服务，因此不存在销售价款，也没有价外费

用。该赔偿款不属于增值税征税范围，不计征增值税。

| 部分地方政策 |

（1）〈福建国税〉违约后不予返还的预约金，是否界定为价外费用收入？

答：分两种情况，若应税行为依然成立，违约金属于价外费用；若应税行为中止，违约金不属于价外费用。

（2）〈海南国税〉没收的定金和违约金是否应当缴纳增值税及开具发票？

答：没收的定金和违约金，如果最后交易成交，则需缴纳增值税，如果交易没有成交，则不需要缴纳增值税。

案例 145 采购方取得的违约金，不属于价外费用

甲企业是一家建筑企业，为增值税一般纳税人，2017 年 10 月与乙公司签订装修合同，为乙公司办公室提供装修服务。2018 年 10 月装修工程完工，乙公司扣留甲企业 5% 的质保金，待一年期满装修质量过关后支付。一年后因装修质量出现问题，乙公司未支付甲企业质保金。

问题：采购方收取的违约金，是否应按价外费用计征增值税？

| 案例解析 |

本案例中，乙公司是购买方，购买方未发生销售行为，无销售额，因此也没有价外费用，乙公司收到的赔偿金等不属于价外费用，不需要计征增值税。

| 相关政策浏览 |

《财政部 国家税务总局关于全面推开营业税改征增值税试点的通知》（财税〔2016〕36 号）附件 1

第三十七条 销售额，是指纳税人发生应税行为取得的全部价款和价外费用，财政部和国家税务总局另有规定的除外。

价外费用，是指价外收取的各种性质的收费，但不包括以下项目：

（一）代为收取并符合本办法第十条规定的政府性基金或者行政事业性收费。

（二）以委托方名义开具发票代委托方收取的款项。

案例 146　无运输工具承运适用税目税率，营改增后发生重大变化

甲企业是一家货物运输代理企业，为增值税一般纳税人，与乙公司签订货物运输合同，为乙公司提供境内货物运输服务。甲企业没有运输资质以及运输车辆，于是委托丙运输服务公司为乙公司运输货物。甲企业支付丙公司运输费 11.1 万元，从乙公司处收取 16.65 万元运输费。

问题：营改增后，甲企业的无运输工具承运业务应按照何种税目和税率计征增值税？

| 案例解析 |

1. 营改增前，无运输工具承运业务按照"货物运输代理服务"计征增值税

《财政部 国家税务总局关于将铁路运输和邮政业纳入营业税改征增值税试点的通知》（财税〔2013〕106 号）规定：

货物运输代理服务，是指接受货物收货人、发货人、船舶所有人、船舶承租人或船舶经营人的委托，以委托人的名义或者以自己的名义，在不直接提供货物运输服务的情况下，为委托人办理货物运输、船舶进出港口、联系安排引航、靠泊、装卸等货物和船舶代理相关业务手续的业务活动。

一般纳税人无运输工具承运业务按照"货物运输代理服务"计征增值税，税率为 6％，而从实际运输单位（一般纳税人）取得的进项税是 11％。本案例中，2016 年 4 月 30 日前，甲企业就本业务向乙公司开具的发票税率为 6％，从丙公司处取得的增值税专用发票税率为 11％。

2. 营改增后，无运输工具承运业务按照"交通运输服务"计征增值税

财税〔2016〕36 号文件规定：

无运输工具承运业务，按照交通运输服务缴纳增值税。

无运输工具承运业务，是指经营者以承运人身份与托运人签订运输服务合同，收取运费并承担承运人责任，然后委托实际承运人完成运输服务的经营活动。

2016 年 5 月 1 日后，一般纳税人无运输工具承运业务按照"交通运输服务"计征增值税，税率为 11％；从实际运输单位（一般纳税人）取得的发票税率为 11％。本案例中，2016 年 5 月 1 日后，甲企业就本业务向乙公司开具的发票税率为 11％，从丙公司处取得的增值税专用发票税率为 11％。

3. 不以承运人身份签订合同，且不承担承运责任，如何适用税目

关于"无运输工具承运业务"，财税〔2016〕年 36 号文件对其的定义，必须是"以承运人身份"签订运输合同，且要"承担承运人责任"，才按照"交通运输服务"计征增值税。本案例中，如果甲企业不以承运人身份签订合同，而是以货物运输代理身份签订合同，并且不承担运输的责任，而是由实际运输单位丙公司承担运输责任，是否可不按照交通运输服务计征增值税？

笔者认为，根据文件规定可认为，不"以承运人身份"签订运输合同，且不"承担承运人责任"的货物运输代理公司，可不按照"交通运输服务"计征增值税。

| 相关政策浏览 |

《财政部 国家税务总局关于全面推开营业税改征增值税试点的通知》（财税〔2016〕36 号）附件 1 附：《销售服务、无形资产、不动产注释》

一、销售服务

（一）交通运输服务。

4. 营运运输服务。

无运输工具承运业务，按照交通运输服务缴纳增值税。

无运输工具承运业务，是指经营者以承运人身份与托运人签订运输服务合同，收取运费并承担承运人责任，然后委托实际承运人完成运输服务的经营活动。

案例 147 房地产开发企业预收款范围，定金与订金的区别

甲企业是一家房地产开发企业，为增值税一般纳税人。2017 年 10 月销售新开发的楼盘，当月与客户签订正式购房合同，收取客户定金 111 万元。合同约定，如购房者违约，则不得要求返还定金，如甲企业违约，则向购房者双倍返还定金。甲企业当月还收取购房诚意金 10 万元，这部分并未签订正式购房合同。

问题：甲企业收取的定价与订金是否属于预收款的范围？如何确定增值税纳税义务？

| 案例解析 |

1. 房地产开发企业销售自行开发房地产项目预收房款应预缴增值税

甲企业为房地产开发企业，营改增后销售房产时的预收款虽然未达到增值税纳税义务发生时间，但需要预缴增值税，因此对于预收房款的判定也比较重要。

2．定金与订金的区别

定金主要起到保障正式购房合同履行的作用，是主合同的依附，因为定金有罚则，不履行合同会受到惩罚；订金一般是预付款的一种形式，不具有担保债的履行的作用，也不能证明合同的成立，收受预付款一方违约，只需返还所收款项，无须双倍返还。而诚意金、认筹金等不属于定金的范围。

因此，一般认为，房地产开发企业收取的定金属于预收房款；而订金与诚意金、认筹金等不属于预收款的范围。

3．税务风险提示

诚意金、认筹金和订金不属于建立在购房合同上的预收款性质，但是一旦签订正式购房合同，则建议转入预收款，按照营改增后房地产开发企业预收房款的规定计征增值税，这是税务机关稽查的重点。

｜部分地方政策｜

(1)〈*河北国税*〉关于房地产开发企业预收款范围及开票申报问题。

预收款包括分期取得的预收款（首付＋按揭＋尾款）、全款取得的预收款。定金属于预收款；诚意金、认筹金和订金不属于预收款。

(2)〈*海南国税*〉关于房地产开发企业预收款的范围问题。

房地产开发企业的预收款，为不动产交付业主之前所收到的款项，但不含签订房地产销售合同之前所收取的诚意金、认筹金和订金等。

(3)〈*山东国税*〉关于房地产开发企业预收款范围问题。

房地产开发企业取得的预收款包括定金、分期取得的预收款（含首付款、按揭款和尾款）和全款。

诚意金、认筹金和订金不属于预收款。

案例 148　营改增后其他税种根据不含增值税金额计算，印花税是例外

甲企业是一家生产企业，为增值税一般纳税人。2016 年 10 月出租自有房产，合同约定，年租金为 10.5 万元，甲企业在收取房租时即应向承租方开具增值税专用发票。该房产为甲企业在 2013 年自建取得，甲企业出租房产可选择简易计税 5% 征收率。

问题：营改增后是否应以不含增值税价格计算出租房产税以及印花税？

| 案例解析 |

1. 营改增前租赁房产根据全额租金计算房产税与印花税

营改增前出租不动产缴纳营业税和房产税，甲企业应纳房产税＝房租收入×12％＝10.5×12％＝1.26（万元）；印花税按照"财产租赁合同"税目计征，按租赁金额1‰贴花，甲企业应纳印花税＝10.5×1‰＝0.010 5（万元）。

2. 营改增后租赁房产根据不含增值税金额计算房产税，印花税按照合同金额计算

营改增后，出租不动产应缴纳增值税，而增值税与营业税本质上的不同，即增值税为价外税，租金总额为10.5万元，其中的增值税额为0.5万元，房租的价格为10万元，因此应以10万元的价格计算房产税；如果租金总额为10.5万元，营业税为10.5×5％＝0.525（万元），则房租的价格仍然为10.5万元，营业税只是该租赁行为的成本费用的因素之一，所以仍然应以10.5万元的价格为依据计算房产税。

印花税不存在含增值税或者不含增值税的问题，其计税依据是合同所载金额。

因此，营改增后：

甲企业该租赁业务应纳增值税额＝10.5÷(1＋5％)×5％＝0.5（万元）

甲企业该租赁业务应纳房产税额＝10.5÷(1＋5％)×12％＝1.2（万元）

甲企业该租赁业务应纳印花税额＝10.5×1‰＝0.010 5（万元）

| 案例延伸 |

营改增后，原应征营业税业务改征增值税，因此其他的很多税费种类会牵扯到含增值税或者不含增值税的计算依据问题。为此，《财政部 国家税务总局关于营改增后契税、房产税、土地增值税、个人所得税计税依据问题的通知》（财税〔2016〕43号）规定，计征契税的成交价格不含增值税，房产出租的，计征房产税的租金收入不含增值税，土地增值税纳税人转让房地产取得的收入为不含增值税收入，个人转让房屋的个人所得税应税收入不含增值税。

| 相关政策浏览 |

1.《财政部 国家税务总局关于营改增后契税、房产税、土地增值税、个人所得税计税依据问题的通知》（财税〔2016〕43号）

一、计征契税的成交价格不含增值税。

二、房产出租的，计征房产税的租金收入不含增值税。

三、土地增值税纳税人转让房地产取得的收入为不含增值税收入。

《中华人民共和国土地增值税暂行条例》等规定的土地增值税扣除项目涉及的增值税进项税额，允许在销项税额中计算抵扣的，不计入扣除项目，不允许在销项税额中计算抵扣的，可以计入扣除项目。

四、个人转让房屋的个人所得税应税收入不含增值税，其取得房屋时所支付价款中包含的增值税计入财产原值，计算转让所得时可扣除的税费不包括本次转让缴纳的增值税。

个人出租房屋的个人所得税应税收入不含增值税，计算房屋出租所得可扣除的税费不包括本次出租缴纳的增值税。个人转租房屋的，其向房屋出租方支付的租金及增值税额，在计算转租所得时予以扣除。

五、免征增值税的，确定计税依据时，成交价格、租金收入、转让房地产取得的收入不扣减增值税额。

六、在计征上述税种时，税务机关核定的计税价格或收入不含增值税。

本通知自 2016 年 5 月 1 日起执行。

2. 国家税务总局发言材料

第四，这次两部委下发的《通知》中没有提到印花税计税依据问题。主要是营改增之前，这一问题就已明确，没有变化。各地执行口径仍按照印花税条例规定，依据合同所载金额确定计税依据。合同中所载金额和增值税分开注明的，按不含增值税的合同金额确定计税依据，未分开注明的，以合同所载金额为计税依据。

第五，关于增值税免税情形下计税依据问题免征增值税的，确定契税、房产税和土地增值税计税依据时，其成交价格、租金收入、转让房地产取得的收入，均不扣减增值税额。

第 9 章

税收筹划案例

案例 149 不动产的同时"混用"，可抵扣进项税

甲企业是一家生产企业，为增值税一般纳税人，2016 年为解决外地员工住宿问题，兴建一栋五层楼房用于职工住宿，交由乙建筑企业承建，合同总造价 1110 万元。合同约定乙公司提供 11% 的增值税专用发票。由于用于集体福利，因此相关进项税不得抵扣。甲企业内销产生的销项税以及出口均需要大量的进项税。

问题：有无合理措施可抵扣该职工宿舍的进项税额？

| 案例解析 |

1. 职工宿舍属于集体福利，不得抵扣进项税

这个大家应该很清楚了，财税〔2016〕36 号文件明确规定，专用于集体福利的不动产的进项税不得抵扣，因此甲企业取得的 110 万元的进项税不得抵扣。

2. "混用"的不动产可抵扣进项税

本案例中的用于集体福利不得抵扣的不动产，指的是专门用于职工住宿的不动产，如果该不动产同时用于集体福利与可抵扣项目，其进项税可以抵扣。即我们通常所说的，同时"混用"的不动产可以抵扣进项税，专用的不动产不得抵扣进项税。

根据该规定，建议甲企业管理层将其中一层作为办公场所使用，比如将公司的某部门办公地点迁到该楼中，即符合增值税概念中的同时混用的概念，其进项税可以抵扣。

3. 注意"同时混用"的概念

注意：此处必须是同时混用，如果不是同时混用，比如先用于不得抵扣项目，后用于可抵扣项目，或者反之，则与同时混用的税务处理方式不同。

4. 新建不动产分 2 年抵扣进项税

根据《国家税务总局关于发布〈不动产进项税额分期抵扣暂行办法〉的公告》（国家税务总局公告 2016 年第 15 号）的规定，2016 年 5 月 1 日后新建的不动产，其相应的进项税应分 2 年抵扣，第一年抵扣进项税额 60%，第二年抵扣 40%。

| 筹划效果 |

甲企业只是迁移了某部门的办公地点，并未负担额外的成本支出，却获得了

110万元的进项税抵扣的真金白银，虽然其中的40%只能在第二年抵扣，但是筹划效果已比较可观。

| 相关政策浏览 |

《财政部 国家税务总局关于全面推开营业税改征增值税试点的通知》（财税〔2016〕36号）附件1

第二十七条 下列项目的进项税额不得从销项税额中抵扣：

（一）用于简易计税方法计税项目、免征增值税项目、集体福利或者个人消费的购进货物、加工修理修配劳务、服务、无形资产和不动产。其口涉及的固定资产、无形资产、不动产，仅指专用于上述项目的固定资产、无形资产（不包括其他权益性无形资产）、不动产。

案例150 营改增后，即使暂时不能抵扣也应取得专票，改变用途可抵扣需取得有效扣税凭证

甲企业是一家大型生产企业，为增值税一般纳税人。2016年10月为增强企业凝聚力，决定新建职工俱乐部，承建方为乙公司。建造合同总造价1 110万元，因新建职工俱乐部，用于集体福利，不能抵扣进项税，所以在甲企业合同中未明确要求乙公司提供增值税专用发票，乙公司开具增值税普通发票。

问题：甲企业未取得增值税专用发票是否会造成税务损失？

| 案例解析 |

1. 营改增后，不动产改变用途可抵扣进项税

本次营改增前，原可以抵扣的固定资产，因改变用途，比如专用于集体福利，不能抵扣，应按照其净值与相应税率转出进项税。详见《财政部 国家税务总局关于全国实施增值税转型改革若干问题的通知》（财税〔2008〕170号）。

但是，对于原不能抵扣的固定资产，改变用途用于可抵扣项目的，其进项税可以抵扣，这样的规定在营改增前是没有的。当时笔者还曾撰文对此表示异议，只能转出，不能抵扣，这明显与税理不相符。

本次营改增的新政，将之前的遗漏补齐，改变用途为可抵扣项目的固定资产、不动产、无形资产，可计算抵扣进项税。

2. 若未取得增值税扣税凭证，即使改变用途也无法抵扣进项税

这里一定要注意，原用于不得抵扣项目的不动产，改变用途可抵扣进项税，但是抵扣进项税的前提是取得了 2016 年 5 月 1 日后的有效增值税扣税凭证，比如增值税专用发票。所以，如果将来甲企业改变该俱乐部的用途，比如将其部分场地（乒乓球场地、羽毛球场地或者篮球馆等）出租，因同时混用于集体福利与可抵扣进项税项目，其进项税可计算抵扣，但如果当时未取得增值税专用发票，则不能抵扣进项税。

3. 重新取得增值税专用发票是否可行

假设发生上述情况，甲企业改变不动产用途，可抵扣进项税，但是因为未取得增值税专用发票导致无法抵扣，此时，甲企业与乙公司协商，由乙公司开具增值税红字普通发票后，再开具增值税专用发票，凭此发票上注明的增值税额，按照公式计算可抵扣的进项税，这样处理是否可行？

笔者个人认为是可行的。

但是迄今为止，尚未看到对此问题的任何规定，因此大家权且作为一种思路，可与当地主管税务机关沟通确认。所以，最稳妥的方式仍然是，在购入时即取得增值税扣税凭证，与取得增值税普通发票相比，可能为以后节省大量的工作成本。

| 筹划效果 |

购入时取得增值税专用发票，假设甲企业在改变俱乐部用途的当月，不动产的净值率为 50％，取得的增值税专用发票注明的增值税额为 110 万元，当时已经全部进项税转出。

$$可抵扣进项税额＝增值税扣税凭证注明或计算的进项税额×不动产净值率$$
$$＝110×50％＝55(万元)$$

较未取得增值税专用发票的情形，多抵扣进项税额为 55 万元。

| 相关政策浏览 |

《国家税务总局关于发布〈不动产进项税额分期抵扣暂行办法〉的公告》（国家税务总局公告 2016 年第 15 号）

第九条　按照规定不得抵扣进项税额的不动产，发生用途改变，用于允许抵扣进项税额项目的，按照下列公式在改变用途的次月计算可抵扣进项税额。

可抵扣进项税额＝增值税扣税凭证注明或计算的进项税额×不动产净值率

依照本条规定计算的可抵扣进项税额，应取得 2016 年 5 月 1 日后开具的合法有效的增值税扣税凭证。

按照本条规定计算的可抵扣进项税额，60％的部分于改变用途的次月从销项税额中抵扣，40％的部分为待抵扣进项税额，于改变用途的次月起第 13 个月从销项税额中抵扣。

案例 151　不动产改扩建，利用 50％红杠获得纳税资金时间价值

甲企业是一家物流企业，为增值税一般纳税人。随着业务的逐渐扩张，原自有的仓库不能满足日益增长的仓储要求，2016 年 10 月，甲企业决策层决定增加仓库储物能力。现有两个方案：一是新建仓库，二是把原有仓库扩容。甲企业管理层在综合考量方案时，要求企业的税务会计提供增值税因素的比较情况。

问题：哪个方案在税务利益上更具优势？

| 案例解析 |

仅从增值税角度考虑，不动产的改扩建与新建的区别在于：改扩建的成本超过不动产原值的 50％，需分两年抵扣进项税，如果未超过，则可一次性抵扣进项税；如果用于新建不动产，则进项税需分两年抵扣，进项税额的 40％只能在一年后抵扣。

经甲企业税务会计测算，改扩建的成本不超过原值的 50％，取得的进项税大约在 1 000 万元，可以一次性税前扣除。

| 筹划效果 |

采用不动产改扩建的方案，进项税可一次性抵扣，不需要分两年抵扣，获得了纳税资金的时间价值。

| 相关政策浏览 |

《国家税务总局关于发布〈不动产进项税额分期抵扣暂行办法〉的公告》（国家税务总局公告 2016 年第 15 号）

第二条　增值税一般纳税人（以下称纳税人）2016 年 5 月 1 日后取得并在会

计制度上按固定资产核算的不动产，以及 2016 年 5 月 1 日后发生的不动产在建工程，其进项税额应按照本办法有关规定分 2 年从销项税额中抵扣，第一年抵扣比例为 60%，第二年抵扣比例为 40%。

第三条　纳税人 2016 年 5 月 1 日后购进货物和设计服务、建筑服务，用于新建不动产，或者用于改建、扩建、修缮、装饰不动产并增加不动产原值超过 50% 的，其进项税额依照本办法有关规定分 2 年从销项税额中抵扣。

不动产原值，是指取得不动产时的购置原价或作价。

案例 152　食堂自营与承包经营的税务筹划

甲企业是一家生产企业，为增值税一般纳税人。2017 年自建不动产用于企业职工食堂，取得增值税专用发票注明增值税额合计为 100 万元。可供选择的经营方案有两种：一种是企业自营，甲企业雇佣或者从劳务派遣公司获取劳动力；另一种是将其食堂业务全部外包，甲企业只支付外包费用，不承担其他的任何费用。两种方案除对内部职工开放外，对企业外部人员也销售餐饮服务。本案例中，对外经营的餐饮服务，均按照 6% 税率计征。

问题：税务会计应如何提出对该餐厅建造方案中税务方面的考量因素？

| 案例解析 |

1. 方案一：职工食堂自营，对外提供餐饮服务

该方案，自建不动产用于职工食堂与对外经营餐饮服务，属于将不动产同时混用于不得抵扣与可抵扣进项税项目，因此，该不动产相关的进项税可按规定分两年抵扣。

同时，食堂用的厨具、设备等固定资产，也属于同时混用的情形，可全部一次性抵扣进项税，不需要划分不得抵扣的进项税，也不需要分两年抵扣。如果不对外经营，则该不动产属于专用于集体福利不得抵扣进项税项目，不能抵扣进项税。

采购的食材如何划分不得抵扣的进项税？

甲企业采购的食材等物资的进项税额，一般无法准确地确定其用于集体福利和对外经营的数量和金额，也不能享受不动产、固定资产同时混用可以抵扣进项税的政策，因此应按照合理的比例对其进行划分不得抵扣的进项税。

根据现行文件，对于增值税一般纳税人兼营简易计税方法计税项目、免征增

值税项目而无法划分不得抵扣的进项税额，可按照"当期简易计税方法计税项目销售额＋免征增值税项目销售额"与当期全部销售额的比例计算不得抵扣的进项税，但是对于同时用于集体福利与应增值税项目（非简易计税）的情况，据笔者所知，尚无专门明确的文件规定该如何计算不得抵扣的进项税额。

如果将提供给内部员工的餐饮服务按照视同销售收入计算，则与税法上的非经营活动概念有所冲突。根据财税〔2016〕36 号文件的规定，单位为聘用的员工提供餐饮服务，属于增值税概念上的非经营活动，属于非经营活动即意味着不属于销售服务，不属于销售服务即没有销售额或者视同销售额。

从实务操作角度，笔者认为还是应该寻找合适的比例来划分不得抵扣的进项税。因此笔者认为，对内部员工提供的餐饮服务，按照同期市场价格估计其销售额，从而进行不得抵扣进项税的划分，不失为一个可行的办法，只是现阶段暂时没有明确的文件规定。

2. 方案二：将职工食堂对外承包

将食堂业务外包，外包单位以自己的名义对外经营，根据财税〔2016〕36 号文件的规定，外包单位为增值税纳税人。外部单位对外经营，与甲企业无关，因此支付的食堂外包费用，即专用于内部职工餐饮的集体福利项目，相关的不动产以及固定资产进项税，不能抵扣。

有的纳税人曾经咨询，如果外包方以甲企业的名义对外经营，其进项税如何处理。如果外包单位以甲企业的名义对外经营，根据财税〔2016〕36 号文件的规定，甲企业为增值税纳税人，实际上属于第一种方案的类型，即混用于集体福利和应税项目，相关的不动产以及固定资产，可以抵扣进项税。

| 筹划效果 |

在不考虑其他因素的前提下，甲企业选择第一种方案，自营食堂或者外包食堂业务但以甲企业名义经营，同时对内部职工和外部人员提供餐饮服务的，根据不动产、固定资产同时混用可抵扣进项税的规定，相关的不动产、固定资产进项税可以抵扣，同时，采购的食材等物资的进项税也可部分抵扣。

| 相关政策浏览 |

《财政部 国家税务总局关于全面推开营业税改征增值税试点的通知》（财税〔2016〕36 号）附件 1

第二条　单位以承包、承租、挂靠方式经营的，承包人、承租人、挂靠人

（以下统称承包人）以发包人、出租人、被挂靠人（以下统称发包人）名义对外经营并由发包人承担相关法律责任的，以该发包人为纳税人。否则，以承包人为纳税人。

第二十七条　下列项目的进项税额不得从销项税额中抵扣：

（一）用于简易计税方法计税项目、免征增值税项目、集体福利或者个人消费的购进货物、加工修理修配劳务、服务、无形资产和不动产。其中涉及的固定资产、无形资产、不动产，仅指专用于上述项目的固定资产、无形资产（不包括其他权益性无形资产）、不动产。

案例 153　培训机构为学员提供餐饮，购进外卖食品可抵扣进项税

甲企业是一家外语培训机构，为增值税一般纳税人，主要的客户群是外资企业的商务人士。2016 年 10 月举办为期一个月的封闭培训班，在此期间，学员的住宿餐饮等日常生活，全部由甲企业负责，这些费用包括在学员缴纳的费用中。

问题：甲企业为学员负担的生活费用是否可抵扣进项税？

| 案例解析 |

如果甲企业在餐厅解决学员的餐饮问题，则属于购进餐饮服务，根据财税〔2016〕36 号文件的规定，一般纳税人购进的餐饮服务不得抵扣进项税，餐饮服务，"是指通过同时提供饮食和饮食场所的方式为消费者提供饮食消费服务的业务活动"，因此在餐厅就餐属于购进餐饮服务，在购进环节不得抵扣进项税。

如果甲企业使用购买外卖食品的方式解决学员餐饮问题，且未提供餐饮场所，则不属于增值税概念中的购进餐饮服务，在购进环节可以抵扣。

甲企业将该外卖食品用于生产经营，未用于不得抵扣项目，不是集体福利、个人消费、简易计税、免税项目，因此其进项税在使用环节可以抵扣。

另外，提供给学员的住宿服务，在购进环节未对住宿服务抵扣进项税有限制，同时，甲企业用于企业生产经营，未用于不得抵扣项目，因此，购进的住宿服务，其进项税可以抵扣。

| 筹划效果 |

通过购买外卖方式且未提供餐饮场所解决学员餐饮问题，在购进环节和使用环节均可抵扣进项税。

| 相关政策浏览 |

1.《财政部 国家税务总局关于全面推开营业税改征增值税试点的通知》（财税〔2016〕36 号）附件 1 附：《销售服务、无形资产、不动产注释》

一、销售服务

（七）生活服务。

4. 餐饮住宿服务。

（1）餐饮服务，是指通过同时提供饮食和饮食场所的方式为消费者提供饮食消费服务的业务活动。

2. 部分地方政策

〈吉林国税〉机场与其他航空公司签订协议，为误机旅客提供"盒饭"，其购进的盒饭是否允许抵扣进项税？

答：纳税人购进的餐饮服务不得抵扣进项税。餐饮服务是指通过同时提供饮食和饮食场所的方式为消费者提供饮食消费服务的业务活动。销售盒饭属于非现场消费食品销售，因此，餐饮企业将盒饭销售给机场应按食品销售征税（可以选择简易征收），机场购进的盒饭取得专用发票允许抵扣进项税。

案例 154　低价销售代替非正常损失，避免转出进项税

甲企业是一家机械金属配件生产企业，是增值税一般纳税人。旦企业生产的配件对规格要求较高，如果不符合，则很难有替代用途。甲企业生产的一批产成品，因规格不符等原因，长期积压在仓库。甲企业管理层决定将其做报废处理，根据测试，该批产品对应的购进原材料、水电，以及运输费的进项税为 100 万元。

问题：甲企业有无措施可避免该部分进项税额的损失？

| 案例解析 |

根据财税〔2016〕36 号文件的规定，因管理不善造成的产成品损失，属于非正常损失，而非正常损失的产成品所耗用的进项税需要转出（说明：转出内容只包括货物、加工修理修配劳务、交通运输服务的进项税，其中货物不含固定资产）。甲企业将该批产品报废时，应将其对应的进项税额 10 万元做转出处理。

该批产品属于金属制品，因此尚有一定的价值，甲企业将其按 11.7 万元的

低价（市场公允价值）处理，应计提销项税 1.7 万元，可以抵扣进项税，不需要转出进项税。没有文件规定，低价销售货物，其对应的进项税不得抵扣。

| 筹划效果 |

做报废处理，需要转出进项税 10 万元，低价销售处理，只需计提 1.7 万元的销项税，对应的进项税无须转出，改变处理模式增加的增值税利益＝10－1.7＝8.3（万元）。

| 相关政策浏览 |

1. 《财政部 国家税务总局关于全面推开营业税改征增值税试点的通知》（财税〔2016〕36 号）附件 1

第二十七条　下列项目的进项税额不得从销项税额中抵扣：

非正常损失的在产品、产成品所耗用的购进货物（不包括固定资产）、加工修理修配劳务和交通运输服务。

非正常损失，是指因管理不善造成货物被盗、丢失、霉烂变质，以及因违反法律法规造成货物或者不动产被依法没收、销毁、拆除的情形。

2. 《国家税务总局关于企业改制中资产评估减值发生的流动资产损失进项税额抵扣问题的批复》（国税函〔2002〕1103 号）

对于企业由于资产评估减值而发生流动资产损失，如果流动资产未丢失或损坏，只是由于市场发生变化，价格降低，价值量减少，则不属于《中华人民共和国增值税暂行条例实施细则》中规定的非正常损失，不作进项税额转出处理。（"《中华人民共和国增值税暂行条例实施细则》第二十一条规定：'非正常损失是指生产、经营过程中正常损耗外的损失'"修改为"《中华人民共和国增值税暂行条例实施细则》第二十四条规定，非正常损失是指因管理不善造成被盗、丢失、霉烂变质的损失。"）

案例 155　境外支付不含税金额扣缴税费，合同约定方式不同则效果有差异

甲企业是一家外资生产企业，因其生产的产品使用境外母公司的商标销售，故对母公司支付商标使用费。2017 年共支付商标使用费 106 万元，根据双方合

同约定，由甲企业负担由此产生的所有税费，境外母公司收到的款项为106万元。由于甲企业负担应由境外母公司负担的税费，因此该税费不允许税前扣除。

问题：在境外母公司收到款项不变的前提下，有无合理方式在税前扣除该税费？

| 案例解析 |

合同约定各项税费由境内公司承担，此时的合同价格即为通常所说的"不含税价格"，应换算为含税价格计算各项税费。但甲企业为其他纳税人负担的税费不能在企业所得税前扣除。此时，可在合同中将价格改为含税价格，保证境外公司的到手金额不变，由于合同约定税费由甲企业承担，因此可在税前扣除。下面我们就两种合同签订方式分析如下：

1. 合同约定由境内甲企业负担各项税费，境外公司到手金额106万元

合同约定的款项106万元，为不含税价，即境外母公司的到手金额，应将其换算为含税金额计算各项扣缴税费：

$$含税价 = 106 \div (1 - 6\% \times 12\% - 10\%) \times (1 + 6\%) = 125.85(万元)$$

说明：此处所称的含税价，指的是含增值税以及企业所得税的金额。

$$扣缴增值税额 = 125.85 \div (1 + 6\%) \times 6\% = 7.12(万元)$$
$$扣缴城市维护建设税及附加 = 7.12 \times 12\% = 0.85(万元)$$
$$预提所得税 = 125.85 \div (1 + 6\%) \times 10\% = 11.87(万元)$$
$$扣缴税费后净额 = 125.85 - 7.12 - 0.85 - 11.87 = 106(万元)$$

说明：有小数差，注意调整。

计入费用的金额为$125.85 \div (1 + 6\%) = 118.72$（万元），其中甲企业负担的境外母公司的税费为$0.85 + 11.87 = 12.72$（万元），这部分不能在甲企业的企业所得税前扣除，可税前扣除的金额为$118.72 - 12.72 = 106$（万元）。甲企业为母公司负担的该部分税费应做纳税调增。

注意此处的计算误区。有纳税人认为，此处甲企业为母公司负担的增值税额也应作企业所得税纳税调增。这种观点并不正确。甲企业扣缴母公司的增值税额，并未计入相关费用，因此不存在纳税调增的说法。

2. 合同约定由境外公司承担各项税费，合同价格修改为含税价125.85万元

合同内容一致，只是将合同价款定为125.85万元，税费由境外母公司承担。计算过程如下：

扣缴增值税额＝125.85÷(1＋6％)×6％＝7.12(万元)

扣缴城市维护建设税及附加＝7.12×12％＝0.85(万元)

预提所得税＝125.85÷(1＋6％)×10％＝11.87(万元)

扣缴税费后净额＝125.85－7.12－0.85－11.87＝106(万元)

计入费用的金额为 125.85÷(1＋6％)＝118.72（万元），由于各项税费由甲企业承担，因此可以税前扣除。

3. 为便于理解，列举账务处理如下（单位：万元）

借：费用　　　　　　　　　　118.72 [106÷(1－6％×12％－10％)]

　　应交税费——应交增值税（进项税额）　　7.12 (118.72×6％)

　　贷：其他应付款——代扣代缴增值税　　　　7.12 (118.72×6％)

　　　　　　　　　——代扣代缴城市建设维护费　0.498 4 (7.12×7％)

　　　　　　　　　——代扣代缴教育费附加　　　0.213 6 (7.12×3％)

　　　　　　　　　——代扣代缴地方教育费附加　0.142 4 (7.12×2％)

　　　　　　　　　——预提所得税　　　　　　11.87 (118.72×10％)

　　　　　　　　　——境外公司　　　　　　　　　　106

| 筹划效果 |

境外母公司到手价款同样为 106 万元，甲企业采用第一种合同约定方式，可税前扣除的金额为 106 万元，采用第二种方式可税前扣除的金额为 118.72 万元，多税前扣除金额为 12.72 万元。

| 相关政策浏览 |

《财政部 国家税务总局关于全面推开营业税改征增值税试点的通知》（财税〔2016〕36 号）附件 1

第二十条　境外单位或者个人在境内发生应税行为，在境内未设有经营机构的，扣缴义务人按照下列公式计算应扣缴税额：

应扣缴税额＝购买方支付的价款÷(1＋税率)×税率

案例 156　购进旅客运输服务，变通方式可抵扣进项税

甲企业是一家软件销售服务商，为增值税一般纳税人，其主要工作模式是在

省内各客户处提供服务，因此交通费和差旅费所占比重较大。营改增后，住宿费可以抵扣进项税，但购进旅客运输服务不得抵扣进项税，因此对甲企业增值税税负影响比较大。

问题：有无措施可抵扣交通费和差旅费中旅客运输服务的进项税？

| 案例解析 |

甲企业可考虑采取以下方式：

1. 购买车辆，用于出差和市内交通

由于甲企业的客户主要位于省内，因此驾驶车辆往返即可。因共同出行人员较多，因此较乘坐长途汽车或者火车价格更加便宜，同时自驾出差更加方便和节省时间。购买车辆的进项税，以及汽油费、过路过桥费、汽车修理费、车辆保险费等的进项税均可抵扣。

2. 租赁车辆，自行驾驶用于出差和市内交通

购买车辆可能占用较多的资金，而且还要缴纳车辆购置税，操心各种保险、年审、维修等麻烦事。因此可考虑从汽车租赁公司租赁汽车，由甲企业的司机驾驶。

支付的租赁费，因不属于购进旅客运输服务，取得增值税专用发票可以抵扣进项税。购买租赁服务，在购进时未规定不得抵扣，且用于生产经营可抵扣项目，因此租赁费的进项税可抵扣。同时，如合同约定由甲企业负担汽油费、交通费等各种费用，则甲企业取得相关增值税扣税凭证可以抵扣进项税。实务中要注意租赁合同金额的公允性。

注意：这里有一个风险点，如果从汽车租赁公司连车带人租赁，则成了购进旅客运输服务，有不得抵扣进项税的风险。

| 筹划效果 |

甲企业将乘坐长途汽车或者火车等出差方式改为自购或者租赁车辆的形式，不但节省费用，方便出行，节约时间，而且在进项税的抵扣方面也很有优势。

| 相关政策浏览 |

《财政部 国家税务总局关于全面推开营业税改征增值税试点的通知》（财税〔2016〕36 号）附件 1

第二十七条　下列项目的进项税额不得从销项税额中抵扣：

（六）购进的旅客运输服务、贷款服务、餐饮服务、居民日常服务和娱乐服务。

案例 157　建筑企业选择计税方式，计算净现金流量确定方案

甲企业是一家建筑企业，为增值税一般纳税人。2017 年为乙公司提供建筑服务，总价款 103 万元，分包款 61.8 万元，其他成本为 20 万元。甲企业支付的分包款确定可取得 3％征收率的增值税专用发票，其他项目基本很难取得进项税抵扣，因此与乙公司协商，可否选择简易计税方式开具增值税专用发票。乙公司因内部控制要求，必须取得 11％税率的增值税专用发票，为此与甲企业协商，选择一般计税方式，同时总造价上涨 5％，以弥补甲企业选择一般计税方式的税务损失。

问题：甲企业应如何考量上述方案？能否接受乙公司提出的涨价方案？

| 案例解析 |

甲企业选择简易计税方式，可以总包款扣除分包款后的余额作为销售额，按照 3％征收率计算增值税。如果选择一般计税方式，税率为 11％，不能扣除分包款作为销售额，但是可以抵扣全部进项税。有观点认为，根据一般计税方式与简易计税方式的增值税额的多少，作为计税方式的依据，比如计算一般计税方式和简易计税方式的增值税额平衡点等。

笔者认为，单纯根据增值税税负来选择计税方式有失偏颇，即使增值税额相等，也不一定代表对企业有利。笔者认为，根据两种方式的现金净流量来测试，才能真正代表企业的利益。下面我们分析两种计税方式下的现金净流量。

1. 甲企业简易计税方式下的现金净流量

收入：103 万元；

支出：分包款 61.8 万元；

其他支出：20 万元。

增值税＝$(103-61.8)\div1.03\times3\%=1.2$(万元)

增值税计提的城市维护建设税及附加＝$1.2\times13\%=0.156$(万元)

现金净流量＝$103-61.8-20-1.2-0.156=19.84$(万元)

2. 甲企业一般计税方式下的现金净流量

假设，当总包款涨幅为 a 时，两种计税方式的现金净流量相等。

收入：$103\times(1+a)$；

支出：分包款 61.8 万元；

其他支出：20 万元。

$$应纳增值税额 = 103 \times (1+a) \div (1+11\%) \times 11\% - 61.8 \div (1+3\%) \times 3\%$$
$$= 10.21(1+a) - 1.8 = 8.41 + 10.21a$$

$$计提的城市维护建设税及附加 = (8.41 + 10.21a) \times 13\%$$

现金净流量 $= 103 \times (1+a) - 61.8 - 20 - (8.41 + 10.21a) \times 1.13 = 19.84$（万元），得出 $a = 8.9\%$，即当乙公司支付甲企业的总包款涨幅达到 8.9% 时，选择一般计税方式与简易计税方式的现金净流量相等，因此乙公司同意的 5% 的涨幅，并不能弥补甲企业因选择一般计税方式导致的损失。

说明： 本案例中未考虑企业所得税因素。笔者认为，对此种现金净流量的测试，一般不考虑企业所得税因素，因其有很多不确定因素，如企业整体是否盈利不确定，是否有弥补亏损不确定，税率不确定，等等。当然，这只是笔者的个人习惯，读者也可根据纳税人自身情况进行调整。

| 筹划效果 |

如果甲企业接受 5% 的价格涨幅，则其净现金流量为 16.27 万元，较简易计税方式净现金流量 19.84 万元少 3.57 万元，而如果要求增加至 8.9% 的价格涨幅，则可避免该损失。

| 相关政策浏览 |

《财政部 国家税务总局关于全面推开营业税改征增值税试点的通知》（财税〔2016〕36 号）附件 2

一、营改增试点期间，试点纳税人〔指按照《营业税改征增值税试点实施办法》（以下称《试点实施办法》）缴纳增值税的纳税人〕有关政策

（七）建筑服务。

5. 一般纳税人跨县（市）提供建筑服务，选择适用简易计税方法计税的，应以取得的全部价款和价外费用扣除支付的分包款后的余额为销售额，按照 3% 的征收率计算应纳税额。

案例 158　建筑企业选择甲供工程即可选择简易计税方式

甲企业是一家建筑企业，为增值税一般纳税人。2017 年为乙公司提供建筑

服务，总造价 1 110 万元，其中材料费 600 万元，人工费等 510 万元，由甲企业包工包料。甲企业取得进项税比较困难，如果不能选择简易计税方式，则按照 11% 的税率计征增值税，税负较高。

问题：该工程不能根据增值税概念中的老项目选择简易计税方式，甲企业有无其他正当理由可选择简易计税方式？

| 案例解析 |

乙公司并不需要大量的进项税，可以接受 3% 征收率的增值税专用发票，甲企业与乙公司协商，合同中约定甲方承担 80 万元的材料款，相应的总造价中也减少这部分价款，甲企业可以根据甲供工程选择简易计税方式，按照 3% 计征增值税。甲企业应纳增值税额＝(1 110－80)÷(1＋3%)×3%＝30（万元）。

由于财税〔2016〕36 号文件未对甲供工程的比例做出明确规定，因此只要甲方提供部分材料设备动力等，即属于甲供工程。

| 筹划效果 |

甲企业很难取得进项税，假设取得进项税为 0，则按照一般计税方式应纳增值税额＝1 110÷(1＋11%)×11%＝110（万元），而简易计税只需缴纳 30 万元的增值税，筹划效果比较明显。

| 相关政策浏览 |

《财政部 国家税务总局关于全面推开营业税改征增值税试点的通知》（财税〔2016〕36 号）附件 2

一、营改增试点期间，试点纳税人［指按照《营业税改征增值税试点实施办法》（以下称《试点实施办法》）缴纳增值税的纳税人］有关政策

（七）建筑服务。

1. 一般纳税人以清包工方式提供的建筑服务，可以选择适用简易计税方法计税。

以清包工方式提供建筑服务，是指施工方不采购建筑工程所需的材料或只采购辅助材料，并收取人工费、管理费或者其他费用的建筑服务。

2. 一般纳税人为甲供工程提供的建筑服务，可以选择适用简易计税方法计税。

甲供工程，是指全部或部分设备、材料、动力由工程发包方自行采购的建筑

工程。

3. 一般纳税人为建筑工程老项目提供的建筑服务，可以选择适用简易计税方法计税。

建筑工程老项目，是指：

(1)《建筑工程施工许可证》注明的合同开工日期在 2016 年 4 月 30 日前的建筑工程项目；

(2) 未取得《建筑工程施工许可证》的，建筑工程承包合同注明的开工日期在 2016 年 4 月 30 日前的建筑工程项目。

案例 159　车辆保险理赔，车主和保险公司谁可抵扣进项税

甲企业是一家生产企业，为增值税一般纳税人，自有车辆在 2017 年 10 月办理车辆维修的保险理赔手续。在维修车辆时，甲企业向汽车销售商支付了维修费 2 万元，汽车销售商向甲企业开具了增值税普通发票。保险公司理赔时，需要甲企业将发票提供给保险公司作为理赔的资料，甲企业只留下了发票复印件。

问题：甲企业如何才能抵扣保险公司理赔的维修费进项税？

| 案例解析 |

办理过车辆保险理赔的纳税人都了解这个普遍的程序。在这里，笔者不谈文件规定，因为各地的税务政策以及汽车销售商的执行大不相同。有的汽车销售商表示，如果车主取得了增值税专用发票，并且认证抵扣了，那么保险公司不能作为发票的理赔凭证；有的税务机关掌握的政策是，车主和保险公司谁取得了增值税专用发票，谁就可以抵扣进项税；还有的税务机关规定，只要在保险公司指定的地点维修，保险公司即可抵扣进项税等。

从购买服务主体角度看，车主发生的维修费，取得了增值税专用发票，因此抵扣进项税的主体是车主；保险公司承担的是因之前车主缴纳保险费而产生的赔付义务，并没有发生维修支出，因此保险公司不是维修费的抵扣进项税主体；从费用负担主体角度看，最终维修费用的负担主体是保险公司，支付了费用却不能得到增值税扣税凭证抵扣进项税。

笔者建议咨询维修车辆的汽车销售商、保险公司以及当地的税务政策，如果当地政策允许车主抵扣保险公司理赔的维修费的进项税，则应要求汽车销售商开具抬头为车主的增值税专用发票。

| 筹划效果 |

在取得发票前，充分咨询地方政策，根据能抵扣进项税的方式要求开具增值税专用发票，可抵扣进项税。

| 部分地方政策 |

（1）〈山东国税〉关于保险公司投保车辆维修费进项税额抵扣问题。

被保险人投保车辆发生交通事故，由保险公司指定维修厂修理的，保险公司可以凭取得的增值税专用发票申报抵扣进项税额。

（2）〈吉林国税〉保险公司理赔时从修配厂取得的维修类进项是否允许抵扣？

答：车辆保险合同中明确保险金额和赔偿金额，被保险车辆出险，保险公司应支付理赔款给被保险方。因此，保险公司理赔时直接将理赔款支付给维修公司取得的进项发票暂不允许抵扣进项税。国家税务总局另有规定的除外。

案例 160　进项税额大小不是增值税筹划的唯一考量因素

甲企业是增值税一般纳税人，采购时从一般纳税人和小规模纳税人的供应商中选择，一般纳税人可以提供 17％的增值税专用发票，价格为含税 128.7 万元；小规模纳税人只能提供 3％代开的增值税专用发票，最多只能抵扣 3％，含税价格为 103 万元，而甲企业当期需要进项税抵扣。

问题：甲企业此时应如何基于对方案的考量选择供应商？

| 案例解析 |

答案非常明确，当然是选择小规模纳税人。

既然需要进项税，为什么不选择一般纳税人？羊毛出在羊身上，多抵扣的进项税，就是多付的钱，一般纳税人的不含税价为 $128.7 \div 1.17 = 110$（万元），小规模纳税人的不含税价为 $103 \div 1.03 = 100$（万元），价栉孰高孰低一目了然。

1. 两种方式下的应纳增值税额计算

假设当期的销售额为含增值税价 234 万元，则销项税额为 34 万元。

（1）选择从一般纳税人处采购：

$$应纳增值税额 = 34 - 128.7 \div 1.17 \times 17\% = 15.3(万元)$$

（2）选择从小规模纳税人处采购：

应纳增值税额＝34－3＝31(万元)

看似从小规模纳税人处采购缴纳的增值税多，但是我们从现金净流量的角度看结果则大不相同。

2.　两种方案下的现金净流量计算

（1）选择从一般纳税人处采购：

现金净流量＝234－15.3－128.7＝90(万元)

（2）选择从小规模纳税人处采购：

现金净流量＝234－31－103＝100(万元)

从小规模纳税人处采购，虽然缴纳的增值税较多，但是支付的采购价格较低，现金净流量较大。

| 筹划效果 |

选择从小规模纳税人处采购方案，现金净流量为 100 万元，大于从一般纳税人处采购方案的 90 万元。纳税人在选择供应商时，切莫只盯着进项税和缴纳增值税的金额，现在少缴税，是因为在采购时多支付了款项；同理，现在多缴税，是因为之前少支付了款项。道理很简单，少花的钱大于多交的税，这个账就算得过来。

案例 161　房地产企业适当增加家电支出，可以增加抵扣的进项税

甲企业是一家房地产开发企业，2018 年 10 月开发楼盘，适用 11％税率。销售其中的一套房产，毛坯房销售额为 555 万元；精装房的装修成本 55.5 万元，取得 11％的增值税专用发票；家具电器成本 58.5 万元，取得 17％的增值税专用发票，精装房的销售额为 669 万元（555＋55.5＋58.5）。

问题：销售毛坯房与销售精装房，哪个方案对甲企业更加有利？

| 案例解析 |

为便于对比，不考虑其他因素。

1.　毛坯房应纳增值税额的计算

毛坯房应纳增值税额＝555÷(1＋11％)×11％＝55(万元)

2. 精装房应纳增值税额的计算

根据现行政策，房地产开发企业销售精装房，其中的装修与家具电器等，如包含在房价中，则不单独计价，与销售房地产一并按照 11％计征增值税。

不考虑其他因素，精装房应纳增值税额＝$669 \div (1+11\%) \times 11\% - 55.5 \div (1+11\%) \times 11\% - 58.5 \div (1+17\%) \times 17\% = 66.3 - 5.5 - 8.5 = 52.3$（万元）。

| 筹划效果 |

毛坯房现金净流量＝$555 - 55 = 500$(万元)

精装房现金净流量＝$669 - 55.5 - 58.5 - 52.3 = 502.7$(万元)

销售精装房多增加的现金净流量 2.7 万元，即是少缴纳的增值税 2.7 万元。其原因是购买家电可抵扣 17％的进项税，与房产项目一并销售只需计提 11％的销项税，这是税率差产生的节税效果。

| 部分地方政策 |

(1)〈山东国税〉房地产开发企业"买房送装修、送家电"征税问题。

房地产开发企业销售住房赠送装修、家电，作为房地产开发企业的一种营销模式，其主要目的为销售住房。购房者统一支付对价，可参照混合销售的原则，按销售不动产适用税率申报缴纳增值税。

(2)〈海南国税〉房地产企业销售不动产的同时，无偿提供家具、家电等货物的征税问题。

房地产企业销售不动产，将不动产与货物一并销售，且货物包含在不动产价格以内的，不单独对货物按照适用税率征收增值税。例如随精装房一并销售的家具、家电等货物，不单独对货物按 17％税率征收增值税。

房地产企业销售不动产时，在房价以外单独无偿提供的货物，应视同销售货物，按货物适用税率征收增值税。例如，房地产企业销售商品房时，为促销举办抽奖活动赠送的家电，应视同销售货物，按货物适用税率征收增值税。

(3)〈河北国税〉关于房地产开发企业销售精装修房所含装饰、设备是否视同销售问题。

《营业税改征增值税试点实施办法》第十四条第二款规定，视同销售不动产的范围是："单位或者个人向其他单位或者个人无偿转让无形资产或者不动产，但用于公益事业或者以社会公众为对象的除外。"

房地产开发企业销售精装修房，已在《商品房买卖合同》中注明的装修费用（含装饰、设备等费用），已经包含在房价中，因此不属于税法中所称的无偿赠送，无须视同销售。房地产企业"买房赠家电"等营销方式的纳税比照本原则处理。

例如，房地产公司销售精装修房一套，其中精装修部分含电器、家具的购进价格为 10 万元，销售价格 200 万元，并按照 200 万元全额开具增值税发票，按照 11％税率申报销项税额。此时，无须对 10 万元电器部分单独按照销售货物征收增值税。

案例 162　一般纳税人提供劳务派遣服务，选择计税方式的筹划

甲企业是一家劳务派遣公司，为增值税一般纳税人，为乙公司派遣员工工作，2017 年 10 月收取派遣费 100 万元，当期支付员工工资、社会保险费以及住房公积金等 80 万元。根据文件规定，甲企业既可以选择差额征税的简易计税方式，征收率 5％，也可以选择全额计税的一般计税方式，税率 6％。

问题：甲企业应如何考量两个方案的税务利益？应选择哪个方案？

| 案例解析 |

1. 选择简易计税方式，可按 5％征收率差额征税

甲企业应纳增值税额＝(100－80)÷(1+5％)×5％＝0.952 4(万元)

2. 选择一般计税方式与简易计税方式的进项税额平衡点

选择一般计税方式，6％税率，但是可以抵扣进项税，所以，选择一般计税与简易计税方式，会有一个进项税额的平衡点，在这个点上，两种计税方式的增值税一致。

假设派遣费为 s，可扣除工资社保公积金等为 g，可取得的进项税为 j，则有：

公式 1：简易计税方式应纳增值税额＝$(s-g)÷(1+5％)×5％$

公式 2：一般计税方式应纳增值税额＝$s÷(1+6％)×6％-j$

令两式相等，得：

公式 3：$j=s×0.898 5％+g×4.761 9％$

验证：将本案例中的数据代入，平衡点的进项税＝ $100×0.898 5％+80×4.761 9％＝4.708 02$ （万元）。一般计税方式应纳增值税额＝$s÷(1+6％)×6％-$

323

$j=100\div(1+6\%)\times6\%-4.708\,02=0.952\,4$（万元），与差额征税且简易计税的增值税应纳税额相等。

因此，当甲企业可以取得超过 4.708 02 万元的进项税时，适用一般计税方式，可缴纳较少的增值税。

3. 两种方案对于购买方进项税抵扣的影响

第一种差额征税简易计税的方案，乙公司只能抵扣 0.952 4 万元（因差额开票功能）；第二种全额征税一般计税的方案，因甲企业未选择差额征税政策，无论甲企业实现的增值税应纳税额是多少，乙公司均可抵扣 $100\div(1+6\%)\times6\%=5.66$(万元)的进项税。

| 筹划效果 |

实务中，劳务派遣公司要取得进项税可能比较困难，主要有租赁不动产的进项税，各种办公费用、差旅费、交通费的进项税，各种耗材、各种服务等。因此，选择差额征税简易计税方式对甲企业来讲一般比较有利。

| 相关政策浏览 |

《财政部 国家税务总局关于进一步明确全面推开营改增试点有关劳务派遣服务、收费公路通行费抵扣等政策的通知》（财税〔2016〕47 号）

一般纳税人提供劳务派遣服务，可以按照《财政部 国家税务总局关于全面推开营业税改征增值税试点的通知》（财税〔2016〕36 号）的有关规定，以取得的全部价款和价外费用为销售额，按照一般计税方法计算缴纳增值税；也可以选择差额纳税，以取得的全部价款和价外费用，扣除代用工单位支付给劳务派遣员工的工资、福利和为其办理社会保险及住房公积金后的余额为销售额，按照简易计税方法依 5％的征收率计算缴纳增值税。

案例 163 小规模纳税人提供劳务派遣服务，选择计税方式的筹划

甲企业是一家劳务派遣公司，为增值税小规模纳税人，为乙公司派遣员工工作，2017 年 10 月收取派遣费 10 万元，当期支付员工工资、社会保险费以及住房公积金等 8 万元。根据文件规定，甲企业可以选择全额征税依 3％征收率计征增值税，也可以选择差额征税依 5％征收率计征增值税。

问题：甲企业选择哪种方案比较有利？

案例解析

1. 选择差额征税，征收率 5%

$$甲企业选择差额征税应纳增值税额=(10-8)\div(1+5\%)\times5\%$$
$$=0.095\,24(万元)$$

2. 选择全额纳税，征收率 3%

选择全额纳税，征收率 3%低于差额征税的 5%，但不能扣除项目。所以两者之间有一个平衡点，即可扣除项目与销售额的比例。

假设销售额为 s，可扣除项目为 g，则有：

公式 1：差额征税应纳增值税额$=(s-g)\div(1+5\%)\times5\%$

公式 2：全额征税应纳增值税额$=s\div(1+3\%)\times3\%$

令两式相等，则：

公式 3：$g\div s=38.835\,3\%$

当可扣除项目为销售额的 38.835 3%时，两种计算方式的增值税应纳税额相等。

验证： 本案例中，销售额为 100 万元，可扣除项目为 38.835 3 万元，则：

$$差额征税应纳增值税额=(s-g)\div(1+5\%)\times5\%$$
$$=(100-38.835\,3)\div(1+5\%)\times5\%$$
$$=2.912\,6(万元)$$
$$全额征税应纳增值税额=s\div(1+3\%)\times3\%$$
$$=100\div(1+3\%)\times3\%=2.912\,6(万元)$$

因此，当小规模纳税人劳务派遣公司可扣除项目超过销售额的 38.835 3%时，选择差额征税小于全额征税的应纳增值税额。

筹划效果

本案例中甲企业可扣除项目为 8 万元，占销售额的比例为 80%，大大超过平衡点的 38.835 3%，因此应选择差额征税 5%征收率计征增值税。

相关政策浏览

《财政部 国家税务总局关于进一步明确全面推开营改增试点有关劳务派遣服务、收费公路通行费抵扣等政策的通知》（财税〔2016〕47 号）

小规模纳税人提供劳务派遣服务，可以按照《财政部 国家税务总局关于全面推开营业税改征增值税试点的通知》（财税〔2016〕36 号）的有关规定，以取得的全部价款和价外费用为销售额，按照简易计税方法依 3％的征收率计算缴纳增值税；也可以选择差额纳税，以取得的全部价款和价外费用，扣除代用工单位支付给劳务派遣员工的工资、福利和为其办理社会保险及住房公积金后的余额为销售额，按照简易计税方法依 5％的征收率计算缴纳增值税。

案例 164　购置二手房与房地产企业开发的房产，抵扣进项税的筹划

甲企业是一家生产企业，为增值税一般纳税人。为增加多元化业务，甲企业管理层计划 2018 年在市中心购买商业楼，主营出租业务，同时投资于房产项目保值增值。甲企业有两个方案供选择：一个是购买旧商业楼，该商业楼是乙公司在 2010 年时购买取得，当时购置价为 6 000 万元，并取得合法有效发票；另一个是购买房地产开发企业自行开发的房地产项目（非期房），假设房地产企业选择一般计税方式，据计算可扣除的对应的土地出让金为 3 000 万元。为方便比较，假设两个方案的购置价均为 8 000 万元，不考虑其他税费。

问题：甲企业应选择哪个方案税务利益更大？

| 案例解析 |

1. 第一种方案：甲企业只能抵扣差额征收后的进项税

乙公司销售 2010 年取得的不动产，可以选择差额征税依 5％征收率计征增值税，乙公司应纳增值税额＝(8 000－6 000)÷(1＋5％)×5％＝95.24(万元)。根据当地税务政策，乙公司采取差额开票功能，开具增值税专用发票，增值税额为 95.24 万元，不含税金额为 8 000－95.24＝7 904.76（万元），甲企业总共可抵扣 95.24 万元的进项税，第一年可抵扣 95.24×60％＝57.14（万元）进项税，第二年抵扣 95.24－57.14＝38.1（万元）进项税。

2. 第二种方案：甲企业可抵扣差额征收前的进项税

房地产开发企业销售自行开发房地产项目，选择一般计税方式，扣除对应的土地出让金，其增值税销项税额＝(8 000－3 000)÷(1＋11％)×11％＝495.5（万元），开具增值税专用发票，增值税额为 8 000÷(1＋11％)×11％＝792.79（万元），不含税金额为 8 000－792.79＝7 207.21（万元），甲企业总共可抵扣进项税 792.79 万元，第一年可抵扣 792.79×60％＝475.63（万元）进项税，第二

年抵扣 792.79－475.68＝317.11（万元）进项税。这里需要注意的是，无论房地产开发企业取得的进项税额和实现的增值税额是多少，房地产开发企业均可开具增值税额为 792.79 万元的增值税专用发票。

说明：房地产开发企业适用一般计税方式，可扣除对应的土地出让金后作为销售差额征收增值税，但是不需要采取差额开票功能，甲企业可抵扣差额征税前的进项税。

本案例说的是房地产开发企业适用一般计税方式的情况，如果房地产开发企业销售的是老房地产项目，选择简易计税方式，则计算过程如下：

应纳增值税额＝8 000÷（1＋5%）×5%＝380.95（万元），甲企业总共可抵扣进项税 380.95 万元，第一年可抵扣 380.95×60%＝228.57（万元）进项税，第二年抵扣 380.95－228.57＝152.38（万元）进项税。

｜筹划效果｜

第二种方案下，无论房地产开发企业采取何种计税方式，甲企业可抵扣的进项税均大大高于第一种方案购置旧房地产的进项税，在抵扣进项税方面筹划效果非常明显。其原因是：第一种方案中销售 2016 年 4 月 30 日前取得（不含自建）的不动产，差额征税且采取差额开票功能，受票方抵扣的进项税少。

｜相关政策浏览｜

1.《财政部 国家税务总局关于全面推开营业税改征增值税试点的通知》（财税〔2016〕36 号）附件 2

一、营改增试点期间，试点纳税人［指按照《营业税改增值税试点实施办法》（以下称《试点实施办法》）缴纳增值税的纳税人］有关政策

（三）销售额。

10. 房地产开发企业中的一般纳税人销售其开发的房地产项目（选择简易计税方法的房地产老项目除外），以取得的全部价款和价外费用，扣除受让土地时向政府部门支付的土地价款后的余额为销售额。

（八）销售不动产。

1. 一般纳税人销售其 2016 年 4 月 30 日前取得（不含自建）的不动产，可以选择适用简易计税方法，以取得的全部价款和价外费用减去该项不动产购置原价或者取得不动产时的作价后的余额为销售额，按照 5% 的征收率计算应纳税额。

2.《国家税务总局关于全面推开营业税改征增值税试点有关税收征收管理事项的公告》（国家税务总局公告 2016 年第 23 号）

按照现行政策规定适用差额征税办法缴纳增值税，且不得全额开具增值税发票的（财政部、税务总局另有规定的除外），纳税人自行开具或者税务机关代开增值税发票时，通过新系统中差额征税开票功能，录入含税销售额（或含税评估额）和扣除额，系统自动计算税额和不含税金额，备注栏自动打印"差额征税"字样，发票开具不应与其他应税行为混开。

案例 165 无偿赠送与交际应酬消费的进项税筹划

甲企业是一家生产企业，为增值税一般纳税人。为维护合作关系，2017 年 10 月向客户赠送外购食品礼盒一批，采购含税价为 117 万元，取得增值税普通发票。

问题：甲企业选择哪种处理方式在增值税上更为有利？

| 案例解析 |

1. 方案一：按视同销售计征增值税

根据《中华人民共和国增值税暂行条例实施细则》的规定，将自产、委托加工或者购进的货物无偿赠送其他单位或者个人，视同销售货物，甲企业将购进的食品礼盒无偿赠送给客户，视同销售计征增值税。

根据《中华人民共和国增值税暂行条例实施细则》中视同销售额的确定顺序，甲企业赠送的购进食品礼盒应按照其他纳税人最近时期同类货物的平均销售价格确定。

甲企业当月该批礼盒的平均销售价格确定为 $117 \div (1 + 17\%) = 100$（万元）。

甲企业应纳增值税额 = $100 \times 17\% - 0 = 17$(万元)

由于未取得增值税专用发票，因此不能抵扣进项税。

2. 方案二：按交际应酬消费不抵扣进项税

根据《中华人民共和国增值税暂行条例实施细则》的规定，用于个人消费的购进货物的进项税不能抵扣，纳税人的交际应酬消费属于个人消费。

因此，甲企业向客户赠送购进礼品的交际应酬消费，属于增值税概念中的个人消费，应将其进项税转出。这里需要注意，外购货物用于个人消费的情况按照不得抵扣进项税处理，自产货物用于个人消费需要视同销售。

因未取得增值税专用发票，未抵扣进项税，甲企业应转出进项税额为 0 万元。

| 筹划效果 |

方案一缴纳增值税额为 17 万元，方案二缴纳增值税额为 0 万元。

同一事项，却适用于两种不同的规定，从文件规定来看，甲企业按照用于交际应酬消费不得抵扣进项税处理并无不妥。不过在运用时需谨慎，应注意与税务机关的沟通。

说明： 实务中，纳税人将外购礼品用于交际应酬消费，直接计入交际应酬费的情况比较常见，税务机关对此项业务的增值税处理的理解也有所不同，以上是笔者根据文件规定进行的推理，具体操作时建议与当地主管税务机关充分沟通。

| 相关政策浏览 |

《中华人民共和国增值税暂行条例》

第十条　下列项目的进项税额不得从销项税额中抵扣：

（一）用于非增值税应税项目、免征增值税项目、集体福利或者个人消费的购进货物或者应税劳务；

《中华人民共和国增值税暂行条例实施细则》

第二十二条　条例第十条第（一）项所称个人消费包括纳税人的交际应酬消费。

第四条　单位或者个体工商户的下列行为，视同销售货物：

（八）将自产、委托加工或者购进的货物无偿赠送其他单位或者个人。

第十六条　纳税人有条例第七条所称价格明显偏低并无正当理由或者有本细则第四条所列视同销售货物行为而无销售额者，按下列顺序确定销售额：

（一）按纳税人最近时期同类货物的平均销售价格确定；

（二）按其他纳税人最近时期同类货物的平均销售价格确定；

（三）按组成计税价格确定。组成计税价格的公式为：

$$组成计税价格 = 成本 \times (1 + 成本利润率)$$

案例 166　不可行筹划：将盘亏改为销售

甲企业是一家红酒销售企业，为增值税一般纳税人，2017 年 10 月购进某品牌红酒 1.2 万瓶，进价不含税 3 元/瓶；销售价格不含税 6 元/瓶。

在仓库放置时因破损、丢失、变质等原因盘亏 1 000 瓶，根据税法规定，其属于非正常损失，应转出其进项税额。甲企业认为，如将其作为在销售过程中发生的搬运破损，计入主营业务成本，即可不转出进项税。

问题：甲企业的该税务"筹划"是否可行？

| 案例解析 |

非正常损失，是指因管理不善造成货物被盗、丢失、霉烂变质，以及因违反法律法规造成货物或者不动产被依法没收、销毁、拆除的情形。

在仓库放置时因破损、丢失、变质等原因盘亏的红酒，属于因管理不善造成的损失；在搬运过程中导致的破损，也属于管理不善造成的损失。两种情况都应转出其进项税额。

所以，甲企业的思路并不正确，实务中也有很多纳税人有类似的处理，其实理解有误。

实务中，销售发票以及销售出库单等注明的销售数量是 1 万瓶，但是转出库存商品的数量为 1.2 万瓶，这其中的差额即是损失。

| 相关政策浏览 |

《财政部 国家税务总局关于全面推开营业税改征增值税试点的通知》（财税〔2016〕36 号）附件 1

第二十七条　下列项目的进项税额不得从销项税额中抵扣：

（二）非正常损失的购进货物，以及相关的加工修理修配劳务和交通运输服务。非正常损失，是指因管理不善造成货物被盗、丢失、霉烂变质，以及因违反法律法规造成货物或者不动产被依法没收、销毁、拆除的情形。

案例 167　不可行筹划：奖励员工汽车使用权的进项税抵扣

甲企业是一家高新技术企业，为增值税一般纳税人。2016 年 12 月，甲企业为增强企业凝聚力，决定对有突出贡献的技术人员奖励汽车一辆，价值 10 万元。甲企业为抵扣购买汽车的进项税，改变奖励模式，以企业名义购买车辆，由被奖励人员免费使用车辆 5 年。

问题：以企业名义购买车辆，用于企业生产经营，可以抵扣进项税。甲企业的该思路是否正确？

| 案例解析 |

1. 奖励员工汽车所有权的进项税不能抵扣

甲企业购买汽车奖励给员工，所有权属于员工，因此汽车销售商向员工开具机动车统一销售发票，汽车挂牌落户也是以员工身份办理。甲企业支付的车辆价格、各种费用不能抵扣进项税以及税前扣除，支付的车辆购置税等也不能税前扣除。

2. 奖励员工汽车使用权的进项税仍然不能抵扣

甲企业改变方案，以甲企业名义购置车辆，机动车统一销售发票，汽车挂牌落户均以甲企业名义办理。但实际上该批车辆指定由被奖励技术人员使用 5 年，因此，在增值税的概念中，这属于将购入的进项税用于个人消费，仍然不能抵扣进项税。甲企业只能采取隐瞒指定由被奖励人员使用车辆的情况，但笔者并不建议采用此种隐瞒真实业务的做法。

| 相关政策浏览 |

《财政部 国家税务总局关于全面推开营业税改征增值税试点的通知》（财税〔2016〕36 号）附件 1

第二十七条 下列项目的进项税额不得从销项税额中抵扣：

用于简易计税方法计税项目、免征增值税项目、集体福利或者个人消费的购进货物、加工修理修配劳务、服务、无形资产和不动产。

案例 168 不可行筹划：租金在销售价格中体现

甲企业是一家外资生产企业，为增值税一般纳税人，生产的产品出口到境外母公司。2017 年 10 月，母公司为甲企业添置一套设备，该设备由境内设备供应商提供，价款由母公司负担。该设备由甲企业无偿使用，应收取的租金在甲企业向母公司销售产品时以降低出口价格的方式体现。

问题：甲企业管理层认为，如此处理不需要扣缴租金的增值税以及预提所得税。甲企业的该"筹划"是否有税务风险？

| 案例解析 |

该方案是有税务风险的。

1. 该业务属于母公司在境内向甲企业销售有形动产租赁服务

母公司购买设备提供使用权给甲企业使用，属于销售有形动产租赁服务。根据境内销售的判定原则，因采购方甲企业在境内，同时该设备在境内使用，该业务不属于母公司向甲企业出租完全在境外使用的有形动产，因此可判定属于在境内销售有形动产租赁服务，应在境内计征增值税。

2. 该租赁服务为有偿销售行为

母公司向甲企业提供设备，并不是无偿使用，而是用降低产品销售价格的方式抵减应支付的租金，其实质为有偿销售租赁服务。其计税依据为降低的销售价格，如其不公允，当地主管税务机关还可进行调整。

综上，母公司应在境内计征销售有形动产租赁服务，计征增值税和预提所得税。如果甲企业采取隐瞒的方式，在账面上不体现租金支出与销售价格的变动，则属于非正当手段，也具有较高的税务风险。

| 相关政策浏览 |

《财政部 国家税务总局关于全面推开营业税改征增值税试点的通知》（财税〔2016〕36 号）附件 1

第十三条　下列情形不属于在境内销售服务或者无形资产：

（三）境外单位或者个人向境内单位或者个人出租完全在境外使用的有形动产。

账务处理案例

案例 169　营改增后，预付卡计征增值税时点、开具发票方式及账务处理发生重大变化

甲企业与乙公司隶属于同一集团公司，均为一般纳税人，且使用同一品牌，甲企业销售的购物卡在乙公司可消费，反之亦然。2017 年 10 月，丙公司在甲企业购买购物卡 1 万元，在甲企业用卡购买办公用品 3 510 元，税率为 17％。在乙公司用卡购买劳保用品 2 340 元，税率为 17％；消费餐饮服务 1 060 元，税率为 6％。月底甲企业根据乙公司购物卡消费明细，与乙公司结算 3 400 元费用。

问题：根据 53 号公告的规定，预付卡计征增值税的时点、开具发票方式及相应的账务处理发生了哪些重大变化？

| 案例解析 |

对于预付卡的增值税问题，2016 年 8 月发布的 53 号公告进行了规范。

我们先来看看 53 号公告解决了预付卡的哪些老大难问题。

1. 销售预付卡环节开票，预收款与纳税义务发生时间的矛盾

销售预付卡时，未发生增值税行为，但是如果在预收款款时开具发票，则根据增值税纳税义务发生时间判定原则，在开具发票时即达到增值税纳税业务发生时间。

53 号公告对这一问题的解决办法是：在销售预付卡时，可开具发票，但是开具发票时选择"未发生销售行为的不征税项目"中的 601"预付卡销售和充值"，发票税率栏应填写"不征税"，从而不计征增值税。

这里需要注意预付卡与会员卡的区别。如果是为取得会员资格而支付的费用，销售会员资格应按照销售其他权益性无形资产计征增值税，即在售卡环节即应计征增值税。

2. 销售预付卡环节，从高税率税负高

在销售预付卡环节计征增值税，因未实际发生增值税业务，无法得知销售的增值税税率，一般按照纳税人的最高税率预征增值税，待实际发生增值税业务时再行调整。如果营改增后以销售服务为主的纳税人也执行这样的政策，则很可能导致比较高的预征的税负。比如以销售服务为主的酒店，偶尔有 17％税率的销售货物，但在销售预付卡时即按照最高 17％税率计征增值税，纳税人可能很难承受。

53 号公告对于这一问题的解决办法与上一问题相同，在销售预付卡环节不计征增值税，因此也不存在预收时确定税率的问题。可见，53 号公告对于以服务业为主的纳税人意义尤其重大。

3.　销售预付卡环节，税目难确定，购卡方税前扣除不真实

在 53 号公告发布前，销售预付卡开具发票时，有的售卡方根据购卡方的要求开具各种税目的发票，比如墨粉、硒鼓、打印纸等，购卡方也据此计入相应的办公费用税前扣除。严格来讲这属于虚开发票的行为，未实际发生上述货物的销售行为，却开具销售货物的增值税发票；同时购卡方业务实质为交际消费或者集体福利，却根据虚构的项目税前扣除。

53 号公告对这一问题的解决办法是：在销售预付卡开具发票时选择"未发生销售行为的不征税项目"中的 601"预付卡销售和充值"，从而在源头上杜绝了上述开具发票以及税前扣除的漏洞。

实务中，53 号公告的这一规定增加了买卡赠卡方的税务成本。

4.　销售预付卡和实际消费环节重复取得发票，实务中执行有难度

销售预付卡环节向持卡人开具增值税发票，在实际消费环节再向消费者开具发票，有可能产生重复开票的问题。之前有的地区采取在销售预付卡环节开具发票，在实际消费环节开具的发票注明不得作为报销使用等措施。

53 号公告对这一问题的解决办法是：只能在售卡环节开具发票，在消费环节不得开具增值税发票。

实务中，如上执行可能会有一定的困难。比如持卡人在商场消费时，系统在结算时会自动打印卷筒发票，短时期内在系统中更改设置有一定的匪难，或增加纳税人的成本。笔者建议，应与当地主管税务机关沟通，确认可行方案。

5.　销售方与售卡方不是同一纳税人的结算

一般来讲，实际销售方应与售卡方按期结算销售款项，对此情况的增值税处理，之前政策也未统一明确。53 号公告规定，销售方根据结算款项向售卡方开具增值税普通发票，且在发票备注栏注明"收到预付卡结算款"，且不得开具增值税专用发票。

实务中，由于商场增值税计征的独特之处，很多商场并不是根据发票开具情况计征增值税，因此实际销售方向售卡方开具结算款的发票，对于有的商场来讲只是起到一个结算监管的作用。售卡方收到销售方开具的结算款增值税普通发票，不能作为成本费用账务处理，只能冲销预收账款等往来科目。

说明：遗留问题：无法取得增值税专用发票，应尽早明确文件执行范围。

根据 53 号公告的处理方式，纳税人在取得预付卡和实际消费环节均无法取得增值税专用发票。

下面介绍账务处理方法。

(1) 甲企业账务处理。

借：银行存款或现金   10 000

贷：预收账款——购物卡   10 000

丙公司在甲企业消费时：

借：预收账款——购物卡   3 510

贷：应交税费——应交增值税（销项税额）   510（3 510÷1.17×17%）

主营业务收入   3 000

与乙公司结算时：

借：预收账款——购物卡   3 400

贷：其他应付款——乙公司   3 400

借：其他应付款——乙公司   3 400

贷：银行存款   3 400

(2) 乙公司账务处理。

丙公司在乙公司消费时：

借：其他应收款——甲企业   3 400

贷：主营业务收入——销售货物   2 000

——餐饮服务   1 000

应交税费——应交增值税（销项税额）   340（2 000×17%）

——应交增值税（销项税额）   60（1 000×6%）

收到甲企业结算款项时：

借：银行存款   3 400

贷：其他应收款——甲企业   3 400

| 相关政策浏览 |

1. 《财政部 国家税务总局关于全面推开营业税改征增值税试点的通知》（财税〔2016〕36 号）附件 1

第四十五条 增值税纳税义务、扣缴义务发生时间为：

（一）纳税人发生应税行为并收讫销售款项或者取得索取销售款项凭据的当天；先开具发票的，为开具发票的当天。

2.《国家税务总局关于营改增试点若干征管问题的公告》（国家税务总局公告 2016 年第 53 号）

三、单用途商业预付卡（以下简称"单用途卡"）业务按照以下规定执行：

（一）单用途卡发卡企业或者售卡企业（以下统称"售卡方"）销售单用途卡，或者接受单用途卡持卡人充值取得的预收资金，不缴纳增值税。售卡方可按照本公告第九条的规定，向购卡人、充值人开具增值税普通发票，不得开具增值税专用发票。

单用途卡，是指发卡企业按照国家有关规定发行的，仅限于在本企业、本企业所属集团或者同一品牌特许经营体系内兑付货物或者服务的预付凭证。

发卡企业，是指按照国家有关规定发行单用途卡的企业。售卡企业，是指集团发卡企业或者品牌发卡企业指定的，承担单用途卡销售、充值、挂失、换卡、退卡等相关业务的本集团或同一品牌特许经营体系内的企业。

（二）售卡方因发行或者销售单用途卡并办理相关资金收付结算业务取得的手续费、结算费、服务费、管理费等收入，应按照现行规定缴纳增值税。

（三）持卡人使用单用途卡购买货物或服务时，货物或者服务的销售方应按照现行规定缴纳增值税，且不得向持卡人开具增值税发票。

（四）销售方与售卡方不是同一个纳税人的，销售方在收到售卡方结算的销售款时，应向售卡方开具增值税普通发票，并在备注栏注明"收到预付卡结算款"，不得开具增值税专用发票。

售卡方从销售方取得的增值税普通发票，作为其销售单用途卡或接受单用途卡充值取得预收资金不缴纳增值税的凭证，留存备查。

案例 170　餐饮企业提供餐饮服务和外卖取得的收入，应分别进行账务处理

甲企业是一家餐饮企业，为增值税一般纳税人，2016 年 10 月实现餐饮收入，其中在餐馆消费的收入为 10 600 元，外卖取得的收入为 1 170 元。

问题：甲企业应如何对餐饮服务以及外卖收入分别进行账务处理？

| 案例解析 |

税务政策比较明确，外卖的食品按照销售货物计征增值税，现场提供餐饮服

务的按照销售餐饮服务计征增值税。

餐饮服务，是指通过同时提供饮食和饮食场所的方式为消费者提供饮食消费服务的业务活动。

账务处理如下：

借：现金或银行存款	11 770
贷：主营业务收入——餐饮	10 000
——外卖	1 000
应交税费——应交增值税（销项税额）	770

| 相关政策浏览 |

1. 国家税务总局发言材料

关于餐饮外卖和现场消费的政策适用问题。这个问题，其实在餐饮企业交营业税时，就已经有政策了，对外卖的和堂食的，分别按货物和服务交税。现在还是按照这个原则来掌握，各自适用税率。有地区提出是不是可以考虑把现场和非现场消费的税率统一了，这个事我们下一步会统一研究，目前还是要按照现有的规定来征税。

2. 部分地方政策

(1)〈山东国税〉关于餐饮业外卖适用税率问题。

根据《国家税务总局关于旅店业和饮食业纳税人销售非现场消费食品增值税有关问题的公告》（国家税务总局公告 2013 年第 17 号）的规定，旅店业和饮食业纳税人销售非现场消费的食品，属于不经常发生增值税应税行为，根据《中华人民共和国增值税暂行条例实施细则》第二十九条的规定，可以选择按小规模纳税人缴纳增值税，按 3％征收率缴纳增值税

"不经常发生增值税应税行为"出自《国家税务总局关于明确〈增值税一般纳税人资格认定管理办法〉若干条款处理意见的通知》（国税函〔2010〕139 号）中的规定。该文件规定，认定办法第五条第（三）款所称不经常发生应税行为的企业，是指非增值税纳税人；不经常发生应税行为是指其偶然发生增值税应税行为。

此次营改增之后，已不存在非增值税纳税人。17 号公告虽未明文废止，但其引用的依据已经失效。因此，餐饮业销售非现场消费的食品，应适用 17％的税率。

（2）〈新疆国税〉纳税人从事餐饮外卖服务是否按照提供餐饮服务纳增值税？

答：根据《国家税务总局关于旅店业和饮食业纳税人销售食品有关税收问题的公告》（2011 年第 62 号）规定和国家税务总局关于营改增政策问题解答意见，饮食业纳税人销售非现场消费的食品应当按照销售货物缴纳增值税。

案例 171　餐饮企业用于工作餐的账务处理：属于非经营活动，不计征增值税

甲企业是一家餐饮企业，为增值税一般纳税人。员工工作餐在餐厅使用本企业的食品，工作餐公允价值为 5 000 元，对应的成本经核算为 2 000 元，对应的进项税为 60 元。

问题：甲企业向员工提供的免费工作餐，是否应视同销售计征增值税？如何进行账务处理？

| 案例解析 |

1. 餐厅为聘用的员工提供餐饮服务，属于自我服务的非经营活动

根据财税〔2016〕36 号文件的规定，单位或者个体工商户为聘用的员工提供服务"属于非经营活动"，不按照销售服务计征增值税。餐饮服务是"通过同时提供饮食和饮食场所的方式为消费者提供饮食消费服务的业务活动"，甲企业为其雇员提供工作餐，同时提供饮食场所，属于提供餐饮服务，因此属于自我服务的非经营活动。

注意：这里与《中华人民共和国增值税暂行条例》中将自产的货物用于集体福利或者个人消费视同销售的规定有区别。本案例中不是将自产货物用于集体福利，而是为雇员提供餐饮服务，与为其他消费者提供餐饮服务是同一概念，我们不能认为为其他消费者提供餐饮服务是销售货物。同时，销售货物没有非经营活动的概念，此概念只发生在销售服务的范畴。

因此，甲企业向雇员提供工作餐，属于非经营活动，不按照销售餐饮服务计征增值税，同时用于集体福利的进项税不得抵扣，应转出对应的进项税额。

2. 账务处理

（1）结转工作餐成本。

借：主营业务成本　　　　　　　　　　　　　　　　　　　　2 000

　　贷：应付职工薪酬——福利费　　　　　　　　　　　　　　2 000

借：应付职工薪酬——福利费　　　　　　　　　　　　　2 000

　　贷：库存商品等　　　　　　　　　　　　　　　　　　2 000

（2）因用于集体福利，应转出进项税。

借：主营业务成本　　　　　　　　　　　　　　　　　　60

　　贷：应交税费——应交增值税（进项税额转出）　　　60

借：应付职工薪酬——福利费　　　　　　　　　　　　　60

　　贷：应付职工薪酬——福利费　　　　　　　　　　　　60

| 相关政策浏览 |

《财政部 国家税务总局关于全面推开营业税改征增值税试点的通知》（财税〔2016〕36 号）附件 1

第十条　销售服务、无形资产或者不动产，是指有偿提供服务、有偿转让无形资产或者不动产，但属于下列非经营活动的情形除外：

（三）单位或者个体工商户为聘用的员工提供服务。

案例 172　营改增后，餐饮企业食材过期变质的账务处理

甲企业是一家餐饮企业，为增值税一般纳税人。2016 年 10 月盘点，发现有部分食材保留时间过长，已经不能食用，需做报废处理。这部分食材，有的是营改增前购买的，有的是营改增后购买的，变质的食材价值一共为 10 万元，其中的 6 万元是营改增后购买的，增值税税率 13％，当时已经取得增值税专用发票并认证抵扣。

问题：对于营改增前购入的未抵扣进项税的食材应如何做进项税转出？

| 案例解析 |

尤其应注意，在营改增前后发生的非正常损失，不一定是所有的非正常损失资产都要转出进项税，其中有部分资产在取得当时并未抵扣进项税，不能转出其进项税额。

实务中应注意，很多纳税人只要发生了非正常损失即转出对应的进项税，实际上应转出已经抵扣的进项税，否则未抵扣却转出，会造成税务损失。

账务处理如下（单位：万元）：

借：营业外支出　　　　　　　　　　　　　　　　　　　　10.78

　　贷：应交税费——应交增值税（进项税额转出）　　0.78（6×13％）

　　　　库存商品　　　　　　　　　　　　　　　　　　　10

| 相关政策浏览 |

《财政部 国家税务总局关于全面推开营业税改征增值税试点的通知》（财税〔2016〕36 号）附件 1

第三十条　已抵扣进项税额的购进货物（不含固定资产）、劳务、服务，发生本办法第二十七条规定情形（简易计税方法计税项目、免征增值税项目除外）的，应当将该进项税额从当期进项税额中扣减；无法确定该进项税额的，按照当期实际成本计算应扣减的进项税额。

案例 173　营改增后，物业公司兼营不同税率和不同计税方式业务的账务处理

甲企业是一家物业公司，为增值税一般纳税人，营改增后发生如下业务（以下业务相互独立）：2016 年 10 月收取乙公司 10 个月物业管理费 10.6 万元，租赁房屋费用 5.25 万元，其中租赁房屋可以选择简易计税。在提供物业管理的同时，收取 1 年的停车费 210 万元，1 年的电梯广告位出租费 105 万元，均选择简易计税方式。提供维修服务收取费用 1.17 万元。

问题：甲企业兼营不同税率、征收率和不同计税方式的业务应如何进行账务处理？

| 案例解析 |

账务处理如下（单位：万元）：

（1）收取物业费、租赁费时：

借：银行存款等　　　　　　　　　　　　　　15.85（10.6＋5.25）

　　贷：预收账款——物业费　　　　　　　　　　　　　　　　10

　　　　　　　　——房屋租赁费　　　　　　　　　　　　　　　5

　　应交税费——应交增值税（销项税额）　　0.6（10.6÷1.06×6％）

　　　　　　　——未交增值税　　　　　　　0.25（5.25÷1.05×5％）

说明：对于一次性收取的物业费、房屋租赁费，现行增值税政策中并无分期

确认的规定，因此，应一次性计征增值税。同时，出租不动产可以选择简易计税方式，比如出租2016年4月30日前取得的不动产，但是物业费没有选择简易计税方式的规定。

当月确认一个月的收入时：

借：预收账款——物业费   1

       ——房屋租赁费   0.5

  贷：主营业务收入——物业费收入   1

        ——房屋租赁费收入   0.5

以后每个月确认1.5万元的收入。

说明：对于物业公司一次性预收房租和物业管理费，现行增值税政策中没有可以分期确认增值税的规定，现行政策下，只有其他个人出租房屋可以在租赁期分期确认收入，以确认是否超过3万元/月的享受小微企业免征增值税优惠标准，但是也不能分期确认应纳增值税额。因此，一次性预收的房屋租赁费和物业管理费，应一次性计征增值税。

在企业所得税上，此处的一次性预收房租，可以分摊到租赁期内分期确认收入，即税会处理一致。对于物业管理费，国税函〔2008〕875号文件规定，长期为客户提供重复的劳务收取的劳务费，在相关劳务活动发生时确认收入。可以理解为物业费每月分摊计入企业所得税应纳税额。

（2）收取停车费、电梯广告费时：

借：银行存款   21

  贷：主营业务收入——停车费收入   10

       ——广告费收入   10

    应交税费——未交增值税 1（$21 \div 1.05 \times 5\%$）

说明：停车费与电梯广告费均按照出租不动产计征增值税，按照出租2016年4月30日前取得的不动产可选择简易计税方式的规定执行。本案例中，停车场与电梯均为营改增前取得的老不动产。

注意：即使该不动产不属于物业公司所有，物业公司也可以选择简易计税方式，这是大部分地区的政策，但也有的地区政策有所不同。

（3）收取维修费时：

借：银行存款   1.17

  贷：主营业务收入   1

    应交税费——应交增值税（销项税额）   0.17

| 相关政策浏览 |

1. 《财政部 国家税务总局关于全面推开营业税改征增值税试点的通知》（财税〔2016〕36 号）附件 1

第三十九条　纳税人兼营销售货物、劳务、服务、无形资产或者不动产，适用不同税率或者征收率的，应当分别核算适用不同税率或者征收率的销售额；未分别核算的，从高适用税率。

2. 《财政部 国家税务总局关于全面推开营业税改征增值税试点的通知》（财税〔2016〕36 号）附件 1 附：《销售服务、无形资产、不动产注释》

一、销售服务

（六）现代服务。

5. 租赁服务。

（2）经营租赁服务……

将建筑物、构筑物等不动产或者飞机、车辆等有形动产的广告位出租给其他单位或者个人用于发布广告，按照经营租赁服务缴纳增值税。

车辆停放服务、道路通行服务（包括过路费、过桥费、过闸费等）等按照不动产经营租赁服务缴纳增值税。

3. 《财政部 国家税务总局关于全面推开营业税改征增值税试点的通知》（财税〔2016〕36 号）附件 2

一、营改增试点期间，试点纳税人〔指按照《营业税改征增值税试点实施办法》（以下称《试点实施办法》）缴纳增值税的纳税人〕有关政策

（九）不动产租赁服务。

1. 一般纳税人出租其 2016 年 4 月 30 日前取得的不动产，可以选择适用简易计税方法，按照 5% 的征收率计算应纳税额。

4. 《国家税务总局关于贯彻落实企业所得税法若干税收问题的通知》（国税函〔2010〕79 号）

一、关于租金收入确认问题

根据《实施条例》第十九条的规定，企业提供固定资产、包装物或者其他有形资产的使用权取得的租金收入，应按交易合同或协议规定的承租人应付租金的日期确认收入的实现。其中，如果交易合同或协议中规定租赁期限跨年度，且租

金提前一次性支付的，根据《实施条例》第九条规定的收入与费用配比原则，出租人可对上述已确认的收入，在租赁期内，分期均匀计入相关年度收入。

5.《国家税务总局关于确认企业所得税收入若干问题的通知》（国税函〔2008〕875 号）

劳务费。长期为客户提供重复的劳务收取的劳务费，在相关劳务活动发生时确认收入。

案例 174 物业公司转租房屋的账务处理

甲企业是一家物业公司，为增值税一般纳税人，从业主处租赁房屋，再转租给其他用户。租赁时取得 1 年的租赁费发票金额为 8 万元，转租时取得 1 年的租赁收入 10.5 万元。

问题：转租房屋可否选择简易计税方式？是否有差额征税的政策？

| 案例解析 |

对于经营租赁不动产，16 号公告规定，一般纳税人出租其 2016 年 4 月 30 日前取得的不动产，可以选择适用简易计税方法，按照 5% 的征收率计算应纳税额。但是对于转租不动产，国家税务总局层面未有明确的文件规定。现有地方政策对于转租不动产的一般规定是：一般纳税人转租其在 2016 年 4 月 30 日之前租入的不动产，可以选择简易计税方式。

注意：转租不动产没有差额征收的政策。

账务处理如下（单位：万元）：

（1）支付租赁费时：

借：预付账款——待摊费用——房屋租赁费　　　　　　　　　　　　8

　　贷：银行存款　　　　　　　　　　　　　　　　　　　　　　　8

（2）转租时：

借：银行存款等　　　　　　　　　　　　　　　　　　　　　　10.5

　　贷：预收账款　　　　　　　　　　　　　　　　　　　　　　　10

　　　应交税费——未交增值税　　　　　　　　　0.5（10.5÷1.05×5%）

（3）摊销费用时：

借：主营业务成本——租赁费　　　　　　　　　　　　　0.67（8÷12）

　　贷：预付账款——待摊费用——房屋租赁费　　　　　　　　0.67

　　（4）结转收入时：

　　借：预收账款　　　　　　　　　　　　　0.83（10÷12）

　　　　贷：主营业务收入　　　　　　　　　　　　　　　　0.83

　　说明：如果出租时适用或选择一般计税方式，适用税率 11%，则可以抵扣进项税。从业主处租赁房屋时，可要求取得 5% 或者 11% 的增值税专用发票。

｜部分地方政策｜

　　（1）〈山东国税〉转租不动产适用简易计税方法问题。

　　转租人于 2016 年 4 月 30 日前租入不动产，于 2016 年 5 月 1 日之后进行转租，视为将 2016 年 4 月 30 日前取得的不动产对外出租，收取的租金可以选择适用简易计税方法计算缴纳增值税。

　　（2）〈上海国税〉二房东出租不动产，如何确定取得的不动产时间？

　　答：可以通过与一手房东的租赁合同以及不动产的产权登记证明结合判断，包括一手租赁的时候开具的发票等。如果从一手房东租赁的时候已经是按试点前取得的不动产租赁来适用 1.5% 征收率的话，那么在转租的时候也是同样适用。

　　（3）〈天津国税〉转租不动产如何纳税？可否选择简易计税办法？

　　答：16 号公告中明确，取得的不动产，包括以直接购买、接受捐赠、接受投资入股、自建以及抵债等各种形式取得的不动产。对于租入等形式取得不拥有所有权只拥有使用权的不动产对外出租，按照纳税人出租不动产执行 11% 税率。一般纳税人将 2016 年 4 月 30 日之前租入或受托管理的不动产对外转租的，可选择简易办法征税；将 5 月 1 日之后租入或受托管理的不动产对外转租的，不能选择简易办法征税，简易计税备案需提供 2016 年 4 月 30 日之前租入不动产的租赁合同或其他授权合同。

　　（4）〈河北国税〉关于转租房产是否允许选择简易计税方法问题。

　　转租人转租房产是否允许选择简易计税方法，应区分情况确定。转租人根据 2016 年 4 月 30 日前签订的老租赁合同收取的租金，视为在 2016 年 4 月 30 日之前取得的不动产对外出租，可以选择简易计税方法。

　　例如，M 公司 2015 年 1 月 1 日从 A 公司租入不动产，同月 M 公司与 B 公司签订租赁合同，将该不动产转租给 B 公司，合同期限 3 年，至 2017 年 12 月 31 日到期。在该老租赁合同到期前，M 公司转租该不动产收取的租金，可以选择简易计税方法。

案例 175　物业公司收取水电气费的账务处理：关注自来水费的差额征税政策

甲企业是一家物业管理公司，为增值税一般纳税人。2016 年 12 月收取业主物业费的同时收取自来水费。支付自来水公司自来水费价款合计 103 万元，取得自来水公司开具的增值税专用发票上注明税额 3 万元，并认证相符。由于甲企业未实行一户一表，因此将该自来水费用按照各业主房间建筑面积分摊。同时收取为业主缴纳水费的服务费共 10 万元。

2016 年 12 月收取业主电费 585 万元，支付供电公司电费 585 万元，取得供电公司开具的增值税专用发票注明增值税额为 85 万元，并认证相符。同时收取为业主缴纳电费的服务费共 50 万元。

2016 年 12 月收取业主供暖费 339 万元，支付供暖公司供暖费 339 万元，取得供暖公司开具的增值税专用发票注明增值税额为 39 万元，并认证相符。同时收取为业主缴纳暖气费的服务费共 30 万元。

问题：甲企业收取业主水电气费，应如何计征增值税并进行账务处理？如何解决自来水费的税率差问题？

| 案例解析 |

1.　政策分析

物业公司从自来水公司取得的是 3％征收率的增值税专用发票，但是转售水时，只能按照 13％税率计征增值税，因只有生产自来水的一般纳税人才可选择简易计税 3％征收率，物业公司显然不符合条件。

笔者在营改增文件刚下发时曾就该问题与物业公司交流，还曾咨询过外地的物业公司对此事的看法，不过当时均未引起足够的重视。营改增后再转售水时，物业公司才发现将近 10％的税率差让其无法接受，以至于影响了开具发票等业务的正常开展。

2016 年 8 月，国家税务总局发布的《国家税务总局关于物业管理服务中收取的自来水水费增值税问题的公告》（国家税务总局公告 2016 年 54 号，以下简称 54 号公告）规定："提供物业管理服务的纳税人，向服务接受方收取的自来水水费，以扣除其对外支付的自来水水费后的余额为销售额按照简易计税方法依 3％的征收率计算缴纳增值税"。

说明：有的地方政策规定物业公司在提供物业管理服务中，向用户收取的水费、电费等，属于混合销售行为，一并按物业管理服务征收增值税，不过这样规定的地区很少。笔者认为，从税理上来讲，一项销售行为既涉及销售货物（销售水电气）又涉及销售服务（销售物业管理服务），因此物业公司在销售物业管理服务同时销售的水电气费，应根据物业公司的主业为物业管理服务，一并按照 6％的税率计征增值税。

当然这只是理论上的探讨，实务中纳税人还是按照文件规定执行较好。

2. 账务处理（单位：万元）

（1）情形一：按照正常转售处理。

可抵扣进项税，但是其中的自来水费不能选择差额征税和简易计税。

甲企业账务处理：

①支付自来水费、电费、暖气费时：

借：主营业务成本——水费　　　　　　　　　　　　　　　　　　　100
　　　　　　　　　　——电费　　　　　　　　　　　　　　　　　　500
　　　　　　　　　　——暖气费　　　　　　　　　　　　　　　　　300
借：应交税费——应交增值税（进项税额）　　3[103÷(1+3％)×3％]
　　　　　　——应交增值税（进项税额）

　　　　　　　　　　　　　　　　　　85 [585÷(1+17％)×17％]
　　　　　　——应交增值税（进项税额）39[339÷(1+13％)×13％]
　　贷：银行存款　　　　　　　　　　　　1 027(103+585+339)

②收取业主自来水费、电费、暖气费时：

借：现金或银行存款　　　　1 117(103+10+585+50+339+30)
　　贷：主营业务收入——水费　　　　　100[(103+10)÷(1+13％)]
　　　　　　　　　　——电费　　　　　542.74[(585+50)÷(1+17％)]
　　　　　　　　　　——暖气费　　　　326.55[(339+30)÷(1+13％)]
　　　　应交税费——应交增值税（销项税额）

　　　　　　　　　　　　　　13[(103+10)÷(1+13％)×13％]
　　　　　　——应交增值税（销项税额）

　　　　　　　　　　　　92.26[(585+50)÷(1+17％)×17％]
　　　　　　——应交增值税（销项税额）

　　　　　　　　　　　　42.45[(339+30)÷(1+13％)×13％]

③结转增值税时：

借：应交税费——应交增值税（转出未交增值税）

　　　　　　　　　　20.71（13+92.26+42.45-3-85-39）

　　　贷：应交税费——未交增值税　　　　　　　　　　　　　　　　20.71

甲企业应纳增值税额为 20.71 万元。

（2）情形二：自来水费按照 53 号公告采取差额征税并简易计税方式。

按照 53 号公告采取差额征税并简易计税的处理方式，不能抵扣进项税。

甲企业账务处理：

①支付自来水费、电费、暖气费时：

　　借：主营业务成本——水费　　　　　　　　　　　　　　　　　100

　　　　　　　　　　　——电费　　　　　　　　　　　　　　　　500

　　　　　　　　　　　——暖气费　　　　　　　　　　　　　　　300

　　　　应交税费——未交增值税　　　　　　3［103÷（1＋3％）×3％］

　　　　　　　　——应交增值税（进项税额）　　　　　　　　　　　85

　　　　　　　　——应交增值税（进项税额）　　　　　　　　　　　39

　　贷：银行存款　　　　　　　　　　　　1 027（103＋585＋339）

　　说明：该分录中的"应交税费——未交增值税"3 万元，并不是自来水公司开具的增值税专用发票上注明的增值税额，而是差额扣除自来水费 103 万元计算可抵减的增值税额＝103÷（1＋3％）×3％＝3（万元）。因选择简易计税方式，不应记入"应交税费——应交增值税（营改增抵减的销项税额）"科目。

②收取业主自来水费、电费、暖气费时：

　　借：现金或银行存款　　　　1 117（103＋10＋585＋50＋339＋30）

　　　　贷：主营业务收入——水费　　　109.71［（103＋10）÷（1＋3％）］

　　　　　　　　　　　——电费　　　542.74［（585＋50）÷（1＋17％）］

　　　　　　　　　　　——暖气费　　326.55［（339＋30）÷（1＋13％）］

　　　　应交税费——未交增值税　3.29［（103＋10）÷（1＋3％）×3％］

　　　　　　　　——应交增值税（销项税额）

　　　　　　　　　　　92.26［（585＋50）÷（1＋17％）×17％］

　　　　　　　　——应交增值税（销项税额）

　　　　　　　　　　　42.45［（339＋30）÷（1＋13％）×13％］

③结转增值税时：

　　借：应交税费——应交增值税（转出未交增值税）

　　　　　　　　　　10.71（92.26＋42.45－85－39）

　　　　贷：应交税费——未交增值税　　　　　　　　　　　　　10.71

　　甲企业应纳增值税额＝10.71＋(3.29－3)＝11(万元)

　　④如果自来水增值税专用发票已经认证，则应转出进项税：

　　　借：应交税费——应交增值税（进项税额）　　　　　　　　　　　　3

　　　　贷：应交税费——应交增值税（进项税额转出）　　　　　　　　　　3

　　说明：如果支付的自来水费大于收取的业主的自来水费，则仍然按照上述分录账务处理，"应交税费——未交增值税"科目出现借方余额，可抵减以后自来水税费产生的正数差。但该借方余额是否可抵减其他业务产生的增值税额？54号公告并未明确，个人认为可以抵减其他业务产生的增值税额，如以后明确不能抵减其他业务的增值税额，可在"未交增值税"下增设明细科目单独核算，以抵减后期产生的自来水费的正数差。

　　（3）情形三：按照代购政策处理。

　　对于提供物业管理服务的纳税人收取水电气费，各地方政策中有将其作为代购处理的规定。比如在不垫付资金，将开具给业主的水电气费发票转交给业主等情况下，可以作为代购处理。

　　向业主收取的代收水电费服务费，应按照经纪代理服务计征增值税。

　　按照代购政策的账务处理如下：

　　①收取业主各项费用时：

　　　借：现金或银行存款　　　　　　　　1 117（103＋10＋585＋50＋339＋30）

　　　　贷：其他应付款——水费　　　　　　　　　　　　　　　　　　103

　　　　　　　　　　　——电费　　　　　　　　　　　　　　　　　　585

　　　　　　　　　　　——暖气费　　　　　　　　　　　　　　　　　339

　　　　　主营业务收入——代交水电费收入

　　　　　　　　　　　84.91[(1117－103－585－339)÷(1＋6％)]

　　　　　应交税费——应交增值税（销项税额）

　　　　　　　　　　　5.09[(1117－103－585－339)÷(1＋6％)×6％]

　　②支付自来水费，电费，暖气费时：

　　　借：其他应付款——水费　　　　　　　　　　　　　　　　　　　103

　　　　　　　　　　——电费　　　　　　　　　　　　　　　　　　585

　　　　　　　　　　——暖气费　　　　　　　　　　　　　　　　　339

　　　　贷：银行存款　　　　　　　　　　　　　　　　　　　　　　1 027

| 相关政策浏览 |

1.《国家税务总局关于物业管理服务中收取的自来水水费增值税问题的公告》(国家税务总局公告 2016 年第 54 号)

提供物业管理服务的纳税人,向服务接受方收取的自来水水费,以扣除其对外支付的自来水水费后的余额为销售额按照简易计税方法依 3% 的征收率计算缴纳增值税。

2. 部分地方政策

〈山东国税〉关于物业管理企业代收水电费、暖气费等问题的增值税处理原则,我们已在《全面推开营改增政策指引(三)》中进行了明确,基于上述原则,现对有关物业管理企业代收业务的操作口径进一步明确如下:

1. 物业管理企业代收的水费、电费、燃(煤)气费、维修基金、房租,在收到款项时向消费者开具收据,并全额转付给水、电等实际提供方的,不作为物业管理企业的增值税销售额,不缴纳增值税。

2. 物业管理企业的代收转付行为,不得向消费者开具增值税发票,同时,其接收的增值税发票也不得抵扣进项税额或作为费用列支,否则,将视为增值税的转售行为。

3. 物业管理公司向提供方或消费者收取的手续费收入,按照"经纪代理服务"缴纳增值税。

案例 176 购买及消费加油卡的账务处理:关注新文件的规定

甲企业为增值税一般纳税人,自有车辆使用储值加油卡加油用于生产经营,2016 年 10 月充值 1.17 万元。

问题:甲企业应如何对加油卡业务进行账务处理?

| 案例解析 |

1. 在实际消费环节取得增值税专用发票

购买加油卡时,未发生实际购销业务,因此不能开具增值税专用发票,可以开具收据或者增值税普通发票。需要开具增值税专用发票的,根据加油卡使用明细,携带开票资料,可要求加油站开具增值税专用发票。

注意： 有的加油站在充值时即可以开具增值税专用发票，这不符合税务规定。

2. 账务处理（单位：万元）

（1）购买加油卡时：

借：其他应收款	1.17
贷：现金等	1.17

（2）取得增值税专用发票时：

借：管理费用、销售费用等	1
贷：应交税费——应交增值税（进项税额）	0.17
其他应收款	1.17

说明： 中石化加油站规定，只有在预付加油卡全部消费完毕后，才能要求开具增值税专用发票。

3. 关注新文件 53 号公告的规定

53 号公告对于预付款的增值税政策进行了重要的调整，主要变化在于：纳税人在销售预付款开具发票时不需要计征增值税，可以在开票系统中选择"未发生销售行为的不征税项目"，发票税率栏应填写"不征税"，不得开具增值税专用发票；持卡人在实际消费时，销售方不得开具增值税发票。

注意： 不是不得开具增值税专用发票，而是不得开具增值税发票，如此持卡消费的纳税人在预付卡购买与实际消费环节均不能取得增值税专用发票。

对于类似于加油卡这种预付卡形式的采购不能取得增值税专用发票的规定，笔者认为有点不切实际，我们需注意 53 号公告的后续变化。

| 相关政策浏览 |

《成品油零售加油站增值税征收管理办法》

第十二条　发售加油卡、加油凭证销售成品油的纳税人（以下简称"预售单位"）在售卖加油卡、加油凭证时，应按预收账款方法作相关账务处理，不征收增值税。

预售单位在发售加油卡或加油凭证时可开具普通发票，如购油单位要求开具增值税专用发票，待用户凭卡或加油凭证加油后，根据加油卡或加油凭证回笼记录，向购油单位开具增值税专用发票。接受加油卡或加油凭证销售成品油的单位与预售单位结算油款时，接受加油卡或加油凭证销售成品油的单位根据实际结算的油款向预售单位开具增值税专用发票。

案例 177　营改增前已经入账的营业税在营改增后的账务处理

甲企业是一家建筑企业，2016 年 4 月 30 日前承接乙公司建设工程项目，并计提了营业税 100 万元，未缴纳。其中有 70 万元属于应纳营业税额，另外的 30 万元根据纳税义务发生时间判定应在营改增后缴纳增值税。由于甲企业财务人员对纳税义务发生时间理解有误，误将其作为营业税处理。

2016 年 5 月，经税务师指导，甲企业财务人员发现了自己的错误，需进行账务调整。

问题：甲企业应如何冲销原已入账的营业税并重新计提增值税？

| 案例解析 |

甲企业账务处理如下（单位：万元）：

(1) 计提营业税时：

借：营业税金及附加　　　　　　　　　　　　　　　　　　　　　100
　　贷：应交税费——应交营业税　　　　　　　　　　　　　　　　100

(2) 营改增后冲销营业税时：

借：营业税金及附加　　　　　　　　　　　　　　　　　　　　　−30
　　贷：应交税费——应交营业税　　　　　　　　　　　　　　　　−30

(3) 计提增值税时：

贷：应交税费——未交增值税　　29.13 [30÷3%÷(1+3%)×3%]
贷：主营业务收入　　　　　　　　　　　　　　　　　　　　　−29.13

说明：如果营改增前，甲企业已经将应缴增值税的销售额计入了收入，那么收入是含增值税的，而增值税是价外税，应将其从收入中剥离。

案例 178　不动产改变用途不得抵扣进项税的账务处理：注意待抵扣进项税额

甲企业是一家生产企业，为增值税一般纳税人。2016 年 10 月外购厂房一座，用于生产应税产品（适用税率 17%），支付价款 1 110 万元，取得增值税专用发票并认证，发票上注明，增值税额 110 万元。当期抵扣进项税额 110×60%＝66（万元），剩余 44 万元（110×40%）进项税额转入待抵扣进项税。假设折旧期为 20 年，预计无残值。半年计提折旧 25 万元，净值为 975 万元，此后生产的产品发生变化，符合免税条件，企业选择免征增值税。

问题：不动产改变用途可抵扣进项税时，对尚未抵扣的进项税应如何进行账务处理？

| 案例解析 |

1. 根据不动产净值率匡算不得抵扣的进项税，同时考虑分两年抵扣因素

不动产用于可抵扣进项税项目，可抵扣进项税，改变用途用于不得抵扣项目（比如本案例中的用于免税产品），则不得抵扣进项税。鉴于不动产使用的长期性，其进项税随使用程度的增加逐渐转入下游的增值税中，因此不得抵扣的部分应按照其使用程度计算。财务核算中的计提折旧体现了不动产的使用程度，因此税法中采取了根据折旧程度，也即不动产净值率的方法匡算改变用途后不得抵扣的进项税的办法。

同时，营改增后不动产的进项税抵扣有其特殊性，即分两年抵扣，进项税额的 60% 在购买当期抵扣，剩余的 40% 进项税额在一年后抵扣，于是很可能发生，剩余的 40% 进项税尚未抵扣完毕，该不动产就已经改变用途，需要转出进项税的情况。所以不动产改变用途计算不得抵扣的进项税，与固定资产及无形资产的计算方式均不同，需要考虑待抵扣进项税的因素。这也是为什么在财税〔2016〕36 号文件中已经规定了对于固定资产、不动产以及无形资产改变用途不得抵扣进项税的计算公式后，又在 15 号公告中单独对不动产的该种情形计算做出规定的原因之一。

2. 不动产改变用途转出进项税的计算

其公式为：

$$不动产净值率 = (不动产净值 \div 不动产原值) \times 100\% = 975 \div 1\,000 = 97.5\%$$
$$不得抵扣的进项税 = (已抵扣进项税额 + 待抵扣进项税额) \times 不动产净值率$$
$$= (66 + 44) \times 97.5\% = 107.25(万元)$$

不得抵扣的进项税 107.25 万元大于该不动产已抵扣进项税 66 万元，应转出已抵扣进项税 66 万元，同时再从待抵扣进项税 44 万中转出 41.25 万元（不得抵扣进项税 107.25 万元－已抵扣进项税 66 万元）。不得抵扣进项税合计为 107.25 万元。

假设上述不动产净值改为 500 万元，不动产净值率为 50%，则不得抵扣的进项税＝(66＋44)×50％＝55（万元），小于该不动产已抵扣进项税 66 万元，应转出已抵扣进项税 55 万元。未抵扣的 44 万元可以继续抵扣，总的不得抵扣的进项税为 55 万元。

用净值率计算不得抵扣的进项税，其原理是：之前可以抵扣的进项税，已经随不动产的损耗计入了其产品或服务的价值，不能抵扣的应是剩余的价值对应的进项税。

3. 账务处理（单位：万元）

（1）购入厂房时：

借：固定资产		1 000
应交税费——应交增值税（进项税额）		66
——待抵扣进项税额		44
贷：银行存款		1 110

（2）计提折旧时：

借：成本费用		25
贷：累计折旧		25

（3）改变用途时：

借：固定资产		107.25
贷：应交税费——应交增值税（进项税额转出）		66
——待抵扣进项税		41.25

| 相关政策浏览 |

《国家税务总局关于发布〈不动产进项税额分期抵扣暂行办法〉的公告》（国家税务总局公告 2016 年第 15 号）

第七条 已抵扣进项税额的不动产，发生非正常损失，或者改变用途，专用于简易计税方法计税项目、免征增值税项目、集体福利或者个人消费的，按照下列公式计算不得抵扣的进项税额：

$$不得抵扣的进项税额＝（已抵扣进项税额＋待抵扣进项税额）×不动产净值率$$

$$不动产净值率＝（不动产净值÷不动产原值）×100％$$

不得抵扣的进项税额小于或等于该不动产已抵扣进项税额的，应于该不动产改变用途的当期，将不得抵扣的进项税额从进项税额中扣减。

不得抵扣的进项税额大于该不动产已抵扣进项税额的，应于该不动产改变用途的当期，将已抵扣进项税额从进项税额中扣减，并从该不动产待抵扣进项税额中扣减不得抵扣进项税额与已抵扣进项税额的差额。

案例 179　不动产改变用途可抵扣进项税的账务处理：基于进项税调整固定资产原值

甲企业是一家生产企业，为增值税一般纳税人。2016 年 12 月购入不动产，取得增值税专用发票，发票上注明不含税金额 1 000 万元，增值税 110 万元，该不动产专用于职工食堂，发票认证后做进项税转出。假设折旧期为 20 年，期末无残值，8 年计提折旧 444 万元（1 110÷20×8），净值 666 万元。此时将食堂对外开放，内部职工与外部人员均可在食堂用餐。该不动产不属于专用于集体福利，根据政策规定可抵扣进项税，但是只能抵扣改变用途以后对应的进项税。同时，不动产改变用途后可抵扣的进项税，也需分为两年抵扣，第一年抵扣 60％，第二年抵扣 40％。

问题：改变用途可抵扣进项税，调整固定资产原值，是否违反历史成本原则？

| 案例解析 |

1. 不动产混用于可抵扣与不得抵扣项目，可分两年抵扣进项税

将食堂对外开放后，该不动产不属于专用于集体福利，根据政策规定可抵扣进项税，但是只能抵扣改变用途以后对应的进项税。

2. 不动产改变用途抵扣进项税计算公式

$$\frac{\text{不动产改变用途后}}{\text{可抵扣进项税额}} = \frac{\text{增值税扣税凭证注明}}{\text{或计算的进项税额}} \times \text{不动产净值率}$$

$$= 110 \times (666 \div 1110 \times 100\%) = 66(\text{万元})$$

66 万元的 60％（39.6 万元）在次月抵扣，40％部分 26.4 万元在改变用途的次月起第 13 个月抵扣。

3. 账务处理（单位：万元）

（1）购进不动产时：

借：固定资产　　　　　　　　　　　　　　　　　　　　　　　　　1 110

应交税费——应交增值税（进项税额）　　　　　　　　　　　　110

贷：银行存款	1 110
应交税费——应交增值税（进项税额转出）	110

（2）计提折旧时：

借：成本费用	444
贷：累计折旧	444

（3）第 8 年末改变用途可以抵扣时：

借：应交税费——应交增值税（进项税额）	39.6
——待抵扣进项税额	26.4
贷：固定资产	66

（4）次年抵扣 40％进项税时：

借：应交税费——应交增值税（进项税额）	26.4
贷：应交税费——待抵扣进项税额	26.4

说明：改变用途用于可以抵扣的项目，其中的 66 万元进项税额可以抵扣，账务上冲减固定资产原值，似乎违背了固定资产历史成本的计量原则。但面对这种情况，如果不调整固定资产原值，其他的处理方式更不妥当，在现有条件下，笔者认为冲减固定资产原值较为合理。

调整固定资产原值后，应按照调整后的原值继续计提折旧，一般在固定资产系统中做固定资产变更处理，之前的折旧不需要调整。

| 相关政策浏览 |

《国家税务总局关于发布〈不动产进项税额分期抵扣暂行办法〉的公告》（国家税务总局公告 2016 年第 15 号）

第九条　按照规定不得抵扣进项税额的不动产，发生用途改变，用于允许抵扣进项税额项目的，按照下列公式在改变用途的次月计算可抵扣进项税额。

$$可抵扣进项税额＝增值税扣税凭证注明或计算的进项税额×不动产净值率$$

依照本条规定计算的可抵扣进项税额，应取得 2016 年 5 月 1 日后开具的合法有效的增值税扣税凭证。

按照本条规定计算的可抵扣进项税额，60％的部分于改变用途的次月从销项税额中抵扣，40％的部分为待抵扣进项税额，于改变用途的次月起第 13 个月从销项税额中抵扣。

案例 180　营改增后购置不动产分两年抵扣的账务处理

甲企业是一家生产企业，为增值税一般纳税人。2017 年 10 月购入不动产，作为办公场所使用，购入价 1 110 万元，取得增值税专用发票，并认证抵扣。账务上将该不动产作为固定资产核算，预计使用年限 20 年，净残值为 0，按直线法折旧。

问题：甲企业购置不动产分两年抵扣应如何进行账务处理？

| 案例解析 |

1. 购入的不动产作为固定资产核算，分两年抵扣

根据文件规定，2016 年 5 月 1 日后购入的不动产，在账务上作为固定资产核算的，其进项税分两年抵扣，第一年抵扣 60％，第二年抵扣 40％。

2. 账务处理

会计处理如下（单位：万元）：

（1）2017 年 10 月购置不动产时：

借：固定资产　　　　　　　　　　　　　　　　　　　　　　1 000

　　应交税费——应交增值税（进项税额）　　　　66（110×60％）

　　　　　　——待抵扣进项税额　　　　　　　　44（110×40％）

　　贷：银行存款　　　　　　　　　　　　　　　　　　　　1 110

（2）每年计提折旧时：

借：管理费用　　　　　　　　　　　　　　　　　　　　　　　50

　　贷：累计折旧　　　　　　　　　　　　　　　　　　　　　　50

（3）2018 年 10 月会计处理如下：

借：应交税费——应交增值税（进项税额）　　　　　　　　　　44

　　贷：应交税费——待抵扣进项税额　　　　　　　　　　　　　44

| 相关政策浏览 |

《国家税务总局关于发布〈不动产进项税额分期抵扣暂行办法〉的公告》（国家税务总局公告 2016 年第 15 号）

第二条　增值税一般纳税人（以下称纳税人）2016 年 5 月 1 日后取得并在会计制度上按固定资产核算的不动产，以及 2016 年 5 月 1 日后发生的不动产在建工程，其进项税额应按照本办法有关规定分 2 年从销项税额中抵扣，第一年抵扣比例为 60%，第二年抵扣比例为 40%。

取得的不动产，包括以直接购买、接受捐赠、接受投资入股以及抵债等各种形式取得的不动产。

案例 181　投资性房地产的账务处理

甲企业是增值税一般纳税人，机构注册地在丁市。2016 年 10 月在丙市从乙公司购入店铺一间，购置价 315 万元，取得增值税专用发票注明增值税额 5 万元，认证后抵扣 5 万元的进项税。甲企业取得该不动产后用于出租，每年租金 22.2 万元，合同约定年底收取租金。乙公司在 2014 年购入该不动产，购置原价为 210 万元。

问题：甲企业作为投资性房地产的不动产出租应如何进行账务处理？

| 案例解析 |

1．购置不动产只能抵扣差额征税后的进项税

甲企业购置不动产的价款为 315 万元，本应抵扣 $315 \div (1 + 5\%) \times 5\% = 15$（万元）的进项税，但由于乙公司选择差额征税且在新系统中采用差额开票功能，因此甲企业取得的增值税专用发票上注明的增值税额为 5 万元 $[(315 - 210) \div (1 + 5\%) \times 5\%]$，甲企业也只能抵扣差额征税后的 5 万元进项税。

乙公司销售 2016 年 4 月 30 日前取得的不动产，可以选择差额征税，扣除购置原价后依 5% 征收率计征增值税。

2．甲企业只能适用一般计税方式计征增值税

甲企业出租 2016 年 5 月 1 日后取得的不动产，只能适用一般计税方式依 11% 税率计征增值税，不能选择简易计税方式。

这会产生税率差的问题，即抵扣时征收率 5%（且是差额征税后的），出租时税率 11%。

3．核算为投资性房地产进项税可一次性扣除

15 号公告规定，取得并在会计制度上按固定资产核算的不动产，其进项税需要分两年抵扣，但是取得在会计制度上按投资性房地产核算的不动产，以及一开始作为固定资产核算，后改为投资性房地产的不动产，是否可以一次性抵扣？文件未明确。有的地区规定，取得的作为投资性房地产核算的不动产，进项税可以一次性抵扣。本案例假设投资性房地产可以一次性抵扣进项税。

4. 出租不动产在异地预缴增值税

甲企业出租不动产应在不动产所在地主管税务机关预缴增值税，适用一般计税方式的，预征率为 3％。

$$应预缴税款＝含税销售额÷(1＋11％)×3％$$
$$＝22.2÷(1＋11％)×3％＝0.6(万元)$$

甲企业在不动产所在地预缴增值税后，在其机构所在地申报缴纳增值税。

$$应申报增值税销项税额＝含税销售额÷(1＋11％)×11％$$
$$＝22.2÷(1＋11％)×11％＝2.2(万元)$$

5. 账务处理 （单位：万元）

（1）购买时：

借：投资性房地产　　　　　　　　　　　　　　　　　　　　310
　　应交税费——应交增值税（进项税额）　　　　　　　　　　5
　　贷：银行存款　　　　　　　　　　　　　　　　　　　　315

说明： 企业会计准则规定，投资性房地产的范围限定为已出租的土地使用权、持有并准备增值后转让的土地使用权、已出租的建筑物。用于出租的建筑物是指企业拥有产权的建筑物。企业以经营租赁方式租入再转租的建筑物不属于投资性房地产。

（2）每月计提折旧时：

借：其他业务成本　　　　　　　　　　　　　　1.29（310÷240）
　　贷：投资性房地产累计折旧（摊销）　　　　　　　　　　1.29

（3）第一年底收取 22.2 万元房租时：

借：银行存款　　　　　　　　　　　　　　　　　　　　　22.2
　　贷：其他业务收入　　　　　　　　　　　　　　　　　　　20
　　　　应交税费——应交增值税（销项税额）　　　　　　　2.2

（4）向丙市主管国税机关预缴增值税 0.6 万元时：

借：应交税费——未交增值税　　　　　　　　　　　　　　0.6
　　贷：银行存款　　　　　　　　　　　　　　　　　　　　0.6

注意： 如果这里使用"应交税费——应交增值税（已交税金）"科目，则导致"应交税费——应交增值税"科目余额为 2.2－5－0.6＝－2.2（万元），但实际上本期留抵税额应为 5－2.2＝2.8（万元），这样核算会导致账表不符。

如果本月无其他增值税项目发生，则增值税留抵为 5－2.2＝2.8（万元），预缴额为 0.6 万元，无增值税应纳税额，因此预缴增值税额无法抵减，结转下期继续抵减。在增值税纳税申报表中，将该预缴 0.6 万元填报到《增值税申报表附列资料（四）》中的"出租不动产预征缴纳税款"，本期发生额 0.6 万元，"本期应抵减税额"0.6 万元，"本期实际抵减税额"0 元，期末余额 0.6 万元。该期末余额 0.6 万元可以结转到下月附表四的期初余额中，以后期间继续抵减。

思考：租金年底一次性收取，可否分期确认增值税纳税义务？

增值税上没有这样的政策。

｜相关政策浏览｜

《国家税务总局关于发布〈纳税人提供不动产经营租赁服务增值税征收管理暂行办法〉的公告》（国家税务总局公告 2016 年第 16 号）

第三条 ……

（二）一般纳税人出租其 2016 年 5 月 1 日后取得的不动产，适用一般计税方法计税。

不动产所在地与机构所在地不在同一县（市、区）的，纳税人应按照 3％的预征率向不动产所在地主管国税机关预缴税款，向机构所在地主管国税机关申报纳税。

不动产所在地与机构所在地在同一县（市、区）的，纳税人应向机构所在地主管国税机关申报纳税。

第六条 纳税人出租不动产，按照本办法规定需要预缴税款的，应在取得租金的次月纳税申报期或不动产所在地主管国税机关核定的纳税期限预缴税款。

第七条 预缴税款的计算

（一）纳税人出租不动产适用一般计税方法计税的，按照以下公式计算应预缴税款：

$$应预缴税款＝含税销售额÷(1＋11％)×3％$$

第十条 单位和个体工商户出租不动产，向不动产所在地主管国税机关预缴的增值税款，可以在当期增值税应纳税额中抵减，抵减不完的，结转下期继续抵减。

案例 182 营改增后新建不动产抵扣进项税的账务处理

甲企业是一家生产企业，为增值税一般纳税人。2017 年 10 月开工建设仓储中心，由建筑企业乙公司承建。甲企业 2017 年 10 月自采部分建筑材料，取得增值税专用发票上注明不含税金额 200 万元，增值税额 34 万元，并认证通过；领用原采购的建筑材料，增值税税率 17%，成本 100 万元，购入时发生的运输成本、原材料损耗成本，以及一部分未取得进项税的成本等，全部计入该材料的成本中，现已无法准确取得其成本构成。由于是甲供工程，乙企业经与甲企业协商选择简易计税 3%，合同约定，乙企业开具 3% 的建筑服务增值税专用发票，不含税金额 1 000 万元，增值税额 30 万元。

问题：营改增后，基于新建不动产进项税抵扣新政策，应如何进行账务处理？

| 案例解析 |

1. 账务处理（单位：万元）

（1）采购建筑材料时：

借：在建工程 200

应交税费——应交增值税（进项税额） 20.4 （34×60%）

——待抵扣进项税额 13.6 （34×40%）

贷：银行存款 234

说明：15 号公告规定，增值税一般纳税人 2016 年 5 月 1 日后发生的不动产在建工程，其进项税额第一年抵扣比例为 60%，第二年抵扣比例为 40%。由于采购该批建筑材料明确用于新建不动产，因此直接将其进项税分两年抵扣，如果采购材料并不明确其用途，采购时可一次性抵扣进项税，在领用时再将其 40% 的进项税转到待抵扣进项税中。

（2）取得工程款发票时：

借：在建工程 1 000

应交税费——应交增值税（进项税） 18 （30×60%）

——待抵扣进项税额 12 （30×40%）

贷：应付账款 1 030

（3）领用原采购的建筑材料时：

借：在建工程 100

贷：原材料 100

借：应交税费——待抵扣进项税额 6.8 （100×17%×40%）

贷：应交税费——应交增值税（进项税额转出） 6.8

2. 相关说明

(1) 15 号公告规定，购进时已全额抵扣进项税额的货物和服务，转用于不动产在建工程的，其已抵扣进项税额的 40％部分，应于转用的当期从进项税额中扣减，计入待抵扣进项税额，并于转用的当月起第 13 个月从销项税额中抵扣。

(2) 有人咨询：此处的分录是计入进项税额转出还是冲减进项税？由于在纳税申报表中只能做进项税转出处理，无法减少进项税，因此为保持账表一致，建议计入进项税转出专栏。

(3) 根据财税〔2016〕36 号文件的规定，"已抵扣进项税额的购进货物（不含固定资产）、劳务、服务，发生本办法第二十七条规定情形（简易计税方法计税项目、免征增值税项目除外）的，应当将该进项税额从当期进项税额中扣减；无法确定该进项税额的，按照当期实际成本计算应扣减的进项税额"。

甲企业领用原采购的原材料用于在建工程，无法准确确定进项税，应按照成本法计算转入待抵扣进项税。不过此处只是一个时间差异，不考虑以后期间发生变化等情形，现在转入待抵扣进项税的金额，就是将来抵扣的金额，这与进项税转出有所不同。

| 相关政策浏览 |

《国家税务总局关于发布〈不动产进项税额分期抵扣暂行办法〉的公告》（国家税务总局公告 2016 年第 15 号）

第二条　增值税一般纳税人（以下称纳税人）2016 年 5 月 1 日后发生的不动产在建工程，其进项税额应按照本办法有关规定分 2 年从销项税额中抵扣，第一年抵扣比例为 60％，第二年抵扣比例为 40％。

纳税人新建、改建、扩建、修缮、装饰不动产，属于不动产在建工程。

第三条　纳税人 2016 年 5 月 1 日后购进货物和设计服务、建筑服务，用于新建不动产，或者用于改建、扩建、修缮、装饰不动产并增加不动产原值超过 50％的，其进项税额依照本办法有关规定分 2 年从销项税额中抵扣。

不动产原值，是指取得不动产时的购置原价或作价。

上述分 2 年从销项税额中抵扣的购进货物，是指构成不动产实体的材料和设备，包括建筑装饰材料和给排水、采暖、卫生、通风、照明、通讯、煤气、消防、中央空调、电梯、电气、智能化楼宇设备及配套设施。

第五条　购进时已全额抵扣进项税额的货物和服务，转用于不动产在建工程的，其已抵扣进项税额的 40% 部分，应于转用的当期从进项税额中扣减，计入待抵扣进项税额，并于转用的当月起第 13 个月从销项税额中抵扣。

案例 183　不动产在建工程发生非正常损失的账务处理：应关注材料进项税的转出

甲企业是一家生产企业，为增值税一般纳税人。2016 年 6 月开工建设厂房，由建筑企业乙公司承建，甲企业自己采购一部分建筑材料，价值 100 万元，进项税 17 万元；领用原采购的建筑材料，成本 85 万元，购入时发生的运输成本、原材料损耗成本，以及一部分未取得进项税的成本，全部计入该材料的成本中，现已无法准确取得其构成。

由于是甲供工程，乙公司经与甲企业协商选择简易计税 3%，合同约定，乙公司开具 3% 的建筑服务增值税专用发票，不含税金额 1 000 万元，增值税额 30 万元。因无法取得规划证，该工程被有关部门认为是违建，要求限期拆除。拆除时，原计入待抵扣进项税额的部分尚未抵扣。

问题：甲企业的不动产在建工程发生非正常损失应如何进行账务处理？

| 案例解析 |

账务处理如下（单位：万元）：

(1) 采购建筑材料时：

借：在建工程　　　　　　　　　　　　　　　　　　　100

　　应交税费——应交增值税（进项税）　　　10.2（17×60%）

　　　　　　　——待抵扣进项税额　　　　　　　　6.8

　　贷：银行存款　　　　　　　　　　　　　　　　　117

(2) 取得工程款发票时：

借：在建工程　　　　　　　　　　　　　　　　　1 000

　　应交税费——应交增值税（进项税额）　　　18（30×60%）

　　　　　　　——待抵扣进项税额　　　　　　　　12

　　贷：应付账款　　　　　　　　　　　　　　　1 030

(3) 领用原采购的建筑材料时：

借：在建工程　　　　　　　　　　　　　　　　　　　85

　　贷：原材料　　　　　　　　　　　　　　　　　　85

借：应交税费——待抵扣进项税额　　　　　5.78（85×17％×40％）

　　贷：应交税费——应交增值税（进项税额转出）　　　5.78

（4）违建被拆除时：

根据财税〔2016〕36 号文件的规定，非正常损失，是指因管理不善造成货物被盗、丢失、霉烂变质，以及因违反法律法规造成货物或者不动产被依法没收、销毁、拆除的情形。

非正常损失的不动产在建工程所耗用的购进货物、设计服务和建筑服务，进项税额不得从销项税额中抵扣。

借：营业外支出　　　　　　　　　　　　　1 246.45

　　贷：在建工程　　　　　　　　　1 185（1 000＋100＋85）

　　应交税费——应交增值税（进项税额转出）

　　　　　　　　　　　　　　　36.87（10.2＋18＋8.67）

　　　　——待抵扣进项税　　　　24.58（6.8＋12＋5.78）

说明：

（1）待抵扣进项税，在拆除前尚未抵扣进项税的，不能做进项税转出，但是也不能继续抵扣，而应转入营业外支出。

（2）此处的 8.67 万元，是原采购的材料进项税 14.45 万元（85×17％）中的 60％，原已抵扣由于用于非正常损失的不动产，因此其进项税需要转出。

（3）此处的 5.78 万元，是从原采购的原材料的进项税中转入待抵扣进项税中的金额，因属于非正常损失，以后期间不能抵扣。

（4）如果遇到地震，该厂房毁损，则：

借：营业外支出　　　　　　　　　　　　　1 185

　　贷：在建工程　　　　　　　　　　　　　1 185

说明： 地震导致的不动产损失，不属于"非正常损失"，其相关进项税不需要转出。

此处我们需要思考一个问题：不属于非正常损失的情况下，之前计入进项税部分已经抵扣，无须转出；而待抵扣进项税，是否可以继续抵扣？笔者认为可以继续抵扣，如果没有分期抵扣的政策，则该损失的进项税是可以抵扣的。是否不得抵扣，应根据是否为非正常损失判定，而不能因为分期抵扣的政策导致待遇有所不同，这对纳税人是不公允的。因此，原计入待抵扣进项税额的部分，可以继续抵扣。

| 相关政策浏览 |

《财政部 国家税务总局关于全面推开营业税改征增值税试点的通知》（财税〔2016〕36 号）附件 1

第二十七条　下列项目的进项税额不得从销项税额中抵扣：

（五）非正常损失的不动产在建工程所耗用的购进货物、设计服务和建筑服务。

纳税人新建、改建、扩建、修缮、装饰不动产，均属于不动产在建工程。

案例 184　营改增后发生不动产改扩建抵扣进项税的账务处理：超过 50％需分两年抵扣

甲企业是一家大型商场，为增值税一般纳税人，对其自有不动产进行全面装修。该不动产取得时（取得时间为 2016 年 4 月 30 日前）原值为 2 000 万元，装修时已计提累计折旧 1 000 万元，假设无净残值。该装修工程的工程费、设计费、材料款、水电费等，合计不含税金额为 1 100 万元，取得增值税专用发票注明进项税 100 万元，已认证并抵扣。

问题：甲企业对改扩建工程应如何进行账务处理？

| 案例解析 |

账务处理如下（单位：万元）：

（1）开始装修时：

借：在建工程　　　　　　　　　　　　　　　　　　　　1 000

　　累计折旧　　　　　　　　　　　　　　　　　　　　1 000

　　贷：固定资产　　　　　　　　　　　　　　　　　　　　2 000

说明：根据企业会计准则的规定，固定资产发生可资本化的后续支出时，企业一般应将该固定资产的原价、已计提的累计折旧和减值准备转销，将固定资产的账面价值转入在建工程，并停止计提折旧。

根据判断，该商场认为该装修提升了不动产的使用性能，延长了使用寿命，因此属于固定资产资本化的后续支出，应按照固定资产资本化的后续支出规则账务处理。

（2）发生装修费用时：

借：在建工程 1 100

应交税费——应交增值税（进项税额） 60（100×60%）

——待抵扣进项税额 40（100×40%）

贷：应付账款、银行存款等 1 200

说明：

（1）15 号公告规定，纳税人 2016 年 5 月 1 日后购进货物和设计服务、建筑服务，用于新建不动产，或者用于改建、扩建、修缮、装饰不动产并增加不动产原值超过 50% 的，其进项税额依照本办法有关规定分两年从销项税额中抵扣。

该案例中，在建工程发生额为 1 100 万元，增加不动产原值超过 50%（1 100÷2 000×100%），因此其进项税应分两年抵扣。

（2）实务中，可能无法在初期得知是否超过原值的 50%，那么应在何时开始分 2 年抵扣？笔者认为，可在超过 50% 时开始将进项税的 40% 转入待抵扣进项税。

（3）如果该案例改成租赁房产，不应执行超过原值 50% 分两年抵扣进项税的政策。

15 号公告规定：

不动产原值，是指取得不动产时的购置原价或作价；

取得的不动产，包括以直接购买、接受捐赠、接受投资入股以及抵债等各种形式取得的不动产。

因此，可以认为租赁取得的不动产不属于"取得的不动产"，不需要遵循超过原值 50% 分两年抵扣的规定。

| 相关政策浏览 |

《国家税务总局关于发布〈不动产进项税额分期抵扣暂行办法〉的公告》（国家税务总局公告 2016 年第 15 号）

纳税人 2016 年 5 月 1 日后购进货物和设计服务、建筑服务，用于新建不动产，或者用于改建、扩建、修缮、装饰不动产并增加不动产原值超过 50% 的，其进项税额依照本办法有关规定分 2 年从销项税额中抵扣。

不动产原值，是指取得不动产时的购置原价或作价。

案例 185　中途转让不动产的账务处理：销售时可抵扣待抵扣进项税

甲企业是增值税一般纳税人，于 2016 年 8 月购进一项不动产，购入价 1 110 万元，取得增值税专用发票注明增值税额 110 万元，并认证抵扣。购入后，企业作为固定资产核算。折旧期为 10 年，采用直线法，预计无残值。假设在 2017 年 1 月将该不动产转让，转让价款为 1 332 万元。

问题：甲企业对中途转让的不动产应如何进行账务处理？

| 案例解析 |

账务处理如下（单位：万元）：

（1）购入时：

借：固定资产	1 000
应交税费——应交增值税（进项税额）	66
——待抵扣进项税额	44
贷：银行存款	1 110

（2）计提折旧时：

借：管理费用等	41.67（1 000÷120×5）
贷：累计折旧	41.67

（3）销售时：

借：固定资产清理	958.33
累计折旧	41.67
贷：固定资产	1 000
借：银行存款	1 332
贷：固定资产清理	1 200
应交税费——应交增值税（销项税额）	
	132 [1 332÷（1+11%）×11%]

（4）结转固定资产清理时：

借：固定资产清理	241.67（1 200−958.33）
贷：营业外收入	241.67

（5）抵扣待抵扣进项税时：

借：应交税费——应交增值税（进项税额）	44

贷：应交税费——待抵扣进项税额   44

说明： 购入不动产时产生的待抵扣进项税额，在销售时允许从销项税额中抵扣。

| 相关政策浏览 |

《国家税务总局关于发布〈不动产进项税额分期抵扣暂行办法〉的公告》（国家税务总局公告 2016 年第 15 号）

纳税人销售其取得的不动产或者不动产在建工程时，尚未抵扣完毕的待抵扣进项税额，允许于销售的当期从销项税额中抵扣。

案例 186 转让取得的不动产在建工程的账务处理：按照转让不动产处理

甲企业是增值税一般纳税人，2014 年从乙公司产开发企业拍卖取得不动产在建工程项目，价款 2.10 亿元，并取得不动产发票。甲企业在 2016 年 8 月将该不动产在建工程转让，取得价款 3.15 亿元，并开具增值税专用发票。

问题：甲企业销售取得的不动产在建工程应如何进行账务处理？

| 案例解析 |

1. 账务处理（单位：万元）

（1）取得在建工程时：

借：在建工程   21 000

    贷：银行存款等   21 000

（2）转让时：

借：银行存款   31 500

    贷：在建工程   21000

        应交税费——未交增值税   500 $[(31\ 500-21\ 000)\div1.05\times5\%]$

        营业外收入   10 000

2. 相关说明

（1）财税〔2016〕36 号文件规定，一般纳税人销售其 2016 年 4 月 30 日前取得（不含自建）的不动产，可以选择适用简易计税方法，以取得的全部价款和价外费用减去该项不动产购置原价或者取得不动产时的作价后的余额为销售额，按照 5% 的征收率计算应纳税额。

（2）销售在建工程可按照销售不动产的政策执行。财税〔2016〕36 号文件规定，转让建筑物有限产权或者永久使用权的，转让在建的建筑物或者构筑物所有权的，以及在转让建筑物或者构筑物时一并转让其所占土地的使用权的，按照销售不动产缴纳增值税。

（3）上述案例中，纳税人差额开票功能开具的发票情况为：发票不含税金额为 31 000 万元，增值税税额 500 万元，受票方只能抵扣 500 万元进项税。

| 相关政策浏览 |

《财政部 国家税务总局关于全面推开营业税改征增值税试点的通知》（财税〔2016〕36 号）附件 1 附：《销售服务、无形资产、不动产注释》

三、销售不动产

转让建筑物有限产权或者永久使用权的，转让在建的建筑物或者构筑物所有权的，以及在转让建筑物或者构筑物时一并转让其所占土地的使用权的，按照销售不动产缴纳增值税。

案例 187　营改增后销售建筑服务，增值税应如何进行账务处理

甲企业是一家建筑企业，为增值税一般纳税人，机构注册地在丁市。2016 年 10 月在乙市为乙公司提供建筑服务。该工程项目甲企业选择简易计税 3% 征收率。合同总造价为 1 030 万元，预计总成本为 800 万元。

问题：营改增后，销售建筑服务的增值税应记入哪个科目？

| 案例解析 |

营改增后，对于销售建筑服务的增值税账务处理，现阶段暂无统一明确的规定。笔者认为，不论是一般纳税计税方式还是简易计税方式，将实现的增值税记入"工程结算"科目较为合适。

1. 对该案例的账务处理结果（单位：万元，下同）

借：工程施工——合同成本	800
贷：应付账款、应付职工薪酬等	800
借：应收账款	1 030
贷：工程结算	1 030

借：主营业务成本   800

  工程施工——合同毛利   200

   贷：主营业务收入   1 000

2. 实现的增值税应记入的科目

通过上面的分析我们可以看出，"主营业务收入"与"主营业务成本"均为不含税价格，而"工程结算"为含税价格，将其冲减为不含税价格后，工程结算与工程施工的勾稽关系仍然成立，说明如下：

计提增值税时：

 借：工程结算   30 [1 030÷ (1+3%) ×3%]

  贷：应交税费——未交增值税   30

  工程结算＝"工程施工——合同成本"＋"工程施工——合同毛利"

即：1 000 万元＝800 万元＋200 万元

综上，销售建筑服务的纳税人，实现的增值税记入"工程结算"科目较为合理。

案例 188 选择简易计税方式的建筑企业，预收工程款账务处理技巧

甲企业是一家建筑企业，为增值税一般纳税人，机构注册地在丁市。2016年 10 月在丙市为乙公司提供建筑服务。该工程项目甲企业选择简易计税方式 3% 征收率计征增值税。

问题：甲企业销售建筑服务预收工程款，既需在服务发生地预缴增值税，又达到增值税纳税义务发生时间，应如何进行账务处理？

| 案例解析 |

1. 厘清建筑企业异地预缴的实质

我们首先要厘清概念。建筑企业异地销售建筑服务，在达到增值税纳税义务发生时间时，即应在异地的主管税务机关预缴增值税，这是出于地区税务利益的平衡。而营改增后，销售建筑服务预收工程款的时点，即达到了增值税纳税义务发生时间，这与之前的营业税政策类似。所以推导的过程是：预收工程款——达到纳税义务发生时间——异地预缴。

因此，如果不预收工程款，而是在销售建筑服务的过程中收到工程款，或者

未收取工程款但按照书面合同约定的付款日期达到了增值税纳税义务发生时间，也需在异地税务机关预缴增值税，预收工程款只是销售建筑服务达到纳税义务发生时间从而在异地预缴的情形之一。

2. 异地销售建筑服务的几个时点导致账务处理较为复杂

异地销售建筑服务有这么几个时点，导致异地销售建筑服务的账务处理较为复杂：

（1）异地销售建筑服务，预收工程款必须在服务发生地预缴增值税；

（2）预收工程款即达到了增值税纳税义务发生时间，必须在机构所在地申报增值税；

（3）预收工程款在收入实现时需要计提增值税，必须在机构所在地申报增值税。

3. 账务处理（单位：万元）

（1）甲企业预收工程款 206 万元时：

　　借：银行存款　　　　　　　　　　　　　　　　　　　　　206

　　　　贷：预收账款——预收工程款　　　　　　　　　　　　　206

（2）在建筑服务发生地预缴增值税时（假设取得分包发票 103 万元）：

　　借：应交税费——未交增值税　　　　3 [（206－103）÷1.03×3％]

　　　　贷：银行存款　　　　　　　　　　　　　　　　　　　　3

17 号公告规定，纳税人异地销售建筑服务的，不管是选择一般计税方式还是简易计税方式，均可在预缴时扣除分包款计算预缴增值税额。

（3）在机构所在地申报时：

　　借：其他应收款——预缴税金　　　　　6（206÷1.03×3％）

　　　　贷：应交税费——未交增值税　　　　　　　　　　　　　6

说明： 使用"其他应收款——预缴税金"科目的原因是，如果冲减预收账款，预收账款成为不含税金额，不好对往来账，而且在业务较复杂的情况下，容易出现混乱。当然，企业可以根据实际情况采用其他合适的账务处理方式。

（4）取得分包方开具的发票时：

　　借：工程施工——合同成本——分包成本　　　　　　　　　100

　　　　应交税费——未交增值税　　　　3（103÷1.03×3％）

　　　　贷：应付账款——分包单位　　　　　　　　　　　　　103

说明： 凡是简易计税方式，以及简易计税中扣除项目抵减的增值税，建议直接使用"应交税费——未交增值税"科目核算，而不建议使用"应交税费——应交增值税（营改增抵减的销项税额）"科目，否则，与"应交税费——应交增值税"中的其他明细科目混淆在一起，实务中是比较容易出问题的，比如账表不符等。

纳税申报表中应纳增值税为 3 万元，已经预缴 3 万元，因此不需要补缴。从这里我们可以看出，异地销售建筑服务选择简易计税方式，预缴增值税额与申报增值税额理论上应是一致的。

（5）根据进度与发包方结算时：

借：应收账款——工程款	309
贷：工程结算	309

（6）根据书面合同付款日期，达到增值税纳税义务发生时间时：

借：工程结算	9
贷：应交税费——未交增值税	9（309÷1.03÷3%）

（7）冲销预收账款，冲销重复计提增值税时：

借：预收账款	206
贷：应收账款	206
借：其他应收款——预缴税金	－6
贷：应交税费——未交增值税	－6

说明： 应冲销增值税＝（预收账款期末余额－预收账款期初余额）÷1.03×3%＝（0－206）÷1.03×3%＝－6（万元）。

验算： 共应缴纳增值税（309－103）÷1.03×3%＝6 万元，已经预缴了 3 万元，需补缴 3 万元增值税，现"应交税费——未交增值税"的贷方余额 3 万元，核对相符。

这样核算非常清楚。

（8）按照完工百分比法结转成本收入时：

借：主营业务成本
工程施工——合同毛利
贷：主营业务收入

| 相关政策浏览 |

1.《财政部 国家税务总局关于全面推开营业税改征增值税试点的通知》（财税〔2016〕36 号）附件 1

第四十五条　增值税纳税义务、扣缴义务发生时间为：

（二）纳税人提供建筑服务、租赁服务采取预收款方式的，其纳税义务发生时间为收到预收款的当天。

2. 《国家税务总局关于发布〈纳税人跨县（市、区）提供建筑服务增值税征收管理暂行办法〉的公告》（国家税务总局公告 2016 年第 17 号）

第四条　纳税人跨县（市、区）提供建筑服务，按照以下规定预缴税款：

（一）一般纳税人跨县（市、区）提供建筑服务，适用一般计税方法计税的，以取得的全部价款和价外费用扣除支付的分包款后的余额，按照 2% 的预征率计算应预缴税款。

（二）一般纳税人跨县（市、区）提供建筑服务，选择适用简易计税方法计税的，以取得的全部价款和价外费用扣除支付的分包款后的余额，按照 3% 的征收率计算应预缴税款。纳税人跨县（市、区）提供建筑服务，按照以下公式计算应预缴税款：

第五条　纳税人跨县（市、区）提供建筑服务，按照以下公式计算应预缴税款：

（一）适用一般计税方法计税的，应预缴税款＝（全部价款和价外费用－支付的分包款）÷（1＋11%）×2%

（二）适用简易计税方法计税的，应预缴税款＝（全部价款和价外费用－支付的分包款）÷（1＋3%）×3%

第十一条　纳税人跨县（市、区）提供建筑服务预缴税款时间，按照财税〔2016〕36 号文件规定的纳税义务发生时间和纳税期限执行。

案例 189　选择一般计税方式的建筑企业，预收工程款账务处理技巧

甲企业是一家建筑企业，为增值税一般纳税人，机构注册地在丁市。2016 年 10 月在丙市为乙公司提供建筑服务。该工程项目甲企业适用一般计税方式 11% 税率计征增值税。

问题：甲企业销售建筑服务预收工程款，既需在服务发生地预缴增值税，又达到增值税纳税义务发生时间，应如何进行账务处理？

| 案例解析 |

账务处理如下（单位：万元）：

（1）预收工程款 222 万元时：

借：银行存款　　　　　　　　　　　　　　　　222

　　贷：预收账款——工程款　　　　　　　　　　222

（2）在建筑服务发生地预缴税款，取得分包发票 111 万元时：

借：应交税费——未交增值税　　　　2 [（222－111）÷1.11×2％]

　　贷：银行存款　　　　　　　　　　　　　　　2

注意：这里不建议使用"应交税费——应交增值税（已交税金）"科目，因为"应交税费——应交增值税"科目借方余额反映的是留抵税额，而不是预缴税额；"应交税费——未交增值税"科目借方余额反映的才是预缴的税额。

（3）在机构所在地申报时：

借：其他应收款——预缴税金　　　　22（222÷1.11×11％）

　　贷：应交税费——应交增值税（销项税额）　　22

（4）取得分包增值税专用发票 111 万元时：

借：工程施工——合同成本——分包成本　　　　100

　　应交税费——应交增值税（进项税额）　　　11

　　贷：应付账款　　　　　　　　　　　　　　　111

（5）结转并缴纳增值税时：

借：应交税费——应交增值税（转出未交增值税）　11（22－11）

　　贷：应交税费——未交增值税　　　　　　　　11

借：应交税费——未交增值税　　　　　　　9（11－2）

　　贷：银行存款　　　　　　　　　　　　　　　9

（6）根据进度与发包方结算时：

借：应收账款——工程款　　　　　　　　　　　444

　　贷：工程结算　　　　　　　　　　　　　　　444

（7）根据书面合同付款日期，达到增值税纳税义务发生时间时：

借：工程结算　　　　　　　　　　　　　　　　44

　　贷：应交税费——应交增值税（销项税额）　44（444÷1.11×11％）

增值税的账务处理见前面案例的具体分析。

（8）冲销预收账款，冲销重复计提增值税时：

借：预收账款——工程款　　　　　　　　　　　222

　　贷：应收账款——工程款　　　　　　　　　　222

借：其他应收款——预缴税金　　　　　　　　　－22

　　贷：应交税费——应交增值税（销项税额）　　－22

应冲销增值税＝(预收账款期末余额－预收账款期初余额)÷1.11×11％

＝(0－222)÷1.11×11％＝－22(万元)

(9) 结转并缴纳增值税时：

借：应交税费——应交增值税（转出未交增值税）　　　22（44－22）

　　贷：应交税费——未交增值税　　　　　　　　　　　　　　22

借：应交税费——未交增值税　　　　　　　　　　　　　22

　　贷：银行存款　　　　　　　　　　　　　　　　　　　　　22

验算： 共应实现增值税＝44－11＝33（万元），预缴 2 万元，补缴 9 万元，缴纳 22 万元，合计 33 万元，核对相符。

┃ **相关政策浏览** ┃

1.《财政部 国家税务总局关于全面推开营业税改征增值税试点的通知》(财税〔2016〕36 号) 附件 1

第四十五条　增值税纳税义务、扣缴义务发生时间为：

（二）纳税人提供建筑服务、租赁服务采取预收款方式的，其纳税义务发生时间为收到预收款的当天。

2.《国家税务总局关于发布〈纳税人跨县（市、区）提供建筑服务增值税征收管理暂行办法〉的公告》(国家税务总局公告 2016 年第 17 号)

第四条　纳税人跨县（市、区）提供建筑服务，按照以下规定预缴税款：

（一）一般纳税人跨县（市、区）提供建筑服务，适用一般计税方法计税的，以取得的全部价款和价外费用扣除支付的分包款后的余额，按照 2％的预征率计算应预缴税款。

（二）一般纳税人跨县（市、区）提供建筑服务，选择适用简易计税方法计税的，以取得的全部价款和价外费用扣除支付的分包款后的余额，按照 3％的征收率计算应预缴税款。纳税人跨县（市、区）提供建筑服务，按照以下公式计算应预缴税款：

第五条　纳税人跨县（市、区）提供建筑服务，按照以下公式计算应预缴税款：

（一）适用一般计税方法计税的，应预缴税款＝(全部价款和价外费用－支付的分包款)÷(1＋11％)×2％

（二）适用简易计税方法计税的，应预缴税款＝(全部价款和价外费用－支付的分包款)÷(1＋3％)×3％

第十一条　纳税人跨县（市、区）提供建筑服务预缴税款时间，按照财税〔2016〕36 号文件规定的纳税义务发生时间和纳税期限执行。

案例 190　建筑企业收到客户奖励款、索赔款等的账务处理

甲企业是一家建造承包商，与客户签订一项建造大桥的合同，合同规定的建设期为 2017 年 12 月 20 日至 2019 年 12 月 20 日。2019 年 9 月，主体工程已基本完工，工程质量符合设计要求，有望提前 3 个月竣工，客户同意向甲企业支付提前竣工奖 111 万元。

问题：甲企业收到的提前竣工奖应如何进行账务处理？

| 案例解析 |

账务处理如下（单位：万元）：

（1）接受工程款时：

借：应收账款——工程款　　　　　　　　　　　　　　111

　　贷：工程结算　　　　　　　　　　　　　　　　　　111

（2）达到增值税纳税义务发生时间时：

借：工程结算　　　　　　　　　　　　　　　　　　　11

　　贷：应交税费——应交增值税（销项税额）　　　　　11

说明：在资产负债表日，收入总额中应增加奖励款后再按照完工百分比法计算收入成本。

比如，原合同不含税总额 1 000 万元，预计成本 800 万元，完工百分比 90%，现在合同不含税总额为 1 100 万元，会计分录为：

借：主营业务成本　　　　　　　　　　　　　　　　　720

　　工程施工——合同毛利　　　　　　　　　　　　　270

　　贷：主营业务收入　　　　　　　　　　990（1 100×90%）

| 相关政策浏览 |

《企业会计准则》

奖励款同时满足下列条件的，才能构成合同收入：

（1）根据合同目前完成情况，足以判断工程进度和工程质量能够达到或超过规定的标准；

（2）奖励金额能够可靠地计量。

案例 191 建筑分包的账务处理

甲企业是一家建筑企业，为增值税一般纳税人，机构注册地在丁市。2016年10月在戊市为乙公司提供建筑服务，双方合同约定，工程总造价为5 150万元，预计总成本4 000万元，将其中的2 060万元工程分包给丙公司。总分包双方均选择简易计税方式。合同约定，当施工方整体施工进度达到70％时，乙公司支付合同总价的50％，竣工后经验收合格后，甲企业提供给乙公司合同总价的发票，乙公司扣除5％的质保金后，一次性将剩余工程款支付给施工方。竣工验收一年后，如无质量问题即支付质保金。以上均为含税金额。

问题：甲企业有关分包业务应如何进行账务处理？

| 案例解析 |

甲企业会计处理如下（单位：万元）：

（1）发生合同成本1 400万元时：

借：工程施工——合同成本——材料费	700
——职工薪酬	500
——间接费用	100
——机械施工——租赁费	100
贷：应付账款、应付职工薪酬等	1 400万

（2）经双方确认施工进度达到70％，甲企业达到增值税纳税义务发生时间时：

借：工程结算	75
贷：应交税费——未交增值税	75（5 150×50％÷1.03×3％）

（3）2个月后甲企业结算工程款5 150×50％＝2 575（万元）时：

借：应收账款	2 575
贷：工程结算	2 575

（4）收取部分工程款时：

借：银行存款	1 000万
贷：应收账款	1 000万

财税〔2016〕36号文件规定，纳税人发生应税行为并收讫销售款项或者取

得索取销售款项凭据时确认为增值税纳税义务发生时间，其中，收讫销售款项，是指纳税人销售服务、无形资产、不动产过程中或者完成后收到款项。取得索取销售款项凭据的当天，是指书面合同确定的付款日期；未签订书面合同或者书面合同未确定付款日期的，为服务、无形资产转让完成的当天或者不动产权属变更的当天。

因此，虽然未收到款项，但是合同约定施工进度 70％时收取 50％工程款，已达到纳税义务发生时间，应计征增值税。

（5）取得分包款发票 1 030 万元时：

借：工程施工——合同成本	1 000
应交税费——未交增值税	30
贷：应付账款——分包单位	1030

（6）支付部分分包款时：

借：应付账款——分包单位	500
贷：银行存款	500

说明： 17 号公告规定：

纳税人跨县（市、区）提供建筑服务，按照以下公式计算应预缴税款：

（一）适用一般计税方法计税的，应预缴税款＝（全部价款和价外费用－支付的分包款）÷（1＋11％）×2％

（二）适用简易计税方法计税的，应预缴税款＝（全部价款和价外费用－支付的分包款）÷（1＋3％）×3％

纳税人取得的全部价款和价外费用扣除支付的分包款后的余额为负数的，可结转下次预缴税款时继续扣除。

纳税人应按照工程项目分别计算应预缴税款，分别预缴。

甲企业为一般纳税人，选择简易计税，应预缴税款＝（2 575－1 030）÷（1＋3％）×3％＝45（万元）。

思考： 上述案例中，总包方结算 2 575 万元，收到的只是 1 000 万元；收到分包发票是 1 030 万元，支付的分包款是 500 万元，根据公式，应预缴税款＝（全部价款和价外费用－支付的分包款）÷（1＋3％）×3％。

应预缴税款＝（2 575－1 030）÷（1＋3％）×3％＝45(万元)

应预缴税款＝（1 000－500）÷（1＋3％）×3％＝14.56(万元)

应选择哪一种?

笔者个人认为，应按照第一种计算。17 号公告规定，"纳税人跨县（市、区）提供建筑服务预缴税款时间，按照财税〔2016〕36 号文件规定的纳税义务发生时间和纳税期限执行"，因此，合同规定的付款日期构成了财税〔2016〕36 号文件规定的纳税义务发生时间，应按照纳税义务发生时间执行。实际上，17 号公告对于预缴公式的描述有一定的易误解性，纳税人可能会误以为在实际收到款项和价外费用以及实际支付分包款时才预缴增值税。

（7）向建筑服务发生地税务机关预缴税款时：

借：应交税费——未交增值税　　　　　　　　　　　　　　　45

　　贷：银行存款　　　　　　　　　　　　　　　　　　　　　　45

（8）甲企业根据完工百分比法确认收入和成本时：

完工进度＝已发生成本 2400÷4 000＝60％

甲公司确认该项目收入与费用：

借：主营业务成本　　　　　　　　　2 400（4 000×60％）

　　工程施工——合同毛利　　　　　　　600

　　贷：主营业务收入　　　　　　　　3 000（5000×60％）

│ 相关政策浏览 │

《财政部 国家税务总局关于全面推开营业税改征增值税试点的通知》（财税〔2016〕36 号）附件 2

一、营改增试点期间，试点纳税人［指按照《营业税改征增值税试点实施办法》（以下称《试点实施办法》）缴纳增值税的纳税人］有关政策

（七）建筑服务。

5．一般纳税人跨县（市）提供建筑服务，选择适用简易计税方法计税的，应以取得的全部价款和价外费用扣除支付的分包款后的余额为销售额，按照 3％的征收率计算应纳税额。

案例 192　房地产开发企业预收房款的账务处理技巧

甲企业是一家房地产开发企业，2017 年销售房屋时预收房款，并向消费者开具增值税普通发票。

问题：甲企业在预收房款时开具发票，实现销售收入时开具发票，应如何进

行账务处理？

| 案例解析 |

1. 房地产开发企业预收款开具发票，既预缴又产生纳税义务

营业税时期，房地产企业在预收房款时，即达到营业税纳税义务发生时间。营改增后，房地产企业预收房款，只需要向主管国税机关预缴增值税。但如果对预收款开具了发票，则达到了纳税义务发生时间，需要申报缴纳增值税。这就产生了对于预收款开票既预缴又申报的问题。

很多地方政策为解决这一问题，对预收房款采取开具零税率发票、不开发票、不申报等措施，达到只预缴不确认纳税义务发生时间的效果。但是也有很多地区未做出类似的规定，收到预收房款时开具发票即达到了纳税义务发生时间。2016 年 8 月，国家税务总局发布了 53 号公告，专门解决这一问题。

2. 国家税务总局采取开票不征税方式解决此问题

对于房地产开发企业在预收房款时既预缴增值税款，又因开票产生增值税纳税义务的矛盾，国家税务总局发布 53 号公告解决这一问题，其具体方式为：在预收房款时虽开具发票，但可在税控开票系统中选择"未发生销售行为的不征税项目"下的 601 "销售自行开发的房地产项目预收款"编码，发票税率栏应填写"不征税"。

如此处理，房地产开发企业预收房款开具发票，无须计征增值税。

3. 最终确认收入时，确认增值税纳税义务

最终交房确认收入时，需要计提增值税，如何既反映业务实质又账表相符，账务核算又简便易行？笔者以一般纳税人房地产企业选择一般计税方式为例加以说明。

4. 账务处理（单位：万元）

（1）预收房款 111 万元，开具发票时：

借：银行存款　　　　　　　　　　　　　　　　　　　　　　111
　　贷：预收账款——已开票　　　　　　　　　　　　　　　111

根据 53 号公告的规定，开具增值税普通发票时选择"未发生销售行为的不征税项目"下的 601 "销售自行开发的房地产项目预收款"编码，发票税率栏应填写"不征税"。这样既满足了购房者取得发票办理各种手续的要求，甲企业又不会因开具发票达到纳税义务发生时间。甲企业在开具发票时只就预缴税款进行账务处理即可。

（2）预缴增值税 3 万元［111÷（1＋11％）×3％］时：

借：应交税费——未交增值税　　　　　　　　　　　　　　　　　3

　　贷：银行存款　　　　　　　　　　　　　　　　　　　　　　3

18 号公告规定，应预缴税款按照以下公式计算：应预缴税款＝预收款÷（1＋适用税率或征收率）×3％。适用一般计税方法计税的，按照 11％的适用税率计算；适用简易计税方法计税的，按照 5％的征收率计算。

说明：这里不建议使用"应交税费———应交增值税（已交税金）"科目，因为使用该科目核算预缴的税额，容易导致应交增值税的借方余额与增值税实际留抵税额不符，或账表不符。

（3）取得进项税额 10 万元时：

借：应交税费——应交增值税（进项税额）　　　　　　　　　　10

　　贷：应付账款等　　　　　　　　　　　　　　　　　　　　　10

（4）实现收入（假设房款为 333 万元）时：

借：应收账款　　　　　　　　　　　　　　　　　　　　　　　222

　　预收账款——已开票　　　　　　　　　　　　　　　　　　111

　　贷：主营业务收入　　　　　　　　　　　　　　　　　　　300

　　　　应交税费——应交增值税（销项税额）　　　　　　　　33

（5）可以差额扣除的土地款为 33.3 万元，抵减的销项税额 3.3 万元［33.3÷（1＋11％）×11％］。会计分录为：

借：应交税费——应交增值税（营改增抵减的销项税额）　　　　3.3

　　主营业务成本——土地成本　　　　　　　　　　　　　　　－3.3

（6）转出未交增值税 19.7 万元（33－3.3－10）时：

借：应交税费——应交增值税（转出未交增值税）　　　　　　19.7

　　贷：应交税费——未交增值税　　　　　　　　　　　　　　19.7

（7）抵减预缴增值税后缴纳增值税时：

借：应交税费——未交增值税　　　　　　　　　　16.7（19.7－3）

　　贷：银行存款　　　　　　　　　　　　　　　　　　　　　16.7

| 相关政策浏览 |

1.《财政部　国家税务总局关于全面推开营业税改征增值税试点的通知》（财税〔2016〕36 号）附件 2

一、营改增试点期间，试点纳税人［指按照《营业税改征增值税试点实施办

法》（以下称《试点实施办法》）缴纳增值税的纳税人〕有关政策

（三）销售额。

10. 房地产开发企业中的一般纳税人销售其开发的房地产项目（选择简易计税方法的房地产老项目除外），以取得的全部价款和价外费用，扣除受让土地时向政府部门支付的土地价款后的余额为销售额。

（八）销售不动产。

7. 房地产开发企业中的一般纳税人，销售自行开发的房地产老项目，可以选择适用简易计税方法按照 5% 的征收率计税。

2.《国家税务总局关于发布〈房地产开发企业销售自行开发的房地产项目增值税征收管理暂行办法〉的公告》（国家税务总局公告 2016 年第 18 号）

第十一条 应预缴税款按照以下公式计算：

应预缴税款＝预收款÷（1＋适用税率或征收率）×3%

适用一般计税方法计税的，按照 11% 的适用税率计算；适用简易计税方法计税的，按照 5% 的征收率计算。

案例 193 劳务派遣公司差额征税的账务处理

甲企业是一家劳务派遣公司，为增值税一般纳税人。2016 年 10 月收取劳务派遣费用 105 万元，支付员工工资社保公积金等费用 63 万元，该公司选择差额纳税，征收率 5%。

问题：甲企业提供劳务派遣服务选择差额征税且简易计税，应如何进行账务处理？

| 案例解析 |

1. 劳务派遣服务，可选择差额纳税，5% 征收率简易计税

财税〔2016〕47 号文件规定，一般纳税人提供劳务派遣服务，可以选择差额纳税，以取得的全部价款和价外费用，扣除代用工单位支付给劳务派遣员工的工资、福利和为其办理社会保险及住房公积金后的余额为销售额，按照简易计税方法依 5% 的征收率计算缴纳增值税。

假设根据当地税务机关的规定，该劳务派遣公司采取"普票＋专票"方式，普通发票含税金额为 63 万元，增值税额 3 万元；专票含税金额为 105－63＝42

万元，不含税金额为 40 万元，增值税额＝40×5％＝2（万元）。受票方根据发票注明的增值税额 2 万元抵扣。甲企业在增值税申报时填报 105 万元的含税销售额，扣除 63 万元的含税销售额，最终增值税应纳税额＝（105－63）÷（1＋5％）×5％＝2（万元）。

2. 账务处理（单位：万元）

（1）差额扣除工资等项目时：

借：主营业务成本		60
应交税费——未交增值税		3
贷：应付账款、应付职工薪酬等		63

（2）收取款项时：

借：银行存款等		105
贷：主营业务收入		100
应交税费——未交增值税		5

（3）缴纳增值税时：

借：应交税费——未交增值税		2
贷：银行存款		2

| 相关政策浏览 |

《财政部 国家税务总局关于进一步明确全面推开营改增试点有关劳务派遣服务、收费公路通行费抵扣等政策的通知》（财税〔2016〕47 号）

一般纳税人提供劳务派遣服务，可以按照《财政部 国家税务总局关于全面推开营业税改征增值税试点的通知》（财税〔2016〕36 号）的有关规定，以取得的全部价款和价外费用为销售额，按照一般计税方法计算缴纳增值税；也可以选择差额纳税，以取得的全部价款和价外费用，扣除代用工单位支付给劳务派遣员工的工资、福利和为其办理社会保险及住房公积金后的余额为销售额，按照简易计税方法依 5％的征收率计算缴纳增值税。

案例 194　劳务派遣公司另外收取的服务费等，不能按照差额征税进行账务处理

甲企业是一家劳务派遣公司，为增值税一般纳税人，2017 年 10 月与乙公司签订劳务派遣合同。为乙公司提供劳务派遣服务，收取派遣费用 210 万元，其中

为派遣员工发放工资以及缴纳社保公积金等为 126 万元。同时还为其提供人力资源咨询及管理服务，收取费用 106 万元。当月有 6 万元的进项税额不能区分其用途。

问题：甲企业提供劳务派遣之外收取的费用，应如何进行账务处理？

| 案例解析 |

1. 收取的劳务派遣费用外的款项，应按照适用税率计征增值税

根据财税〔2016〕47 号文件的规定，一般纳税人提供劳务派遣服务，才可以差额征税。财税〔2016〕47 号文件对于劳务派遣的定义为：劳务派遣服务，是指劳务派遣公司为了满足用工单位对于各类灵活用工的需求，将员工派遣至用工单位，接受用工单位管理并为其工作的服务。

因此，在劳务派遣之外收取的人力资源咨询及管理费用，不能按照劳务派遣差额征税的政策，只能按照适用税率计征增值税。

2. 账务处理（单位：万元）

（1）收取人力资源咨询及管理费用时：

借：应收账款   106

  贷：主营业务收入   100

    应交税费——应交增值税（销项税额） 6

（2）收取劳务派遣费用时：

借：银行存款等   210

  贷：主营业务收入   200

    应交税费——未交增值税   10

（3）差额扣除工资等时：

借：主营业务成本   120

  应交税费——未交增值税   6

  贷：应付账款等   126

（4）将无法划分的进项税转出时：

借：主营业务成本   2.67

  贷：应交税费——应交增值税（进项税转出额） 2.67

3. 计算过程

劳务派遣公司可能既有一般计税项目，又有简易计税项目，因此取得的进项税如果不能区分用途，应根据收入比例划分计算不得抵扣的进项税。

当期取得进项税 6 万元，无法在本期的一般计税方式和简易计税方式中区分，应根据销售额的比例划分计算不得抵扣的进项税。

$$\text{不得抵扣的进项税额} = \text{当期无法划分的全部进项税额} \times \left(\text{当期简易计税方法计税项目销售额} + \text{免征增值税项目销售额} \right) \div \text{当期全部销售额}$$

现在有个问题：公式中的"当期简易计税方法计税项目销售额"，是按照差额征税前的销售额 200 万元，还是按照差额征税后的销售额 80 万元计算？

我们来看文件对于劳务派遣服务销售额的定义。

一般纳税人提供劳务派遣服务，可以按照《财政部 国家税务总局关于全面推开营业税改征增值税试点的通知》（财税〔2016〕36 号）的有关规定，以取得的全部价款和价外费用为销售额，按照一般计税方法计算缴纳增值税；也可以选择差额纳税，以取得的全部价款和价外费用，扣除代用工单位支付给劳务派遣员工的工资、福利和为其办理社会保险及住房公积金后的余额为销售额，按照简易计税方法依 5% 的征收率计算缴纳增值税。

根据上述定义，一般纳税人提供劳务派遣服务，选择全额纳税的，以全部价款和价外费用为销售额；选择差额纳税的，以扣除后的余额为销售额。本案例中，甲企业选择差额纳税，因此应以扣除后的余额 80 万元为销售额。

$$\text{不得抵扣的进项税额} = \text{当期无法划分的全部进项税额} \times \left(\text{当期简易计税方法计税项目销售额} + \text{免征增值税项目销售额} \right) \div$$
$$\text{当期全部销售额} = 6 \times 80 \times (80 + 100) = 2.67(\text{万元})$$

如果以 200 万元作为销售额计算不得抵扣的进项税，则导致多转出进项税，造成税务损失。

具体操作应充分咨询当地主管税务机关意见。

| 相关政策浏览 |

《财政部 国家税务总局关于全面推开营业税改征增值税试点的通知》（财税〔2016〕36 号）附件 1

第二十九条　适用一般计税方法的纳税人，兼营简易计税方法计税项目、免征增值税项目而无法划分不得抵扣的进项税额，按照下列公式计算不得抵扣的进项税额：

$$不得抵扣的\\进项税额 = 当期无法划分的\\全部进项税额 \times \left(当期简易计税方法\\计税项目销售额 + 免征增值税\\项目销售额 \right) \div$$

$$当期全部销售额$$

主管税务机关可以按照上述公式依据年度数据对不得抵扣的进项税额进行清算。

案例 195　营改增后的旅游公司差额征税，发票与纳税申报表以及账务处理的信息如何核对相符

旅游公司共收取价款 106 万元，其中扣除项目 63.6 万元，税率 6%。不考虑其他因素。

问题：旅游公司的差额征税计征增值税，应如何进行账务处理？发票与纳税申报表以及账务处理的信息应如何核对相符？

│ 案例解析 │

1. 营改增后旅游服务可选择差额征税政策

提供旅游服务，根据财税〔2016〕36 号文件的规定，可以从收取的全部价款中扣除支付的住宿费、餐饮费、交通费、签证费、门票费和支付给其他接团旅游企业的旅游费用后的余额为销售额。向旅游服务购买方收取并支付的上述费用，不得开具增值税专用发票，可以开具普通发票。

提示：旅游服务差额扣除的只有文件中列举的项目。

2. 开具发票及纳税申报表填报方式

假设根据当地税务机关的规定，该旅游公司必须在新系统中采取"差额开票功能"，含税金额 106 万元，增值税额＝(106－63.6)÷(1＋6%)×6%＝2.4（万元），不含税金额＝106－2.4＝103.6（万元）。受票方拿到发票后，按照发票注明的增值税额 2.4 万元抵扣。

纳税申报表附表一，"开具增值税专用发票"列，"一般计税方法"行，填报销售额 103.6 万元，销项税额 2.4 万元。主表中，销项税额为 2.4 万元。

3. 账务处理（单位：万元）

（1）差额扣除时：

借：主营业务成本　　　　　　　　　　　　　　　　　　　　60

　　应交税费——应交增值税（营改增抵减的销项税额）　　　3.6

　　　　贷：应付账款等　　　　　　　　　　　　　　　　　　　　63.6

（2）收取服务款项时：

　　借：银行存款等　　　　　　　　　　　　　　　　　　　　　106

　　　　贷：主营业务收入　　　　　　　　　　　　　　　　　　　100

　　　　　　应交税费——应交增值税（销项税额）　　　　　　　　　6

（3）结转未交增值税时：

　　借：应交税费——应交增值税（转出未交增值税）　　2.4（6-3.6）

　　　　贷：应交税费——未交增值税　　　　　　　　　　　　　　2.4

说明：

（1）账务上的销项税额为 6 万元，发票以及纳税申报表上的销项税额却是 2.4 万元，很多人存在疑惑：这是不是账表不符？笔者认为无须纠结，"销项税额"的贷方数减去"营改增抵减的销项税额"的借方数，即是纳税申报表主表上的销项税额。

（2）账务上的收入与发票的不含税金额以及纳税申报表的销售额不符，比如上例中，发票不含税金额以及纳税申报表中的销售额均为 103.6 万元，账务上却为 100 万元，有不少纳税人认为应根据发票的开具情况进行账务处理。

《财政部关于印发〈营业税改征增值税试点有关企业会计处理规定〉的通知》（财会〔2012〕13 号）中对于差额征税，是按照进项税的思路进行账务处理的，即差额扣除的部分，实际上起到进项税抵扣的作用。财会〔2012〕13 号文件采取了冲减成本，而不是调整收入的做法。因此，差额征税时的账务处理，不能根据发票上的信息，而应按照财会〔2012〕13 号文件的规定进行。

（3）旅游公司的差额开票有一个弊端：受票方可以知晓旅游公司的成本和利润，而这属于商业秘密。

| 相关政策浏览 |

《财政部关于印发〈营业税改征增值税试点有关企业会计处理规定〉的通知》（财会〔2012〕13 号）

一、试点纳税人差额征税的会计处理

（一）一般纳税人的会计处理

一般纳税人提供应税服务，试点期间按照营业税改征增值税有关规定允许从销售额中扣除其支付给非试点纳税人价款的，应在"应交税费——应交增值税"

科目下增设"营改增抵减的销项税额"专栏，用于记录该企业因按规定扣减销售额而减少的销项税额；同时，"主营业务收入"、"主营业务成本"等相关科目应按经营业务的种类进行明细核算。

企业接受应税服务时，按规定允许扣减销售额而减少的销项税额，借记"应交税费——应交增值税（营改增抵减的销项税额）"科目，按实际支付或应付的金额与上述增值税额的差额，借记"主营业务成本"等科目，按实际支付或应付的金额，贷记"银行存款"、"应付账款"等科目。

对于期末一次性进行账务处理的企业，期末，按规定当期允许扣减销售额而减少的销项税额，借记"应交税费——应交增值税（营改增抵减的销项税额）"科目，贷记"主营业务成本"等科目。

（二）小规模纳税人的会计处理

小规模纳税人提供应税服务，试点期间按照营业税改征增值税有关规定允许从销售额中扣除其支付给非试点纳税人价款的，按规定扣减销售额而减少的应交增值税应直接冲减"应交税费——应交增值税"科目。

企业接受应税服务时，按规定允许扣减销售额而减少的应交增值税，借记"应交税费——应交增值税"科目，按实际支付或应付的金额与上述增值税额的差额，借记"主营业务成本"等科目，按实际支付或应付的金额，贷记"银行存款"、"应付账款"等科目。

对于期末一次性进行账务处理的企业，期末，按规定当期允许扣减销售额而减少的应交增值税，借记"应交税费——应交增值税"科目，贷记"主营业务成本"等科目。

案例 196　一般纳税人税控系统专用设备和技术维护费用抵减增值税额的账务处理

甲企业原为营业税纳税人，2016 年 5 月营改增后成为增值税一般纳税人。甲企业首次购入增值税税控系统设备，支付税控盘购买价格 490 元，其中不含税金额 418.8 元，增值税额 71.2 元；支付报税盘购买价格 230 元，其中不含税金额 196.58 元，增值税额 33.42 元；支付服务公司技术服务费 330 元，其中不含税金额 311.32 元，增值税额 18.68 元。

同时，购买专用于开票的电脑一台，价格 5 850 元，取得的增值税专用发票上注明，不含税金额 5 000 元，增值税额 850 元；购买针式打印机 2 340 元，取得的增值税专用发票上注明，不含税金额 2 000 元，增值税额 340 元。

以上，除支付服务公司技术服务费取得增值税普通发票外，均取得增值税专用发票并认证相符。

问题：甲企业对购买税控系统专用设备的支出和技术维护费用应如何进行账务处理？

| 案例解析 |

1. 税控系统专用设备和技术维护费用抵减增值税额的税务规定

《财政部 国家税务总局关于增值税税控系统专用设备和技术维护费用抵减增值税税额有关政策的通知》（财税〔2012〕15 号）规定，自 2011 年 12 月 1 日起，增值税纳税人购买增值税税控系统专用设备支付的费用以及缴纳的技术维护费可在增值税应纳税额中全额抵减。

说明：

（1）取得增值税专用发票，如抵减实现的增值税额，则不能重复抵扣进项税。

（2）只有初次购买增值税税控系统专用设备，才能享受抵减增值税应纳税额政策。

（3）只有增值税防伪税控系统的专用设备购买价格和服务费可以抵减增值税，其中增值税防伪税控系统的专用设备包括：金税卡、IC 卡、读卡器或金税盘和报税盘；货物运输业增值税专用发票税控系统专用设备包括税控盘和报税盘；机动车销售统一发票税控系统和公路、内河货物运输业发票税控系统专用设备包括税控盘和传输盘。

以上是官方解释，现在一般来讲能抵减增值税额的是税控盘和报税盘费用。

（4）当期未抵减完，可以结转以后期间继续抵减。

（5）纳税申报表的填报：

附表四：第 1 个抵减项目"增值税税控系统专用设备及技术维护费"。期初余额填报 0，本期发生额填报 1 050，本期应抵减税额 1 050，本期实际抵减税额填报 0（假设当期未实现增值税额），期末余额填报 1 050。

2. 账务处理（单位：万元）

（1）购入增值税税控系统专用设备时：

借：固定资产——税控设备　　　　　　　　72C（490＋230）

　　应交税费——应交增值税（进项税额）　104.62（71.2＋33.42）

   贷：银行存款   720

     应交税费——应交增值税（进项税额转出） 104.62

（2）发生防伪税控系统专用设备技术维护费时：

  借：管理费用   330

   贷：银行存款   330

（3）购买非税控设备时：

  借：固定资产——电脑   5 000

      ——打印机   2 000

   应交税费——应交增值税（进项税额） 1 190（850＋340）

   贷：银行存款   8 190（5 850＋2 340）

（4）抵减当月增值税应纳税额时：

税控专用设备购买价格的抵减：

  借：应交税费——应交增值税（减免税款）   720

   贷：递延收益   720

  借：管理费用   20（720÷36）

   贷：累计折旧   20

  借：递延收益   20

  借：管理费用   －20

技术服务费的抵减：

  借：应交税费——应交增值税（减免税款）   330

  借：管理费用   －330

  以上是根据财会〔2012〕13 号文件规定采取的账务处理方式，但从上述分录我们可以看出，财政部规定的账务处理非常麻烦，而且一般购入税控设备金额也不大，计入递延收益实在无必要；而且由于税会差异，企业所得税每年需要进行纳税调整。

  笔者个人建议，将减免税款计入营业外收入较好。上述分录改为：

  借：应交税费——应交增值税（减免税款） 1 050（720＋330）

   贷：营业外收入   1 050

  如果当期未实现增值税应纳税额，则不需要进行以上账务处理，否则会导致"应交税费——应交增值税"科目的借方余额不能正确反映增值税留抵税额。当期实现的增值税应纳税额小于等于 1 050 元的，"应交税费——应交增值税（减免税款）"科目为小于或等于 1 050 元的金额；当期实现的增值税应纳税额大于

1 050 元的，"应交税费——应交增值税（减免税款）"科目为 1 050 元。

| 相关政策浏览 |

1. 《财政部关于印发〈营业税改征增值税试点有关企业会计处理规定〉的通知》（财会〔2012〕13 号）

企业购入增值税税控系统专用设备，按实际支付或应付的金额，借记"固定资产"科目，贷记"银行存款"、"应付账款"等科目。按规定抵减的增值税应纳税额，借记"应交税费——应交增值税（减免税款）"科目，贷记"递延收益"科目。按期计提折旧，借记"管理费用"等科目，贷记"累计折旧"科目；同时，借记"递延收益"科目，贷记"管理费用"等科目。

企业发生技术维护费，按实际支付或应付的金额，借记"管理费用"等科目，贷记"银行存款"等科目。按规定抵减的增值税应纳税额，借记"应交税费——应交增值税（减免税款）"科目，贷记"管理费用"等科目。

2. 《财政部 国家税务总局关于增值税税控系统专用设备和技术维护费用抵减增值税税额有关政策的通知》（财税〔2012〕15 号）

一、增值税纳税人 2011 年 12 月 1 日（含，下同）以后初次购买增值税税控系统专用设备（包括分开票机）支付的费用，可凭购买增值税税控系统专用设备取得的增值税专用发票，在增值税应纳税额中全额抵减（抵减额为价税合计额），不足抵减的可结转下期继续抵减。增值税纳税人非初次购买增值税税控系统专用设备支付的费用，由其自行负担，不得在增值税应纳税额中抵减。

增值税税控系统包括：增值税防伪税控系统、货物运输业增值税专用发票税控系统、机动车销售统一发票税控系统和公路、内河货物运输业发票税控系统。

增值税防伪税控系统的专用设备包括金税卡、IC 卡、读卡器或金税盘和报税盘；货物运输业增值税专用发票税控系统专用设备包括税控盘和报税盘；机动车销售统一发票税控系统和公路、内河货物运输业发票税控系统专用设备包括税控盘和传输盘。

二、增值税纳税人 2011 年 12 月 1 日以后缴纳的技术维护费（不含补缴的 2011 年 11 月 30 日以前的技术维护费），可凭技术维护服务单位开具的技术维护费发票，在增值税应纳税额中全额抵减，不足抵减的可结转下期继续抵减。技术维护费按照价格主管部门核定的标准执行。

三、增值税一般纳税人支付的二项费用在增值税应纳税额中全额抵减的，其增值税专用发票不作为增值税抵扣凭证，其进项税额不得从销项税额中抵扣。

四、纳税人购买的增值税税控系统专用设备自购买之日起 3 年内因质量问题无法正常使用的，由专用设备供应商负责免费维修，无法维修的免费更换。

五、纳税人在填写纳税申报表时，对可在增值税应纳税额中全额抵减的增值税税控系统专用设备费用以及技术维护费，应按以下要求填报：

增值税一般纳税人将抵减金额填入《增值税纳税申报表（适用于增值税一般纳税人）》第 23 栏"应纳税额减征额"。当本期减征额小于或等于第 19 栏"应纳税额"与第 21 栏"简易征收办法计算的应纳税额"之和时，按本期减征额实际填写；当本期减征额大于第 19 栏"应纳税额"与第 21 栏"简易征收办法计算的应纳税额"之和时，按本期第 19 栏与第 21 栏之和填写。本期减征额不足抵减部分结转下期继续抵减。

小规模纳税人将抵减金额填入《增值税纳税申报表（适用于小规模纳税人）》第 11 栏"本期应纳税额减征额"。当本期减征额小于或等于第 10 栏"本期应纳税额"时，按本期减征额实际填写；当本期减征额大于第 10 栏"本期应纳税额"时，按本期第 10 栏填写，本期减征额不足抵减部分结转下期继续抵减。

六、主管税务机关要加强纳税申报环节的审核，对于纳税人申报抵减税款的，应重点审核其是否重复抵减以及抵减金额是否正确。

七、税务机关要加强对纳税人的宣传辅导，确保该项政策措施落实到位。

案例 197　营改增后融资性售后回租税务政策出现变化，账务处理相应发生变化

甲企业是一家生产企业，为增值税一般纳税人，用公允价值为 9 000 万元的自有生产线一套作为标的物，与有资质的租赁公司乙签订融资性售后回租合同，甲公司销售给乙公司资产时，收到 9 000 万元并开具收据。乙公司将该资产再以融资租赁的形式租回给甲企业，合同约定租赁期限 3 年，合同利率为 10%，每年偿付 3 848 万元，其中 3 000 万为本金，848 万元为利息，合计偿还 11 544 万元。乙公司每年收取款项时，其中的 3 000 万元开具收据，848 万元开具增值税专用发票。

该资产原值 10 000 万元，预计使用 20 年，已使用 6 年，每年计提折旧 500

万元，已累计计提折旧 3 000 万元，假设剩余使用年限为 14 年。

问题：营改增后，甲企业应如何根据融资性售后回租的税务政策变化，相应地改变财务处理方式？

| 案例解析 |

1. 融资性售后回租，其实质为融资行为

对于甲企业来讲，标的物资产在整个业务过程中并未离开企业。虽然租赁起始就将其所有权出售给乙公司，但其所有权的出售主要是起到抵押给租赁公司的担保作用。甲企业租回标的物资产的性质是融资性租赁，即该资产若不出意外还会回到甲企业，不会脱离出甲企业的掌控。所以，该标的物资产在业务中主要起到抵押物的作用，即如果甲企业出现违约行为，乙公司可以有权取得该标的物资产，在法律上乙公司拥有其所有权。

甲企业将标的物资产销售，取得的转让款项，即是甲企业融资的本金；融资性售后回租，甲企业分期偿还的总价款，即是甲企业融资的本利之和，而偿还的总价款与本金的差额，即为甲企业支付的利息。

因此，拨开迷雾见实质，整个融资性售后回租业务，就是甲企业用标的物资产作为抵押物，向乙公司融资的行为。

该行为中，甲企业是融资性售后回租的承租人，也是资产标的物的出售人；乙公司是出租人，也是标的物的购买人。

2. 原税务政策下的账务处理（单位：万元，下同）

提示： 营改增后也可能按照以下方式进行账务处理，因为对于营改增前的老合同也可以采取老政策。

（1）甲企业出售资产时：

借：固定资产清理	7 000
累计折旧	3 000
贷：固定资产	10 000
借：银行存款	9 000
贷：固定资产清理	7 000
递延收益——未实现售后租回损益	2 000

（2）融资租回时：

借：固定资产	9 000
未确认融资费用	2 174.36（848÷1.17×3）

　　贷：长期应付款　　　　　　　　　　11 174.36　［(3 000＋848÷1.17)×3］

说明：

　　(1) 此处的长期应付款采取了不含增值税的处理方式。有观点认为，长期应付款应为含增值税金额 11 544 万元 (3 848×3)，将可以抵扣的进项税 369.64 万元 (848÷1.17×17％×3) 作为长期应收款处理，笔者从资产确认的谨慎性以及进项税抵扣的长期性考量，认为采取上述的账务处理方式更加符合账务处理原则。

　　(2) 为行文简便，本案例暂不考虑公允价值与最低租赁付款额现值孰低的问题。

　　上面介绍的是企业会计准则中的账务处理规定，准则要求出售阶段作为固定资产清理处理。对于售后回租融资租赁，还有一种处理方式，即借款模式，会计分录为：

　　借：银行存款　　　　　　　　　　　　　　　　9 000
　　　　未确认融资费用　　　　　　　　2 174.36 (848÷1.17×3)
　　贷：长期应付款　　　　　　11 174.36 ［(3 000＋848÷1.17)×3］

　　这种模式在 IFRS 下也比较常见。售后回租融资租赁实质上是一种借款行为，用借款模式来处理，不但揭示了其经济实质，而且简单易懂，与准则中规定的账务处理模式并无实质性差异。笔者个人建议，在各方意见沟通充分的情况下，可以按照借款模式核算。

　　(1) 每期支付租金时：
　　　　借：长期应付款　　　　　　　　3 724.79 (11 174.36÷3)
　　　　　　应交税费——应交增值税 (进项税额) 123.21 (848÷1.17×17％)
　　　　贷：银行存款　　　　　　　　　　　　　　　　3 848
　　　　借：财务费用——售后回租融资费用 (根据实际利率法计算过程略)
　　　　　　贷：未确认融资费用
　　(2) 每年计提固定资产折旧时：
　　　　借：费用成本　　　　　　　　　　642.86 (9 000÷14)
　　　　贷：累计折旧　　　　　　　　　　　　　　　642.86
　　(3) 每年按照折旧进度摊销递延收益时：
　　　　借：递延收益——未实现售后租回损益　　142.86 (2000÷14)
　　　　贷：费用成本 (折旧相关)　　　　　　　　　142.86
　　每年计提折旧金额＝642.86－142.86＝500 (万元)，与售后回租之前固定资产计提折旧金额一致。

摊销递延收益的账务处理，实际上是把根据租回后固定资产入账价值计提折旧的影响抵消，其最终结果仍然是按照出售前的固定资产计提折旧。也印证了使用借款模式进行账务处理与准则上对于融资性售后回租的处理方式，其结果并无太大差异。

3. 营改增后新税务政策下的账务处理

（1）甲企业出售资产时：

借：固定资产清理	7 000
累计折旧	3 000
贷：固定资产	10 000
借：银行存款	9 000
贷：固定资产清理	7 000
递延收益——未实现售后租回损益	2 000

（2）融资租回时：

借：固定资产	9 000
未确认融资费用	2 544（848×3）
贷：长期应付款	11 544 [（3 000＋848）×3]

说明：营改增后，融资性售后回租的增值税政策发生了较大变化。营改增前，融资性售后回租按照融资租赁的增值税政策，利息部分按照17%税率计征增值税；营改增后，融资性售后回租按照贷款服务缴纳增值税，而购进的贷款服务不能抵扣进项税。甲企业即使取得利息部分的增值税专用发票，其进项税也不能抵扣。同时，乙公司按照一般纳税人贷款服务计征增值税的税率为6%，而不是营改增前的17%。

因此，甲企业不存在抵扣进项税的问题，支付的融资费用已均为含增值税价。

注意：与上述营改增前的账务处理相同，以上是企业会计准则中的账务处理规定，如果按照借款模式处理，则会计分录为：

借：银行存款	9 000
未确认融资费用	2 544（848×3）
贷：长期应付款	11 544 [（3 000＋848）×3]

笔者认为，这样处理更简单明了，且更符合业务实质。

（1）每期支付租金时：

借：长期应付款	3 848（11544÷3）

　　贷：银行存款 3 848
　　借：财务费用——售后回租融资费用（根据实际利率法计算过程略）
　　　　贷：未确认融资费用
（2）每年固定资产计提折旧：
　　借：费用成本 642.86（9 000÷14）
　　　　贷：累计折旧 642.86
（3）每年按照折旧进度摊销递延收益时：
　　借：递延收益——未实现售后租回损益 142.86（2 000÷14）
　　　　贷：费用成本（折旧相关） 142.86

　　从以上分录的差异可以看出，如果价格不变，则甲企业按原政策可以抵扣369.63 万元（123.21×3）进项税，新政策下则不能抵扣进项税。乙公司按原政策应计提 369.63 万元（848÷1.17×17％×3）销项税，新政策下计提 144 万元（848÷1.06×6％×3）销项税。

　　承租方付出同样的代价，却损失了税务利益（少抵扣进项税），出租方税率降低，税额降低（暂不考虑有形动产融资性售后回租服务即征即退政策），税务利益增加，理论上，承租方可能会有价格上的诉求。

｜案例延伸｜

　　对于营改增前后融资性售后回租的税务政策差异详细说明如下：

1. 融资性售后回租利息收入从租赁业改为贷款服务，回归本质

　　财税〔2016〕36 号文件规定，融资性售后回租取得的利息及利息性质的收入，按照贷款服务缴纳增值税。老政策（财税〔2013〕106 号文件）规定，融资性售后回租属于有形动产租赁服务，税率为 17％，而财税〔2016〕36 号文件规定，贷款服务的税率为 6％。

　　财税〔2016〕36 号文件对融资性售后回租的规定，实际上回归了融资性售后回租行为的本质，出租方以提供贷款服务为手段赚取利息，承租方以付出融资费用的代价获得资金的时间价值，该行为本质上属于借贷行为，只不过以标的物为抵押，该抵押以承租方出售标的物的形式实现。将其归入贷款服务，不但回归了其业务本质，而且出租方的税负大为减少。

2. 融资性售后回租利息属于贷款服务，承租方不得抵扣进项税

　　财税〔2016〕36 号文件规定，购进的旅客运输服务、贷款服务、餐饮服务、居民日常服务和娱乐服务，进项税额不得从销项税额中抵扣，因此承租人向出租人支付的融资性售后回租融资费用的进项税不得抵扣。

原先出租方按照租赁业缴纳利息部分 17％增值税，承租方可以抵扣；现出租方按照贷款服务缴纳 6％增值税，但承租方不能抵扣。这里需要注意，出租方取得的进项税是可以抵扣的，这一点一定不要混淆。

3. 融资性售后回租差额征税政策有变化

老政策：扣除本金以承租方开具的发票为合法有效凭证。

新政策：销售额中不包括本金，不需要承租方开具本金发票。

老政策（财税〔2013〕106 号文件）规定，经中国人民银行、银监会或者商务部批准从事融资租赁业务的试点纳税人，提供有形动产融资性售后回租服务，以收取的全部价款和价外费用，扣除向承租方收取的有形动产价款本金，以及对外支付的借款利息（包括外汇借款和人民币借款利息）、发行债券利息后的余额为销售额。

融资性售后回租服务中向承租方收取的有形动产价款本金，以承租方开具的发票为合法有效凭证，从全部价款和价外费用中扣除价款。因此，承租方开具的发票是出租方差额扣除本金的必须凭证。但在实际操作中，却引起了较大争议，且流于形式。财税〔2016〕36 号文件取消了该规定，具体操作可参考《国家税务总局 关于营业税改征增值税试点期间有关增值税问题的公告》（国家税务总局公告 2015 年第 90 号）的规定，纳税人提供有形动产融资性售后回租服务，计算当期销售额时可以扣除的有形动产价款本金，为书面合同约定的当期应当收取的本金。无书面合同或者书面合同没有约定的，为当期实际收取的本金。

4. 融资性售后回租标的物范围不同

老税务政策下，融资性售后回租的标的物只包括有形动产，财税〔2016〕36 号文件对于融资性售后回租标的物的表述为"资产"，而不仅仅限于有形动产。

| 相关政策浏览 |

《财政部 国家税务总局关于全面推开营业税改征增值税试点的通知》（财税〔2016〕36 号）附件 2

一、营改增试点期间，试点纳税人〔指按照《营业税改征增值税试点实施办法》（以下称《试点实施办法》）缴纳增值税的纳税人〕有关政策

（三）销售额。

5. 融资租赁和融资性售后回租业务。

（1）经人民银行、银监会或者商务部批准从事融资租赁业务的试点纳税

人，提供融资租赁服务，以取得的全部价款和价外费用，扣除支付的借款利息（包括外汇借款和人民币借款利息）、发行债券利息和车辆购置税后的余额为销售额。

（2）经人民银行、银监会或者商务部批准从事融资租赁业务的试点纳税人，提供融资性售后回租服务，以取得的全部价款和价外费用（不含本金），扣除对外支付的借款利息（包括外汇借款和人民币借款利息）、发行债券利息后的余额作为销售额。

（3）试点纳税人根据 2016 年 4 月 30 日前签订的有形动产融资性售后回租合同，在合同到期前提供的有形动产融资性售后回租服务，可继续按照有形动产融资租赁服务缴纳增值税。

继续按照有形动产融资租赁服务缴纳增值税的试点纳税人，经人民银行、银监会或者商务部批准从事融资租赁业务的，根据 2016 年 4 月 30 日前签订的有形动产融资性售后回租合同，在合同到期前提供的有形动产融资性售后回租服务，可以选择以下方法之一计算销售额：

①以向承租方收取的全部价款和价外费用，扣除向承租方收取的价款本金，以及对外支付的借款利息（包括外汇借款和人民币借款利息）、发行债券利息后的余额为销售额。

纳税人提供有形动产融资性售后回租服务，计算当期销售额时可以扣除的价款本金，为书面合同约定的当期应当收取的本金。无书面合同或者书面合同没有约定的，为当期实际收取的本金。

试点纳税人提供有形动产融资性售后回租服务，向承租方收取的有形动产价款本金，不得开具增值税专用发票，可以开具普通发票。

②以向承租方收取的全部价款和价外费用，扣除支付的借款利息（包括外汇借款和人民币借款利息）、发行债券利息后的余额为销售额。

（4）经商务部授权的省级商务主管部门和国家经济技术开发区批准的从事融资租赁业务的试点纳税人，2016 年 5 月 1 日后实收资本达到 1.7 亿元的，从达到标准的当月起按照上述第（1）、（2）、（3）点规定执行；2016 年 5 月 1 日后实收资本未达到 1.7 亿元但注册资本达到 1.7 亿元的，在 2016 年 7 月 31 日前仍可按照上述第（1）、（2）、（3）点规定执行，2016 年 8 月 1 日后开展的融资租赁业务和融资性售后回租业务不得按照上述第（1）、（2）、（3）点规定执行。

案例 198　融资租赁业务，营改增后实际利率法的应用，以及出租方差额征税的账务处理

甲企业是一家生产企业，为增值税一般纳税人，2016 年 10 月从有资质的乙租赁公司融资租赁设备。合同约定，乙公司根据甲企业的要求定制设备一套，合同约定总金额为 124 200 万元，租期 3 年，甲企业每年向乙公司支付 41 400 万元，乙公司每年开具 17％税率的增值税专用发票。在租赁日该设备公允价值 93 600 万元，以上价格均是含税价。合同规定年利率为 10％。租赁到期后，承租方取得该固定资产所有权。乙公司每年支付银行贷款利息 7 020 万元。暂不考虑其他因素。

问题：营改增后，甲企业应如何使用实际利率法计算财务费用？出租方如何就差额征税进行账务处理？

｜案例解析｜

1.　承租方甲企业的会计处理

根据《企业会计准则》的规定，在租赁期开始日，承租人应当将租赁开始日租赁资产公允价值与最低租赁付款额现值两者中较低者作为租入资产的入账价值，

本案例中，最低租赁付款额为 124 200 万元，其不含税现值为：41 400÷1.17×$(P/A, 10％, 3)$＝87 998（万元）。资产不含税公允价值为 93 600÷1.17＝80 000（万元）。按照孰低原则，应以不含税公允价值 80 000 万元作为固定资产入账价值。

承租人账务处理如下（单位：万元，下同）：

（1）融资租入固定资产时：

　　借：固定资产——融资租赁固定资产　　　　　　　　　　　　80 000

　　　　未确认融资费用　　26 153.85（124 200÷1.17－80 000）

　　　贷：长期应付款——融资租赁　　106 153.85（124 200÷1.17）

注意：上述分录为不含税金额。

还有一种含税金额的分录处理方式，会计分录为：

　　借：固定资产——融资租入固定资产　　　　　　　　　　　　80 000

　　　　长期应收款——待抵扣进项税　　18 046.15（124 200÷1.17×17％）

　　　　未确认融资费用　　26 153.85（124 200÷1.17－80 000）

贷：长期应付款——融资租赁   124 200

笔者建议使用第一种账务处理方式。理由是，待抵扣的进项税，出租方尚未开具发票，抵扣情况不能确认，根据谨慎性原则，不确认资产为好，待支付税款时，再计入进项税。

（2）每年计提折旧时（按照直线法计提折旧，折旧期为 10 年，假设无残值）：

借：费用成本等   8 000

贷：累计折旧   8 000

（3）摊销未确认融资费用。

由于本案例采用公允价值作为资产入账价值，因此，应重新计算融资费用分摊率。

假设融资费用分摊率为 r，则：

$$41\,400 \div 1.17 \times (P/A, r, 3) = 80\,000 (不含税本金)$$
$$(P/A, r, 3) = 2.260\,8$$

查表可知，$r = 15\%$ 时，$(P/A, r, 3) = 2.283\,2$

$r = 16\%$ 时，$(P/A, r, 3) = 2.245\,9$

因此，r 值在 $15\% \sim 16\%$ 之间。

用插值法计算可知 $r = 15.6\%$。插值法是经常用到的计算利率的方法，但计算较为麻烦，而且容易出错。在这里给大家介绍一种简便的插值法计算方式，可以迅速计算得出答案，且准确率高。

$$r = 16\% - 1\% \div [(2.245\,9 - 2.283\,2) \div (2.245\,9 - 2.260\,8)] = 15.6\%$$

在租赁期内采用实际利率法分摊未确认融资费用，见下表：

未确认融资费用分配表（实际利率法） 单位：万元

期间	不含税期初本金	不含税的融资费用	不含税每期支付额	不含税期末本金
1	80 000.00	12 480.00	35 384.62	57 095.38
2	57 095.38	8 906.88	35 384.62	30 617.65
3	30 617.65	4 766.96	35 384.62	—0.00
合计		26 153.84	106 153.85	

摊销费用分录如下（说明：其他年份分录同此，只是金额不同）：

第一年：

借：财务费用——融资租赁利息   12 480

　　　　贷：未确认融资费用　　　　　　　　　　　　　　　　　12 480

　（4）支付租金时：

　　　借：长期应付款——融资租赁　　　　　　　　　　　35 384.62

　　　　　应交税费——应交增值税（进项税额）　　　　　 6 015.38

　　　　　贷：银行存款　　　　　　　　　　　　　　　　　　41 400

2. 出租方乙公司账务处理

这里主要介绍差额征税的账务处理。

　（1）收到租金时：

　　　借：银行存款　　　　　　　　　　　　　　　　　　　41 400

　　　　　贷：长期应收款　　　　　　　　　　　　　　　 35 384.62

　　　　　　应交税费——应交增值税（销项税额）

　　　　　　　　　　　　6 015.38 ［41 400÷（1＋17％）×17％］

　（2）假设按照实际利率法计算的第一年收入为 12 480 万元（计算过程略）。

　　　借：未实现融资收益　　　　　　　　　　　　　　　　12 480

　　　　　贷：主营业务收入　　　　　　　　　　　　　　　　12 480

　（3）当期支付借款利息为 7 020 万元，则：

　　　借：主营业务成本　　　　　　　　　　　　　　　　　 6 000

　　　　　应交税费——应交增值税（营改增抵减的销项税额）

　　　　　　　　　　　　1 020 ［7 020÷（1＋17％）×17％］

　　　　　贷：应付账款或银行存款　　　　　　　　　　　　　7 020

　　说明：提供融资租赁，可以差额扣除的项目为利息支出和车辆购置税。利息支出在营改增后不能抵扣进项税，而车辆购置税也无法取得增值税扣税凭证，无法抵扣进项税，因此采取从销售额中扣除的差额征税政策。原政策中的保险费、安装费的扣除项目现被取消，因为这些项目在全面营改增后可以取得增值税扣税凭证抵扣进项税。

| 相关政策浏览 |

《财政部 国家税务总局关于全面推开营业税改征增值税试点的通知》（财税〔2016〕36 号）附件 2

　　一、营改增试点期间，试点纳税人［指按照《营业税改征增值税试点实施办法》（以下称《试点实施办法》）缴纳增值税的纳税人］有关政策

（三）销售额。

5. 融资租赁和融资性售后回租业务。

（1）经人民银行、银监会或者商务部批准从事融资租赁业务的试点纳税人，提供融资租赁服务，以取得的全部价款和价外费用，扣除支付的借款利息（包括外汇借款和人民币借款利息）、发行债券利息和车辆购置税后的余额为销售额。

案例 199 营改增后，非货币性资产交换的商业实质判断以及增值税的账务处理

2016 年 8 月，甲企业以自有的一座办公楼与乙公司的一套生产线进行交换。甲公司的办公楼作为经营出租使用，在账务上核算为投资性房地产，采用成本模式计量，账面原价为 500 万元，在交换日，累计折旧为 200 万元，公允价值为 1 000 万元；换入的生产线用于扩大企业生产规模。该办公楼取得日期在 2016 年 4 月 30 日之前，甲公司在转让时选择简易计税 5％征收率，向乙公司开具 5％的增值税专用发票。

乙公司的生产线账面原价为 1 200 万元，在交换日，累计折旧为 400 万元，公允价值为 1 000 万元。该固定资产取得时，取得增值税专用发票且认证抵扣，税率 17％，销售时适用 17％税率。

问题：根据准则如何判断交换是否具有商业实质？营改增后如何对增值税进行账务处理？

| 案例解析 |

1. 企业会计准则对于非货币性资产交换的相关规定，商业实质判断是关键

根据《企业会计准则》的规定，非货币性资产交换同时满足下列两个条件的，应当以公允价值和应支付的相关税费作为换入资产的成本，公允价值与换出资产账面价值的差额计入当期损益：

（1）该项交换具有商业实质。

（2）换入资产或换出资产的公允价值能够可靠地计量。

本案例中，交换资产的公允价值均能可靠计量，所以关键是判断该项交换是否具有商业实质。

2. 甲企业与乙公司的非货币性资产交换具有商业实质

《企业会计准则》规定，换入资产的未来现金流量在风险、时间和金额方面

与换出资产显著不同，视为具有商业实质。

　　甲企业用于经营租赁的办公楼，有稳定的现金流入收益，风险较小，但是不符合企业发展的规划和预期；换入的生产线，可以增加可持续发展的动力，但是现金流入收益稳定性不能完全确定。对于乙公司来讲，将未来现金流入不稳定的生产线换出，代之以未来现金流入稳定且符合升值预期的不动产。

　　因此，本案例中的资产交换，换入资产与换出资产的未来现金流量在风险、时间和金额方面有显著的不同，甲乙企业在未发生现金流出的情况下，各取所需，因而甲乙公司的非货币性资产交换具有商业实质，且交换资产的公允价值能够可靠地计量，应当以公允价值和应支付的相关税费作为换入资产的成本，公允价值与换出资产账面价值的差额计入当期损益.

3. 账务处理（单位：万元）

（1）甲公司账务处理。

交换日：

借：固定资产——生产线		1 000
应交税费——应交增值税（进项税额）		170
贷：其他业务收入		1 120
应交税费——未交增值税		50（1 000×5%）
借：其他业务成本		300
投资性房地产累计折旧		200
贷：投资性房地产		500

（2）乙公司账务处理。

交换日：

借：固定资产清理		800
累计折旧		400
贷：固定资产——生产线		1 200
借：固定资产——办公楼		1 000
应交税费——应交增值税（进项税额）		30
待抵扣进项税额		20
贷：固定资产清理		800
应交税费——应交增值税（销项税额）		170
营业外收入		80

| 相关政策浏览 |

《国家税务总局关于发布〈纳税人转让不动产增值税征收管理暂行办法〉的公告》(国家税务总局公告 2016 年第 14 号)

一般纳税人转让其 2016 年 4 月 30 日前取得(不含自建)的不动产,可以选择适用简易计税方法计税,以取得的全部价款和价外费用扣除不动产购置原价或者取得不动产时的作价后的余额为销售额,按照 5% 的征收率计算应纳税额。

案例 200 营改增后,转让交易性金融资产的增值税计征及账务处理方式

甲企业是一家工业生产企业,为增值税一般纳税人。2016 年 10 月 1 日,利用闲余资金 102.5 万元在证券交易市场购买乙公司公开发行的股票 5 万股,每股价格 20.5 元(含已宣告但尚未发放的现金股利 0.5 元),另支付交易费用 1 000 元。甲企业将其作为交易性金融资产处理。

问题:营改增后,交易性金融资产如何计征增值税?如何进行账务处理?

| 案例解析 |

1. 金融商品转让,按照卖出价扣除买入价后的余额为销售额,卖出价和买入价均不扣除任何税费

财税〔2016〕36 号文件规定,金融商品转让,按照卖出价扣除买入价后的余额为销售额,并无任何对于卖出和买入时相关税费可扣除的规定,因此在计算增值税时不能扣除买入和转让时的任何税费。

2. 买入价中不扣除持有期间的股息红利

营业税时期,金融商品差额征税时,买入价中需要扣除金融商品持有期间的收益,包括股息、利息等。营改增后,现阶段暂无这方面的任何规定。

3. 转让金融商品在实务中的范围界定,转让非上市公司股权不属于转让金融商品

现在的税务主流一般倾向于:买卖上市公司流通股权,作为买卖金融商品处理;转让非上市公司股权不属于转让金融商品,不计征增值税。

4. 股票的股息不计征增值税

股票的股息红利不计征增值税的原理很简单,因为其不属于增值税的计征范

围。债券在持有期间获得的利息按照贷款服务计征增值税。

5．账务处理（单位：万元）

（1）2016 年 10 月 1 日，购入股票时：

借：交易性金融资产——成本　　　　　　　　　　　100

　　应收股利　　　　　　　　　　　　　2.5（0.5×5）

　　投资收益　　　　　　　　　　　　　　　　　　0.1

　　贷：银行存款　　　　　　　　　　　　　　　102.6

（2）收到乙公司发放的股利时：

借：银行存款　　　　　　　　　　　　　　　　　　2.5

　　贷：应收股利　　　　　　　　　　　　　　　　2.5

说明： 纳税人收到股票的股息红利，不缴纳增值税。因为没有适用税目，我们可以认为其不属于增值税的征税范围。

（3）股票价格变动至 21 元/股时：

借：交易性金融资产——公允价值变动　　5［(21－20)×5］

　　贷：公允价值变动损益　　　　　　　　　　　　　5

（4）将股票全部出售，售价 23.2 元/股。

借：银行存款　　　　　　　　　　　　　116（23.2×5）

　　公允价值变动损益　　　　　　　　　　　　　　　5

　　贷：交易性金融资产——成本　　　　　　　　　100

　　　　交易性金融资产——公允价值变动　　　　　　5

　　　　投资收益　　　　　　　　　　　　　　　　16

（5）计算增值税额。

甲企业应纳增值税额＝(116－100)÷(1＋6％)×6％＝0.905 7(万元)

卖出价和买入价，均不得扣除如何税费。

借：投资收益　　　　　　　　　　　　　　　　0.905 7

　　贷：应交税费——应交增值税（销项税额）　　0.905 7

｜ **相关政策浏览** ｜

1.《财政部 国家税务总局关于营业税若干政策问题的通知》（财税〔2003〕16 号）

金融企业（包括银行和非银行金融机构，下同）从事股票、债券买卖业务以股票、债券的卖出价减去买入价后的余额为营业额。买入价依照财务会计制度规定，以股票、债券的购入价减去股票、债券持有期间取得的股票、债券红利收入的余额确定。

2.《国家税务总局关于金融商品转让业务有关营业税问题的公告》（国家税务总局公告 2013 年第 63 号）

现对纳税人从事金融商品转让业务有关营业税问题公告如下：

纳税人从事金融商品转让业务，不再按股票、债券、外汇、其他四大类来划分，统一归为"金融商品"，不同品种金融商品买卖出现的正负差，在同一个纳税期内可以相抵，按盈亏相抵后的余额为营业额计算缴纳营业税。若相抵后仍出现负差的，可结转下一个纳税期相抵，但在年末时仍出现负差的，不得转入下一个会计年度。

3.《财政部 国家税务总局关于全面推开营业税改征增值税试点的通知》（财税〔2016〕36 号）附件 2

一、营改增试点期间，试点纳税人［指按照《营业税改征增值税试点实施办法》（以下称《试点实施办法》）缴纳增值税的纳税人］有关政策

（三）销售额。

3. 金融商品转让，按照卖出价扣除买入价后的余额为销售额。

转让金融商品出现的正负差，按盈亏相抵后的余额为销售额。若相抵后出现负差，可结转下一纳税期与下期转让金融商品销售额相抵，但年末时仍出现负差的，不得转入下一个会计年度。

金融商品的买入价，可以选择按照加权平均法或者移动加权平均法进行核算，选择后 36 个月内不得变更。

金融商品转让，不得开具增值税专用发票。

200 MUST-READ CASES

第 11 章

基于案例分析的营改增政策要点归纳

前面的案例部分，从不同角度对营改增税法理论和实务进行了全面解析。为了帮助大家更加系统地理解营改增的政策，笔者将营改增中一些有共性的内容加以总结归纳，以构建更完善营改增的系统框架。注意，不是简单的文件条款罗列，而是总结归纳。

要点1 营改增新文件，53号公告对开票不征税问题的解决方式

《国家税务总局关于营改增试点若干征管问题的公告》（国家税务总局公告2016年第53号）对于商品和服务税收分类与编码进行了调整，其中增加6"未发生销售行为的不征税项目"，是比较重要的变化，对于营改增后开具发票但不计征增值税的几种情形进行了规范，主要解决了开具发票与增值税纳税义务发生时间的矛盾，以及避免重复征税的实际操作问题。

53号公告规定：

九、《国家税务总局关于全面推开营业税改征增值税试点有关税收征收管理事项的公告》（国家税务总局公告2016年第23号）附件《商品和服务税收分类与编码（试行）》中的分类编码调整以下内容，纳税人应将增值税税控开票软件升级到最新版本（V2.0.11）：

（十一）增加6"未发生销售行为的不征税项目"。用于纳税人收取款项但未发生销售货物、应税劳务、服务、无形资产或不动产的情形。

"未发生销售行为的不征税项目"下设601"预付卡销售和充值"、602"销售自行开发的房地产项目预收款"、603"已申报缴纳营业税未开票补开票"。

使用"未发生销售行为的不征税项目"编码，发票税率栏应填写"不征税"，不得开具增值税专用发票。

（一）下设601"预付卡销售和充值"

该项主要是为了满足预付卡环节开具发票不征税的要求。

纳税人在销售预付卡时收取资金，此时未发生增值税行为，但是如果开具了发票，则根据财税〔2016〕36号文件对增值税纳税义务发生时间"先开具发票的，为开具发票的当天"的规定，达到增值税纳税义务发生时间，应申报缴纳增值税。53号公告发布之前，在预付卡环节基本上需要预征增值税，但随之而来的问题也很多，如确定税率难、重复开票、纳税人前期税负较重等。尤其是营改

增后以服务业为主的纳税人，如果其基本税率为 6%，很少有销售货物业务，在销售预付卡环节即按 17% 的最高税率计征，税负太重，也很难操作。

53 号公告增加了该分类编码，发票税率栏应填写"不征税"，在销售预付卡环节开具发票，但不需要计征增值税，从根本上解决了销售预付款环节增值税纳税义务发生时间与开票的矛盾。

（二）下设 602 "销售自行开发的房地产项目预收款"

该项主要是为了解决房地产开发企业预收房款的开票与增值税纳税义务发生时间的矛盾。

房地产开发企业预收房款，未达到增值税纳税义务发生时间，只是需要按照 3% 预缴增值税。但如果对预收房款开具了发票，则根据增值税文件规定"先开具发票的，为开具发票的当天"判定为达到了增值税纳税义务发生时间，需要纳税申报。53 号公告发布之前，各地方政策对此有不同的规定，比如零税率、不申报、不开票等。53 号公告对此采取了增加"未发生销售行为的不征税项目"编码的方式，既满足购房者取得发票办理手续的要求，又不需要在开票环节申报纳税。

笔者个人认为，房地产开发企业对预收房款开具发票，只是为了提供收款凭据或者方便购房者办理各种手续，我们可将其认为是类似于营改增前开具的房地产开发企业专用收据。因此，在完成房地产项目销售后，开具正式全额的发票时，可不必冲销原已开具的编码为"未发生销售行为的不征税项目"的预收房款的发票。

（三）下设 603 "已申报缴纳营业税未开票补开票"

该项主要是为了解决营改增前已经申报缴纳营业税，但是未开具营业税发票的问题。

比如，建筑企业在 2016 年 4 月根据书面合同达到了营业税纳税义务发生时间，申报缴纳了营业税。但是未与甲方结算收款，因此在 2016 年 4 月 30 日前未开具发票。财税〔2016〕36 号文件规定，对此情况营改增后只能开具增值税普通发票。但是如何保证既开具增值税普通发票，又避免重复缴纳增值税，各地方政策各显神通，诸如零税率、负数申报、只开票不申报等。53 号公告对此做出了统一规定，营改增前计征营业税，营改增后开具发票时，选择 6 "未发生销售行为的不征税项目"下的 603 "已申报缴纳营业税未开票补开票"，不需要计征增值税，这样既满足了纳税人开具发票的要求，又避免了重复缴纳增值税。

要点 2 营改增后，简易计税方式征收率新成员 5%全归纳

营改增后，出于政策衔接或平稳过渡等考量，简易计税方式从原先只包括3%（营改增前已经将原 4%、6%的征收率等合并为 3%的征收率）又增加了 5%的征收率。既包括一般纳税人，也包括小规模纳税人，因此很多纳税人对于 5%征收率非常容易混淆，现就 5%征收率涵盖的范围总结归纳如下。

（一）销售不动产

1. 范围

（1）一般纳税人销售 2016 年 4 月 30 日前取得或自建的不动产，选择简易计税方法，征收率 5%。

（2）小规模纳税人销售取得的或自建的不动产，按照简易计税方法，征收率 5%。

（3）小规模个体工商户销售不动产（包括住房），征收率 5%。

（4）其他个人销售不动产（包括住房），征收率 5%。

小结：凡是销售不动产选择简易计税方法的，征收率均是 5%。

2. 发票开具

（1）一般纳税人销售不动产，选择简易计税方法，征收率 5%，可以自开增值税专用发票。

（2）小规模纳税人销售取得的或自建的不动产，征收率 5%，可以在税务机关代开增值税专用发票。

注意：其他个人销售不动产也可以代开增值税专用发票。

（二）房地产开发企业销售商品房

1. 范围

（1）房地产开发企业中的一般纳税人，销售自行开发的房地产老项目，可以选择适用简易计税方法按照 5%的征收率计税。

（2）房地产开发企业中的小规模纳税人，销售自行开发的房地产项目，按照5%的征收率计税。

2. 发票开具

一般纳税人可以自行开具增值税专用发票，小规模纳税人可以代开增值税专

用发票。

（三）转让 2016 年 4 月 30 日前取得的土地使用权

纳税人转让 2016 年 4 月 30 日前取得的土地使用权，可以选择适用简易计税方法，以取得的全部价款和价外费用减去取得该土地使用权的原价后的余额为销售额，按照 5% 的征收率计算缴纳增值税。

问题：小规模纳税人转让 2016 年 5 月 1 日后取得的土地使用权，应按照什么征收率？是 5% 还是 3%？

没有具体的文件规定。笔者个人认为，从税理上讲，3% 是基本的征收率，只有在特殊规定时才适用 5%，小规模纳税人转让 2016 年 5 月 1 日后取得的土地使用权，并无文件规定适用 5% 征收率，因此应适用 3% 征收率。这里我们需注意，小规模纳税人销售不动产适用 5% 征收率，因此转让土地使用权很多人认为也应适用 5% 征收率，但现在并无明确文件规定。目前该问题属于未确定事项，我们期待后续文件的补充。

（四）出租不动产

1. 范围

（1）一般纳税人出租其 2016 年 4 月 30 日前取得的不动产，可以选择适用简易计税方法，按照 5% 的征收率计算应纳税额。

（2）小规模纳税人出租其取得的不动产（不含个人出租住房），应按照 5% 的征收率计算应纳税额。

（3）其他个人出租其取得的不动产（不含住房），应按照 5% 的征收率计算应纳税额。

（4）个人出租住房，应按照 5% 的征收率减按 1.5% 计算应纳税额。

（5）将建筑物、构筑物等不动产的广告位出租给其他单位或者个人用于发布广告，按照经营租赁服务缴纳增值税。

将 2016 年 4 月 30 日前取得的不动产广告位出租，可以选择 5% 征收率。

（6）车辆停放服务、道路通行服务（包括过路费、过桥费、过闸费等）等按照不动产经营租赁服务缴纳增值税。

说明： 车辆停放服务，如果停车场属于老项目，则一般纳税人可以选择简易计税方法，征收率 5%。小规模纳税人提供车辆停放服务，根据财税〔2016〕36 号文件的规定，小规模纳税人出租其取得的不动产（不含个人出租住房），应按照 5％的征收率计算应纳税额。

停车场老项目，各地的判定标准不尽一致，要注意各地政策。

一般纳税人收取试点前开工的一级公路、二级公路、桥、闸通行费，可以选择适用简易计税方法，按照 5％的征收率计算缴纳增值税。

公路经营企业中的一般纳税人收取试点前开工的高速公路的车辆通行费，可以选择适用简易计税方法，减按 3％的征收率计算应纳税额，不是 5％。

如果是小规模纳税人收取通行费，根据财税〔2016〕36 号文件的规定，小规模纳税人出租其取得的不动产（不含个人出租住房），应按照 5％的征收率计算应纳税额。

（7）纳税人以经营租赁方式将土地出租给他人使月，按照不动产经营租赁服务缴纳增值税。

2. 发票开具

（1）一般纳税人可以自行开具增值税专用发票，小规模纳税人可以代开增值税专用发票。其他个人可以代开增值税专用发票。

（2）其他个人一次性收取租金，可以分摊到受益月份，如果不超过 3 万元/月，可享受小微企业免增值税政策，享受免税政策不得开具增值税专用发票。

（五）劳务派遣

1. 范围

（1）一般纳税人提供劳务派遣服务，可以选择差额纳税，以取得的全部价款和价外费用，扣除代用工单位支付给劳务派遣员工的工资、福利和为其办理社会保险及住房公积金后的余额为销售额，按照简易计税方法依 5％的征收率计算缴纳增值税。

（2）小规模纳税人提供劳务派遣服务，可以选择差额纳税，以取得的全部价款和价外费用，扣除代用工单位支付给劳务派遣员工的工资、福利和为其办理社会保险及住房公积金后的余额为销售额，按照简易计税方法依 5％的征收率计算缴纳增值税。

说明：以上两种，均可以选择不差额征税，一般纳税人 6％税率，小规模纳税人 3％征收率。

2. 发票开具

选择差额征税的劳务派遣服务，扣除部分不得开具增值税专用发票，可以在新系统中选择差额征税功能，或者"普票＋专票"模式。

例如，一般纳税人劳务派遣公司，选择简易计税方法。收到款项 105 万元，工资社保等 84 万元。应纳增值税额＝（105－84）÷1.05×5％＝1（万元）。开具增值税专用发票，不含税金额为 105－1＝104（万元），增值税额 1 万元。这就是差额开票。受票方只能抵扣 1 万元的进项税。

如果采取"普票＋专票"模式，则其中 84 万元部分开具普票，零税率；21 万元开具增值税专用发票，不含税金额 20 万元，增值税额 1 万元。

这样开票有什么隐患？对，会暴露企业的利润。

（六）人力资源外包

1. 范围

一般纳税人提供人力资源外包服务，可以选择适用简易计税方法，按照 5％ 的征收率计算缴纳增值税。

说明：小规模纳税人提供人力资源外包服务，仍然适用 3％ 征收率。

2. 发票开具

向委托方收取并代为发放的工资和代理缴纳的社会保险、住房公积金，不得开具增值税专用发票，可以开具普通发票。

说明：销售额中不包含向委托方收取并代为发放的工资和代理缴纳的社会保险、住房公积金，并不是扣除。

（七）不动产融资租赁老合同、老项目

1. 范围

一般纳税人 2016 年 4 月 30 日前签订的不动产融资租赁合同，或以 2016 年 4 月 30 日前取得的不动产提供的融资租赁服务，可以选择适用简易计税方法，按照 5％ 的征收率计算缴纳增值税。

2. 发票开具

一般纳税人可以自行开具增值税专用发票，小规模纳税人可以代开增值税专用发票。

各相关业务的税率为：融资性售后回租 6％，不动产融资租赁、不动产经营租赁 11％，有形动产融资租赁、有形动产经营租赁 17％。

要点 3　正确理解"劳务派遣"和"人力资源外包"概念，厘清税务政策差异

《财政部 国家税务总局关于进一步明确全面推开营改增试点有关劳务派遣服

务、收费公路通行费抵扣等政策的通知》（财税〔2016〕47 号）对于劳务派遣和人力资源外包的税收政策进行了明确，由于两者概念相近，纳税人对此可能会有混淆，对文件规定容易产生误解。笔者对此分析如下。

（一）法律概念不同

1. 劳务派遣

《中华人民共和国劳动合同法》规定，"劳务派遣单位是本法所称用人单位，应当履行用人单位对劳动者的义务"。因此，被派遣人员是劳务派遣企业的"人"，而不是用人单位的人。通俗理解，就是劳务派遣公司花费或本费用养活员工，将员工派出去工作，挣的是"人"的钱。相对地，人力资源外包，挣的是"干活"的钱。

2. 人力资源外包

人力资源外包，简称 HRO。指企业根据需要将某一项或几项人力资源管理工作或职能外包出去，交由其他企业或组织进行管理，以降低人力成本，实现效益最大化。

人力资源外包属于劳务外包的一种，与劳务派遣有本质的区别。

简单理解，就是将本应由客户人力资源部门做的工作，比如招聘员工，培训员工，发放工资社保公积金等外包给第三方，人力资源外包企业挣的是服务费用，其性质属于经纪代理服务。

（二）销售额计算方式不同

1. 劳务派遣

以扣除代用工单位支付给劳务派遣员工的工资、福利和为其办理社会保险及住房公积金后为计税销售额。

说明： 这里的社保公积金，是劳务派遣公司以自己企业名义为员工办理登记并缴纳。

劳务派遣是从销售额中扣除上述项目，这就是"差额征收"政策。

2. 人力资源外包

不包括受客户单位委托代为向客户单位员工发放的工资和代理缴纳的社会保险、住房公积金。

说明： 这里的社保公积金，是发包企业以自己名义为员工办理社保公积金登记，但由人力资源外包企业代为发放。

人力资源外包销售额中不包括上述项目，即其本身不构成销售额。工资和社保公积金等是客户负担，人力资源外包企业仅仅是代为缴纳，其并不构成销售额。所以，人力资源外包不存在销售额差额征收政策。

类似于融资性售后回租的销售额的政策，销售额是"不包括"本金，而不是"扣除"本金。

（三）税务政策不同

1. 劳务派遣税务政策

财税〔2016〕47号文件规定："劳务派遣服务，是指劳务派遣公司为了满足用工单位对于各类灵活用工的需求，将员工派遣至用工单位，接受用工单位管理并为其工作的服务。"

纳税人提供劳务派遣服务，可以选择差额纳税，以取得的全部价款和价外费用，扣除代用工单位支付给劳务派遣员工的工资、福利和为其办理社会保险及住房公积金后的余额为销售额，按照简易计税方法计征增值税。

劳务派遣，按照财税〔2016〕36号文件规定的人力资源服务计征增值税。

注意： 财税〔2016〕36号文件中对于人力资源服务的定义是："人力资源服务，是指提供公共就业、劳务派遣、人才委托招聘、劳动力外包等服务的业务活动"，其中的劳动力外包，并不是指财税〔2016〕47号文件所述的人力资源外包。

差额征税小结： 一般纳税人选择差额征税，5％征收率；小规模纳税人差额征税，5％征收率。

非差额征税小结： 一般纳税人全额按照适用税率6％；小规模纳税人全额按照征收率3％。

2. 人力资源外包税务政策

财税〔2016〕47号文件规定：

纳税人提供人力资源外包服务，按照经纪代理服务缴纳增值税，其销售额不包括受客户单位委托代为向客户单位员工发放的工资和代理缴纳的社会保险、住房公积金。向委托方收取并代为发放的工资和代理缴纳的社会保险、住房公积金，不得开具增值税专用发票，可以开具普通发票。

一般纳税人提供人力资源外包服务，可以选择适用简易计税方法，按照5％的征收率计算缴纳增值税。

人力资源外包，属于36号文件所称的经纪代理服务。

3. 人力资源外包税率小结

（1）一般纳税人可选择简易计税5％征收率。

（2）小规模纳税人简易计税 3% 征收率。

注意：其销售额中均不包括受客户单位委托代为向客户单位员工发放的工资和代理缴纳的社会保险、住房公积金。

（四）总结

由上述分析可知，劳务派遣企业是派遣"自己"的人，在用工单位工作，挣的是"人"的钱；人力资源外包企业是承揽客户单位的部分工作，挣的是"干活"的钱，两者概念不同，适用税务政策不同。前者按照人力资源服务，后者按照经纪代理服务；前者可以选择销售额差额征税，后者无销售额差额征税，因其销售额中本身就不含代为缴纳的工资社保公积金等。

要点 4　疑难问题：差额征税的扣除部分是增加收入，还是冲减成本

营改增后，很多财务人员在账务处理上会碰到一个疑难问题：差额扣除的部分是增加收入，还是减少成本？

例如，某旅游公司是增值税一般纳税人，共收取价款 106 万元，其中扣除项目 63.6 万元，税率 6%，不考虑其他因素。

假设根据当地税务机关的规定，该旅游公司采取"差额开票"方式，含税金额 106 万元，增值税额 = $(106-63.6) \div (1+6\%) \times 6\%$ = 2.4（万元），不含税金额 = $106-2.4$ = 103.6（万元）。受票方只能抵扣差额征税后的 2.4 万元。

（一）两种账务处理方式

1. 差额扣除部分抵减成本

《财政部关于印发〈营业税改征增值税试点有关企业会计处理规定〉的通知》（财会〔2012〕13 号）对于差额征税账务处理的规定是：

对于一般纳税人，在"应交税费——应交增值税"科目下增设"营改增抵减的销项税额"专栏，用于记录该企业因按规定扣减销售额而减少的销项税额。

企业接受应税服务时，按规定允许扣减销售额而减少的销项税额，借记"应交税费——应交增值税（营改增抵减的销项税额）"科目，按实际支付或应付的金额与上述增值税额的差额，借记"主营业务成本"等科目，按实际支付或应付的金额，贷记"银行存款""应付账款"等科目。

说明：小规模纳税人只需用"应交税费——应交增值税"代替，此处从略。

账务处理如下（单位：万元，下同）：

（1）确认成本时：

借：主营业务成本　　　　　　　　　　　　　　　　　　　63.6

　　贷：应付账款等　　　　　　　　　　　　　　　　　　　63.6

借：应交税费——应交增值税（营改增抵减的销项税额）　　3.6

　　贷：主营业务成本　　　　　　　　　　　　　　　　　　3.6

（2）确认收入时：

借：银行存款等　　　　　　　　　　　　　　　　　　　　106

　　贷：主营业务收入　　　　　　　　　　　　　　　　　　100

　　　　应交税费——应交增值税（销项税额）　　　　　　　6

2. 差额扣除部分增加收入

账务处理如下：

借：主营业务成本　　　　　　　　　　　　　　　　　　　63.6

　　贷：应付账款等　　　　　　　　　　　　　　　　　　　63.6

借：银行存款等　　　　　　　　　　　　　　　　　　　　106

　　贷：主营业务收入　　　　　　　　　　　　　　　　　　103.6

　　　　应交税费——应交增值税（销项税额）　　　　　　　2.4

（二）两种方式的比较分析

第一种：成本 60 万元，收入 100 万元，利润 40 万元，销项税额 6 万元，抵减税额 3.6 万元，应纳税额 2.4 万元；

第二种：成本 63.6 万元，收入 103.6 万元，利润 40 万元，销项税额 2.4 万元，应纳税额 2.4 万元。

哪一种是真实反映业务实质的？分析如下：

验算：收取款项 106 万元，缴纳增值税 2.4 万元，剩余金额为 106－2.4＝103.6（万元）。发票上也显示不含税金额为 103.6 万元。

从该角度出发，似乎应确认收入 103.6 万元和销项税额 2.4 万元，但是从增值税销售额的实质含义角度出发，则不然。

增值税的销售额采用的是价税分离体系，比如采购含税金额为 63.6 万元，取得专票，其中的"价"＝63.6÷（1＋6％）＝60（万元），"税"＝60×6％＝3.6（万元）。对于纳税人来讲，成本金额为 60 万元，由于税额 3.6 万元用于抵扣销项税额，因此不能重复计入成本，这个大家都比较好理解。

案例中该公司采购金额为 63.6 万元，其中的 3.6 万元部分用来抵减销项税额，实际上起到了一个进项税的作用，这里的 3.6 万元就不能重复作为成本处理，因为其已经抵减了销项税额。

再看收入。销售额 106 万元，其中的"价"为 100 万元，"税"为 6 万元，即销项税额为 6 万元。纳税人应向税务机关缴纳 6 万元增值税，但是因为有进项税或抵减的税额 3.6 万元，只需缴纳 2.4 万元。但不能因为应纳税额是 2.4 万元，就确认销项税额为 2.4 万元，收入为 103.6 万元。

这里，很多纳税人被 2.4 万元的"销项税额"迷惑了。追根溯源，为什么会有差额征税政策？根本原因在于，增值税是"增值"的税，成本部分不能取得进项，就成了"全额缴纳"增值税，而不是"增值"税。在征管形式上，无法取得增值税专用发票等扣税凭证，不能用进项税的抵扣形式申报，所以采取了从销项税额中抵减的办法，即以"抵减"的形式行"抵扣"之实。其实我们只要把"抵减"的 3.6 万元税额改成"抵扣"的税额，其结果就非常明显了。

要点 5　营改增后，建筑业相关政策全归纳

《财政部 国家税务总局关于全面推开营业税改征增值税试点的通知》（财税〔2016〕36 号）发布后，对于建筑服务相关的增值税政策，纳税人普遍反映在文件中分布比较零散，难以形成体系。笔者就财税〔2016〕36 号文件中建筑业相关的政策进行总结，并试图对其规律进行归纳。根据这些规律再阅读财税〔2016〕36 号文件中的建筑业相关政策，纳税人可能就会觉得有迹可循。

（一）建筑业增值税纳税地点规律

财税〔2016〕36 号文件与营业税文件相比发生了较大变化。营业税文件规定，纳税人提供建筑业劳务，应当向应税劳务发生地的主管税务机关申报纳税。但财税〔2016〕36 号文件规定，建筑服务一般在机构所在地或居住所在地税务机关。其他个人提供建筑服务在建筑服务发生地主管税务机关申报纳税；非固定业户应当向应税行为发生地主管税务机关申报纳税等。

提供建筑服务的纳税人，跨县（市）提供建筑服务，在建筑服务发生地预缴税款。但是，预缴税款与纳税地点是不同的概念。

（二）建筑业纳税义务发生时间规律

纳税人提供建筑服务，增值税纳税义务发生时间为：

（1）先开具发票的，为开具发票的当天；

（2）采取预收款方式的，为收到预收款的当天；

（3）销售建筑服务过程中或者完成后收到款项；

（4）书面合同确定的付款日期；

（5）未签订书面合同或者书面合同未确定付款日期的，为建筑服务完成的当天；

（6）发生视同销售建筑服务的，为建筑服务完成的当天。

这里需要注意预收环节纳税义务发生时间，营业税时期和财税〔2016〕36号文件都将建筑服务收到预收款的当天作为纳税义务发生时间。

说明： 建筑服务，只有在跨县（市）提供时，才需要在发生地预缴。

（三）提供建筑服务纳税人适用简易计税方法规律

1. 一般纳税人以清包工方式提供的建筑服务，可以选择适用简易计税方法计税

清包工的建筑劳务以人工为主，取得进项的难度可能比较大，为公平税负，清包工建筑业服务可以选择简易计税方法。

2. 一般纳税人为甲供工程提供的建筑服务，可以选择适用简易计税方法计税

如果在甲供工程（甲方提供部分材料设备动力都算甲供工程）中，提供建筑服务方选择简易计税方法，同时提供部分材料设备动力的，属于财税〔2016〕36号文件规定的混合销售，如果属于非从事货物的生产、批发或者零售的建筑业纳税人，按照销售服务缴纳增值税。由此推出的结论是：甲供工程提供建筑劳务方可以就全部劳务和材料设备动力，选择简易计税方法缴纳增值税。

3. 一般纳税人为建筑工程老项目提供的建筑服务，可以选择适用简易计税方法计税

建筑工程老项目，未能取得进项税抵扣，因此文件允许选择简易计税方法。

说明： 提供建筑服务的小规模纳税人，按照3%的征收率计算应纳税额。

（四）建筑服务纳税人的销售额规律

1. 简易计税方法，可以扣除分包款计销售额

简易计税方法，支付分包款无法抵扣进项，可以扣除分包款计算销售额。

2. 一般计税方法，全额计销售额

一般计税方法，支付分包款可以抵扣进项，销售额中就不能再扣除分包款。

从上述内容中我们可以看出应掌握的原则：可以抵扣的就不能重复从销售额中扣除。

3. 预征税款，可以扣除分包款计销售额

跨县（市）提供建筑服务，在建筑服务发生地预缴税款时，应以取得的全部价款和价外费用扣除支付的分包款后的余额为销售额。

注意： 不管征收时是全额计还是扣除分包款，预征时均可扣除分包款。

要点 6　营改增后，不动产相关政策全归纳

财税〔2016〕36 号文件发布后，纳税人普遍感觉不动产政策比较分散，主要原因是，新老项目、一般计税与简易计税、税率与征收率、征收与预征、一般纳税人与小规模纳税人，以及差额和全额征收，自建、取得与自行开发，房地产企业与其他企业等，混杂在一起，头绪比较杂乱。其实从规定后面的内涵和实质原因出发，可能更易于理解。

笔者将财税〔2016〕36 号文件中涉及不动产的政策加以整理归纳，希望可以给广大纳税人一定的指引，帮助大家掌握这些规律，更加易于理解财税〔2016〕36 号文件中关于不动产政策的相关规定。

建议首先掌握一个原则：可以抵扣进项的就不能重复差额扣除。

（一）"征税"时全额或差额计算销售额的规律

（1）简易计税中销售"取得"的不动产，差额（扣购置价）计销售额。

（2）一般计税，全额计算销售额（房地产企业扣除土地出让金除外）。

这是对原营业税精神的延续。财税〔2003〕16 号文件规定，"单位和个人销售或转让其购置的不动产或受让的土地使用权，以全部收入减去不动产或土地使用权的购置或受让原价后的余额为营业额"。对老项目选择简易计税方法，不能抵扣购置进项税，选择差额扣除，可以较好地与老政策衔接。

一般计税，可以抵扣购置进项税，因此不能再重复享受差额计销售额政策。

房地产企业一般计税，无法抵扣支付给政府的土地出让金，所以采取从销售额中扣除的办法。

说明： 房地产企业同样可以适用上述政策，但是上述的"取得"与"自建"，不包括房地产企业"自行开发"。

我们来看该规律的应用：

在对营改增文件的解读中，有人认为，"老项目也可选择一般计税方法，按5％预征率差额预缴，按11％一般计税方法差额申报"。根据笔者总结的规律，一般计税方法需要全额计入销售额，因此，这里的解读可能值得商榷。同时，一般计税可以抵扣购置的进项税，从原理上来讲，也不太可能差额申报。如果该解读的说法成立，则是笔者所总结销售额规律中唯一的例外。

说明： 其他个人和个体户另行规定，下同。

（二）"预征"时全额与差额计算销售额的规律

（1）销售"取得"不动产，预征时差额（扣购置价）计销售额。

（2）其他情况，预征时全额计销售额。

只要是销售"取得"的不动产，不管是房地产企业还是其他企业，一般纳税人还是小规模纳税人，一般计税还是简易计税，老项目还是新项目，在预征时都按照差额计销售额。

注意： 房地产自行开发，不属于此处所述的"取得"。

其他情况，只要不是销售取得的不动产，预征时一定是全额计销售额。

对比之前的营业税政策，销售取得的不动产，是在不动产所在地扣除购置价后按照5％计算营业税；财税〔2016〕36 号文件规定，销售取得的不动产，是在不动产所在地扣除购置价后按照5％预征增值税，对不动产所在地的税源起到了平稳过渡的作用。自建也是同样的道理，之前自建的就不能差额扣除，现在仍然不能差额扣除。

（三）简易计税和一般计税的规律

（1）销售老项目，可选择简易计税方法。

（2）小规模纳税人，简易计税。

（3）个人销售住房，简易计税。

说明：

（1）个体工商户销售住房，按照个人销售住房的政策执行。

（2）个体工商户销售非住房，应根据其一般纳税人或小规模纳税人身份选择相应计税方法。

（3）其他个人销售住房，按照 2 年征免或差额计税。

（4）其他个人销售非住房，扣除购置原价后计销售额。

（四）房地产企业销售不动产的政策规律

说明： 下列政策均适用于房地产销售自行开发房地产的情形。

（1）房地产一般纳税人，销售老项目，可选择简易计税方法；销售新项目，一般计税；只要是一般计税的，均可扣除政府土地出让款。

（2）房地产小规模纳税人，简易计税。

（3）房地产企业预收房款，在收到预收款时按照 3% 的预征率预缴增值税。

（五）销售不动产的纳税义务发生时间规律

新旧政策最大区别是在预收环节的规定。营业税文件规定，纳税人销售不动产，采取预收款方式的，其纳税义务发生时间为收到预收款的当天，而财税〔2016〕36 号文件取消了转让不动产在预收环节作为纳税义务发生时间的规定。但需要注意，房地产开发企业采取预收款方式销售所开发的房地产项目，在收到预收款时按照 3% 的预征率预缴增值税，以及其他一些预征的规定，纳税义务发生时间和预征是不同的概念。

（六）销售不动产纳税地点规律

显著变化在于："不动产所在地纳税"改为"机构所在地纳税"

营业税文件规定，纳税人销售不动产应当向不动产所在地的主管税务机关申报纳税。财税〔2016〕36 号文件规定，销售不动产一般在机构所在地或居住地主管税务机关申报纳税。其他个人销售不动产，应向不动产所在地主管税务机关申报纳税；非固定业户应当向应税行为发生地主管税务机关申报纳税等。

要点 7　一般纳税人的增值税核算科目，在营改增后的重大变化

2016 年 7 月 18 日，财政部办公厅发布了《关于征求〈关于增值税会计处理

的规定（征求意见稿）〉意见的函》（财办会〔2016〕27 号，以下简称征求意见稿）。下面，笔者结合实务中的增值税账务处理，谈一谈自己的意见或建议，仅是一家之言。

（一）对于增加"简易计税"专栏的意见

1. 征求意见稿的内容

在"应交税费——应交增值税"科目下增设"简易计税"专栏，记录一般纳税人采用简易计税方法应交纳的增值税额。

2. 个人意见

建议将一般纳税人选择简易计税方法核算的增值税额，设在"应交税费"科目下，而不是设在"应交税费——应交增值税"科目下。

例如，某生产企业是增值税一般纳税人，兼有一般计税项目和简易计税项目。假设某月取得进项税 100 万元（专用于一般计税项目），17% 销项税额为 90 万元，简易计税 5% 征收率增值税额为 20 万元。

如果按照征求意见稿进行账务处理，"应交税费——应交增值税"科目中，进项税额借方发生额为 100 万元，销项税额贷方发生额为 90 万元，简易计税贷方发生额为 20 万元，"应交税费——应交增值税"科目的贷方余额为 90＋20－100＝10（万元），表示本月实现增值税额，应转到未交增值税的税额为 10 万元，但实际上本月应有 10 万元（100－90）的留抵税额，可以抵扣以后发生的销项税额，但账面上未体现，失去了账务核算的基本功能。

在增值税纳税申报表上，因简易计税不能抵扣进项税额，因此纳税申报表上体现的期末留抵税额也是 10 万元，与账面上不符。

说明："应交税费——应交增值税"科目期末借方余额表示留抵税额，贷方余额应转到"应交税费——未交增值税"中，实务中，如果增值税的账务处理不能达到上述要求，非常容易导致账务的混乱。

（二）对于代扣代缴增值税账务处理的意见

1. 征求意见稿的内容

境内一般纳税人购进服务、无形资产或不动产，按应计入相关成本费用的金额，借记"生产成本""无形资产""固定资产""管理费用"等科目，按可抵扣的增值税额，借记"应交税费——待认证进项税额"科目，按应付或实际支付的金额，贷记"应付账款"等科目，按应代扣缴的增值税额，贷记"应交税费——

应交增值税（销项税额）"科目。购买方代扣代缴增值税取得解缴税款的完税凭证时，按代扣缴的增值税额，借记"应交税费——应交增值税（已交税金）"科目，贷记"银行存款"科目。

2. 个人意见

（1）代扣代缴的税费，不属于代扣代缴义务人的纳税义务，因此不宜记入"应交税费"科目。

（2）代扣代缴的税费，不能记入"应交税费——应交增值税（销项税额）"科目。难道代扣代缴的增值税，还可以被本企业的进项税抵扣不成？这是别人的税，只是由企业代扣代缴而已。

如果当期计入销项税额，而未支付税费，会极大地干扰"应交税费——应交增值税"科目的正常核算。即使当期支付，计入销项税额也不正确。

（3）支付代扣代缴税费，通过"应交税费——应交增值税（已交税金）"科目核算，该科目记录一般纳税人已交纳的当月应交增值税额。如前述，代扣代缴的增值税，不属于代扣代缴义务人的纳税义务，而且如果记入"应交税费——应交增值税"科目，会影响该科目的正常功能。

个人建议会计分录如下：

> 借：成本费用等
>
> 　　应交税费——待抵扣进项税等
>
> 　贷：其他应付款——代扣代缴税费
>
> 　　　　　　　——境外公司

（三）对于取消"出口抵减内销产品应纳税额"专栏的意见

1. 征求意见稿的内容

征求意见稿通篇未见到"出口抵减内销产品应纳税"专栏的身影，难道取消了？

生产企业出口适用免抵退税政策的，其出口的会计分录一般如下：

> 借：其他应收款——出口退税　　　　　　　　　　　　　70
>
> 　　应交税费——应交增值税（出口抵减内销产品应纳税）　30
>
> 　贷：应交税费——应交增值税（出口退税）　　　　　　100

"出口抵减内销产品应纳税"专栏记录出口免抵额，企业据此计提城市维护建设税及附加。

如果当期实现了免抵额，应计入何处？或者不进行账务处理？如果不进行账务处理，会有两个隐患：一是不方便计提城市维护建设税及附加；二是出口退税专栏核算的金额不正确。

2．个人建议

继续使用"出口抵减内销产品应纳税"专栏核算出口免抵额，如果根据出口退免税汇总表中体现的免抵额计提城市维护建设税及附加，账务处理便失去了其基本功能。

（四）对于进项税额不得抵扣，不通过"进项税额"专栏核算的意见

1．征求意见稿的内容

进项税额按照现行增值税制度规定不得从销项税额中抵扣的，应计入相关成本费用，不通过"应交税费——应交增值税（进项税额）"科目核算。

2．个人意见

如果认证了增值税专用发票，在增值税纳税申报表中会自动出现进项税额信息，如果不在账务处理上通过进项税核算，将导致纳税申报表中累计发生的进项税额与账面上的借方累计数不符，与进项税转出发生数也不符。

如果直接未认证，则不通过该科目核算。

（五）对于增加"待认证进项税额"明细科目的建议

1．征求意见稿的内容

核算一般纳税人由于未取得增值税扣税凭证或未经税务机关认证而不得从当期销项税额中抵扣的进项税额。

2．个人建议

征求意见稿的出发点是可从账面上清楚地得知未认证的扣税凭证信息。从笔者的实务经验来看，该科目推广的可能性比较小，实际的需求可能不是很大。一般企业比较习惯使用"待抵扣进项税额"科目。

（六）对于税控设备抵减增值税额计入递延收益的意见

1．征求意见稿的内容

增值税税控系统专用设备作为固定资产核算的，贷记"递延收益"科目；在后续固定资产折旧期间，借记"递延收益"科目，贷记"管理费用'等科目。

在财会〔2012〕13 号文件中已有类似的规定。

2. 个人建议

鉴于企业购买税控设备或服务费的金额通常较小，通过递延收益核算，一是工作量较大，企业会计可能要摊销几年的递延收益；二是要进行几年的税会差异调整，实在无必要。基于重要性原则考量，个人建议将抵减的增值税额直接计入营业外收入。

要点 8　代开增值税专用发票如何享受小微企业免税政策

《国家税务总局关于小微企业免征增值税和营业税有关问题的公告》（国家税务总局公告 2014 年第 57 号，以下简称 57 号公告）规定，增值税小规模纳税人和营业税纳税人，月销售额或营业额不超过 3 万元（按季度申报为 9 万元）的，免征增值税或营业税。如果增值税小规模纳税人在税务机关代开增值税专用发票，该如何享受小微企业免征增值税的政策？下面分三种情况以案例的形式加以说明。

（一）情况一

例 1：某增值税小规模纳税人，按季度申报增值税。某季度在税务机关代开增值税专用发票，不含税销售额 1 万元，代开时即缴纳增值税 0.03 万元。除此之外，通过税控器开具的增值税普通发票，不含税金额 7 万元，增值税额 0.21 万元。

该季度不含税销售额为 1＋7＝8（万元），不超过 9 万元，因此可以享受免征增值税的优惠政策。通过税控器开具的普通发票销售额 7 万元，可以享受免增值税政策。代开的增值税专用发票已经缴纳的增值税，不能享受免税政策。该季度合计缴纳增值税 0.03 万元。

（二）情况二

例 2：某增值税小规模纳税人，按季度申报增值税。某季度在税务机关代开增值税专用发票不含税销售额 1 万元，代开时即缴纳增值税 0.03 万元。除此之外，通过税控器开具的增值税普通发票，不含税金额 8.5 万元，增值税额 0.255 万元。

该季度不含税销售额为 1＋8.5＝9.5（万元），不能享受优惠政策，其中的代开发票 1 万元，增值税额 0.03 万元在代开时已经缴纳。税控器开具的普通发票 8.5 万元，应缴纳增值税 0.255 万元，该季度合计应缴纳增值税为 0.03 ＋ 0.255 ＝ 0.285 （万元）。

（三）情况三

例 3：某增值税小规模纳税人，按季度申报增值税。某季度在税务机关代开增值税专用发票，不含税销售额 1 万元，代开时即缴纳增值税 0.03 万元。除此之外，通过税控器开具的增值税普通发票，不含税金额 8.5 万元，增值税额 0.255 万元。代开的增值税专用发票因某种原因作废，发票尚未交付受票方。

根据 57 号公告的规定，增值税小规模纳税人月销售额不超过 3 万元（按季不超过 9 万元）的，当期因代开增值税专用发票（含货物运输业增值税专用发票）已经缴纳的税款，在专用发票全部联次追回或者按规定开具红字专用发票后，可以向主管税务机关申请退还。

因此，代开的增值税专用发票尚未交付受票方，在代开税务机关进行作废处理，已经缴纳的增值税额 0.03 万元可以申请退还。实务中，鉴于退税的手续较为复杂，有的地区税务机关可能将应退税额做抵减处理，这一定要注意各地不同的处理方式。

同时，因为代开的增值税专用发票作废，所以本季度不含税销售额变为 8.5 万元，可以享受小微企业免增值税的政策，该季度应纳增值税额为 0。

（四）总结

（1）代开增值税专用发票的不含税销售额，需要参与到小微企业是否超过免增值税限额的计算过程中；

（2）即使当期全部销售额符合小微企业免增值税的限额，代开的增值税专用发票仍然需要纳税；

（3）代开的增值税专用发票全部联次追回或者按规定开具红字专用发票后，可以向主管税务机关申请退还增值税。

要点 9　营改增过渡期间，增值税与营业税的纳税义务判定原则

本次营改增试点自 2016 年 5 月 1 日起全面开展，跨越这个时点的应税行为，就有可能在营业税和增值税纳税义务之间徘徊。应如何准确分辨营增之争，是纳税人疑问较多的方面。应根据营业税纳税义务发生时间的标准进行判定，如果在

2016 年 5 月 1 日前已经达到营业税纳税义务发生时间的，应缴纳营业税，否则，应缴纳增值税。

（一）营业税时期对纳税义务发生时间的判定标准

1. 营业税纳税义务发生时间的判定顺序

（1）应税行为发生前预收款（特定行为）；

（2）应税行为开始后收讫营业收入款项；

（3）应税行为开始后书面合同付款日期；

（4）应税行为完成时。

说明： 特定行为包括：转让土地使用权，销售不动产，提供建筑业，租赁业劳务。

2. 营业税纳税义务发生时间的判定原则

基本原则：发生应税行为，且收讫款项，两者缺一不可。

营业税纳税义务发生时间为纳税人提供应税劳务、转让无形资产或者销售不动产并收讫营业收入款项或者取得索取营业收入款项凭据的当天。

比如，纳税人在 3 月开始提供劳务派遣应税劳务，在 2 月收取营业收入款项，在 4 月收取营业收入款项。在 2 月未发生应税行为，因此即使收款在 2 月也无纳税义务，2 月收取的款项应在开始应税行为的 3 月确定营业税纳税义务。

在 4 月已经开始应税行为，且已经收款，因此在 4 月负有营业税纳税义务。

这是基本原则，如果发生应税行为，但一直未收款，岂不是永远都没有纳税义务？还有一些在应税行为前需要预收款项的，比如转让土地使用权，销售不动产，提供建筑业、租赁业劳务，预收款与发生应税行为时间间隔可能较长，这样做岂不是会耽误税款入库？

因此，除了基本原则，还有以下两个判定标准。

（1）取得索取营业收入款项凭据。

取得索取营业收入款项凭据的当天，为书面合同确定的付款日期的当天；未签订书面合同或者书面合同未确定付款日期的，为应税行为完成的当天。

说明： 如果一直不收讫款项，按照取得索取营业收入款项凭据的当天确定纳税义务发生时间，即书面合同确定的付款日期或应税行为完成的日期。

（2）特定行为的预收款方式。

纳税人转让土地使用权或者销售不动产，采取预收款方式的，其纳税义务发生时间为收到预收款的当天。

纳税人提供建筑业或者租赁业劳务，采取预收款方式的，其纳税义务发生时间为收到预收款的当天。

说明：只有上面列举的这些特定业务才适用于以预收款确定纳税义务的原则，这些特定业务即使在发生应税行为前，只要收到款项，也需确定纳税义务。

（二）关于如何运用上述原则的举例说明

这里总结了实务中纳税人疑问较多，比较有代表性的几个问题，举例加以说明。

例 1：纳税人租赁自有房产，于 2016 年 4 月预收 2016 年 6—12 月的房租。

有观点认为，租期在营改增后，因此虽然在营改增前收取款项，也应缴纳增值税。

分析：预收租金的，预收时确定营业税纳税义务，因此该纳税人在 2016 年 4 月即已构成了营业税纳税义务，该业务应缴纳营业税。

例 2：某建筑企业，2016 年 2 月签订工程合同并开始施工，合同约定按照工程进度拨付工程款，在 2016 年 7 月完成 20％的进度。在 2016 年 3 月预收 20％的工程款。

分析：提供建筑服务应在预收款时确定营业税纳税义务，因此，2016 年 3 月预收工程款时应缴纳营业税。

例 3：某房地产开发企业 2016 年 3 月开始预售房屋，收取购房定金，2017 年 12 月交付房屋。

分析：虽然交付房屋行为发生在营改增后，但该房屋定金作为预收款应缴纳营业税。

例 4：某建筑企业，2016 年 2 月开始施工，2016 年 4 月收取 40％的工程款，6 月收取 50％的工程款。无书面合同约定付款日期。

分析：这属于在应税行为过程中收讫营业收入款项，4 月收取的 40％工程款应缴纳营业税，6 月收取的 50％工程款应缴纳增值税。

例 5：某物业公司，2016 年 7 月收取 2016 年 3—12 月的物业费，与业主无正式书面合同。

分析：物业公司提供物业服务，自 3 月开始，但 3 月未收讫款项，因此未达到营业税纳税义务发生时间。所以，7 月收取的物业费，应缴纳增值税。

例 6：某物业公司，2016 年 4 月收取 5—12 月的物业费，与业主无正式书面合同。

分析：物业公司自 5 月开始提供物业服务，4 月虽然收取款项，但未达到营业税纳税义务发生时间，因此应在 5 月缴纳增值税。

说明：实务中类似的情况较多，很多物业公司预收的款项，已经缴纳了营业税或者已经开具了营业税发票，如果退营业税再缴纳增值税，可能难度不小，要注意理论与实操的区别。

例 7：某劳务派遣公司，合同约定 2016 年 5 月收取 4 月的派遣费，实际上在 2016 年 6 月收取了 4 月的派遣费。

分析：2016 年 4 月，劳务派遣公司提供了派遣服务，但是未收讫款项，因此，无营业税纳税义务。应在合同约定收入日期 5 月确定增值税纳税义务。

例 8：某劳务派遣公司，合同约定 2016 年 4 月收取 3 月的派遣费，实际上在 2016 年 7 月收取了 3 月的派遣费。

分析：2016 年 3 月，劳务派遣公司提供了派遣服务，但是未收讫款项，因此，3 月无营业税纳税义务。4 月取得了索取营业收入款项凭据，即合同约定付款日期为 4 月，因此应在 4 月缴纳营业税。

例 9：某建筑服务公司，在 2016 年 4 月完工 50%，5 月完工 40%，合同约定按照完工进度付款，实际在 6 月付工程款。

分析：虽然在 4 月、5 月未收取款项，但取得了索取营业收入款项凭据，即合同日期为 4 月和 5 月，因此应在 4 月缴纳营业税，5 月缴纳增值税。

例 10：某建筑服务公司，在 2016 年 4 月完工 50%，5 月完工 40%，7 月全部完工。无合同约定付款日期。一直未收取工程款。

分析：应税行为已经发生，虽然未收讫营业收入款项，但取得了索取营业收入款项凭据，即，无书面合同约定付款日期，以应税行为完成当日为纳税义务发生时间，应在 2016 年 7 月完工时缴纳增值税。

要点 10　营改增后纳税义务发生地点的改变，预缴平衡税源

（一）基本原则

一般来讲，向纳税人的机构所在地申报纳税。

（二）特殊原则

1. 营业税时期的特殊规定

（1）建筑业劳务，向应税劳务发生地的主管税务机关申报纳税；

（2）转让、出租土地使用权，向土地所在地的主管税务机关申报纳税；

（3）销售、出租不动产应当向不动产所在地的主管税务机关申报纳税

2. 营改增后的特殊规定

其他个人提供建筑服务，销售或者租赁不动产，转让自然资源使用权，应向建筑服务发生地、不动产所在地、自然资源所在地主管税务机关申报纳税。

3. 营改增后的预缴政策

为平稳过渡，营改增后规定了很多预缴的政策，主要包括：提供建筑服务，在服务发生地税务机关预缴；销售不动产，在不动产所在地预缴；出租不动产，在不动产所在地预缴。

（1）提供建筑服务纳税地点。

营业税时期，建筑业在劳务发生地缴纳营业税。

营改增后，向建筑服务发生地主管国税机关预缴税款，向机构所在地主管国税机关申报纳税。

其他个人提供建筑服务，向建筑服务发生地所在地主管税务机关申报纳税。

（2）销售不动产。

营业税时期，在不动产所在地申报纳税。

营改增后，纳税人（其他个人除外）销售不动产，向不动产所在地主管地税机关预缴税款，向机构所在地主管国税机关申报纳税。

其他个人销售不动产，向不动产所在地地税机关申报纳税，不需要预缴。

现行政策是由地税机关代征，即向不动产所在地地税机关预缴，向机构所在地国税机关申报纳税。

（3）房地产企业的预缴尚未明确。

房地产企业如何异地预缴，没有统一明确，各地政策有规定，比如山东国税要求异地办理税务登记，否则，应按照销售不动产办理预缴。

（4）租赁不动产。

营业税时期，在不动产所在地申报缴纳。

营改增后，纳税人出租不动产，向不动产所在地主管国税机关预缴税款，向机构所在地主管国税机关申报纳税。

其他个人租赁不动产，向不动产所在地主管税务机关申报纳税。

要点 11　营改增后预缴制度的变化

预缴制度主要有以下两种情况：

第一种，异地预缴，因在异地经营产生的预缴义务。

营业税时期，提供建筑业劳务，转让、出租不动产等，在不动产所在地和建筑劳务发生地税务机关申报纳税。营改增后，上述业务在机构所在地申报纳税，为平稳平衡，采取在异地预缴，回机构所在地申报纳税的制度。

第二种，预收预缴，因预收款项产生的预缴义务。

营业税时期，建筑业，租赁、销售不动产等，在预收款时确认营业税纳税义务。营改增后，建筑业和租赁服务仍然在预收款时确认纳税义务发生时间，所以这两种情况不会因预收产生预缴。销售不动产在预收时并不作为纳税义务发生时间，房地产开发企业销售自行开发房产项目，在预收款项时应预缴税款，除此之外的销售不动产行为，在预收时不产生纳税义务，同时也不需要预缴，只是因异地销售才产生预缴。为厘清政策，笔者对预缴制度盘点如下：

（一）销售不动产

销售不动产预缴行为发生的原因是异地销售不动产。

1. 预缴地点

（1）纳税人（其他个人除外）销售不动产，向不动产所在地主管地税机关预缴税款，向机构所在地主管国税机关申报纳税；

（2）其他个人（自然人）销售不动产（包括住房和非住房），向不动产所在地地税机关申报纳税，不需要预缴。

说明：一般纳税人、小规模纳税人、个体工商户，只要不是其他个人，均需向不动产所在地地税机关预缴，向机构所在地国税机关申报。原因是，其他个人没有机构所在地。

注意：其他个人销售不动产，包括其他个人销售非住房和住房。

2. 预缴销售额

纳税人转让"取得的"不动产，均可差额预缴。

说明：纳税人转让取得的不动产，纳税人应以取得的全部价款和价外费用扣除不动产购置原价或者取得不动产时的作价后的余额，按照 5% 的预征率向不动产所在地主管地税机关预缴税款，向机构所在地主管国税机关申报纳税。

其他的情况，均需全额预缴。

原因：自建不动产没有购置价可以扣除。

3. 预缴税额计算方式

$$应预缴税款＝预缴税款计税依据÷(1＋5\%)×5\%$$

说明： 预缴税款计税依据根据预缴销售额确定。

注意： 销售不动产在地税代征，难以取得纳税人增值税身份，因此统一按照5％征收率换算。

（二）出租不动产

出租不动产发生预缴的原因是异地出租。

1. 预缴地点

（1）纳税人（其他个人除外）出租不动产，向不动产所在地主管国税机关预缴税款，向机构所在地主管国税机关申报纳税，不动产所在地与机构所在地在同一县（市、区）的，纳税人应向机构所在地主管国税机关申报纳税。

（2）其他个人出租不动产（包括住房），向不动产（住房）所在地主管地税机关申报纳税，不需要预缴。

2. 预缴税额计算方式

一般计税：应预缴税款＝含税销售额÷(1＋11％)×3％。

简易计税：应预缴税款＝含税销售额÷(1＋5％)×5％。

个体工商户出租住房：应预缴税款＝含税销售额÷(1＋5％)×1.5％。

说明： 一般计税的预征率为3％，简易计税的预征率为5％。

注意： 其他个人出租不动产，不需要预缴。

（三）房地产开发企业销售自行开发的房地产项目

销售自行开发的房地产项目预缴的原因，有预收款和异地开发项目两种。

1. 预缴地点

（1）预收房款，在主管国税机关预缴。

房地产开发企业采取预收款方式销售所开发的房地产项目，在收到预收款时按照3％的预征率预缴增值税。

一般纳税人应在取得预收款的次月纳税申报期向主管国税机关预缴税款。

小规模纳税人应在取得预收款的次月纳税申报期或主管国税机关核定的纳税

期限向主管国税机关预缴税款。

（2）异地开发项目。

财税〔2016〕36 号文件规定：房地产开发企业中的一般纳税人销售房地产老项目，以及一般纳税人出租其 2016 年 4 月 30 日前取得的不动产，适用一般计税方法计税的，应以取得的全部价款和价外费用，按照 3% 的预征率在不动产所在地预缴税款后，向机构所在地主管税务机关进行纳税申报。

房地产企业异地的预缴，在国家层面似乎只有这一个规定，各地方政策不相同，比如，山东国税营改增指引规定：

建议房地产开发企业在每个项目所在地均办理营业执照和税务登记，独立计算和缴纳税款；对于未在项目所在地办理税务登记的，参照销售不动产的税务办法进行处理，在不动产所在地按照 5% 进行预缴，在机构所在地进行纳税申报，并自行开具发票，对于不能自行开具增值税发票的，可向不动产所在地主管国税机关申请代开。

说明：具体操作应主要参照当地主管税务机关的规定。

2．预缴计算方式

一般纳税人应预缴税款＝预收款÷（1＋适用税率或征收率）×3%

适用一般计税方法计税的，按照 11% 的适用税率计算；适用简易计税方法计税的，按照 5% 的征收率计算。

小规模纳税人应预缴税款＝预收款÷（1＋5%）×3%

（四）建筑服务

建筑服务预缴的原因是异地销售服务。

1．预缴地点

纳税人跨县（市、区）提供建筑服务，应按照财税〔2016〕36 号文件规定的纳税义务发生时间和计税方法，向建筑服务发生地主管国税机关预缴税款，向机构所在地主管国税机关申报纳税。

注意：只要发生了纳税义务，就要在异地预缴。

2．预缴计算方式

适用一般计税方法计税的，应预缴税款＝（全部价款和价外费用－支付的分包款)÷（1＋11%）×2%。

适用简易计税方法计税的，应预缴税款＝(全部价款和价外费用－支付的分包款)÷(1＋3％)×3％。

纳税人取得的全部价款和价外费用扣除支付的分包款后的余额为负数的，可结转下次预缴税款时继续扣除。

纳税人应按照工程项目分别计算应预缴税款，分别预缴。

说明：预缴时，均可扣除分包款。